浙江省社会科学界联合会社科普及课题成果(课题编号:08-92)

雙林禪寺与佛堂古鎮

贾沧斌 著

浙江工商大學出版社
ZHEJIANG GONGSHANG UNIVERSITY PRESS

图书在版编目(CIP)数据

双林禅寺与佛堂古镇 / 贾沧斌著. —杭州：浙江工商大学出版社，2015.11
ISBN 978-7-5178-1346-0

Ⅰ. ①双… Ⅱ. ①贾… Ⅲ. ①乡镇—概况—义乌市
Ⅳ. ①K925.55

中国版本图书馆 CIP 数据核字(2015)第 247299 号

双林禅寺与佛堂古镇

贾沧斌 著

责任编辑 沈明珠 蒋红群
责任校对 王俏华 尤锡麟
封面设计 贾 路
责任印制 包建辉
出版发行 浙江工商大学出版社
(杭州市教工路 198 号 邮政编码 310012)
(E-mail:zjgsupress@163.com)
(网址:http://www.zjgsupress.com)
电话:0571-88904980,88831806(传真)
排 版 杭州朝曦图文设计有限公司
印 刷 浙江云广印业股份有限公司
开 本 710mm×1000mm 1/16
印 张 22.25
字 数 418 千
版 印 次 2015 年 11 月第 1 版 2015 年 11 月第 1 次印刷
书 号 ISBN 978-7-5178-1346-0
定 价 68.00 元

浙江工商大学出版社营销部邮购电话 0571-88904970

序　一

义乌佛堂的贾沧斌因看了本人的拙作《把根留住》，给我写了封信，云其收集整理了四十万字的民间历史故事，要出一本故事集，望我能给他写个序言。我感到，为人写序实在是件难事，不仅要研读其作品，而且要揣摩其精粹，唯恐稍有疏漏，点评不当，掩人之美，所以不敢贸然答应。

但贾先生信中陈述，他从1968年开始，经过四十年努力，撰写了上百万字关于佛堂历史传说、民风民俗、名人轶事、地方特产等材料，并出版了《千年佛堂》《佛堂古镇的民风民俗》等书。据了解，他年近花甲，也就是说，他在二十来岁的时候就已经开始搜集民间故事，在"文革"初期"破四旧"的时候居然有这么大的胆子，冒着大不韪收集当时所谓"封建迷信"的东西，也许这是他初生牛犊的"无知"与无畏吧！但是他坚持几十年如一日，经年累月不放弃，收集整理了上百万字的资料，从中可见要付出多少艰辛！我深为贾沧斌的执着所感动，也为有像他这样的民间有识之士对民间文化的坚守而感慨。于是，本人觉得不能辞却贾先生的信托，便"义不容辞"地承担起为贾先生作序的任务。这本《双林禅寺与佛堂古镇》的书稿便陈列在了本人的面前。

打开书稿，一股纯朴的乡情扑面而来。作品分上、中、下三篇，共十个章节，内容有关佛堂山水形胜、历史掌故、人文轶事、佛门高僧等。贾沧斌把家乡的故事一一道来。也许，正因为他是一位"草根"，土生土长在民间，所以他整理的故事是那么原汁原味，那么富有乡土气息。对于民间故事来说，纯朴自然就是优点。

据贾先生说，他对民间传说和故事一直很入迷，而佛堂的民间故事资源则很丰富。从前，四面八方来佛堂古镇上经商、游历的人，带来了天南地北的故事，久而久之，这里逐渐成了商品集散地和民间文学传播地，尤其是村民中讲故事、听故事的传统，一直很兴盛。历史上，由于各种条件的制约，群众文化生活极为贫乏，但生动有趣的民间故事、幽默诙谐的笑话却因为其易记、易传为劳动人民所喜爱，成为群众的主要精神食粮。

民间故事不是历史，但故事中透露着历史的痕迹。虽然不是如实地反映历史事实，却是艺术地反映了历史的本质，传达出先民对于历史及其历史人物的评判，因而具有极高的文化价值。阅读这本书，不仅会被书中离奇的故事情节所吸引，还能帮助我们了解当地的风土人情；不仅能受到劳动人民优秀品质的影响，而且还学到了劳动人民用艺术来反映生活的本领。民间故事表现出的审美观、价值观以及科学认识、道德教化和娱乐功能对丰富群众文化生活、建设精神文明、构建和谐社会有着积极的现实意义。

民间故事不同于作家的书面创作，它是讲出来的，当年会讲故事的人现在大多年事已高，而青年人中擅长讲故事的已凤毛麟角，新一代对故事的兴趣日趋淡漠，佛堂民间故事面临传承断代的危险，亟需抢救保护。从这个意义上说，民间故事作为一种弥足珍贵的人类非物质文化遗产，正需要我们花大力气去保护。

贾先生所做出的贡献，值得称道。

贾沧斌自谓是“佛堂古镇的一位普通农民”，对有“千年古镇、百年商埠”之誉的家乡佛堂是情深深、意切切。一位农民兄弟，有这般见识，有这般功力，有这般毅力，令人敬佩。精耕自有丰收日，只有付出真情和汗水，才能有殷实的收获。这里，我对贾先生又一本关于佛堂古镇的成果的出版，表示由衷的祝贺。

“佛光透彩传万代，堂烛生辉照四方”。这副当地渡磬寺里的对联，据说是佛堂这一地名的出典。佛堂，历史有诗文以记其盛，更应当深度挖掘其丰富的文化内涵。我相信，《双林禅寺与佛堂古镇》可以使大家更加了解佛堂，更加关注佛堂，更加喜爱佛堂。

当前，我国已进入新的发展时期，小商品之都义乌正昂首迈向新的历史进程。我们应该更进一步挖掘义乌深厚的人文历史，融合世界小商品城和中国文化产品交易博览会所带来的现代文明，让千年义乌绽放出新的魅力。

浙江省非物质文化遗产保护工程领导小组办公室主任
浙江省文化厅非物质文化遗产保护办公室主任　王　淼

2008 年 5 月 1 日夜于杭州

序　二

佛堂古镇被誉为“中国历史文化名镇”，古镇因佛结缘，因商昌盛。光阴荏苒，佛堂古镇走过了千余年的历史，形成了丰厚的文化积淀。

翻开贾沧斌先生编著的《双林禅寺与佛堂古镇》一书，我被贾沧斌先生的敬业精神深深地感动着，尤其是当我听说贾沧斌先生为了编写此书几乎每天晚上都写到凌晨四点多钟时，连续几天激动不已，夜不能寐。我为义乌有这样的民间作家而自豪！

贾沧斌先生编著的该书由一百二十多篇小故事组成，主要贯穿着两条主线：一是始终贯穿着傅大士禅学智慧的兴衰与起伏，二是始终贯穿着佛堂古镇商贸经济的辉煌与成就。

本书主要采撷于民间传说，有些传说恐怕也是一家之言，但是它们都是弥足珍贵的非物质文化遗产。贾沧斌先生对佛堂古镇有着特殊深厚的感情，他先后编著了多本反映佛堂古镇的著作，形成了一百余万字的乡土文学作品，仅此一点，就值得我深深地钦佩与学习。贾沧斌先生书成后，嘱我作序，我才疏学浅，难以胜任，只能作上述言，以代序！

义乌市文学艺术界联合会主席　刘　荣

2013年冬

序　　三

贾沧斌是我的忘年交小弟。他虽是位自幼视力障碍残疾、文化程度不高、家庭经济也不好的普通农民，但他与世界名著《钢铁是怎样炼成的》书中的保尔·柯察金一样，身残志坚。四十多年如一日，孜孜不倦地采访、收集民间资料，用他的草根文化，连续三年顺利完成了浙江省社科联的“07—85”《佛堂古镇的民风民俗》、“08—92”《双林禅寺与佛堂古镇》、“09—95”《佛堂古镇的文化遗存》三个社科研究课题。其中，《佛堂古镇的民风民俗》获 2010 年浙江省社科院“应用对策”优秀课题三等奖。这三本书合计一百多万字、图文并茂的“佛堂古镇系列”课题成果著作，为义乌市佛堂古镇被国家命名“中国历史文化名镇”，提供了一份可贵的历史文化参考资料，实现了他效仿保尔·柯察金“每当回首往事的时候，不因一生虚度年华而悔恨；不因一生碌碌无为而羞愧”的理想。

值此，为祝贺小弟的《双林禅寺与佛堂古镇》一书付梓出版，撰此拙文，聊以为序。

九旬岁叟：王风

寓于金华临江西路55号市社会福利中心

2015年6月30日

前　言

一

佛堂，是供奉佛像的屋子。用“佛堂”作地名，可见它与“佛”有缘。

浙江省义乌市佛堂镇的地名源于镇东的双林禅寺。双林禅寺又由佛界“五百罗汉”中的第一百三十一尊“傅大士”创建。傅大士开创的是集“儒教”“佛（释）教”“道教”三教合一的“中国维摩禅宗”大乘佛教；提倡的是“过去、现在、未来”三世轮回的“过去因，现在果；现在因，未来果”的因果定律。本书分上、中、下三篇，相互关联“因果关系”，对因有双林禅寺，才发展有佛堂古镇的民间传说故事进行筛选、立项、课题考证、研究，作为成果，以供读者采风。

在上篇第一章中，用“山川形胜”的“石牛山”与“云黄溪”的民间神话故事，为这里出现了有一株“白杨树”的风水宝地种下了“过去因”；第二章以傅翕（傅大士）在这株“白杨树”风水宝地上应世出生，收获了“现在果”；第三章凭贾、傅二姓先祖人心向善的“主、仆”关系，发展成为“佛亲”过程，讲述了傅翕二十四岁前，在姐夫贾昙颖的帮助下，掌握了中国的“儒教”“道教”知识的“现在因”，又收获了傅翕二十四岁后缘会宿尊嵩头陀达摩，创建了双林禅寺“佛（释）教”，以及集“儒、释、道”三教合一的中国维摩禅宗佛教“未来果”的第一组故事。

中篇第四章以傅大士创建成功沧海桑田的“双林禅寺”作为本书第二组故事“过去因”的开头；第五篇收获了有“洋滩、双林、光明”三个古市等系列民间故事为当时的“现在果”；第六篇又以三个古市合并成一个“佛堂古镇”，并产生了古镇内街、巷、里、弄的古民居、古建筑的历史过程；第七篇佛堂古镇是“义乌三宝”特产的发祥地、集散地，兴旺了当时佛堂古镇的“现在因”；第八篇再收获了发生在佛堂古镇历史上“雁过留声人留名”人文轶事的“未来果”。

下篇虽然是中篇“未来果”的续篇，但是因为义乌佛堂是春秋战国时期的越国属地，凡来古镇上“淘金”的商人入乡随俗，崇拜的是曾与越王共事的大夫范蠡，被后人称誉为“商圣”的“陶朱公”，所以佛堂人以“陶朱公能伸能屈”为榜样，在任何新的环境中都能得以生存和发展的人文轶事，又创造了新一轮因果关系的故事。

二

历史文化名镇——佛堂，素有“千年佛堂，百年商埠”之美称。然而，古镇的历史文化资料传世甚少，民间传说故事的资源却十分丰富。这些民间故事是佛堂人在长期劳动、生活中创造的智慧结晶，它是一份弥足珍贵的人类非物质文化遗产，需要我们花大力气地去挖掘，去收集，去保护，去开发与利用。

其实，民间故事是一种流行于民间的口头文学，虽然不是历史的真实记录，但是因为它源于特定的地域、时间、环境内的劳动过程或生活实践，所以不能不承认故事中珍藏着历史的痕迹。它虽然不能如实地反映历史的事实，但它却能艺术地从历史的本质方面，传达出先民对历史事件、历史人物的评判，因而具有较高的地域文化史的价值。

为了寻觅佛堂古镇的历史痕迹，为了能够更好地去探索和研究这些故事中历史文化的真实性，我们需要对产生这些民间故事的时代背景、历史遗存、人物事件去筛选，去推敲，去考证。笔者三十多年来锲而不舍地坚持收集佛堂民间故事将它申报为“浙江省‘08—92’号社会科学普及”课题，并将其课题研究成果付梓出版。

目　录

上篇　山水形胜，寄寓着古老的神话传说

中篇　人文轶事，到古事中寻找历史痕迹

三教合一傅大士，九流汇聚佛堂集。万商云集兴古镇，大街小巷留遗迹。

雁过留声人留名，人文轶事传说真。古人古事留古迹，传说故事有史痕。

下篇　戏说商圣，拿得起放得下的佛堂人

商人聚居佛堂镇，个个成了梦中人。灵活处世学商圣，春夏秋冬万事成。

古镇商人正气扬，代出英才世上传。沧海一粟举几例，义商之根见一斑。

上　篇

山水形胜，
寄寓着古老的神话传说

“水牛神变石牛山”

石牛山位于佛堂镇东，远眺整座山极像一头大水牛伏卧于地。

因缘神话传（1）

1
2
3

1. “石堂山上三道梁”
三道梁位于今日剡溪村桐山之南的“石堂山”（又名“火烧山”）上。山上的“石街路”此图中能见两条，另一条在右侧图外。

2. “白象失职闯大祸”
“龙溪（杏花溪）拦水坝”位于今日剡溪村北太平古石桥下。

3. “雨神报复民遭殃”
“扑船山”位于今日小六石村与麻车塘村之间的桃花山下。

因缘神话传（2）

1.山脚下的剡（杏）溪村。
2.山下的“义阳亭”。
3.桐山下的“西入口”。
4.山上的“山神庙”。
5.北坡“集贤亭”。
6.崎岖山道拾级上。
7.昔日桐山黝岩露，今日桐山披绿装。

古佛出双林（1）

1.详细记载着太公贾昙颖鼎助傅翕（傅大士）始建双林寺的全套义乌《洋川贾氏宗谱》。

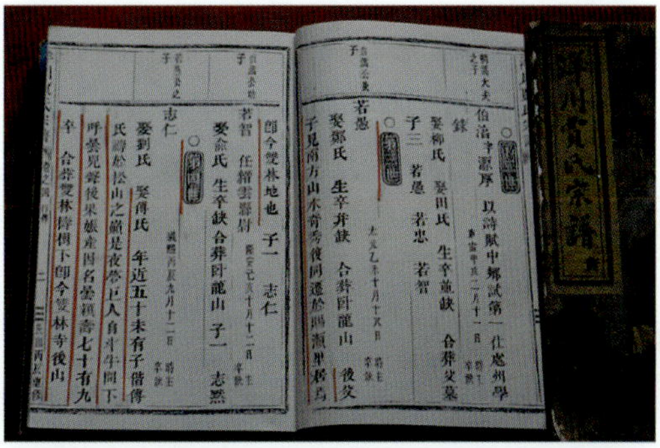

2.《洋川贾氏宗谱》中两棵梼树（双林）位于“赐濑里”贾家祖坟旁的记录，双林寺由此“双林”得名。

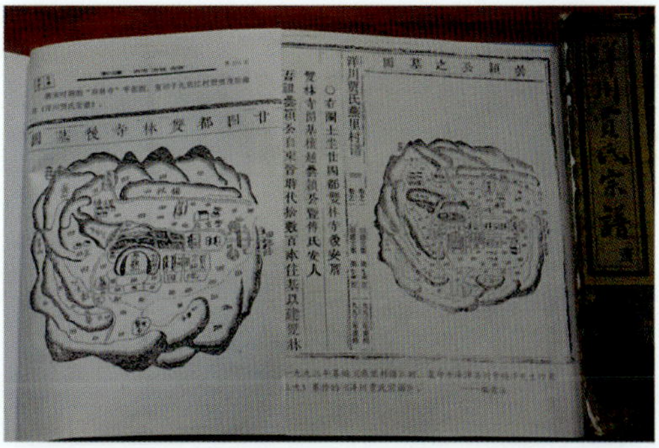

3.分别珍藏在泽潭沿村《洋川贾氏宗谱》与九里江村《贾氏宗谱》内唐宋时期的贾氏宗庙（祠堂）与双林寺庙分布图。

4.《洋川贾氏宗谱》内记录着傅翕原是贾家“家佣”的事实。

5.《洋川贾氏宗谱》内贾昙颖“舍基助建双林寺”的记录。

1
2
3
5 4

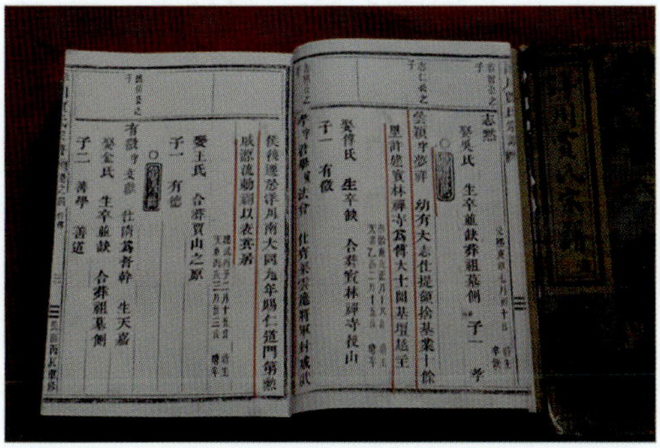

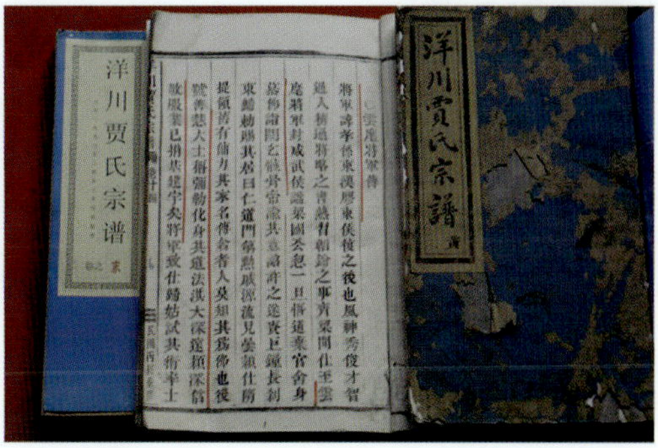

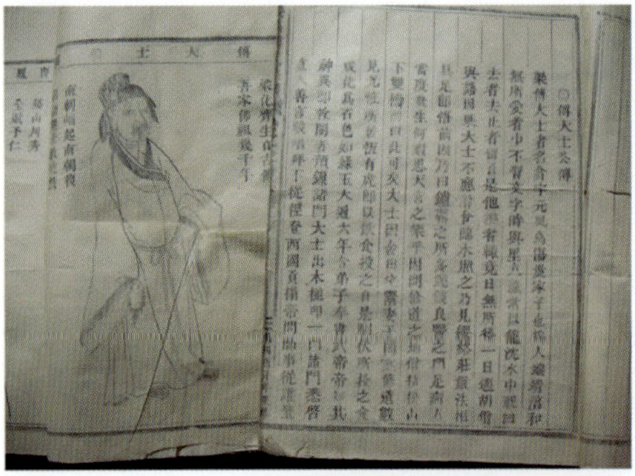

古佛出双林（2）

1.《傅氏宗谱》。
2.《傅氏宗谱》内有关傅大士的记载。
3.傅大士故里上傅村的“善慧寺”。
4.“善慧寺”里的“兜率宫”。
5.傅大士故里上傅村的“傅大士纪念堂”。

佛祖建古寺（1）

1.雄伟的释迦牟尼像。
2.嵩头陀达摩西来石刻像。
3.傅大士铜像。
4.今日双林禅寺。
5.云黄山上的傅大士舍利宝塔。
6.1934年主持重建宝塔的朱献文先生。
7.云黄山上的云黄古寺。

5	4	1
6		2
7		3

佛祖建古寺（2）

1.今日双林古寺的牌坊。

2.今日双林古寺的山门。

3.今日双林古寺的钟楼。

4.今日双林古寺的鼓楼。

5.今日双林古寺的大殿。

6.今日双林古寺的大士阁。

7.第三章“佛祖建古寺”故事之（十四）“白杨古塔”。

第一章　因缘神话传

山川溪流貌依旧，桐山古庙神话留。
天人合一有遗迹，因缘应世传千秋。

一、石牛山

石牛山位于今佛堂古镇的正东两公里处。海拔三百四十六点八米。石牛山上的泉眼多如牛毛，潺潺的泉水汇成一条五里长的石牛溪，流过稽亭村北侧和今佛堂镇北[清朝嘉庆七年(1802)以前]的“双林古市”，入义乌江。由于稽亭村坐北朝南，因此稽亭村人也称石牛溪为后溪。由于有传说称宋朝大奸臣秦桧是原双林市的下强村人，于是稽亭村民为了表达对秦桧害死岳飞的痛恨，截断了石牛溪流水，改道向北，过今佛堂镇北赵朱村村东的“荷花心”湖，绕赵朱村北入义乌江。

传说石牛山最早由一头天牛下凡吸水治洪，未能回到天府而变成的。据现存最早的万历二十四年(1596)《义乌县志》载：“石牛山……石状如牛，故名。”可见这个石牛山的故事，至少也已经流传了四五百年。

(一)石堂山上的三道梁

在佛堂镇双林寺的西南角，有一座山上植被很少、黑黝黝岩石外露的桐山。此山高约二十丈余，平地拔起。登上山顶，俯视四周的一个个小山丘，大有鹤立鸡群之感。

在桐山的南侧，有一座石堂山，又名石街路山。石堂山上有三条石山梁，从南到北一直从山顶倾斜到山脚，形成与桐山正面相对着的样子。这三道石山梁，每道均宽约三丈余，长近百丈，平坦、整齐地从山脚一直呈同一个角度延伸到山顶。初看这三道石山梁，人们会觉得不以为然，但是细看，你一定会被这三道石山梁鬼斧神工的形象惊得目瞪口呆。这三道石山梁长得相同的是在宽三丈余，长近百丈的斜坡范围内，斜面整齐，寸草不长；范围外是满山的青松，艳红的杜鹃，茵绿色的牛筋草和翠绿色中又略带嫩黄色的塘泥壳。长得不同的是三道石山梁自东向西各称为“一犁”“一耖”“一耙”。如果仔细来看，在称“一犁”的山梁上确实还隐隐地保留着一个个像是农夫用牛犁耕过的犁背影；在称为“一耖”与“一耙”的二条山梁上，同样可以隐隐地看到像是农夫用牛拉“耖”和拉“耙”劳作后留下的耖齿印与耙齿印。尤其在西侧的“一耙”石山梁的那段岩石上，还隐隐可见牛走过时陷入岩石内的牛脚印呢。

再站在石堂山向东远眺，有一座名叫桃花山的大山挡住了视线。在石堂山与桃花山之间，是一块直径一里许、平坦的稻田，而就在这一大畈稻田的正中，却横卧着一座名叫扑船山的小山。扑船山，长方形，二头尖，中间肚大、背高、顶平，很像是一条底朝天、面朝下的大木船“倒扑”在这一畈纵横阡陌的稻田中间。一条潺潺流水的龙溪，自南向北绕过扑船山的西头，流过石堂山的东侧山脚，再顺着桐山北面的山脚，一直向西流去。这条长流不断的龙溪，像一条银带一样，把扑船山、石堂山和桐山紧紧地连成一串。轻轻的流水声，仿佛向人们诉说着很早很早以前，在这里曾经发生过一系列惊天动地的故事……

（二）桐山庙中土地神

神话传说：盘古开天地，把整个大千世界分成为上、中、下三界。上界以月、日定阴、阳；下界以干、湿分山、水；中界用雌、雄二性分生灵万物。玉皇大帝统率着上界的诸神、下界的诸仙。诸位天神、地仙又以下界的山山水水孕育着中界的万物生灵，繁衍生息，世代相传。那时候，上界与下界的天地神仙与中间的凡人生活在一起，共同努力创造着朗朗乾坤，创造着古老而又文明的历史。

在桐山上有个山神庙，山神庙里住着一个桐山神爷爷和桐山神婆婆，又称桐山土地公和桐山土地婆。桐山脚下的龙溪，清清的溪水常常带着上游桃花山上红红的桃花和白白的杏花流下来，因此也称呼龙溪为桃花溪。

桐山下的龙溪边上有个杏溪村。传说杏溪村里有个老太婆，有一天从溪上捞起红色的桃花和洁白的杏花，拿回家问她的独生女儿喜欢哪一种，娇女不假思索地挑选了白色的杏花。老太婆问她为什么，娇女羞答答地朝母亲看了一眼说：“白色无瑕，爱红爱绿自己可染。”聪明的老太婆马上领会了女儿的意思，在那儿女婚事由父母说了算数的时候，老太婆就为自己的女儿开了个自由恋爱的先例。从此，这条龙溪再也没有人叫桃花溪而改叫杏花溪了，杏溪村也就由此得名。杏溪村里的人男耕女织，十分勤劳，父慈子孝，世世代代和睦相处。

桐山上的土地公和土地婆，十分体察民情。为祈求这方土地能够年年风调雨顺，长年不断地在桐山南对面的石堂山的三条山梁上垦山。每当山梁上翻耕出来的泥土干燥了，他们就到天上请来雨神降雨，滋润土壤；每当久雨连绵，地上有了多余的积水，他们就到天上请雨神收了雨帘，让泥土干燥起来，方便地上的禾苗生根拔节，茁壮生长。夏天，天气闷热，蚊虫肆行，他们又到天上请来雷公神与闪电婆，用轰隆隆的雷声，一闪闪刺眼的闪电，驱赶走蚊虫对人的烦扰，请来风神，为忙碌了一天的人们送来了爽爽的凉风。冬天，桐山的土地公和土地婆在白天请来太阳神送来和煦的阳光，在晚上不辞劳苦地冒着严寒，站在桐山顶抵御着讨厌的恶煞北风神的侵袭。总之，桐山的土地公、土地婆，每天风餐露宿地在石堂山的三道山梁上，用犁、耙、耖耕作不止。凭他们对土地干湿的直觉，为山下杏溪村里的人们祈求着风调雨顺、五谷丰登，把杏溪村里人们的冬寒夏热时时挂在心上，确保杏溪村里的男女老少安康无恙、四季平安、年高寿长。

杏溪村里的乡亲们为了感谢桐山土地公土地婆的恩德，明明知道神仙是不食人间烟火的，但是仍每天自觉地来到山神庙里朝着桐山神位烧香叩拜，把桐山山神庙装点得一年四季红烛高照、香烟缭绕，供桌上的时鲜瓜果、时令糕点长年不断。每当逢年过节，杏溪村的乡亲们还穿着节日的盛装，携家老少来到桐山山神庙，鼓乐齐鸣，载歌载舞地与桐山土地公、土地婆一起同乐，使整座桐山呈现出一派歌舞升平的气象。

（三）山神上天民发愁

有一年，天上的玉皇大帝为了表彰桐山土地公、土地婆爱民如子的功德，遣差送来请帖邀请他们上天，参加天上十年一次的蟠桃宴会。临行前，勤劳朴实的桐山土地公、土地婆，把石堂山上的三道山梁，分别用犁、耖、耙三种耕山用具牵着天牛又深深地翻耕了一遍，见泥土干湿适中后，才依依不舍地踏着杏溪村民们供奉的袅袅香烟，朝着天庭的南天门而去。

杏溪村的男女老少得知了桐山土地公、土地婆要上天参加蟠桃会的消息后，一大早就扶老携少，来到桐山南侧的石堂山，密密麻麻地站在刚刚由土地公土地婆用犁、耖、耙翻耕过的三道山梁上，个个含着热泪，挥手向土地公、土地婆送行道别。向细心的土地公、土地婆，凭着他们与杏溪村乡民心灵相通的灵性，马上从杏溪村个个乡民眼睛中的点点热泪里意会到乡民们对失去自己每天为他们祈求风调雨顺的担忧……

（四）蟠桃会前山神忧

桐山土地公与土地婆来到天庭后，心中的第一件事，就是来到玉皇殿下，向玉皇大帝提出自己“每天要忙于耕山，为百姓祈求风调雨顺，抽不出时间来参加蟠桃宴会，请求玉皇恩准自己马上回山神庙，与杏溪村的父老乡亲们同耕同乐”的请求。站在玉皇身旁前来参加蟠桃会的诸位天神听了桐山土地神的这番话，无不惊得目瞪口呆。一时间诸神就七嘴八舌地议论开了。

“蟠桃宴会，十年才开一次，不是每位天神都可以参加的。”

“人家想来都不能来，你桐山土地神能来又不愿来，真是少见。”

“桐山土地神别傻了，要是你尝过蟠桃宴会上的美味佳肴，下次不请都还要想来呢。”

……

桐山土地神站在一旁，一面合起双手，忙不迭地躬身向众神作揖道谢，一面向玉皇再次恳求。

观音大士见了后，一手捧着羊脂白玉净瓶，一手拿着一根柳枝，来到玉皇大帝面前说：“陛下，桐山土地神这种‘爱民如子’的精神，实在难能可贵，可庆可贺，是天上诸神学习的楷模。为了让桐山土地神的这种精神发扬光大，是否从南天门的青狮、白象两位守门神中，选一位下凡暂替桐山土地神守职，为杏溪村的村民们祈求风调雨顺，既可让桐山土地神安下心来参加蟠桃会，也可让桐山土地神为诸位天神介绍一番他是怎样用耕山的方式，为民办实事的。”

玉皇大帝听了观音大士的面奏后，大悦，马上传令南天门守门神青狮、白象来天庭听候调遣。

可是桐山土地神听了玉皇的传令后，马上跪在金阶下说：“启禀玉皇大帝，请青狮、白象下凡替职万万不可。青狮、白象二位守门神，平时忠于职守，很少关心凡间民情，恐有疏忽，我们受几句百姓的责怪是小事，误了农事，苦了百姓，本神实在于心不忍啊！”

观音大士听了桐山土地神的话后，略加思索说：“桐山土地神说的也是实情，皇上不妨问一下南天门的青狮、白象哪位肯去，然后由桐山神向他面授一番如何祈求风调雨顺的方法便是。”桐山神答：“那也只得如此了。”

稍过片刻，青狮、白象二位守门神来到了天庭，玉皇问他们哪位肯去凡间为桐山土地神代职？青狮马上说：“回禀玉皇大帝，本神在天界从未与凡间有过接触，但听说凡间百姓，百人百性，喜食甜食咸，萝卜青菜，各有所爱，天下厨师都为众口难调而苦不堪言，我去为他们祈求风调雨顺，到头来只怕自己吃力不讨好，委实不敢受命”。

玉皇大帝听了青狮的这一番话，觉得也好像有点道理，回头问白象神愿去否。

白象神平时急功好喜，这次他听了青狮神的一番话后也觉得自己想去也得把事情想得细一点。他停了一下，思索一番后说：“回禀玉皇大帝，本神只是个小小的守门神，这次多谢大帝的器重，不敢违命，去前只求大帝能答应本神一个要求。”

玉皇问白象神有何要求，尽管说来。

白象神说：“天下百姓，按泥土的干湿来种植五谷，只要雨神、风神、太阳神等随时都得听本神呼唤，叫来就来，叫去就去，本神就不怕下凡代不了桐山土地神的职。”

玉皇听了哈哈大笑："这有何难，本皇准你呼谁谁去，唤谁谁便回就是了。"未等桐山土地公土地婆再次开口，玉皇大帝说了声"退朝"，各位天神急于要赴蟠桃会就都纷纷下殿去了。

桐山土地神深深地叹了一口冷气，无可奈何地摇了摇头。

观音大士把一切都看在眼里，她知道桐山土地神心中不放心白象神为自己去桐山代职的心思，来到站立在天庭金殿前的桐山土地神身旁，轻声轻语地劝桐山神安心地去参加蟠桃会。桐山土地公、土地婆用疑惑的眼神望了望前来劝慰的观音大士，随观音大士最后离开金殿。

这时的观音大士，似乎也担心白象神到凡间后心有余而力不足地用好心办成一件坏事……

（五）兄妹有约下凡间

白象神原是水之精，他有一个妹妹名唤水母娘娘，统领着天下各地的雨神龙王，掌管着天下旱涝大权。正因为有这一层关系，所以白象神才能自信地壮着胆子，在玉皇大帝前接受了下凡为桐山土地神代职的重任。

但是，白象神毕竟以前与凡间的百姓有过接触，知道一些凡间人心叵测的事情，所以他在玉皇大帝前接受了为桐山土地神下凡代职的重任后，又担起了唯恐有失的心来。

为了把事情办妥办好，临行前，他来到了妹妹水母娘娘处，请求妹妹水母娘娘支持哥哥的下凡代职，要妹妹千万留心，抽调一名能够"随叫随到，尽心尽力"的雨神龙王为哥哥当助手，并告诉妹妹如果他这次下凡代职成功，像桐山土地神那样得到天下百姓的称颂和爱戴，他就会与桐山土地神一样得到玉皇大帝的器重，然后能够参加下一届的蟠桃宴会。到那时候，他决不会忘记是妹妹的帮助，一定会在蟠桃会上偷一只蟠桃回来给妹妹亲口尝一尝。

水母娘娘听了白象哥哥的一番许诺，不住地点头答应道："哥哥你尽管放心地去吧，妹子一定会吩咐雨神龙王听你'随叫随到'的呼唤，'尽心尽力'地为你服务的。"

白象神这才如释重负，满身轻松地来到了凡间。

（六）体察民情神耕山

俗语云：天上一日，天下十年。

桐山土地神上天向玉皇大帝请命回凡间，观音大士推荐白象神下凡为桐山土地神代职，仅仅这么点小事在天庭金殿上耽误了半天的时间，可是在凡间却整整过去了五年。由于桐山百姓平时依赖土地神祈求风调雨顺惯了，一旦失去了桐山土地公、土地婆的依靠，这五年间，百姓就饱尝了人间的旱、涝之苦。

当白象神来到桐山山神庙后，山下杏溪村的百姓觉得白象为他们带来了生的希望。村里的几位年长者和往常一样，在山神神位前点亮了红烛，供桌上摆起了供品，朝着山神神位烧香叩拜，期望白象神能和以前的桐山土地公土地婆一样祈求风调雨顺、五谷丰登。白象神在神位上看到了这般景象，受宠若惊地走下神位，双手扶起跪在神位前的杏溪村长者，急忙要杏溪村的年长者带领自己去以前桐山土地公土地婆耕种石堂山的三道山梁上去看看，杏溪村长者见白象神如此急着要为民造福的样子，就不无感慨地向白象诉说起石堂山三道山梁已变成了三道石街路的故事。

自从桐山土地公土地婆上天后，杏溪村就遇上了大旱。百姓们每天盼望着桐山土地神早日回来，为大家祈求雨神赐雨。于是，杏溪村的人每天都来到石堂山，站在这三道由桐山土地神最后翻耕过的山梁上，朝着南天门翘首盼望。

山梁上的人多了，一些小商小贩，也就先后来到这三道山梁上占地设摊做买卖。俗话说：店摊一多便成市。时间长了，三条山梁的地被数不清的人脚印踩得严严实实，成了寸草不长的不毛之地，泥土结板成石，大家就把这三条由桐山土地神用犁、耙、耖最后翻耕过的山梁，依照自东向西的顺序，称为了“一犁”“一耙”“一耖”的三条“石街路”。

当天晚上，白象神来到石街路，驾起天牛，扶着铁犁，试着耕山，可是天牛用尽力气也拉不动铁犁，铁犁的犁尖怎么也钻不进岩石。最后，除了在“一耙”这条石山梁的岩石上留下了一些牛用力拉犁，把牛脚蹄都陷进岩石面上的牛脚印外，石街路再也耕不动了。因此直到今天，在这“一犁”“一耙”“一耖”三道石街路，人们还可以清晰地辨认出当年由桐山土地神耕山留下来的一个个犁背印、一道道耙齿印和一条条耖钉印。在被人喻为“一耙”的这条石山梁上，还留下了白象神要天牛用力拉犁，天牛的脚蹄陷入岩面的一个个牛脚印。

石街路耕不动了，白象神没有学过桐山土地公、土地婆耕山的办法，掌握泥土的干湿，为天下百姓祈求风调雨顺了。经过一番冥思苦索，最后白象神想出了自以为得意的办法：只要按照百姓的要求去办，他们要求下雨，我就去为他们请雨神龙王降雨不就成了。

（七）“白象”失职闯大祸

杏溪村住着一个姓张和一个姓王的两个大财主。张财主有一片良田在桐山东面的杏花溪上游，土质肥沃，适宜于种水稻；王财主有一片土地在桐山西面的杏花溪下游，土质带沙，适宜于种芝麻、花生等一类的旱地作物。在白象神还没有来桐山庙代职前，天下大旱的日子里，张财主在杏花溪上游筑了一条拦溪大坝，用本来就已不多的溪水截流灌溉他的水稻田。杏花溪下游，王财主地里的芝麻、花生因干旱苗枯而不能开花结子。因此王财主来到张财主家，请求张财主打开拦溪坝放一些溪水下来给芝麻、花生灌溉。

可是，张财主说什么也不答应。他说："眼下水稻正在吐穗扬花灌浆，一天也不能没有水，如果开坝放水，岂不成你有收而我没有收了。"

王财主见张财主不肯放水就动怒说："杏花溪上的水是天上落下来的，你能用我也能用。"

张财主说："自古以来近水楼台先得月，兔子先吃窝边草，谁叫你家的土地在杏花溪的下游！"

于是张、王二财主，由唇枪舌剑到动手动脚，王财主先扒了张财主的拦溪大坝，张财主打了王财主来扒坝的人，王家的人气不过又打了张家的人，最后两败俱伤都出了人命案。于是白象神一到桐山庙没几天，张、王二家就来请白象神评理。

白象神听了张、王二财主各自的诉说后，哈哈大笑地说："这有何难，我请雨神龙王来，把雨下个够，张家就不要筑坝，王家不也就不要扒坝，两家的水稻、芝麻、花生不就都有收了吗？"于是白象神就高声地朝天上喊："雨神龙王降水，雨神龙王降水！"天上的雨神龙王一听到白象神的呼叫声，连忙驾起雨云降雨。

豆大的雨滴从天而降，这可乐坏了杏溪村的男女老少。大家都纷纷从家里拿出水桶、面盆、坛坛罐罐来接雨水，接满了就拿回家倒进水缸里。白象神见到了百姓们这般情景，乐不可支地手舞足蹈了起来，连声高叫"下得好，下得好"。白象神一阵高兴过后，加上从天上下凡界后一连几天体察民情的劳累，连打了几个哈欠，便一头钻进被窝里呼呼大睡了。

再说天上的雨神龙王听到白象神"下得好，下得好"的连声表扬后，更加起劲，更加卖力地下起了瓢泼大雨。

如注如倒的倾盆大雨，一连下了七天八夜。天下诸山的山神，起初也像杏溪村的百姓那样叫山上的草木张开大口，尽情地喝个够。可是时间长了，山上的草木、岩石、泥土都涨饱了，承受不下了，他们又张开了大口，往外吐水了。

于是天上暴雨连连，地上山洪暴发，杏花溪的水很快满过了溪塍，盈溢了田野，进了村，一个劲地向上暴涨。

当洪水刚进村时，村民们先把能搬得动的东西往高处移；洪水进了家，他们又将楼下的东西往楼上搬；洪水上了楼，百姓们就什么也顾不得了，爬上屋顶朝着青天呼喊救命。幸好杏溪村前面是溪，后面是山，从屋顶到山上距离近，于是人们就用木桶、门板当救命的用具，扒在上面，逃到山上。可怜那些离山远一点或来不及逃命的乡亲们随着洪水漂浮远去，山上的幸免者也只能眼睁睁地看着这些遇难者，用悲哀的哭叫声与他们作生死离别。

洪水还是一个劲的向上暴涨。

逃在山上人的哭叫声、呼救声,伴随着哗哗的洪水声把还在沉睡的白象神从睡梦中惊醒。起初,白象神还以为杏溪村的村民们还在继续用坛坛罐罐站在天底下接雨水嬉闹,后来听声音越听越觉得不对,慌忙跑出山神庙一看,群山四周已是一片汪洋!

大上的雨还在下,地上的水还在涨。如再不想办法带领百姓往桐山东方的桃花山上逃,桐山将要与杏溪村所有的百姓遭到灭顶之灾!白象神情急中,一边朝天上喊:"雨神龙王停雨!"一边自己又不着边际地东张西望,慌乱地吼起来"赶快救人!哪里有船?哪里有船……"

(八)雨神报复民遭殃

天上的雨神龙王,先是依照水母娘娘的吩咐"尽心尽力"地忠于职守,不遗余力地下着倾盆大雨。后来雨神龙王看见人间泛大水了,百姓们搬家具,往山上逃命的情形,好像是人间小孩看蚂蚁搬家一般地好玩。最后听到了白象神"雨神龙王停雨,雨神龙王停雨"破嗓般的吼叫,这倒使雨神犯难了:是听自己顶头上司水母娘娘要"随叫随到,尽心尽力"降雨呢,还是听白象要自己"停雨"的吼叫呢?雨神龙王在犯难中,想起了一段与白象神以前有过纠葛的往事。

那是白象神在地上当水精还没有到南天门当守门神的时候。有一次,雨神龙王记不起来是什么地方得罪了白象水精,掌管着天下所有江河湖海中水的白象水精就下令封锁了天下所有水蒸气升天的道路,"巧妇难为无米之炊",直苦得天上各路雨神龙王因没有水蒸气而无法驾起雨云施雨,险些因天上的天河干枯而受到惩罚。后来水母娘娘出面叫白象水精哥哥放地上的水蒸气上了天,才平息了雨神龙王与白象水精的纠葛。水母娘娘为了隐瞒白象水精的过失,在南天门需用守门神的机会中,推荐了火精青狮与水精白象当上了南天门守门神的美差,雨神龙王才脱离了白象水精魔掌。现在,水母娘娘只吩咐过白象神"随叫随到,尽心尽力"地降雨,而未听见过白象神叫"停雨"啊!

正在雨神龙王犯难之际,雨神龙王又听到了白象神"赶快救人!哪里有船?哪里有船……"如饿狼般的吼叫声。雨神龙王顿时想到,降雨是自己顶头上司水母娘娘的旨意,应该听她的,要船救百姓,是白象神下凡代职的职责,看在白象神与水母娘娘是兄妹的份上,我不记前仇助白象神找只船来,岂不既依了水母娘娘的旨意,又助了白象神的一臂之力,两全其美?于是雨神龙王马上到天河边,解开一只渡船的缆索,从天上放了下来,自己还是继续下着雨。

白象神忽然看到从天边漂来了一只船,喜出望外地朝着山上的百姓高呼起来"船来了,有救了!"

山上的杏溪村百姓年老的口称自己不中用了，要年轻的上船先走；年轻的说自己身强力壮，应该先让年老的先上船。因为船小人多，一只船无法运载所有的百姓，大家相互地推让着。洪水越涨越高，山头的面积越来越少，杏溪村的小伙子们什么也顾不得了，他们抱起一个个年老体弱的人往船上装，船装满了，就推船离岸朝东方的桃花山上逃命。当所有剩下来的年轻力壮的杏溪村人刚刚登上第二船时，洪水淹没了桐山山顶，船上的人无不为自己上了船而感到庆幸。

当满载着这些年轻人的渡船绕过石堂山，将近桃花山时，船上的年轻人与桃花山上的年长亲人挥手打起了招呼，使船失去了重心而开始倾斜，船上的人越骚动，翻船的速度就越快。霎时间，满载着杏花村年轻力壮人的船，就翻扑了个底朝天。桃花山上第一船过去的年老体弱者，个个都亲眼看着自己的儿孙媳妇，翻扑到了船底下，葬进了滔滔的洪水中，无不捶胸顿足，痛哭连天。

（九）水牛神变石牛山

雨还在下，水还在涨，老百姓的哭喊声惊动了蟠桃会上的观音大士。

观音大士凭着她侧耳能听人间是非，举目能看天下善恶的聪耳慧眼，一下子就明白了水漫桐山的悲惨事。她为了蟠桃会正常进行，不惊四座，离开了会场。一方面急令雷公用轰雷闪电，打散雨云，命天神天将速速缉拿雨神龙王、白象神，打入天牢，以治失职之罪；另一方面急令天上所有水牛精下凡，吸干洪水，救百姓脱离洪患。

一时间，天下雷电轰鸣，洪水急骤下退。倒扑着杏花村所有年轻力壮人的船也随着水位不断下降。由于天上水牛精吸水过于用力，当倒扑着人的船下降到接近地面时，只听见“嘭”的一声，四周的船沿口，深深地陷进了洪水退后的淤泥中。后来就成了在石堂山与桃花山之间的扑船山。

由于洪水漫过了桐山顶，冲走了桐山上所有的泥层，直到今天在桐山还是外露着被雷公的雷电烧得黑黝黝的山岩。一些山岩上至今还保留着当年被洪水冲积的水纹印。从此，人们为了感谢雷公用霹雷打散雨云的功绩，把原来的“杏花溪”改名为“剡溪”，“杏溪村”也便改成为了“剡溪村”。

再说从天上下凡来吸洪水的水牛精，滔滔的洪水把一只只水牛精的肚子都胀得鼓鼓的。当它们完成了吸干洪水任务，争先恐后登着天梯回天庭时，其中肚子鼓得最大的一只水牛精因爬不上天梯回不了天，后来变成了双林寺东北角的石牛山。

（十）石牛山上牛绳岗

石牛山，以前出过几次较大的山洪暴发，传说那是因为水牛精上不了天后，肚子里的水涨破了肚皮而发生的（俗话叫“出水牛阵”）。

二十世纪七十年代，当佛堂镇起鸣村开展农业学大案，黄土山坡改地造田时，在石牛山下从古塘村、石楼村到义乌江一线的山坳地下，发现尽是一些从石牛山上山洪暴发时滚下来的大块乱石。所以对石牛山是由天牛精所变的神话故事，当地的农民都认为是可信的。

在石牛山的中部有一条自东向西的笔直长达一里多路的山岗，当地人称它为牛绳岗。传说是当年这头水牛精，没有顺着天梯上天，只抓住一截用绳索缚天梯的“绳头”而得名。石牛山上，细小的泉眼多如牛毛。这些“叮咚”的山泉顺着山坡流下，聚成了一条“石牛溪”。石牛山下的寺前施、陶斯、上桑园等自然村的村民，就在这条“牛绳岗”山脚下的石牛溪截流建成了两座水库，一座叫“上山”，另一座叫“新塘”。

站在碧波荡漾的水库大坝上，迎着爽飒宜人的一阵阵山风，面对石牛山上漫山红遍的杜鹃花和清脆悦耳的山雀鸣叫的“空谷传声”，听着当地农民指着石牛山上的山岩讲述着这个石牛山故事的时候，你一定会为在佛堂镇竟有如此美丽动人的故事而惊讶不已，你更为这里的一山一水竟会有这么多的神话传说故事而感叹。

口述者：贾祯银(1897—1978)，燕里村人。贾祯银是笔者的堂爷爷，有一手裁缝好手艺。因长年累月在佛堂镇及其周边农村上门做裁缝，“吃百家饭”，所以他有讲不完的故事。笔者有许多故事记录稿都是来自于他。此简介在后面故事中不再重复。

记录时间：1976 年夏。

记录地点：佛堂镇燕里村。

二、云黄溪

佛堂古镇坐东朝西，背靠九凤山，面朝义乌江。九凤山离古镇东侧五里地，山高近百丈，自南向北如屏障一字形排列。南头是云黄山，北头是石牛山，中间称凤翔山。因这三座山连在一起共有九个山头，参差不齐，直指天穹。每天东方拂晓后，九个山头后面红霞云涌，一道道金灿灿的旭光，照得霞云极像一只只金色的凤凰。其时，黛色的山峦像剪纸一样，衬托着这九只金色的“凤凰”，从山后飞向山前，美不胜收。九凤山与凤翔山就由此得名。

云黄溪的故事，其实是石牛山故事的续篇。

当天上的水牛精受命下凡来吸干了桐山洪水回天后，观音大士发现最后一只水牛精因吸了过多的洪水，爬不上天梯而留在了人间，就让它伏地变成了头朝北、尾朝南的石牛山。在水牛精伏地变山时，它一方面后悔自己因一时贪功，吸水过多，回不了天庭；另一方面也埋怨观音大士办事不公，它吸水最多，反而得不到回归天庭的好报，一肚子怨气没地方出，憋在肚子里难受，只能连连放屁解气，于是牛屁一个接着一个地放，臭气冲天，把蓝天上的白云都染成了黄色。此后，石牛山屁股后的山也就被称为了“云黄山”。

云黄山海拔三百一十六点五米，山上长年黄云盖顶，终年不散。传说是观音大士为了不让牛屁的臭气升上天庭污染天界而使的压云法术。于是黄云如雾，雾水济济，汇聚成了一条仅仅五六里长的云黄溪。溪水自东向西流经坐北朝南的稽亭村南，稽亭村人也就把云黄溪称为了“前溪”。

同源于九凤山的石牛溪与云黄溪，二溪左右相隔仅一二里路远，由于云黄山上长年黄云遮天，雾水充足，因此云黄溪的流水量大大超过石牛溪。古时候，农夫为了蓄水灌溉农田，将云黄溪截流筑坝，建成了有近千亩水面的稽亭村稽亭大水塘。中华人民共和国成立后，实行了农村土地合作化，1961 年，地方政府又带领民工，在云黄溪的上游，拆掉了具有一千四百多年历史的双林古寺，建成了双林水库。双林水库的大坝，正好填埋了传说出生过九条龙的一个名叫“肉丸”的深水潭里。这个云黄溪上出九龙的故事，就得从这个“肉丸”深水潭的来历说起。

（一）白杨树由观音“栽”

玉皇大帝的蟠龙会上传来了代替桐山土地神的白象神来到凡间，闯下了因贪睡失职，水淹桐山的弥天大祸的消息，尽管观音大士及时派水牛精吸干了洪水，但是数以百计的桐山周围的青壮年男女百姓葬身在扑船山下，剩下老幼妇孺的痛哭声，震动了天庭。当玉皇大帝了解了全部的案情后，来到南天门，手搭凉棚，眯起双眼向凡间寻找曾经发生过“水淹桐山”的地方。

可是天底下漫漫的大千世界，有数不清的山山水水，无论如何也辨不出哪一座山叫“桐山”。于是站在玉皇大帝身边的观音大士，向她净瓶中所插的杨柳折了一个枝丫，往天底下一掷后说：“大帝，就是在我将这杨柳枝丫插着的那个地方”。玉皇大帝的双眼就瞪住这根从天上飞下来的杨柳枝丫看去，由于桐山表面上的泥水都被洪水冲刷得干干净净，只剩下了光秃秃的岩石，这根杨柳枝丫就顺着桐山上的岩石一擦，擦破了表皮，露出了洁白的枝干，然后飘落在离桐山东北角二里路远，四周环山，中间聚水，名叫赐濑里的地方，这根白色的杨柳枝丫插了个笔直。玉皇大帝在南天门上看得真切，高兴地说：“那根白杨树所插的那个地方看到了，看到了。”这根露出了洁白枝干的杨柳枝丫，从此生根长叶，成了一棵白杨树。

这时，一向慈悲的观音大士奏请玉皇大帝说：“桐山水灾，桐山一带具有生育能力的青壮年大部分都已葬身于扑船山下，剩下的老幼妇孺怎能相继传宗接代？”玉皇大帝略假思索说:“那就让逃过这场劫难的白杨树所插一带的百姓,每人延寿二十年,让他们繁衍生息吧。”所以在佛堂镇剡溪桐山一带至今仍流传着一句“六十岁娶亲,都还能见子见孙”的俗语,就是这棵“天赐”白杨树带给人间的“应世”福语。

从那时候起,在剡溪桐山之巅的桐山庙内,也就塑起了一尊送子观音的塑像,凡有来此求子者,只要摘去塑像中观音大士像前小男孩的“鸡鸡”,来年必定会使你如愿以偿生个小男孩。所以只要桐山庙内观音大士像前小男孩的“鸡鸡”被人摘走了,庙祝经过上香祈祷后,又会“栽上”一个小“鸡鸡”,以满足求子者的欲望,使濒临绝望的桐山下百姓用不了几年又恢复了生机。

(二)九龙清明日出世

传说在很早很早以前,那时候傅大士还没有出生,在赐濑里由观音大士所插的这棵白杨树水塘边住着一对勤劳而又十分恩爱的夫妇。

这一年村妇怀孕十个月后没有一点临盆分娩的现象,肚子一天比一天大起来,急得村夫到处求神拜佛请医生,祈求妻子早日平安分娩,哪知道每个村医郎中都说村妇身体一切健康正常。而这个村妇不但不因为自己的肚子比箩筐还大而感到身体不适,相反,饭量与日俱增,胃口大开。过了三年零六个月,村妇的大肚子大得几乎人站直了都能接触到地面,每天只能背靠凳子站着“坐”,根本无法卧床。可是村妇竟一点也不因身子沉而觉得累,每天精神矍铄。原先每天为妻子的大肚子担忧的村夫,日子长了知道求神拜佛请医生也无济于事,也就听天由命了。

一日,门前来了一位童颜鹤发的道仙,路过大肚子村妇家门时,看见村夫在为大肚子的妻子搬凳子,让她“坐”在门外的白杨树下。道仙开口向村夫讨碗水喝,村夫马上到家里捧来一碗凉开水递给道仙,道仙喝了后,把碗还给村夫,对村夫说:“你妻子怀的胎得到清明节那天才能分娩生产。由于胎大,等到清明节正午时,你得攀折一根这棵白杨树上的枝条,轻轻地在她肚子上拍打九下,她就能平安的分娩生产了。但是你千万要记住,在你拍打九下白杨树枝后,你就得马上转身出门,把门关紧,把那根拍打过你妻子大肚子的白杨树枝,插在门外的东侧。你无论听到什么声音,只管闭着双眼,口中一遍又一遍地念着‘祈求风调雨顺,五谷丰登’就是了。”村夫听完道仙的吩咐,把那只给道仙装过开水的碗拿回家再出来,这位道仙就不见了。从此,村夫与村妇,就每天掰起手指,期望着清明节的早日到来。

清明节这一天红日当空正午时,村妇只觉得肚子中的孕胎开始活动起来。村夫马上按照那天道仙的吩咐,来到门前的白杨树上攀折了一根白杨树枝,回到房内轻轻地在妻子大肚子上拍打了九下,然后马上把这根白杨树枝插在门外的东侧,关紧房门,既搓手,又跺脚,焦急地等待着屋内妻子的临盆分娩。

这时候，站在门外的村夫，只听见屋内“嘭，嘭，嘭……”一连九下重物坠地声，震得门前的鸡鸭满地飞跑，黄狗汪汪直叫。接着，屋内的桌椅倒地声，碗橱里的碗碟叮当声乱成一片。村夫被这屋内突如其来的声音惊动了，不知屋内发生了什么事，他就忘记了那位道仙的吩咐，推门而入。

随着门的打开，一道光亮直照得屋内的村妇连声大喊：“我的眼睛瞎了，我的眼睛什么也看不见了！”

村夫循声正想向妻子的床边走去，只见有九个圆形像球一样的东西在屋子里满地打滚，使他无法举步入内。

村夫弯下身子，小心翼翼地用双手一个一个地把这九个滚动的圆球扶稳，放在屋子中央。正当他将最后一个圆球拿在手上时，只见地上八个球内，钻出了八条小龙来，他慌忙将手中的这个圆球往妻子的手上一塞，只见八条小龙一条条都朝门外飞去。村夫连忙追出门外，八条小龙出门后，一见门东侧插着那根“白杨树枝”就都调转头，顺着云黄溪流水的西北方向而去。

（三）残尾巴龙回娘家

再说他的妻子从丈夫手中接过一个圆球后，由于两只眼睛被丈夫开门射进来的光线照瞎了，看不清手中的圆球是什么东西，只得用手不停地抚摸着手中圆球光滑的外壳。丈夫追不上那八条顺着云黄溪水西北方向去的龙后，只得无可奈何地回家来。

刚一进门，村夫只见妻子手中的那个圆球上，一个小龙头刚刚钻出外壳，他的妻子一摸到小龙头，“呀”的一声惊呼，失手把刚刚钻出小龙头的圆球抛在了地上，这条小龙破壳而出，正好朝着村夫刚刚打开门的光亮而来。

说时迟，那时快，村夫头脑突然清醒，慌忙转身关门，正好二扇门夹住了一小截龙尾巴。村夫见门夹住了一截龙尾巴，不由自主地又把门一开，只见这条夹痛了尾巴的小龙，泛起一块块乌云，在门前的天上来去徘徊，好像有一种依依不舍的样子。

村夫见状，想起了道仙的嘱言，语无伦次地念起了道仙所嘱的咒语“祈求风调雨顺……五谷丰登……经常来……望望娘……”可是这条在天上徘徊的小龙，误听成了“只要风暴年成……回家看娘……青麦来……黄谷回……”快快地朝南而去。村夫尾随着这条小龙一直往南追去二里路左右，只见这条小龙，潜入桐山脚下的杏溪逆水而去。从此，这条杏溪，也就被人称之为了“龙溪”。

于是，到了每年的大、小麦青黄未熟时节和稻谷挂穗黄熟季节，佛堂剡溪桐山一带都要有一场像当年伤尾巴的龙逆水而去时那样乌天黑地、风雨交加的天气。当地的农夫称这场风暴天气为“残尾巴龙回娘家”。（注：这种季节性的龙卷风天气，直到今天仍然如此。）

(四)九龙九溪话“肉丸”

古人云:山不在高,有仙则名;水不在深,有龙则灵。人们把江河溪海比喻为龙的栖息之地。

后来不知是哪一位堪舆(风水)先生说,佛堂古镇是块“天上瑶鱼落凡间”的风水宝地。就在这条“瑶鱼”的四周,有九条溪流,分别从东、南、西、北向这里汇合成“九龙落脉”之“水口”的地相。由于旧时的“水”象征“财”,龙寓意“水”,所以很早很早以前,在观音大士所插的这棵白杨树水塘边村妇所生的九条龙,隐居在“瑶鱼”四周的九条溪流中。加上这条瑶鱼与九条小龙,原都是天上的宠物,互通灵性,这条“瑶鱼”所在地,也便成了后来人们“财源滚滚来”的经商聚财“宝地”。

这九条溪流分别是:从东向西流的来自东阳南江的“画溪”,源自石牛山入义乌江的“石牛溪”,源自云黄山入义乌江的“云黄溪”;从南向北流的经古月桥、剡溪村入吴溪江的“龙溪”,过赤岸与龙溪汇合于雅西村入吴溪江的“丹溪”,环田心村入吴溪江的“环溪”;从西向东流的源自义亭铜山的“铜溪”;从北向南流的源于官塘金村山塘湖泊在堂楼下村南入义乌江的“长湖溪”,来自东阳北江入义乌的“乌伤溪”。

传说,村妇当年是在观音大士所插的这棵白杨树“深水潭”边生下这九个像肉丸一样的“龙蛋”的,所以后人便叫此“深水潭”为“肉丸”。此“肉丸”旧址,于1961年建造双林水库时,被填埋于水库大坝底下。

口述者:贾祯银(1897—1978),燕里村人。

记录时间:1976年夏。

记录地点:佛堂镇燕里村。

第二章　古佛出双林

双林禅寺南朝始，古寺名于双梼树。
因果相报传说奇，傅大士佛来出世。

一、贾傅姻缘

贾傅姻缘的故事并非空穴来风。

据《义乌洋川贾氏宗谱》记载：义乌贾氏一世祖名尚甫，字贝赡，号云山，系留有历史名著《过秦论》的东汉长沙王太傅贾谊之后，官晋朝议大夫。永和年间(345—356)，为避战乱，偕夫人从胶东随南迁的人流来到当时较为安定的乌伤松山(石牛山、云黄山)落藉，成为义乌贾氏一世祖。穆帝丁巳年，战乱平息，立国号为“升平”，贾尚甫回京当官。其夫人羡慕乌伤松山一带山肥土美，水甘人和，不愿回京，经贾尚甫奏请穆帝司马聃，穆帝遂赐“松山方圆十里”为贾尚甫一家所有，从此贾尚甫成了乌伤松山一带拥有十里山川田地的殷实富户。因贾尚甫居住在一口诸水复会的大水塘边，其地为穆帝所“赐”，遂取住宅的地名为“赐濑里”。

贾尚甫官居显爵，家财鼎富，唯其人丁不旺。到了第四代，仅有志仁、志默年龄大小相差二十多岁的两个曾孙子。志仁娶妻刘氏，年过五十，仍膝下无嗣。志默娶妻后，其妻子又多年不孕。因此志仁、志默兄弟俩都为有万贯家财却无后代继承而忧心忡忡。

同在云黄山下住着一个傅氏家族。据《义乌傅氏宗谱》记载：始祖傅熹，晋隆安五年(401)从胶东南阳来乌伤任县令，卒于官。因与贾尚甫同是来自胶东南阳的同乡关系，葬九凤山(云黄山)，其子孙遂居云黄山下。熹生有全、会、仝三子，仅全与仝，就生了洙、混、淞、潭、河、潮、瀚、灌、澜、溉、汪等十一个孙子，其中仅仅潮这一个孙子，就又生了九个儿子。俗话说：“千金家佲，经不起三代分”。因此到了傅熹的第五代，傅氏家族已发展有一百多口人丁，落到了“人头济济，家贫如洗”，靠给人当佣度日的地步。

傅潮的第七个儿子名唤棋，棋带着一个傅氏第五代名叫德宣的儿子，在贾族的第四代贾志仁家当佣(长工)。由于贾志仁知书达理、宽厚待人，傅棋、傅德宣父子俩为人诚实、办事勤快，所以主仆之间关系相处得十分融洽。

傅棋见贾志仁整日为无子嗣而愁眉不展后，为了能让贾志仁传宗接代，他就把自己傅氏家族中一位与德宣同辈的十八岁妹妹介绍给贾志仁为妾。成婚后，经一道人指点，贾志仁选了一个黄道吉日，携傅妾夜宿于松山之巅，以祷求得子。在义乌《洋川贾氏宗谱》中详尽地记载着："是夜，梦见一巨人自斗牛间下呼'昙儿'声惊醒，傅氏果娠。"南朝宋明帝泰始六年（470）正月十八日傅氏产下一子，贾志仁晚得贵子，喜从天降，遂依梦取名为"昙颖"。

因为傅妾为贾志仁生下了昙颖，从此，凭傅妾与傅德宣是同族堂兄妹的辈分，德宣也就成了昙颖的堂娘舅。

二、两棵梼树

贾志仁从心底里感激傅棋为自己介绍了傅妾，因为傅妾为自己生下了能够传宗接代的贾昙颖。滴水之恩，涌泉相报，贾志仁为傅棋的儿子傅德宣娶了媳妇。从此，贾、傅两家几乎取消了原来的主仆关系，成了共同生活的一家人。

是年中秋佳节，志仁邀请傅棋全家与自己一家共同围桌设宴赏月。

宴席间，德宣的妻子连连背过身去呕吐不止。细心的傅妾把堂兄嫂德宣的妻子已怀孕之事悄悄地附耳告诉给坐在身边的丈夫。志仁听后，趁着酒兴戏言说："德宣妻子身孕若是男娃，可与我家的小昙颖拜个异姓兄弟，平分家业；若是女娃，也可为昙颖指腹为婚……"并祷求天帝延寿，祈盼自己老来得子，尚能见孙。宴席间，贾傅两家人自是欢欢喜喜，笑声逐浪。

泰豫元年（472）六月十九日，德宣妻子产下一女婴，这可把贾志仁乐开了花，实现了他为儿子昙颖定下娃娃婚的夙愿。

奇怪的是傅德宣夫妻自从生下指腹为婚的女儿后，就一直没有身孕。到了贾昙颖十八岁时，傅德宣的女儿已是十五岁的少女。贾志仁为了想早抱孙子，马上为儿子贾昙颖与傅德宣的女儿办了婚事。年轻的贾昙颖夫妻第二年就生下了一个胖儿子，取名有征，又一次实现了贾志仁"六十岁娶亲，还能见子见孙"的夙愿。

贾昙颖自幼天资聪敏过人，贾志仁为了培养他成为自己世代书香门第的后继人，从小昙颖懂事起，就四处寻访、聘请名师到家里来，为小昙颖当家庭教师，让小昙颖读书识字。小昙颖十分勤学好问，且过目不忘，尤其对周易八卦等知识，倍感兴趣，乡里称其为神童。

齐明帝建武二年（495），贾昙颖经乡试考中后，到外地当提领官，忽得家报，其父志仁与其母傅妾在同年同月同日同时（辰）突然去世，贾昙颖立即赶回家来料理丧事。

当贾昙颖在家中灵堂上正寻思父母埋葬的墓地时，只闻一股香风扑鼻而来。贾昙颖顿觉惊奇，随着香气寻去，发现香气来自家门口的两棵梼树（指松柏之类刚劲的树木）间，环绕不散。这两棵梼树叶如铜钱般大小圆圆的，绿色如黛；树干青白色光洁细腻，根株异植，枝叶连理，各有祥气出木窍中，上有双鹤和鸣栖翔。贾昙颖根据“天地定位，山泽通气”的易经要术，认为平时这两棵梼树不散发香气，未引起自己的注意，现在从父母灵堂闻香来到这两棵梼树下，这才看清了枝干连理，双鹤和鸣的景象。这是一种祥瑞的预兆。于是他就将父母合葬于这两棵梼树之下。

想不到两棵梼树之下是一块寅葬卯发的风水宝地。

次年建武三年（496）二月十五日，志默因得堂兄志仁葬于双梼树下风水的庇佑，竟然使婚后多年不孕的妻子，生下了一个胖娃娃。志默老来喜得贵子，一时高兴，就以“不孝有三，无后为大”中的“孝”字，为儿子取名叫贾孝。

三、傅翕出世

传说两棵枝叶连理的梼树，一棵寓指贾氏，另一棵寓指傅氏，是山川形胜的风水宝地，应验了贾、傅两家人的姻缘。

自从贾孝出生后，已经二十多年未再有过身孕的傅德宣的妻子王氏也马上有了身孕。

到了五月初夏时节，傅德宣妻子王氏的妊娠反应日趋强烈，每天恶心、呕吐不止，茶、饭根本无法入口。为了养身保胎，傅德宣与女婿贾昙颖请遍了名医诊治，均不见效。这日午后，傅德宣搀扶着妻子来到门前水塘边的那棵白杨树下散步，王氏顿觉恶心呕吐骤然停止，心胸格外舒畅。傅德宣惊奇之余，想起了长辈们讲的这棵白杨树的故事：

这棵白杨树是观音大士玉净瓶中所插的杨柳枝落地生根成活，因此带有神佛的仙气。它能聚日月之精华，能收山水之灵气，所以在酷暑盛夏期间，黛绿色的白杨树叶挡住了炎炎的烈日，人们在树荫下乘凉、歇息，风吹得树叶沙沙发响，像是慈母坐在摇篮边，哼着动听的摇篮曲，使人有一种心旷神怡的感觉。夏夜，白杨树散发出一种闻之清香的祥气，驱散了蚊蝇对人体的侵扰。冬天，白杨树落尽残叶，太阳透过光光的树干枝条，洒下一道道暖烘烘的和煦阳光，挡住了袭人的刺骨寒风。凡到白杨树下晒太阳的人，都会有一种飘飘欲仙的感觉。人们纷纷传说，这是一种吉祥的兆示，因为古代已有先例：周灵王二十一年（公元前 551），鲁境一带原来混浊不清的黄河水这一年突然变得清波荡漾，碧澄见底。当年，黄河上的老船工见状，曾经欢畅地大叫：“哈哈，黄河一清见底，要出圣人喽！”果然，这一年中国至圣先师孔丘降世。所以，现在这棵白杨树如此异常，说不定也是要出贵人的预兆。

傅德宣越想越为自己妻子一到这棵白杨树下就像换了一个人一样的奇事感到蹊跷。于是，傅德宣索性到家里搬来一把竹躺椅，让妻子王氏躺在白杨树下的竹椅上。王氏一躺下，真是舒服极了。她双眼望着水塘内一朵朵白莲花，衬着一张张圆似米筛、锅盖般大小的绿色荷叶，微风一吹，左右摇曳着送来一阵阵沁人心脾的清香。

连打几个哈欠后，王氏进入了梦乡。

朦胧中，只见白杨树下的藕塘边，挤满了赏荷的游人，她挺着大肚子，引胫伸臂地采摘着一朵朵荷花，分赠给一个个前来向她讨要的赏荷游人，藕塘里的荷花采摘完了，他就采摘莲蓬，掰出莲蓬中的一粒粒莲子，正想分送给游人时，不知是谁说了一句"你自己先尝尝吧"，王氏把一粒鲜嫩香甜清脆的莲子放入自己口中，只觉得满口清香。她把手中剩余的莲子，分别送给了站在她身边的游人，双脚向后一退，"扑通"一声，掉进了藕塘中……

原来已是日落西山时分，傅德宣见她在白杨树下睡得香甜，怕她受风凉，就请了一人当帮手，把她抬回房中。王氏被惊醒后，把睡梦中采摘莲蓬、掰尝莲子的梦境与傅德宣讲述后，傅德宣高兴得几乎要跳起来了："白杨树下梦见尝莲子，这是观音赐子喜兆，你怀的定是男孩，你怀的定是男孩！我傅氏不该绝后，我傅德宣后继有人了！"傅德宣狂喜地叫喊了起来。

说也奇怪，自从王氏在白杨树下做了采摘莲蓬、掰尝莲子的美梦后，原来恶心、呕吐的毛病不见了，每天精神抖擞，饭量大增，傅德宣与贾县颖两家人每天都陶醉在傅德宣也将老来得子的喜悦之中。

可是，王氏的身孕足足怀了十个月，仍旧身体如常，不见丝毫临产的征兆。傅德宣看着妻子王氏的肚子一天比一天大，又开始为妻子的分娩担忧起来。一日，一位道人路过赐濑里，在白杨树下看见了大肚子的王氏仰卧在竹躺椅上，尤其见王氏那透出灵气和智慧的双眼，连忙拉住站在竹躺椅旁的傅德宣问："这是谁家的孕妇？"傅德宣见这位道人问他，忙答："回禀道长，这是我的内人。"道长一听，连忙道贺说："贺喜，贺喜，你家内人，身怀宝胎。"傅德宣连问："何以见得？何以见得？"道长继而滔滔不绝、振振有词地说了起来："贫道知道，贵妇宝胎已过十月有余，最早还要过两个月才能分娩，也许还要过四个月……"

傅德宣一听，大声惊叫起来，"俗话说'猫三狗二，猪四羊五，怀胎几月，各自有数'，我妻要怀胎十二个月才能分娩，她怀的岂不是成了要十二个月才能出生的水牛胎？"

"施主错矣，施主错矣！"道人接着说，"人类之中，按天赋智慧，可分为五等：第一是圣人，第二是哲人，第三是明达，第四是常人，第五是愚顽，所以只有圣人十四个月而生，贤哲十二个月而生，明达十个月而生，常人九个月而生，若是八个月而生者，是愚人顽者。”道长说完，向傅德宣躬身一揖，“恭喜施主，贺喜施主，贫道去也。”拂袖扬长而去。

光阴如箭，日月如梭。转眼已到建武四年（497）五月初八日，又是一个风和日丽的初夏之日。大地在几声破晓的雄鸡啼唱声中迎来了东方万道霞光，正当一轮旭日喷薄而出的时候，一股白茫茫的香雾萦绕在傅德宣房前屋后，奇香扑鼻，氤氲不散。

傅德宣在睡梦中，梦见一只大鹏鸟，一开一合地扑打它那双长满羽毛的大翅膀，停在门前的白杨树上“呱呱呱”的大声呼叫。傅德宣怕大鹏鸟的鸣叫声惊醒睡在白杨树下竹躺椅上身怀六甲的妻子王氏，正想驱赶这只大鹏鸟，大鹏鸟扑打着双翅突然朝王氏的竹躺椅直扑而来，傅德宣慌忙用自己的身体去挡大鹏鸟，一不小心，碰在王氏的大肚子上，傅德宣生怕伤着王氏大肚子中的胎儿，顿时惊醒……

“哇、哇、哇”王氏正在这时产下了一个胖男娃。只见这初生的婴儿方面大耳，目秀眉清，啼声洪亮，两颗闪烁着灵气的眸子，平静如水，威仪如神。傅德宣禁不住心花怒放，乐得眉飞色舞，遂依梦境，为儿子取名为“翕”。

本来人丁不旺的贾昙颖家两年中多了贾孝、傅翕两个男丁，都说这是这二棵梼树下，志仁夫妇葬中了风水穴位，使贾姓、傅姓的两个家族都旺发了。

四、姐夫妻弟

傅翕的童年是与姐夫的弟弟贾孝、姐夫的儿子（外甥）贾有征一起度过的。

姐夫贾昙颖一年四季在外担任提领官。家中的三个童孩中，自己的儿子贾有征最大，堂弟贾孝比妻弟傅翕大一岁。三个孩子都到了该上学读书的年龄，贾昙颖就请了一位教书先生到家里来教孩子们读书识字。

傅翕虽然年纪最小，但长得肥头大耳，性格内向，整天少言寡语。他十分喜欢独自一人站在家门前那棵白杨树下，有时也会讲一些大家都听不懂的、稀奇古怪的话。他眯起双眼，笑口常开，不知是谁给他起了个小名叫“弥勒”，因此小伙伴们也就呼他为“阿弥”。

阿弥的记性极好，先生教过的文字即能写，读过的书即能背，而且极愿意代人受过。如某小孩打破了一只碗，受到大人的责骂或罚打，阿弥就会承认碗是他打破的，要打要罚的是他。由于傅翕是小伙伴中年纪最小的一个，大人们见他憨头憨脑的，也就说一句“下回当心”“别把碗再打破”就算了。从此后，只要小伙伴中谁做了错事，大家就会推说是“阿弥”做的。阿弥也从不推辞，代人受过，从不抱怨。因此，阿弥在小伙伴中人缘极好。

那时候读的书，教材以《论语》《孟子》《荀子》等儒教经典名著为主。《论语》是孔子与弟子，孔子弟子与弟子以及弟子与再传弟子之间的对话问答体的著作，孔子是春秋时期的鲁国人，他的核心思想是“仁”与“礼”。看似一些简单的对话，其中包含了救世济民的大道理。《孟子》是介绍孟子的书，孟子是战国时期邹国人，他从学于孔子的孙子的弟子，他是孔子“天命”论的继承者，认为人性中具有“善端”，人应该注重仁、义、礼、智四德。孟子把“天”的意志还原为“民”，“民心即天心”，要求人们按照“大命”行事，尽量发挥心中的善端，了解“性”进而认识到“天”，主张修身养性，从而达到“富贵不能淫，贫贱不能移，威武不能屈”的境界。荀子是战国时期的赵国人，《荀子》一书大部分出自他自己的手笔，初经西汉的刘向整理校定，他立足儒学，兼采百家，融会贯通，自成一派，是先秦时期具有集大成性质的百科全书式的论著。

傅翕在十五岁以前的童年时代，受到了这种被称为中国传统思想“儒学文化”的系统教育，他在儒学文化中学到了中国古人处理人际关系和达到自我完善的行为准则。

傅翕从六岁开始就与贾孝、贾有征一起接受儒学文化知识教育，经过十年的努力，十六岁的傅翕已具备了扎实的文字功底。

在傅翕十六岁那年，其父傅德宣已年逾六十，一场大病后，田间劳作已体力不支。傅德宣为了在自己有生之年能抱到孙子，这一年就为儿子傅翕娶了留妙光媳妇。傅翕也放弃了继续读书的机会，继承父业，为姐夫贾昙颖家耕作田头。

贾昙颖知道了妻弟傅翕放弃读书从事农业劳动后，问傅翕为什么要这样做。傅翕答：“孔子在《学而》篇中说：‘入则孝，出则弟，谨而信，泛爱众，而亲仁。行有余力，则以学文’。其意思是孝顺父母，敬爱兄长是孔子的一贯主张，他要求弟子们首先致力于孝悌，谨慎，爱众，亲仁，培养良好的道德观念和道德行为，要是这样还有余力，则用来学习文化知识，增长才干。在道德与学问两者之间，首先要像孔子那样把培养学生们的德行修善放在第一位。

贾昙颖听了妻弟傅翕把孔子的思想“学以致用”的解释后，非常高兴，尤其是傅翕若有余力，还要用来学习文化知识、增长才干的主张，更使贾昙颖为傅翕孜孜不倦的求学精神所感动。

贾昙颖博学多才，家中藏书颇丰。为了感谢傅翕为他当家佣，也为了支持傅翕能利用农余时间，更好地读书，增长文化知识，贾昙颖对妻子傅氏说：“翕弟农闲无事，允许让他进我书房看书。”傅氏代弟弟傅翕当面向丈夫贾昙颖表示感谢。因为在那种讲究人分“主仆”等级关系的社会里，能让家佣进入主人房间读书长学问是一件非常鲜见和不平凡的事。

当傅翕在姐夫贾昙颖的书房里博览群书时，被《道德经》《庄子》《抱朴子》等大量的道教书卷吸引。这些道教书籍，不但能采百典之精华，阐道家之义理，而且案例鲜明，人物生动，寓意深刻。神仙、道士、道家典籍是个说不完的话题，它蕴含着无穷的天体、星球、宇宙及自然规律的奥秘，有着玄而又玄的义理与哲理。

从此，傅翕像是把自己投身到了知识的海洋中，尽情地吮吸着大自然中的空气和营养，充实着自己的生活空间和知识宝库。

据《佛祖统纪》卷三十四中载："梁傅大士愍世人多故，不暇诵经及不识字。"据《佛光大辞典》记载：尝与里人共捕鱼，每得鱼，则盛于竹笼，沉入深水，并谓："欲去者去，欲止者留"，时人以之为愚。据《五灯会元》（卷第二）中载："大士躬耕而居之。有人盗菽麦瓜果，大士即与篮笼盛去。"

初读这些故事记载，确是认为傅翕"愚笨"到了极点。明明已经从水中捕起来的鱼，又放进竹笼，沉入水中，让能逃的逃走；明明是人家偷了你的菽麦瓜果，不但不对偷盗予以惩罚，相反还用篮笼装满菽麦瓜果赠给前来偷盗的人；尤其是在《义乌傅氏宗谱》中还记载了他十六岁娶妻留妙光，生有普建、普成两个儿子，却还是个"小学之年，不游黉舍（没上学读书）"的"凡夫俗子"……

可是在傅大士的大量遗著中，充分体现了他不但具有相当渊博的儒学知识，而且还有深厚功底的道学观。例如上述明明是人家偷了你的菽麦瓜果，不但不对偷盗予以惩罚，相反还用篮笼装满菽麦瓜果赠给前来偷盗的人，其实这正是傅翕"一念之善，与人方便。一毫之恶，劝君莫做。衣食随缘，自然快乐。算什么命？问什么卜？欺人是祸，饶人是福。天眼昭昭，报应甚速。谛听吾言，神钦鬼伏"的道教思想智慧的学以致用。因为，要从沉入水中竹笼中逃走的鱼，并不是真正与你有缘而为你所得的。假如随缘被你所捕，它怎么要逃呢？偷盗者贫穷也，假如他们已富有，为什么还要偷盗呢？假如他自己已经富有，还要贪图更富有而去偷盗。那么，我就像对待因贫穷而前来偷盗的人一样，我把他所要偷盗的菽麦瓜果装满篮子送给他，让他自己去领会"欺人是祸，饶人是福"的道理。给他一个认识错误、改正错误的机会，这样不是比抓贼、罚贼的处理方法更有效、更聪明吗？这就是"智者千虑，必有一失；愚者千虑，必有一得"的道理。再如他写的偈语"有物先天地，无形本寂寥，能为万物主，不逐四时凋"，与《老子》中的"有物混成，先天地生。寂兮寥兮，独立而不改，周行而不殆，可以为天下母"，"天下万物生于有，有生于无"，"无是道，衍生万物"进行对比，几乎全是《老子》的文字概括与运用。尤其是傅大士所作脍炙人口、合矛盾为一的颠倒体诗：

空手把锄头，
步行骑水牛。
牛从桥上过，
桥流水不流。

又一首：

猛风不动树，
打鼓不闻声。
日出树无影，
牛从水上行。

行路易，
路易真可怜。
修道解此意，
长伸双脚眠。

当初读他的这些偈语诗文，难免会让人感到有些颠三倒四的味道。但是如果从把矛盾合二为一的哲学角度去欣赏、解读：只有空着手的人才能有机会去“拿”锄头；只有不坐轿、骑马、乘船的步行人，才能去“骑”水牛；当人从桥上走过去的时候，桥才如流水一样“流”向了你的身后，而水却没有改变它一直在桥下流动的本来面貌，只能依旧在桥的下面静静地流淌，形象地描写成“桥流水不流”，体现了一分为二的以静制动、以动制静的哲理。由此可见，傅大士对道学、哲学的研究是何其之深！

傅大士对佛学、道学的研究，又用儒学的文字写成他的著作。他出家、求师、交往、讲法等等人生经历都用文字记载，留下了他的天赋和个性，显露了他对儒学、道学都具有极深的研究。

可是对于这样一位精通佛、道、儒的傅大士高僧，在任何一本记载傅大士的文章中，竟众口一词地说他成佛前是个“无所爱者，少不学问”的人，是个从来没有读过书的“文盲”；是个“时与里人渔，每得鱼，常以竹笼盛之，沉入水中，祝曰‘欲去者去，止者留’时人以为愚”的愚笨之人。他“十六岁娶妻留妙光，生有普建，普成二子”，是个土得不能再土的凡夫俗子。这样的记载，与宋代高僧佛印禅师对他作诗云：“道冠儒履释袈裟，和会三家作一家”，称赞傅大士是位提倡佛、道、儒三教合一的高僧，截然成了判若天地之别的两个人。这就是一千四百八十多年来，一直无法让人解开傅大士成佛是他生而知之、不学自通之“谜”。

其实，这完全是由人们认识偏颇所造成的。对傅翕成为大士佛的过程来说，傅翕成佛是主流，对于傅翕怎样学到文化知识是属于不值一提的枝末小节，笼统地以“不学自通”一笔带过，更显出傅翕的“佛法”与生俱来、生而知之的神奇。

家谱，是记载同宗共祖的血缘中世系人物和事迹、事件等方面情况的历史图籍。它与方志、正史，构成了中华民族历史大厦的三大支柱。傅翕并不是贾氏宗族内的成员。可是，由于他的得道成佛，离不开与贾氏的姻亲关系，所以，在义乌《洋川贾氏宗谱》中，几乎每篇序文中都写上了有关傅翕成佛得益于贾氏祖先贾昙颖的文字记载，在贾氏先辈的民间口传中，也一代又一代的传颂着傅翕“妻弟（姻弟）”依靠昙颖“姐夫”成佛的故事。例如，在五百多年前的明宣德八年（1433）由蒲田县知县何傅所撰的《洋川贾氏重修宗谱》序中就有“傅添在姻末，弗敢辞”这样的记载。清顺治九年（1652）由杨邦圻所撰的谱序中载：“提领（昙颖）家雄于赀，时大士寓于其家，初不知其为佛也，继而稍现佛法，公辄欣然乐道，遂罄家产并住址环地十里许之业，捐舍以建佛国。”由此可见，傅翕以姻亲关系，自幼寓居于贾昙颖家。贾氏家雄于赀，是个当提领官的书香门第，其时贾家中有比傅翕大一岁的贾孝，还有年龄略大于娘舅傅翕的外甥贾有征。那时候，贾氏一家还不知道傅翕是佛身，当知道了傅翕是佛身后，就倾资助他建寺修行佛法了。

因此，在贾姓长辈口碑中一代一代相传着傅翕与贾孝、贾有征，共同由其姐夫贾昙颖请家庭教师，教他们读书识字，接受儒学、道学方面的文化知识，并把所学的文化知识，应用到了修行佛法之中，傅翕之所以能够学到儒、道方面众多丰富的知识，这完全与他们之间存在着一个是“姐夫”一个是“妻舅”的关系分不开的。

五、双木成林

要想知道傅大士三教合一思想的来源，还得从他十六岁以后的经历中去研究，去考证。

傅翕在如饥似渴的求取书本知识的同时，他主次十分明确，从不放松为姐夫当好家佣的工作，以种植蔬果，丰富生活。通过了八年农余时间的自学、读书与钻研，傅翕的道学知识达到了应用自如的程度。

到了傅翕二十四岁时，遇到了释佛第二十八代佛祖嵩头陀达摩，经嵩头陀达摩指点临水照之，一起在水影中看到了释佛第二十七代佛祖般若多罗（又名璎珞）宝相，顿悟前缘，遂依嵩头陀达摩所指，在双梼树下结庵修道，称“双梼树下当来解脱善慧大士”。

据佛教故事传说，嵩头陀达摩与傅大士，原来同是庄严劫第九百九十八尊佛祖毗娑尸佛的门徒。所谓劫者，根据《三千佛名经》介绍，大劫有过去、未来、现在，故能知“过去、未来与现在”的三世因果。嵩头陀达摩与傅翕大士佛同是释佛第二十七代佛祖般若多罗的两个名徒。在释佛第二十七代佛祖般若多罗功成圆满前，曾带嵩头陀达摩与傅翕大士佛这两个名徒到兜率天宫中，在毗娑尸（即释迦牟尼佛前六佛之首，是贤圣劫中的第一尊佛）前面一起发过誓愿，傅翕与嵩头陀达摩要共同到震旦中土（中国），才能达到弘扬释迦牟尼佛教的目的。可是，后来释佛第二十七代佛祖般若多罗的两个名徒来到人间投胎转世后。一个成了出生在古印度香至国国王的三太子，另一个成了震旦国（中国）一个农民的儿子。

可是，古印度香至国国王的三太子经过释佛第二十七代佛祖般若多罗多方考察，认定是自己的"传人"后，将古印度香至国国王的三太子改名为"嵩头陀达摩"，并嘱咐嵩头陀达摩："你今后只有去震旦找到与自己一起来投胎转世的师兄弟，二人珠联璧合，才能使人乘佛教立脚，自成禅宗佛教。"

于是，嵩头陀达摩放弃了皇宫里的优裕生活，不当王子，信仰佛教，历尽千辛万苦，从古印度来到中国；又经过无数的磨难，最后"达摩西来"，嵩头陀终于在义乌稽亭塘下遇见了傅翕，并以其佛祖独具的慧眼，看见了傅翕头上的圆光宝盖。当傅翕与嵩头陀一起在水影中见到了释佛第二十七代祖般若多罗的"璎珞庄严"的尊容时，受般若多罗佛祖璎珞法相的提示，使傅翕回忆起了与嵩头陀达摩共同离开毗婆尸佛时自己要到震旦中土弘扬释迦牟尼佛教的誓愿，于是回家放弃了自己喜欢的捕鱼生活，一起与嵩头陀达摩来到了两棵梼树下结庵，专心事佛。

嵩头陀叫过傅翕，指着这两棵双梼树说："释迦牟尼始尊佛祖，在两棵娑罗树下涅槃，这两棵梼树与始佛祖所涅槃的那两棵娑罗树长得一模一样，同根异株连理，同有双鹤和鸣，这是始尊佛祖的有意安排。你就在这两棵梼树下结庵修道成佛，称'双梼树下当来解脱善慧大士'。"

从此，二十四岁后的傅翕，以古佛转世的奇缘，按嵩头陀达摩的指点，更名为善慧大士，因姓傅，简称为傅大士。嵩头陀达摩也就被称之为"达摩祖师"。

双木成林是由"达摩祖师"与"傅大士"，共同创建"双林寺"，共创中国维摩禅宗的真正含意。

口述者：贾祯淑（1898—1980），燕里村人，清末秀才。熟识贾氏宗谱文化，曾著有《燕窝里飞出金凤凰》手写本，其内容主要收集义乌洋川贾氏历史传说的口碑故事及其燕里红糖等故事，可惜毁于"文革"后期。

记录时间：1972夏。

记录地点：佛堂镇燕里村。

第三章　佛祖建古寺

人生三世皆有缘，古佛转世非寻常。
达摩傅翕二宿尊，俗人成佛世代传。

一、释迦牟尼

（一）

二千五百多年前，古印度迦毗罗卫国的净饭王既是一国之君，又是释迦族的族长，年轻威武，睿智多才。他娶毗邻的拘利国内端庄秀丽、聪明贤惠的公主摩耶为妻后，生活幸福、美满，美中不足的是摩耶公主与净饭王婚后多年未孕。

一日，摩耶公主为了净饭王能有传宗接代的后嗣，十分认真地请求净饭王另纳一个宫妃，为净饭王生儿育女。

"不！"净饭王一听这话马上斩钉截铁地说，"当初你是拘利国的公主，我是迦毗罗卫国的王子，我们从认识到结合成为夫妻，这叫作'有缘千里能相会、无缘当面不认识'。既然你我有夫妻的'缘分'，只要真心相爱，就必然会有爱情的种子。只要能播下种子，就能生根、发芽、开花、结果。我是一个国王，我完全能得到天下所有的美女，但是，没有夫妻的'缘分'，我能得到这些美女的心吗？与其去做这种为得王子而另纳一个宫妃的荒唐梦，还不如顺其自然吧！"

摩耶公主听了净饭王如此一番珍惜爱情的话语后，马上依偎到了净饭王的胸怀中。她打心里为自己能嫁到一位对爱情如此专一的丈夫而感到甜蜜和幸福。

到了净饭王继位第五年（公元前557）的一个春夜，摩耶公主在一个睡梦中梦见自己在郊外蓝毗尼花园里的一棵无忧树下突然看到一个面如方田、容貌端庄的男孩骑着一头大白象正朝着自己迎面走来，刹那间，人与大白象从她的右肋钻入腹中。公主大吃一惊！梦醒，果孕。

第二年的农历四月初八，怀了一年多身孕的摩耶公主还没有要分娩的预兆。她问净饭王："人人都是在娘肚子里怀胎十个月出生的，我已怀胎一年多了，肚子里的孩子为什么还没有生出来呢？"净饭王见妻子如此盼望儿子早日出世，虽然自己的心里也与妻子同样焦急，但是为了安慰妻子，他就随口说了一句："这是你与肚子里孩子的'缘分'未了的关系吧。"

公元前556年四月初八这一天，是摩耶王后第二次听到净饭王提到了"缘分"二字。于是摩耶王后就追根刨底地问净饭王："什么叫'缘分'？"净饭王说："'缘分'，是一种任何一个人与生俱来的因果关系；'缘分'，是一种人与人之间遇合的机会……"

净饭王正与妻子讲得认真的时候，不知道从哪里飘来一股沁人心脾的香气。净饭王与摩耶公主马上循着这股香气来到了郊外的蓝毗尼花园里的一棵无忧树下……忽然间，天地间回荡起"天地之间，唯我独尊"的声音来。就在这一声声不知是从哪里传来的"天地之间，唯我独尊"的声音中，摩耶公主顺利地生下了王子悉达多。

不幸的是，摩耶公主产后七日猝死，来到人世间才七天的王子悉达多就成了一名无母的婴儿。

（二）

摩耶王后有个妹妹叫摩诃波阇波提，曾嫁给右相的长子萨拉为妻，半年前因丈夫萨拉病故，带着一个出生才半年多的女儿在家中抚养。当她听到自己的姐姐摩耶刚刚生下儿子七天就丢下孤儿离开了人间，悲痛之中，对嗷嗷待哺的外甥悉达多动了怜悯之心。因为她正在哺育女儿，乳水充足，给自己的女儿有余，完全可以再哺育一个外甥悉达多。

出身高贵且深明大义的摩诃波阇波提公主想到这里，试探着对净饭王说："姐夫，我姐姐的过世，既是你的不幸，也是我小外甥悉达多的不幸。这种突然降临的生离死别之苦是不可想象的，我真不知道该怎样分担你们父子的痛苦！"

"多谢公主的好意。"国王恭诚地向摩诃波阇波提公主表示谢意。

"国王，为了对姐姐尽一份手足之情，你能允许我来到宫里，用我的乳水喂养小外甥吗？"摩诃波阇波提公主直言不讳地向国王提出了自己诚恳的要求。

净饭王欣然从皇座上站了起来，高兴地说："这有什么不可以的呢？我还正为此事而发愁伤脑筋呢！"

"不过我有两个要求你能答应吗？"摩诃波阇波提公主说。

"什么要求你说吧。"国王谦恭地答应着。

"一是陛下应该下一道圣旨，任何时候任何人都不准摸我小外甥悉达多的头……"未等摩诃波阇波提公主说完，国王觉得这个要求提得奇怪，马上问："为什么？"

"头，是人体中最高贵的，你忘记了我的小外甥悉达多刚出生时，不知道什么地方、什么人在为他呼喊着‘天地之间，唯我独尊’的警世之语的声音吗？”摩诃波阇波提公主反问国王。

“记得，记得！我依你。我马上就可向全国官员臣民们下达你这决定。那么第二个要求呢？”国王情急中显得有些语无伦次。

“请允许我把小女儿带进宫中，与小外甥悉达多一起抚养，不知道国王能同意吗？”摩诃波阇波提公主显得有点难为情地问国王。

“这个我当然同意，我总不能因为你哺育小太子而把你们母女俩拆开分离呀。”国王满足了摩诃波阇波提公主的要求。

“我还有一点请求陛下。”

“请讲吧，尊敬的公主。”

“我给小太子与小女儿喂奶的时候，请陛下不要来看……”摩诃波阇波提公主一边说，一边用一双深情的眼睛望了国王一眼，双颊绯红起来，显得有些羞愧了。

净饭王马上领悟地笑了：“哈哈，我知道了，是男女有别，对吗？”

当天，摩诃波阇波提公主辞别国王回归府中，把一切安排妥当后就带着小女儿娜罗一同来到王宫，尽心尽职地当起了小太子悉达多的奶妈。

（三）

有一天，摩诃波阇波提公主带着小太子悉达多和小女儿娜罗在蓝毗尼花园的大草坪上嬉耍。只见一只母羊站在草地上吃草，两只小羊羔跪在母羊的肚子底下吃奶。有时候母羊会停止吃草，用舌头舔着小羊羔身上的乳毛。小太子悉达多好奇地问：“姨母，那只母羊为什么要用舌头去舔小羊身上的毛呢？”

“因为她是小羊羔的母亲呀！”摩诃波阇波提公主不假思索地答。

“不对，不对！我与娜罗同吃你的奶，那为什么娜罗可以叫你为母亲而我只能叫你为姨母呢？”

摩诃波阇波提公主万万没想到说话都还奶声奶气的小太子悉达多竟会提出这么一个叫自己难以回答的问题来。正在摩诃波阇波提公主充满惊疑而犯难的时候，净饭王刚巧来到了他们身边。

小太子悉达多见姨母难以回答自己的提问，于是就用小手指着摩诃波阇波提公主问净饭王：“父王，娜罗姐姐能叫她为‘母亲’，而我又为什么只能叫她为‘姨母’，我不能叫她为‘母亲’呢？”

这真是“忽闻孺子语，引起寸心动”！堂堂的一国之君，这时也只能怀着难以言喻的复杂心情，默默地站在一片树荫之下……这叫净饭王如何才能向一个涉世未深的孩儿解释清楚的呢？

自从摩耶王后去世后，附近的许多邻国都派来使臣，表示要与迦毗罗卫国国王通好结亲。使臣们纷纷送来许多姿色美丽的姑娘，任净饭王挑选。由于净饭王对顿失爱妻的悲痛释怀，他的心里只是日夜萦绕着前妻摩耶公主的阴影而无心于此事，这些来使也只能把一批批的美女怏怏不乐地带回去。

其实，痛定思痛后，净饭王也一直为自己要不要再娶，究竟能不能再娶到一个像前妻摩耶王后这样聪明贤惠的妻子而烦心，因为净饭王完全知道：自己可以没有妻子，但是一个国家可不能没有国母！尽管摩耶王后去世后，宫内众多漂亮美丽的妃子人人都努力地向自己献殷勤，妩媚妖艳，明眸流盼地向自己频递秋波，有时候还会为了向自己争得恩宠，闹出一些令人哭笑不得的乱子来，但是，这些妃子们的所作所为，怎么能够与自己已死去了的知书达礼的摩耶夫人相比呢？所以，越是有妃子渴望能被赐封为王后的时候，净饭王就越是怀念自己失去的摩耶王后。

今天，小太子悉达多偶然向净饭王提出"为什么只能叫她为'姨母'，不能叫她为'母亲'"的诘问，这倒使净饭王开始对近在眼前的摩诃波阇波提小姨子格外留心起来。由于摩诃波阇波提小姨子与摩耶王后是同一父母所生的同胞姐妹，净饭王越看眼前的摩诃波阇波提小姨子，越觉得她像摩耶公主，无论从体型外貌、言谈声色、气质性格哪方面看，摩诃波阇波提小姨子简直就是复活了的摩耶公主！

此时此刻，净饭王再也无法控制住自己的感情，飞步向前，一把抓住摩诃波阇波提小姨子的双手，深情而又轻轻地问摩诃波阇波提小姨子"你能嫁给我当悉达多的妈妈吗？"

"多谢国王陛下抬爱。我？我……"摩诃波阇波提公主满面绯红地紧咬着嘴唇，低下了头，丰满的胸脯深深地急促地起伏了起来……

"对不起，摩诃波阇波提公主，爱情是世界上最具有魅力的感情，为了它，有时可能会不顾常礼而表现得狂烈起来，你说是吗？"净饭王如此敢于暴露自我热烈的真情，非但没有损坏自己的形象，反倒证明了他是一个诚实坦荡的人。

摩诃波阇波提公主听到了姐夫对她的真情表白后，一种令人如痴如醉的欢快与激动使她在恍惚中似乎又品尝到了初恋时的那种妙不可言的感觉。

经过隆重的婚礼庆典后，摩诃波阇波提公主成了净饭王的新王后。从此，摩诃波阇波提王后就把自己的全部心血都倾注到了太子悉达多的身上。为了培养悉达多能够成为万民爱戴的净饭王王位的继承人，净饭王与摩诃波阇波提夫人为悉达多请来婆罗门大学者讲授文学、哲学、算学等知识；让他跟武士学习兵法和武艺。悉达多到了翩翩少年时期，就成了一名文武双全、智勇兼备的迦毗罗卫国的王子。

（四）

万万出乎净饭王与摩诃波阇波提王后意料的是，少年时期的悉达多就表现出了今后不愿意继承父业当国王的思想。一旦有空闲时间，他就溜出皇宫，深入到民间去体察人世间的生活。

那时候的古印度社会把人分成四个等级，最高级的是握有祭祀文教大权的僧侣贵族，第二级是掌管政治、军事的国王和武士贵族，第三级是从事商业者与自由职业者，最低级的是丧失一切权利的仆人和奴隶。悉达多发现，在这四种人中，尽管他们之间贫富悬殊，各有各的生活方式，但是到最后，人人都离不开死亡这一关。同时悉达多还发现：农夫们每天要不分寒暑，面朝黄土背朝天，大汗淋漓的劳作；耕牛的项颈上套着绳索在耕地，还要被农夫的鞭打得皮绽血流；即使是腰缠万贯的富人、步履蹒跚的老人，到头来，最终也难免要遭受一番因为病痛而辗转呻吟之苦……悉达多感到了每一个人从出世到死亡仅仅只有几十年，体味出了每个人都有命运的磨难。他还看到了地上的爬虫被飞禽叼啄，飞禽也要被走兽啖啮，走兽还会死于猎人的弓箭之下，一个常人有时竟会遭到猛兽的袭击……整个世界，几乎到处都充满着一种腥风血雨、弱肉强食的"苦难"。

悉达多认为，当国王，治理的是一个由一定的经济基础和上层建筑构成的整体社会，但无法帮助每一个人去"离苦得乐"。人，既然是具有最高等智慧能够主宰世界的生灵；人，就应该拥有那么一种永远不被痛苦和死亡抹灭的东西。此后他就夜以继日地为此而冥思苦想。

净饭王为了断绝儿子这种"胡思乱想"，在他十六岁时就为他婚娶了一个美丽的妻子。悉达多的儿子出生后，又专门为他建造了寒、暑、温三时宫殿。净饭王想尽了一切办法，总想用人们所追求的天伦之乐来使悉达多回心转意。

然而净饭王的这一切做法，悉达多都无动于衷。所有的声色都与他悉达多无缘。到了悉达多二十九岁那年，他终于不顾众亲的劝阻，丢下了妻子、儿子，毅然放弃了养尊处优的王子的地位，变成一个身无分文的"流浪汉"，披着袈裟出家，去云游四方，拜访名师，追求痛苦的解脱和人生的真谛。他历尽了千辛万苦，经历了无数次的人间磨难，最后终于修成正果，成了佛教的祖师——释迦牟尼。

后人把释迦牟尼一生历尽磨难，用"识破人生，而又无意改变世界"的理论，联系实际修行佛道的经历过程，用文字记录下来，启迪后人效仿着"诸恶莫作，众善奉行"的准则。这就成了佛教传世的"经文"。

口述者：金善文（1905—1985），法号：常明。祖籍佛堂镇塘下洋村。清咸丰末年，太平军屯兵田心村，经常与当地民团交战。为避乱，其爷爷与父亲一家两代人从塘下阳迁居义乌市杭畴村。金善文在杭畴村出生。金善文十九岁到杭州灵隐寺出家当和尚，1949 年前曾多次来义乌双林寺、仙山寺弘法，"文革"期间回杭畴老家务农。他娴熟佛教文化，擅长针灸医道。"文革"后落实宗教政策，回杭州灵隐寺当和尚(禅师)。因他是笔者嫡亲的伯公(妻子的伯伯),遂使自己“有缘”加深了许多对双林古寺,“缘起”于傅大士为继承由释迦牟尼创立的佛教的了解。

1983年,笔者得知伯公熟知许多有关双林古寺以及傅大士与达摩祖师的传奇故事,专程前往杭州灵隐寺。在晨钟暮鼓中,与他在僧舍同吃同住三十八天,进行了专门的采访。他除了给笔者讲述了许多有关佛祖释迦牟尼的佛经故事外,还特别详细地讲解了一系列有关达摩祖师为什么要从印度来到中国,又为什么要千方百计、历尽艰辛地寻找傅大士、创建双林寺,共创“三教合一”的中国维摩禅的前因后果及其经历,以及许多有关达摩祖师原与傅大士是同一个师傅的师兄弟关系和相关的佛传、佛经、秘禅、秘法等一系列传奇故事。

当时,尽管笔者知道了佛教是一门包含天文地理、宇宙世界、人生万物、人体科学等内容博大精深的宗教,但是,1983年毕竟属于改革开放初期,人们对“封建迷信”心有余悸,故像《佛堂佛缘》[①]这类稿子未能公开出版。

1985年8月9日,常明禅师病逝于杭州灵隐寺,时年八十岁。2000年,笔者家人将其骨灰从杭州灵隐寺接回,安葬于佛堂镇倍磊陈坑八宝山脚。笔者根据常明禅师当年在灵隐寺的口述记录稿整理本文时,对常明禅师寄以深深的怀念。

记录时间:1983年。

记录地点:杭州灵隐寺。

二、达摩祖师[②]

有关菩提达摩东渡来华弘扬他的大乘佛法的传说记载历来众说纷纭,成为中外佛教界所公认的一大历史之“谜”,尤其是对于达摩来去的具体时间的记载更是一个莫衷一是之“谜”。但是,如果把流传在佛堂一带的“嵩头陀”与史载的“菩提达摩”认定是同一个人的话,那么,上述的两大“谜”底,就可以在佛堂镇的双林寺完全解开。

因为双林寺的傅大士,就是达摩祖师历尽千辛万难,经过面壁九年,苦苦在震旦国中寻找的,一起曾在毗婆尸佛祖前发过誓愿,共成佛道,首开中国大乘禅宗的那位菩萨应世的古佛。

达摩祖师原名叫菩提达摩,是南天竺(古印度)香至国国王的第三个儿子。他

① 笔者的《佛堂佛缘》,含“释迦牟尼、达摩祖师、傅大士”三位佛星宿尊的传说故事,初稿完成于1983年,2005年11月11日整理第二稿于佛堂古镇,2006年7月由中国文史业出版社出版,为“千年佛堂”丛书中的一本。

② 根据1983年杭州灵隐寺常明禅师口述故事的记录稿改写。经常明禅师审阅,初稿完成于杭州灵隐寺。

放弃了皇宫里的优裕生活，不当王子，信仰佛教，成为释迦牟尼佛的第二十八代佛祖。至于他为什么要来到中国找傅大士弘扬佛教，为什么要称为“嵩头陀”，还必须得从达摩怎样成为释佛第二十八代佛祖的故事说起。

（一）达摩授祖

达摩具体的出生年月，史无考证。传说他与傅大士原来同是庄严劫第九百九十八尊佛祖毗娑尸佛的门徒。所谓劫者，根据《三千佛名经》记载，“庄严劫”属于前一个宇宙时期的意思。现在的宇宙世界属于释迦牟尼的贤圣劫佛祖。达摩与傅大士凭他们在前个宇宙时期的“因业”，成为释迦牟尼这个宇宙时期的第二十八代佛祖。这就是佛所宣扬的“因不虚弃，果无浪得”的“果报”。正如《涅槃经·矫陈品》所说“善恶之报，如影相随，三世因果，循环不失”，世间法是如此，出世法也是如此。

释佛第二十七代祖般若多罗，因自幼失去父母，童年时靠流浪乞讨度日，俗名“璎珞”，所以又称为“璎珞童子”。他成为佛祖后，为了寻找佛嗣，化作一名和尚，挨门挨户化缘乞讨。

一日，古印度的香至国国王路遇般若多罗，见他虽是一身乞丐般的打扮，可是相貌堂堂，鼻正口方，两耳垂肩，一串正被他摸得发亮的佛珠挂在项颈上，显得极不相称。香至国王就把般若多罗接进皇宫供养他，让他专心事佛。

一日，香至国王在释迦牟尼佛前叩拜，一阵香风吹来，使他昏昏然伏案便打起瞌睡来。他梦见释佛第二十六代佛祖不如蜜多尊者随着香烟飘到他的前面来对他说：“你路遇第二十七代佛祖璎珞童子，是你前世的因业果报。现璎珞童子年事已高，早晚功课，老眼昏花，你可把家传珍宝圆月夜明珠供他事佛。”说完这话第二十六代佛祖不如蜜多尊者又随着香风而去。香至国王一觉醒来，觉得梦境十分奇怪。他心想，难道自己收留进来的这个乞丐模样的和尚就是梦中佛祖所说的第二十七代佛祖般若多罗？到了傍晚，香至国王开始注意观看般若多罗的行动，果见他老眼昏花，凭着手的触觉摸东西。香至国王马上拿出那颗圆月夜明珠赠赐给般若多罗，般若多罗得到了这颗圆月夜明珠，如开天眼，视力马上恢复正常。般若多罗被香至国王尊重供养，施舍无量，感激之余，顿生慈念。当般若多罗听说香至国王的三个儿子都虔诚礼佛，通达经典深明奥义时，他便产生了要试一试这三个王子的佛心，测一测是否与自己有佛缘。

一次，香至国王招待般若多罗素宴，般若多罗见国王的三个儿子都在场，他笑了笑问：“请问三位王子，尊父王将如此贵重的圆月夜明珠赐赠予我，你们说我能接受吗？”

大王子答：“此圆月夜明珠，贵之无价。我父王舍得割爱相赠，此乃缘分，可接受。”

二王子答:“此圆月夜明珠,是我宫内七宝中最上乘的,不是祖师道力,怎能受得了呢?”

香至国王认为二位王子的回答很得体。般若多罗见三王子独自静静地坐在一旁,不予回答,便开口问:“三王子若有所思,你认为我该不该接受你父王的赐赠?”

三王子答:“该圆月夜明珠,虽然夜间发光,但不能称之为宝。真正至上的应该是佛界的法宝。此珠虽粟日月之光,但其光只有白天与夜间的光亮之分,真正的光应该是智慧之光,只有智慧之光,才能照得心明眼亮。”

般若多罗听完三王子的答话,为他竟能对法宝有如此入木三分的认识、理解而感到震惊,问三王子:“你能对此珠进一步解释什么叫心明吗?”

三王子接着说:“玉不琢不成器,此珠如果不用人的智慧发现它,磨光它,怎么能使它发出光亮呢?这叫慧眼识珠。佛祖与俗人,道虽不同,心宝都是一样的。”

三王子的这番“心要”辩说,浅俗易懂,理念却十分深奥,般若多罗听后,击节赞叹、佩服。

“请问三王子,诸物之中,何物无相?”

三王子答:“依愚之见,不起无相。”

“诸物中,何物最高?”

三王子答:“人我最高。”

“何物最大?”

“法性最大。”

般若多罗连连发问,三王子一一解答,毫不含糊。在旁的香至国王与大王子、二王子听得目瞪口呆,他们万万没想到三王子竟如此博览群经,深达禅学诸法奥义。

般若多罗对三王子通达诸法,发明心要的解答十分满意,心想自己终于找到了三王子这位十分理想的法嗣人。于是问香至国王的三王子:“愿不愿意继承释迦牟尼传代衣钵?”

三王子一听,马上轻拂衣袖,朝般若多罗作揖说:“祖师循循善诱,出语迷人,愿拜祖师为师。”

般若多罗立即双手合十对香至国王说:“若香至国王愿意三王子随僧事佛,愚僧改一下三王子名字可否?”

香至国王连忙作揖笑答:“请祖师赐名便是。”

般若多罗说:“佛陀,是懂得自己觉悟,觉悟他人,觉悟一切而无所不觉佛法境界的人,这种境界叫菩提,你的法名就叫菩提达摩吧。”

香至国王与三王子对“达摩”二字的含意面露疑惑。

般若多罗解释说:“达摩,即是通大法之意。”

香至国王与菩提达摩连声说:“谢祖师赐号”。

第二天，般若多罗带着菩提达摩，上路云游天下。

(二)缘在震旦

菩提达摩跟随祖师般若多罗来到了一座佛寺，这座佛寺的正殿建在一座陡峭的石壁前面，殿内正中一尊释迦牟尼佛像浮雕刻在峭壁上。释佛头顶现圆圆的佛光，足踏一朵硕大的祥云，仁慈智慧，栩栩如生，神采奕奕，风采独异。这就是般若多罗祖师的卓锡修禅之地。

菩提达摩见后，惊喜交加，激动地问:“祖师，这里就是你要教我佛法的禅地?”

般若多罗笑容可掬的答:“我受庄严劫第九百九十八尊佛毗娑尸佛祖之托，要传嗣给曾在毗娑尸佛前誓愿普度众生的两位菩萨，其中一位是出生在南天竺的你，另一位刚刚在震旦国出生，你今后只有去震旦找到他，二人珠联璧合，才能使大乘立脚，自成禅宗佛教。”

般若多罗即命菩提达摩沐浴具戒。

菩提达摩虔诚地洗净了身上的尘埃，感到全身轻松。他穿上了一件由般若多罗祖师交给他的新僧袍，双目紧闭，双手合十的跏趺(坐)在释迦牟尼佛前的蒲团上，接受着般若多罗祖师为他剃度。

般若多罗在菩提达摩头上每剃一刀，口念一句佛语，菩提达摩每挨一刀，也跟着念一遍:

“除断一切尘念!”菩提达摩随念:“除断一切尘念!”

“修成一切善果!”菩提达摩随念:“修成一切善果!”

“普度一切众生!”菩提达摩随念:“普度一切众生!”

“……”

般若多罗手里的剃刀一刀刀地在菩提达摩头上落下，菩提达摩的头发一撮撮的落地。般若多罗为菩提达摩披剃毕，菩提达摩便成了释佛第二十七祖选中的法嗣，也就是释佛的二十八祖了。菩提达摩问祖师:“我该如何做佛事?”

般若多罗放下手中的剃刀，掸去身上所沾的发尘，双手合十对菩提达摩说:“如今你已得法。在我未灭度前，你只能在南天行化，不可远游。当我灭度后，你即可去震旦，寻找与你在毗娑尸佛前一起誓愿过的那位菩萨，共成佛道。”

菩提达摩知道般若多罗祖师具有通晓因果的智慧，便问:“我这去震旦需要多少年?”

“六十多年后涅槃。”

菩提达摩一听要六十多年，预料自己东渡震旦并不会一帆顺风，马上问祖师:“我到震旦，人生地不熟，人海茫茫，如何能找到那位与我共成佛道的菩萨?恳求祖师开示。”

般若多罗好像就为菩提达摩准备了似的，随口朗声唱诵起来：

路行跨水复逢羊，
机缘不契快渡江。
北去难寻洞观音，
连理梼下久昌昌。

唱罢，般若多罗一抛袈裟袍袖，离殿而去。

达摩知道了自己今后东去震旦的路途坎坷，在祖师般若多罗的悉心教诲下，坚定了他以芒鞋云水证菩提的信念，每天殷勤服侍祖师，求解教义，不离左右，效法事佛。菩提达摩的佛法得以日日增进。

这天，太阳西斜，菩提达摩搀扶着老态龙钟的祖师般若多罗走出佛殿，般若多罗指着两个倒向山崖的人影子对菩提达摩说：“人生虽然短暂，但要走的路就像这夕阳下的人影不断延伸啊。”

菩提达摩一听到祖师这句话，知道祖师法果将证，连忙双手合十，匍匐伏地跪拜：“弟子悉听祖师教诲。”

般若多罗马上兴奋起来，朗诵了一首偈语：

心地生诸种，因事复生理；

果满菩提圆，华开世界起。

般若多罗付法毕，张开双掌，只见二掌心各放出二十七道五彩光环。旋即他双足轻轻一点跃身腾空丈余，五彩光环随之即化为熊熊大火，般若多罗在大火中自焚，顷刻烈火消失，空中舍利如雨。菩提达摩马上撩起僧袍，将空中飘落的舍利兜住，只觉得满兜生辉，芳香回溢。据史载，这就是“佛祖付法”。

菩提达摩望空拜了几拜，心想祖师已成正果，自己应该按照祖师“东渡震旦”的吩咐，去了却开创般若多罗佛祖的震旦禅宗佛教的夙愿。

（三）灵山论佛

菩提达摩牢记般若多罗祖师教诲，带着四卷《楞枷经》法宝，离开了祖师般若多罗卓锡的佛殿。

菩提达摩突然想起再过几天的二月初八是释迦牟尼佛祖出家的纪念日。按照天竺佛界的传统惯例，今年正是十年一次在灵鹫山举行的大法会。凡天竺佛界无论各个宗门、流派的僧人，都可到灵鹫山来聚会，开坛论法，交流各宗门、派别的教义、法旨，以此弘扬释迦牟尼佛法。菩提达摩要在离开南天竺东渡震旦前去参加自己在南天竺最后一次的灵鹫山法会。各地佛门高僧，听说第二十七代祖师般若多罗的法嗣高足菩提达摩前来法坛论佛，纷纷慕名前来，把整个灵鹫山法坛都挤满了。大家静声地等待着宣布大法会开始的钟声。

“当、当、当……”钟声响了十下，寓意十年一次大法会的开始，身披红色袈裟的菩提达摩手捻佛珠，昂首阔步地走上了法坛，法坛前的众僧为了目睹菩提达摩的风采，个个踮起脚尖引颈向法坛张望。因为众僧中夹杂着有与菩提达摩弘扬的大乘禅法水火不相容的小乘佛教信徒，他们为了反对大乘禅宗教义，表示出自己对菩提达摩的不服与嫉妒，有意喧哗一些讥讽言语，所以法坛上的秩序有些骚乱起来。

菩提达摩凭着他深厚的大乘教义功底，滔滔不绝地演说着禅宗要法。法坛下原来就信奉大乘教义的僧人，连连点头称颂菩提达摩演说的精彩；一些原来信奉小乘佛教的僧人，也开始转学大乘。当菩提达摩讲到“入世修行，见性成佛”时，一声“住口”的呵斥声惊醒了被菩提达摩引经据典、侃侃而谈、听得入神的僧众们。大家循着呵斥声望去，只见一位身披袈裟，足穿僧鞋的大和尚从人群中站起来，朝着菩提达摩走去，气喘呼呼地指着菩提达摩说：“你这入世修行，见性成佛，是邪教胡说！难道我们非要入世，才能普度众生！”

菩提达摩镇静自若，他捻动手里的佛珠，唱了一句“阿弥陀佛”后，高声辩解说：“灵鹫山论佛，各抒己见，时下天竺佛界多宗并存，可以相互切磋，不能强人折服。各宗义理虽然不同，但目的都是为了弘扬释迦牟尼佛教大法，普度众生，脱离苦海。”

“讲得好，讲得好！”“我们喜欢听菩提达摩的！”法坛下，响起了雷鸣般的欢呼声和鼓掌声。

几个向菩提达摩发难的和尚蒙辱受耻，败下阵来，岂肯甘休，于是就煽动本宗僧徒大叫大嚷起来：“释佛传法，门出一宗，绝不能容许他（指达摩）歪曲佛法教义，拉帮结派，蛊惑人心！”“我们要把他拉下法坛……”

一时间，法坛大乱，大有欲置菩提达摩于绝境之势。

菩提达摩的佛法禅义尽管得到了许多僧众的喝彩，但菩提达摩毕竟当上释佛第二十八代祖的时间不长，单嘴难辩四口，许多拥戴菩提达摩的僧人也只能慑于法坛上耀武扬威的和尚的势力，双手合十默念起“罪过，罪过”来。

面对如此混乱的场面，菩提达摩想起了般若多罗祖师“你缘在震旦”的教诲来。于是他回头一笑说：“灵鹫山论佛，旨在交流佛界各家禅见，并非一决雌雄之争，阿弥陀佛，阿弥陀佛。”菩提达摩退出了灵鹫山论佛法坛。

凡聆听过菩提达摩演讲佛法的众僧纷纷拉着菩提达摩的衣袖挽留，达摩不无感慨地说：“宗门偏见，令人心寒，先祖训诫，我的佛缘起于南天，熟于中土。今日法坛之争非我预料之中，我还是决意东去震旦，缘熟法传。”

大家见菩提达摩去意已决，纷纷帮助菩提达摩整理行囊，准备木船、风帆、淡水、干粮、结队陪送菩提达摩渡海东行。

菩提达摩立在船头合掌向各位作揖,“有劳各位相助,阿弥陀佛!”

众僧伫立于海岸,眼望着菩提达摩的帆船消失在茫茫大海天水合一的边际。

(四)金陵不契

达摩在海上漂流了整整三年,吃尽了孤独和海浪之苦。般若多罗祖师缘熟于震旦的教诲成了他维系奄奄一息生命的唯一的精神支柱。

三年前下海东渡的木船几经被海浪或推上浪峰或卷入浪底,碰撞在礁石上,早已粉碎。菩提达摩为了不葬身大海,用帆绳将自己的身体捆扎在一片残碎的船板上随波逐浪,任其漂流。干粮、淡水早已没了,只能捞些礁滩边上的海藻充饥。

这天,他已不知是第几次昏死在海面上任凭海水飘荡了,当他张开昏昏的双眼时,只见天上五朵白云,极像五头白羊。“哗哗哗”的海水拍岸声,在菩提达摩的耳鼓里竟变成了“咩咩咩”的羊叫声,这不正是祖师所赠第一句偈语“路行跨水复逢羊”的情景吗?他马上振作起来,发现自己已被海浪推上了沙滩。

解开身上绑在破船板上的绳子,只见一位在海滩边草地上牧羊的老翁用一双慈目好奇地在看着自己。菩提达摩踉踉跄跄地走到这位老翁面前,由于语言不通,他只能本能地用双手比画着与这位牧羊老人交流起来。老翁见菩提达摩骨瘦如柴,但一双慧眼却炯炯有神,他以为菩提达摩饥饿了向他乞食,就将随身所带的一包糯米与荔枝肉混烧成的饭团递给他,菩提达摩狼吞虎咽几口就把它吃掉了。这位牧羊老翁原是年轻时出过远海,到过南天竺的赶海人,当菩提达摩饱餐后恢复了精神,老翁明白了他是天竺和尚,来震旦弘扬佛教的,于是就把菩提达摩带到了附近的一座寺院里,得到了寺院和尚们的接待。

原来,菩提达摩当时上岸的地点,就是今天的中国广州番禺,到达的时间是南朝梁天监元年(502)。

梁武帝萧衍年轻时十分好学,精通经学、佛学。他当上皇帝后,派侄子萧励在广州当刺史。当萧励听到有一西域僧来中土弘扬佛法,住在广州法性寺的消息后,萧励深知叔父萧衍敬佛如命,不敢怠慢,立即上表,将此事奏闻朝廷。

萧衍当上梁武帝后,大力提倡佛教,广建寺院,全国寺院多达两千八百四十六所,仅京城建康(南京)就有五百多所,当时人说“天下户口中,僧尼占一半”。他在宫城里建了一座规模宏伟的同泰寺,每天早晨、黄昏都不理朝政,到同泰寺中去烧香拜佛。他曾经三次声称要出家当和尚而住进同泰寺,但实际上又掌管着皇宫里的实权不放。因此,官宦臣僚们都知道梁武帝当和尚是假,用佛教诱导,使全国臣民都服从于他是真,于是只得用皇宫中大量的财物送到同泰寺,把这个“假和尚”赎出来当皇帝。据《中国通史》记载,当时群臣三次替萧衍赎身出的钱就有四亿两白银之多。

当萧衍一听到释佛第二十八代佛祖菩提达摩来到中国弘扬佛教的消息后，马上下旨诏请达摩到建康讲经说法。

据2002年上海古籍出版社出版的《中国禅学思想史》第七十七页援引的《传教大师全集》卷二五百十七页至五百十八页记载：武帝迎就殿内，问云："朕广造寺度人，写经铸像，有何功德？"达摩大师答云："无功德。"武帝问曰："以何无功德？"达摩大师云："此是有为之事，不是实功德。"不称帝情，遂发遣劳过。

由于达摩直言不讳地揭穿了梁武帝崇佛只是做表面文章的把戏后，梁武帝大怒，遂发出了逐客令，要马上赶达摩离开建康。

这时的达摩心里十分清楚，梁武帝敬佛的本意只是为自己建立功德，以达到百姓拥戴，稳坐龙廷的目的。要接自己来京城，是想借自己的口颂其功德，抬高身价。可是自己是佛祖，怎么能违背佛教旨意去做违心的事呢？既然自己知道了梁武帝的作为是不对的，自己不做违背佛祖教诲的事，更应该奉劝梁武帝回心转意，不能继续违背佛法行事了。这就是祖师般若多罗，要改自己名字为"自己觉悟，觉悟他人，觉悟一切而无所觉悟佛法境界的人——菩提达摩"法名的初衷。

于是，菩提达摩面对着已经沉着脸的梁武帝，继续说："圣上虔诚事佛，是万民得福的佛心所见。可是何必非要三次舍身同泰寺为僧呢？圣上三次去同泰寺当和尚，朝中大臣以千万计的银两把你赎出来，如此耗费民财，割尽国储，功德何在……"未等菩提达摩说完，梁武帝再也按捺不住了，语不成声地指着菩提达摩"你，你，你……"

一些站在梁武帝身边的文武大臣亲眼看着菩提达摩对梁武帝萧衍无情的指责，再也控制不住了。一位左侍臣站出来说："佛祖差矣，我们以银赎帝，为的是国家不可一日无主。佛寺用赎银塑佛装金，为的是光大佛法，普度众生，怎能说没有功德呢？"

菩提达摩毫不示弱地说："老衲并未指责圣上，只不过如此造寺，广施滥舍，民生从何说起？国力从何而来？这样的参悟怎能内证本心，外息诸缘，达到澄心见性，普度众生脱离苦海的目的？"

"住口！"梁武帝终于龙颜大怒地吼了起来，"既然造寺无功，度僧无德，你披袈裟为的是什么？我看你连释迦牟尼佛祖都背叛了，还妄称是什么释迦牟尼的第二十八代佛祖呢！"

"哈哈哈！"众人臣都嘲笑起达摩来。

众臣讽刺挖苦达摩："你是什么佛祖，莫非是假的？"

指责达摩："你冒充佛祖，该当何罪？"

皇宫中一时闹翻了天。

菩提达摩知道梁武帝不能领会自己发明的心要禅法，机缘不契，不可勉强。他大笑了一阵后，一甩僧袖，不辞而出。

（五）一苇渡江

菩提达摩离开了皇宫，向哪里去呢？为难时，他想起了祖师般若多罗所赠的第二句偈语“机缘不契快渡江”。于是，他挽起僧袍，义无反顾地一直朝长江的方向走去。

梁武帝见菩提达摩甩袖而去，怒气未消地说了句：“如此狂僧假佛祖，朕岂容你？”

梁武帝的话音刚落，御林军首领马上带上一队兵马追赶菩提达摩而来。追兵只见菩提达摩徒步走在长江的江堤上，可是任凭追兵们扬鞭催马，就是没法追上菩提达摩。

菩提达摩见江边一樵翁正在叠堆一捆捆干燥的芦苇，他就向樵翁讨了一大捆往江中一掷，然后纵身一跃，站在这捆干燥芦苇上。只见成捆的芦苇负着菩提达摩的身体下沉入水中，一支芦苇翘出水面。菩提达摩一手抓着这支翘出水面的芦苇顺着长江水漂流而下。

江岸上的追兵没看清菩提达摩把整捆的干燥芦苇投入江中，只看见菩提达摩整个人站在水面上，一只手抓着那枝翘出水面的芦苇，个个被菩提达摩的“一苇渡江”的场面惊呆了。弓箭手们正想搭箭向江中的菩提达摩射去，御林军头领连忙制止说：“菩提达摩是个真佛祖，否则我们怎么会骑马追不上他步行？他又怎么能站在一枝芦苇上渡江？”他马上翻身下马，带领全体追兵，朝江中的菩提达摩跪拜不止。

当听到追兵回来说起他们骑马追不上步行的菩提达摩并亲眼所见一苇渡江的奇事后，梁武帝也开始反省起来：“难道他真的是释佛第廿八代祖师？”“难道是我真的得罪了佛祖？”

（六）少林面壁

菩提达摩渡过了长江，离开了梁武帝的是非之地，来到了北魏都城洛阳。

洛阳是东汉、三国魏、西晋、北魏的都城，历史记载当时商业兴旺，用现代的话说，它是亚洲的经济文化中心。古代文化的发展离不开佛教的传播，因此到了北魏宣武帝（500—515）时期，洛阳城已有佛寺一千三百余所，僧尼数万人。

菩提达摩孤身一人来到此地，在他乡异域没有僧友，语言不通，夜风吹得他袈裟的衣角嗦嗦作响，路灯照得他黑色的影子又细又长。他抬头望着青楼上的灯火，听着茶馆酒肆传出来的喧哗声，茫然地伫立在街心……

“这个世界太需要救世济人的禅业了。”可是，信念与现实有如此天壤之别，连自己应归宿何处都成了眼前亟待解决的事。他想去寻找一座寺庙挂单投宿，他怀着悲凉与希望交织的心情，仿佛在一个冰冷的世界里，步履蹒跚地寻找着生机……

他忽然觉得眼前出现了一个火把，他口呼着“佛光！佛光！”双手去接火把……他，因过度的疲劳，昏倒在洛阳的大街上。

一双温暖的手紧握着他的双手，他惊醒，睁开双眼，看见自己仰卧在一张木床上，床前站着一位手捻佛珠的老僧与一个手端姜汤的小和尚。

“阿弥陀佛，你终于醒了。”老僧告诉菩提达摩，“你昏倒在大街上，小徒们把你接到寺中，你已经昏睡了三天三夜。”

菩提达摩：“敢问贵寺叫什么？”

“永宁寺。”小和尚指着身边的老僧接着说，“他就是我们永宁寺的住持慈光大师。”

菩提达摩正想起身向慈光大师道谢，眼前一黑，倒在床上又昏过去了。

菩提达摩屡经贫病折磨，身体太虚弱了。他为了追求信念，活得太苦太累了。

经过慈光大师的汤药的精心调治，菩提达摩慢慢地恢复了元气。

慈光大师以其独具的慧眼看出菩提达摩这位病僧气质不凡。当他看到菩提达摩转危为安时深深地吐了一口气，不断地口念“阿弥陀佛”。在慈光大师与菩提达摩交谈时，达摩知道了慈光大师在永宁寺推行的是小乘佛教，达摩的眼前马上浮现出了灵鹫山论佛时与小乘佛教徒们辩论的情景来。他打了一个寒噤后，合上了双眼……

慈光大师第二天一觉醒来，发现菩提达摩床上叠着整齐的被褥，门外留下了一行深深陷入泥路中的脚印。

慈光大师情不自禁地大呼：“佛祖！佛祖！阿弥陀佛，阿弥陀佛！”为佛祖光临而自己没有得到佛祖的亲身教诲而深感遗憾。

菩提达摩来到了河南嵩山少林寺。

少林寺始建于南北朝时北魏太和十九年(495)六月九日，因在少室山上两棵千年古柏树“双木成林”处建寺得名。

菩提达摩的双足刚跨进少林寺门槛，只见得寺内正在举行小乘法会。菩提达摩马上退了出来，他深为自己渡江北上后，连进永宁寺、少林寺弘扬的都是小乘佛法而感到失落。他用地上的一块小石子，在双林寺外墙上题写了一句：

“北上遇‘小乘’，‘大乘’何处去？”

正在门外扫地的一位小和尚看见菩提达摩用小石子在墙上题写，凑近一看，觉得“小乘”“大乘”是曾听法师讲经时提到的两个词。少林寺弘扬的是小乘佛教，寺内正在举行小乘法会。刚才他亲眼看见菩提达摩刚进寺门就出来在此拣起石头写字，莫非他是主张大乘佛教的高僧？想到这里，他马上拣起菩提达摩写好字丢掉的那块小石子，在少林寺外墙上接着写上了：

“此地不留僧，自有僧去处。”

菩提达摩一见小和尚题写的两句词，心想难道我与这位小和尚有佛缘？否则他怎么知道我的心思呢？于是菩提达摩双手合十，口念“阿弥陀佛”一声后问小和尚：“你怎么知道‘此地不留僧’？”

天真的小和尚说：“今天少林寺内举行小乘法会，见师傅一进门就出来，我想你一定是相信大乘佛教的。因为我曾经听到过小乘与大乘有冰炭水火不相容之说，所以你就不进少林寺里面去了。”

菩提达摩听后又问：“那‘自有僧去处’又该怎样解释呢？”

小和尚说：“我认为小乘佛教，大乘佛教都是弘扬释迦牟尼佛法的教义，意见分歧好比一张口内的牙齿与口舌，总有相碰的时候。眼下二教不和是暂时的，俗话说家和才能万事兴，所以我相信只要时间长了，小乘与大乘一定能冰释前嫌，和好如初，共成佛道。”

“你讲得太好了。”菩提达摩击掌称奇。因为自从他东渡震旦以来，这个小和尚是他遇到的第一位知音。于是就问小和尚：“依你之见，我该到何处安身？”

小和尚指了指少室山上的一个崖洞说：“那山洞传说曾住过一条火龙，所以曾叫火龙洞。有一次，观音大士路过此地，暴雨连天，火龙腾飞出洞让给观音大士进洞避雨，后来观音大士回到普陀山去了，所以现在这洞也叫观音洞。”

“北去难寻洞观音。”般若多罗的第三句偈语在此得到应验。

菩提达摩在小和尚的指引下，住进了观音洞。他回想起了自己东渡震旦后的坎坷经历，他企盼着小乘教与大乘教之争的和解早日到来。他开始在这观音洞中面壁坐禅，思考着如何去寻找般若多罗佛祖所指点的震旦国中的那位佛缘菩萨。

（七）小乘之争

小和尚回到少林寺，回想起了方丈曾经给他讲述的小乘、大乘之争曾经发展到刀刃相见地步的故事：

提婆高僧是龙树菩萨的弟子，他“博识渊览，才辩绝伦，擅名天竺，为诸国所推”。龙树菩萨涅槃后，他继承了龙树菩萨所著的《中论》《十二门论》的大乘空宗禅学思想，续著了《百论》，这三部著作被后人并称为大乘佛教必读的三论，遭到了小乘派人的激烈反对。

有个小乘派佛祖在灵鹫山论佛时与提婆辩论败北，为图报复，发誓“汝以‘空’刀困我，我以‘实’刀困汝”。一天，有个小乘派弟子为了帮助那位曾经辩论败北的小乘派佛祖报仇，身藏一把锋利的小刀，悄悄地来到提婆身边，趁其不备，一边说

“汝以口破我师，我以刀破汝腹”，一边就将小刀扎入了提婆腹内。提婆的肠子破腹流血身亡。

这位曾经给小和尚讲过小乘刀杀提婆故事的方丈虽是少林寺内小乘佛教的小宗师，但他对大乘佛教从来不持否定的态度，他认为，天下僧人是一家，不管小乘、大乘教义有别，施舍救生，是每个僧人的本分。于是，当他听了小和尚引菩提达摩住进观音洞的禀报后，暗暗地支持小和尚每天送两碗斋饭到观音洞去，供养菩提达摩。

（八）身影入岩

菩提达摩一苇渡江，梁武帝闻禀大为惊诧，他感到这是菩萨暗暗在保佑着菩提达摩，否则一苇怎能载一人渡江？他开始后悔不该逼走佛祖，他认为这是自己种下了一桩罪孽。为了赎罪，求得佛祖对他的宽容，他派一位大臣去少林寺诏请菩提达摩祖师回梁弘法，达摩拒之。据《中国禅学思想史》第七十九页援引的《正宗记》卷五载其事云：“帝（梁武帝）右闻名，钦若昊天。又曰，嗟乎，见之不见，逢之不逢，古之、今之、悔之、恨之。朕虽一介凡夫，敢师之于后。”宋祖琇所著的《隆兴佛教编年通论》卷七论云：“谓魏孝明帝钦师异迹，三屈诏命，师竟不下少林。”（《续藏经》第一辑第二编乙第三套第三册两百四十八页）。可见，后来梁武帝、魏孝明帝知道了释佛第二十八代祖菩提达摩的身世后，都曾经委派臣子传诏，请菩提达摩出观音洞下山弘法，但都遭到了菩提达摩的拒绝。

菩提达摩在观音洞面壁禅定，梁魏二帝来请都拒绝出山，在少林寺中引起轰动，传为奇闻。尤其是少林寺的众僧都知道了在洞内面壁坐禅的是释佛第二十八代佛祖菩提达摩后，更加深了他们对菩提达摩的崇敬与好奇。因为少林寺僧历来以小乘教义传教，从未接触过真正的大乘禅法，他们以求知的心态，三三两两地来到观音洞前偷看菩提达摩在洞内的面壁禅定。

菩提达摩为了练就面壁时平心静气、忘言绝虑的真功夫，小心翼翼地利用洞外照射进来光线，将自己坐禅影射在洞内岩壁，用坚硬的石刀把影子刻了下来，日复一日，岩壁上的影子越刻越深，越刻越像，达到了影如其人、纹丝不差的地步。前来偷看的少林寺僧发现后，认为菩提达摩面壁多年，身影入岩，足见大乘之法玄奥莫测，以讹传讹，传说得神乎其神。

少林寺住持慧光是个偏执的小乘派宗师，再也按捺不住内心的激动，他想，菩提达摩的存在是对少林寺小乘佛教最大的威胁。于是他假装慈悲，去请他下山，伺机暗害。他一步一拜地进入洞来，可是洞内没有达摩，慧光住持见岩壁上的刻影，匍匐便拜：“佛祖身影入岩，贫僧来迟，罪过！罪过！”

其实，菩提达摩在小和尚送斋饭来时已得知今日住持可能要来接他去少林寺弘法的消息，菩提达摩自己心里明白身影入岩之事已经被讹传神化了，因此就借助神化之讹，早已避到洞外去了。

菩提达摩东渡震旦后，般若多罗所送的四句偈语，三句已灵验无疑，唯最后一句“连理梼下久昌昌”未能实现，到底到哪里去寻找这棵连理梼树呢？他天天在观音洞中面壁，默念观世音菩萨，祈求得到观世音菩萨的指点。

菩提达摩在洞外见少林寺慧光住持进洞出洞的情景，第二天他知道了慧光住持又要来洞内请他时，他就坐在洞内不回避了。他想，如果少林寺内的小乘派确实能跟他转学大乘禅法，这对大乘佛教来说是一件好事，所以就接受了慧光方丈的邀请下山，进了少林寺。

少林寺众僧摆素宴为菩提达摩接风洗尘。席间，慧光住持客气地说：“佛祖智慧仁慈，面壁坐禅洞内数载，身影入岩，已证佛果，诸僧请佛祖莅临贫寺，演化众生，万请佛祖勿辞！”

菩提达摩双手合十躬身作揖谦让道：

“老衲借此宝洞，习修禅定，略有小悟……”

“嗦”的一声，一支飞镖随声而至，达摩用筷子一夹，飞镖被夹在筷子中。在座众僧无不惊叹菩提达摩之神功。菩提达摩心里明白，这支飞镖来自偏激小乘派的僧人，他知道少林寺只要这样偏激的僧人存在，自己无法在此立足传教。

素宴毕，众僧挽留菩提达摩，菩提达摩坚持要回观音洞中去。

刚踏出少林寺大门，一滴鸟粪从数十丈高的千年古柏的鸟巢中滴下，正滴在慧光住持的鼻梁上，慧光住持怒从中来，随手击出一镖，整个草筑的鸟巢离开数十丈高的古柏轻轻地往下飘落，菩提达摩见状，纵身一跃，腾空而起，捧起这个草筑的鸟巢徐徐着地。在未着地前，他看见慧光所出的飞镖落在鸟巢内，他眼明手快地把鸟巢内的这支飞镖收入袖筒内，他知道了刚才素宴上的那支飞镖也出于住持之手，住持请他下山并非出自诚意。

菩提达摩手托鸟巢着地，几只雏鸟张口“叽叽叽”叫着乞食的样子，引来了众僧围着菩提达摩看巢中的雏鸟。

这时，一只母鸟在古柏原来的鸟巢处“喳喳喳”的叫个不停，仿佛为失去它的小鸟与鸟巢而不安与着急，达摩抬头见之，动情地念“阿弥陀佛，罪过！罪过！”，信手将盛有雏鸟的鸟巢向空中抛去，重量极轻的草筑鸟巢竟重新被安放回到了数十丈高的千年古柏的枝杈原位上。慧光住持暗暗佩服菩提达摩的轻功，自知暗镖已败露，自己又不是菩提达摩的对手，后来就借口外出云游，离开了少林寺。

自从少林寺僧亲眼目睹了菩提达摩筷夹暗镖，飞身接鸟巢及将分量很轻的鸟巢抛回到离地数十丈高的古柏树上的武功绝技后，纷纷随小和尚上山到观音洞中向菩提达摩求学武功。菩提达摩有求必应，毫不吝啬地尽心传教。

菩提达摩成了少林寺武僧的一代宗师。

（九）少林传灯

这位为菩提达摩送斋饭的小和尚俗名叫神光，来自洛阳禹门一户书香门第之家，自幼志气不群，熟读诗书，精通易经。由于父母早逝，家道衰落，来到少林寺削发为僧，因他初来乍到，寺里安排他当扫地小和尚。

自从他亲眼看到了慧光住持为一滴鸟粪发镖射巢，达摩为救一窝雏鸟而施展武术相救后，他下决心要拜达摩为师，学习大乘佛法。

菩提达摩问神光小和尚为什么要学大乘佛法？

神光答："小乘佛教强调自身修为，不顾他人；大乘佛教才真正普度众生。"

"何以见得？"菩提达摩有意地追问。

毫无顾忌的神光说："一滴水，可照出太阳的光辉，一件小事，可反映出一个人的本质。慧光住持为了一滴小小的鸟粪，要出镖毁巢，佛祖为了一窝雏鸟奋身相救，这才是真正的普度众生。"达摩认为神光的解答虽较肤浅，但他说出了大乘佛法上求无上佛道而自己解脱生死，下化无量众生而同离生死苦海的禅机。

菩提达摩已在少林寺观音洞面壁坐禅了九年，他深信救世的观音菩萨的定力，他自信只要坚持，到时一定能够得到观音菩萨的指点，在震旦中土找到般若多罗祖师嘱咐自己要找的那位佛缘熟于震旦的菩萨侣伴。

可是，神光要拜师求学大乘佛法心切，几乎带动了少林寺内所有前来习武的僧人每天齐声恳求要菩提达摩为他们讲解大乘佛法，尤其是神光小和尚，只要菩提达摩不答应，他就在洞外长跪不起了。

达摩想起了祖师般若多罗临终付法时的偈语：

心地生诸种，
因事复生理。
果满菩提圆，
华开世界起。

神光已在洞外的雪地上跪了三天三夜。天下起了鹅毛大雪，大雪把神光的跪地双膝都埋没了，神光如冰冻雪人一般，丝毫没有改变他要求达摩佛祖传授大乘佛法的决心。

菩提达摩三思了神光九年来朝朝暮暮的为人处事，可以认定他是唯一能够信任的知音。可是，自己连佛祖嘱咐要找的佛缘伴侣都尚未落实，怎么可以收徒传教呢？他反复琢磨起"果满菩提圆，华开世界起"的偈语来，难道自己的衣钵传授给了神光才能得到观音菩萨的指点救助，找到震旦弘法侣伴？他情不自禁地念出了"大乘传神光，红雪天上降”。

神光听到后一惊，暗忖：莫非佛神要测试自己的拜师决心？他忽见自己前面不知自哪里来的一把利剑插在雪地上，他马上咬紧牙关，挥剑自砍下左臂，鲜血像喷泉一样从残臂中喷涌而出，如同血雨，把天上落下来的片片雪花都染红了。神光强忍疼痛，用右手举起断臂大喊：“佛祖请看，天降红雪……”神光倒在雪地上昏了过去，从神光身上流出来的鲜血，染红了一大片雪地。

菩提达摩大吃一惊，马上把倒在雪地血泊中的神光背回观音洞，进行包扎救护，为其发功敷药救治。

第二天，替神光为菩提达摩送斋饭的和尚，进洞看见神光断臂求法的情景后跪请菩提达摩佛法开恩，随神光回少林寺传法施教。

当日，菩提达摩、神光与送斋饭的这位和尚一起回到了少林寺，举行了传灯授法仪式。菩提达摩把自己从南天竺带来的那件红色木棉袈裟披在神光身上说：“为师赐你法名慧可，立你为少林寺第二代大乘禅宗法嗣。你心安否？”《中国禅学思想史》第八十七页援引《传灯录》卷三云：光（神光）曰：“我心未宁，乞师与安。”师曰：“将心来，与汝安。”光曰：“觅心了不可得。”师曰：“我与汝安心竟。”（《大藏经》第三十套第九册八百二十三页左）。

慧可笑答：“一心具足万地，不必向外求索。”

慧可授法得衣后，随菩提达摩上山，师徒二代人相互照顾、相互合作。一面菩提达摩法师为法嗣慧可调养臂伤，一面法嗣慧可向菩提达摩法师学习大乘禅宗教义。

慧可立雪断臂，菩提达摩少林传灯很快传遍了嵩洛禅林和民间，尤其是菩提达摩是释佛第二十八代佛祖，在少林寺山洞面壁九年，身影入岩这件事，越传越奇，少林寺香火由此日盛。大乘佛法在少林寺得到了光大。

菩提达摩在少林寺，看到了自己能在震旦中土弘扬大乘禅宗的曙光。为了避开嘈杂的喧闹声，让出面壁岩洞供每天数以千计来少林寺朝拜的香客们游览观瞻，他决定离开观音洞去慧可的家乡禹门千圣寺，另辟禅门，以待继续在震旦国寻找“佛缘”机会的到来。

（十）只履西来

菩提达摩离开少林寺去禹门千圣寺途中，他的心中因为有了少林寺的慧可继承了他的红色木棉袈裟而有一种满足感，又因为自己从南天竺东渡震旦十多年来，苦苦寻找而至今未找到师祖嘱咐的震旦中土弘法侣伴而感到惆怅与遗憾。

来到禹门千圣寺，寺门虚掩，菩提达摩推门而入，只见寺内的青灯失去了光亮，一支香火孤独地燃烧着，细看寺内佛像，尊尊堆积着厚厚的灰尘，可见，除了一名守寺的老僧外千圣寺已衰落到了临近关门谢客的地步。

忽听来了马蹄声，菩提达摩正想出门观望，一位肥头大耳的僧人闯入寺内，见了菩提达摩便拜见道："老衲三藏，奉魏孝明帝之命，恭请菩提达摩佛祖到皇城弘法。"菩提达摩在少林寺时听到众僧议论过三藏法师是北魏国内小乘佛教的，于是回礼说："感谢魏孝明帝抬爱，老衲在千圣寺同样可以礼佛。"

三藏说："千圣寺如此衰落，佛祖岂能弘扬佛法。"

菩提达摩说："寺庙不求大小，只要心诚便是。"

三藏见菩提达摩执意要留在千圣寺，也便不予强求就回去了。

魏孝明帝得到三藏回禀后，马上命能工巧匠修缮千圣寺，千圣寺很快恢复如新。不少僧侣慕名前来拜见菩提达摩，千圣寺大雄宝殿香烟缭绕，古刹钟鼓齐鸣，二度生辉。

一日，三藏法师又突然来访，千圣寺的气氛马上紧张了起来。因为，千圣寺历来属宫廷供奉的寺庙，三藏法师凭自己在魏孝明帝宫内弘法的地位和诡辩雄才，经常来千圣寺显赫声威，借以抬高自己，有时还要搞些恶作剧刁难寺内僧侣。"得罪不起躲得起"，千圣寺的和尚都是因为害怕三藏而避离了千圣寺。寺内的和尚都走光了，前来顶礼膜拜的善男信女自然也就少了，千圣寺因此每况愈下而破落衰败的。

可是，今天的三藏法师却一反常态，连连用一些阿谀奉承的话称赞菩提达摩佛祖法力宏大，能使濒临倒闭的千圣寺起死回生，重放光辉，并将一大包香茗送给佛祖，聊表敬意。

菩提达摩拒不接受，连连推卸说："皈依三宝，两袖清风，岂敢贪外界之物！"

"务乞笑纳，务乞笑纳。"三藏客气地放下香茗便走。

"阿弥陀佛！"菩提达摩唱诵了一声佛号，送三藏法师走出千圣寺。

菩提达摩回转寺内，打开三藏法师所送的这包香茗一看，一股清香扑鼻而来："果然是一包好茶叶。"菩提达摩有嗜茶习惯，便叫小僧为同座一室的十多名僧客，各泡一杯，一起品茗香茶口福。

想不到，凡喝过茶的僧客不一会就都相继卧倒于地，菩提达摩也感到腹痛如绞，此时方知三藏法师的香茗有毒。菩提达摩心想：三藏法师如此嫉妒大乘佛法，投毒谋命，看来自己已无法逗留于千圣寺，尤见已中毒倒地的十多名僧客，他们无故地陪着自己殒命，菩提达摩感到自己诚心劝他们共品茗茶，致使他们误服毒茶丧命的罪孽深重。菩提达摩一方面运足气功，把毒排出体外，另一方面为了能够平安地离开千圣寺，索性倒地假死。《中国禅学思想史》第七十八页援引《传灯录》卷三所云："魏氏奉释……流支三藏者，……竞起害心，数加毒药。"《少林寺志》卷一"宸翰"一页载梁武帝的《达摩大师碑颂》称："大师讳达摩，天竺人也。莫知其所居，未详其姓氏，以梁大同二年十二月五日终于洛州禹门，茔葬于熊耳。”

朦胧中，菩提达摩得到观音菩萨的开导：“震旦佛缘侣伴，之江逆水西上，临水观影璎珞，双梼鹤树法坛。”

菩提达摩拜谢观音菩萨后，念起了“果满菩提圆，华开世界起”佛祖的偈语。《中国禅学思想史》第七十九页所援引的《旧唐书·神秀传》云：“……（达摩）遇毒而卒。其年魏使宋云于葱岭（今喀喇昆仑山）回见之。门徒发其墓，但有只履而已。”（《旧唐书》卷百九十一）

研究中国佛教史的台湾地区居士彭楚珩先生在《历代高僧的故事》中的第二辑《达摩祖师》故事内，详尽地讲述了魏使宋云从西域回魏，途至葱岭遇见达摩背着一只芒鞋迎面走来，问“祖师去哪里？”达摩答“西归而去。”

宋云回到魏国，听说达摩死去都已一年多了。惊诧后掘墓，果见墓中已无达摩尸骸，仅留一只芒鞋。

其实，达摩为了按照观音菩萨的开导，去寻找震旦中土的佛缘侣伴，他只得制造了自己拿着一只芒鞋西去、路遇魏使宋云的假象，为了避免教义不合者对自己的妒忌与追杀，因此改名为“嵩头陀”，并根据观音菩萨所指点的“震旦佛缘侣伴，之江（即浙江钱塘江）逆水西上”，来到了义乌。

嵩头陀在义乌稽亭塘下遇见了傅翕后，以其佛祖独具的慧眼，看见了傅翕头上的圆光宝盖，所以他又根据观音菩萨“临水观影璎珞，双梼鹤树法坛”的指点，叫傅翕临水照之。傅翕与嵩头陀一起在水影中见到了释佛第二十七代祖般若多罗的“璎珞庄严”的尊容时，受般若多罗佛祖璎珞法相的提示，傅翕回忆起了自己与菩提达摩共同离开毗婆尸佛时自己要到震旦中土弘扬释迦牟尼佛教的誓愿，于是回家放弃了自己喜欢的捕鱼生活，与菩提达摩来到了两棵梼树下结庵，专心事佛。

菩提达摩就这样只履西来，实现了般若多罗佛祖所赠的“连理梼下久昌昌”这最后一句偈语。

因为菩提达摩与傅大士本是佛身，他们共同弘扬的是释迦牟尼佛提倡的“以心为佛”“心正成佛，心邪成魔”的“心即是佛”的中国维摩禅宗佛教，义乌云黄山双林寺，也就因为有过嵩头陀与傅大士成佛惊天动地的历史事件，成了可以与山西五台山（文殊菩萨）、四川峨眉山（普贤菩萨）、浙江普陀山（观世音菩萨）、安徽九华山（地藏王菩萨）四大佛教名山媲美的佛教圣地。

（十一）嵩头陀传

据1934年商务印书馆出版的《浙江通志》内《傅大士传》记载：梁普通元年（520），（傅翕）年二十四，溯水取鱼于稽亭塘下，遇一胡僧，号嵩头陀，语大士曰：“我昔与汝于毗婆尸佛前发愿度众生，汝今兜率宫中受用悉在，何时当还？”大士瞪目而已。头陀曰："汝试临水观影。"大士从之，乃见圆光宝盖，璎珞庄严，顿悟前因。乃曰："炉鞲之所多钝铁，良医门下足病人，度生为急，何暇彼乐乎？"用现代白话浅释的意思是：

520年，傅翕二十四岁。他在稽亭塘边上捕鱼，遇到一个外国人模样的和尚，他名叫嵩头陀。嵩头陀对傅翕说："我与你过去在毗婆尸前面一起发过誓愿，现在兜率天宫中，还保存你我的衣钵（袈裟），你到哪一天才回头事佛啊？"傅翕听后，目瞪口呆，不知所措。于是嵩头陀便叫他到水中去看一下自己的影子。傅翕看见水影中的自己，头上有圆光宝盖等祥瑞的佛光与前师第二十七代佛祖璎珞庄严容貌的模样，从而回想起了自己是释迦牟尼佛祖的转世，对嵩头陀说："打铁炉边多纯铁，名医家中多病人。我们既然古佛转世，就应该以普度众生为当务之急，我们应该心中有佛，一心按佛的旨意去做，还有什么你高兴想做什么就去做什么的天宫之乐呢？"

从此，傅翕就按照嵩头陀指点，放弃了他原来喜欢的捕鱼工作，自号"双梼树下当来解脱善慧大士"，经常为僧民男女四众讲论佛法。

按照佛经中"欲知前世因，今生受者是，欲知来世果，今生作者是"的三世因果规律，说明嵩头陀只有找到了傅大士，二人联合起来才能完成释迦牟尼佛第二十七世祖般若多罗交给他们到震旦中土创立中国维摩禅宗大乘佛教的大业。

嵩头陀，据清嘉庆《义乌县志》仙释传中记载："名达摩，天竺中来居香山岩谷丛林间。"可见嵩头陀即菩提达摩。《傅大士文集》卷四中记载："法师名达摩，不知何国人""众人苦请，法师誓不北顾"，乃言曰："贫道缘会而来，缘尽而去。"可见嵩头陀自北而来，北方人追来请他回北方去，而嵩头陀"誓不北顾"，不愿回去，坚持要留在南方。

嵩头陀行至余山，江水泛滥，船人不肯渡。嵩头陀乃布伞水上，手把铁鱼磬，截流而渡。南至稽亭塘下，见傅大士溯水求鱼，因发傅大士神妙之迹，并示以修道之所。这就更明确地记载了当时嵩头陀达摩放弃了去北方寻找佛缘的决心而为了到稽亭塘下缘会傅大士时，在今佛堂镇北余山江边，因江水泛滥，船夫不肯渡，乃布伞水上，手把铁鱼磬渡江故事的有据可依性。

嵩：嵩山少林寺；头陀：第一位佛陀，即是指自己觉悟，觉悟他人，觉悟一切而无所不知无时不觉的佛陀。合称嵩头陀，也就是指改变原嵩山少林寺的小乘佛教为大乘佛教的第一位佛陀。称"慧可"（神光）是少林寺二祖即源于此。

由此可见，嵩头陀的前称是菩提达摩。因为菩提达摩从天竺国东渡震旦后，中国的梁、魏都流行"只顾自己乘着佛法而得解脱"的小乘佛教；而菩提达摩从西域带来的"菩萨是上求无上佛道而自己解脱生死，下化无量众生而同离生死苦海"的大乘佛教，在梁、魏难以推行，还到处碰壁。在走投无路的情况下，菩提达摩只得在少室山岩洞中面壁坐禅九年。

菩提达摩诚心实意推行大乘佛教的精神感动了梁武帝与魏孝明帝，尽管梁武帝与魏孝明帝反省后，几次下诏要恭请菩提达摩回皇宫弘扬佛法，然而有些教义不合者几次要毒害达摩，达摩滞留于少林寺岩洞中面壁的时候，唯有少林寺的神光和尚以立雪断臂的决心要拜菩提达摩为师，学习大乘佛教，菩提达摩抓住了这个契机，传袈裟衣钵给慧可，立慧可为少林寺大乘佛教二祖。

菩提达摩离开少林寺后，在禹门千圣寺遭到了魏国三藏法师的毒害，遇毒假装受害而死，葬于洛州禹门熊耳山。次年，魏使宋云从西域回国途中，在云葱岭亲眼看见了达摩背着一只芒鞋西归。可是当宋云回到魏国后，知道菩提达摩早在一年前就死了，因此，他把自己从西域回国途中遇见过菩提达摩背着一只芒鞋而去的奇事与魏静帝说了。魏静帝初以为宋云言语荒唐，后掘开熊耳山菩提达摩之墓，果见墓中仅存一只芒鞋，菩提达摩尸首与另一只芒鞋已不知去向，达摩西去何方，历史上失去了记载，成了一大千古之谜。

然而史记谱载，明确地记录了继菩提达摩之后，有位叫嵩头陀的南天竺僧来到乌伤，先居乌伤香山，交结楼偃的事实过程。

楼偃(461—547)，字希贤，义乌市夏演香山人。据义乌《梅溪夏演楼氏宗谱》与《义乌市名人传》记载：他在梁武帝时，征战沙场，足智多谋，立下了汗马功劳，被封为燕国公，镇守北平十八年。由于梁武帝授予楼偃有“文武官员不服管理，当生当死随卿裁决，一律免奏”的特权，楼偃使北平盗寇消除，生民乐业。当梁武帝诏楼偃回建康时，北平黎民头顶香案，涕泪交流，夹道送行，并哀求国公留一子在北平继任。楼偃刚到建康，梁武帝命文武官员出城十里迎接，足见楼偃是位深受百姓爱戴、皇帝器重的梁朝重臣。

天监年间(502—519)，楼偃父殁，回乡尽孝守墓，偶见香山丛林内有一四脚木屋，屋内住着形态枯槁、神气豪迈的僧人，经询问方知是来自嵩山的头陀达摩，只见他每日身披皂色僧袍，跏趺而坐。楼偃信服其诚，遂出资共建三宝，荡除六尘，在四脚木屋旧址，建了香山禅寺。

天监十七年(518)，嵩头陀达摩在新建成的香山寺内造了一个可容一斗米的小仓，籴米入仓，从未空匮，人们称奇，誉名为“常盈仓”。后来有一寺僧嫌仓太小，擅自扩大，结果从此空匮无米。

天监十八年(519)，有山贼十余人持械前来劫财，达摩略施小技，山贼个个手脚如缚，精神溃乱而倒地昏迷不省人事，后山贼知其是外域高僧，连连向嵩头陀求饶。

普通元年(520)乌伤县令萧子睦，赴香山寺顶礼膜拜，因萧县令先到附近百姓家中酒足饭饱之后才进寺，嵩头陀见其心不诚，闭门谢客。萧县令闻此大怒，要放火烧寺。岂料萧县令数次放火，始终焚寺不得，萧县令反思后大恐，虔诚忏悔后，嵩头陀念其回心，以菩提妙道教之，萧县令悦受而回。从此，香山寺长兴不衰。同年八月，嵩头陀达摩见南山紫云覆盖，遂南行缘会傅翕，并引导傅翕在双梼树下修成大士佛。

所以，失去了历史记载后的菩提达摩"一履西去"，实际上是"达摩西来"缘会傅大士，共成佛道的开始。宋苏轼在《楞伽经后记》中说：祖师达摩以付二祖曰，"吾观震旦所有经教，唯《楞伽》四卷可以印心，祖祖相授，以为心法"，与傅大士传世名著《心王铭》几乎同出一辙。

由此，证实了菩提达摩面壁九年，最后在嵩山少林寺，把大乘佛法传给了慧可后就改名为嵩头陀，来到了乌伤缘会傅大士，共成佛道，创建了比天台宗佛教发源地国清寺还早五十五年的中国大乘维摩禅宗传说的可靠性。

（十二）千古之谜

众所周知，来自古印度南天竺的菩提达摩是中国佛教禅宗之祖，更是名扬天下的中国河南嵩山少林寺武术的开山鼻祖。可是，在中国的佛教史上，有关菩提达摩的生卒年月是一个一千五百多年来没有解开的谜，甚至连他究竟什么时间"东渡震旦"，凭什么称他的佛法"缘熟中土"，都是中外佛教界无从查考的千古之谜。

1. 东渡之谜

有关菩提达摩东渡震旦的来去时间，日本的佛教学者忽滑谷快天博士（1867—1943）撰写的《中国禅学思想史》专著中，归纳为以下五种说法：

（1）根据中国《宝林传》和《正宗记》古籍记载，菩提达摩是从北魏孝文帝太和十年（486）入魏，十九年（495）圆寂，仅在华十年。

（2）魏使宋云从西天取经回国路上，在葱岭与肩背一只芒鞋西归的达摩相遇。当宋云回到魏都洛阳后，吃惊地发现达摩早在一年前都已经死了。掘其茔墓，果然证实墓内仅存另一只芒鞋而无尸骸的故事记载。史载宋云出使与归国的时间是公元516—522，按此推算，加上达摩在少林寺面壁九年，菩提达摩东渡震旦的来去时间是510—521，在华也是仅仅十年左右。

（3）根据少林寺大乘佛法二祖慧可得达摩传灯，达摩灭后，杨化于邺，此时为东魏天平初（约534）。

（4）根据达摩离开少林寺到洛州禹门千圣寺时，曾为太守杨弦之说法的传说，杨弦之当太守的时间是天平元年至武定元年（534—543）。可见，那时候菩提达摩还健在，明显与前面所说的三种来去时间有悖。

（5）再根据《少林寺志》梁武帝撰写的《达摩大师碑颂》载："大师达摩，天竺人也。莫知其所居，未详其姓氏。以梁大同二年（536）十二月五日终于洛州禹门，茔葬于熊耳。”可见，又增加了菩提达摩是梁大同二年十二月初五死于洛州禹门，葬在熊耳山之说的可信性。

台湾地区著名中国佛教史学家彭楚珩先生所著的中国《历代高僧故事》一书第二辑内的《达摩祖师》；武汉大学教授吴洪激主编的《中国名人轶事丛书》的《菩提达摩传奇》等等描写达摩其人其事的书籍中，有关菩提达摩来华的具体时间与其入灭的记载，尽管各说各的，莫衷一是，但是对于菩提达摩为了他的佛法“缘熟中土”而“东渡震旦”，以及最后“只履西归”作为菩提达摩最后离开中国的结局基本上是一致的。

但是，几乎所有有关达摩的传说故事中都提到了菩提达摩的祖师是释迦牟尼佛第二十七代祖般若多罗。在般若多罗传衣钵给菩提达摩时曾指出：是佛缘决定了达摩的佛法“缘熟中土”，所以他泛海东来。可是他到中国并不一帆风顺。首先因为与梁武帝言语不合、话不投机而北上洛阳。因当时北魏流行的是小乘佛教，菩提达摩在北魏走投无路的绝境中只得在少林寺面壁九年，养精蓄锐，寻找机遇，以完成他“缘熟于震旦”的弘扬大乘佛法的事业。尽管少林寺神光和尚每天为面壁的菩提达摩送斋饭的行为和断臂立雪的决心感动了菩提达摩，才将他从印度带来的木棉袈裟传给了神光，但是，神光并不是他心目中要到震旦寻找的“佛缘”，所以菩提达摩只得离开少林寺而到禹门千圣寺另辟禅门，最后遭到毒害而身亡。

菩提达摩东渡震旦，自南而北，一路坎坷，但他并没有找到熟于中土的“佛缘”。他不甘心从南天竺东渡震旦枉此一行，所以他在熊耳山的茔墓中留下了一只芒鞋和一具空棺，背起了另一只芒鞋“只履西归”。他在葱岭，路遇北魏去西天取经而归的使官宋云的故事，说明了当时菩提达摩并没有在震旦实现他东渡“缘熟”佛法的初衷，没有达到他来东方设坛传法，普度众生的目的，这就是佛教界一直没有解开为什么连被称为释佛第二十八祖的菩提达摩，也不能在中国实现他创立大乘佛教目的的“千古之谜”。

二十世纪九十年代初，浙江省旅游学会会员楼炳权先生，他首先在义乌市图书馆里发现了唐初楼颖撰写的《傅大士文集》中的《嵩头陀达摩传》，他结合清嘉庆《义乌县志·仙释传》“嵩头陀，名达摩，天监中来，居香山岩谷丛林间”的记载，证明了嵩头陀达摩与菩提达摩为同一人的事实。经过了楼炳权先生的进一步发掘，终于发现了菩提达摩出生于477年十月初五，502年来华；面壁九年后，512年左右以嵩头陀之称来到乌伤，筑四脚木屋栖居于香山丛林间，结交了今义乌夏演楼姓之祖梁燕国公楼偃后，创建了义乌香山寺；520年投磬渡江，会见了他朝思暮想，要在震旦国中苦苦寻找的同来自兜率天宫，一起曾在毗婆尸佛祖前发过誓愿的佛缘傅翕善慧大士佛。从此，嵩头陀达摩立定脚跟在义乌一带弘扬佛法数十年，先后建了七所佛寺。于南朝陈光大二年(568)十月初八，先于傅大士一年(569)，在龙邱岩寺入寂，时年九十二岁。

1994年，楼炳权先生《菩提达摩年谱》的发表引起了社会的轰动。浙江大学成人教育学院的陈越南副院长，义乌市人大、市政协、市委宣传部、市文化局、市宗教办公室、市旅游办公室、市政法委以及老文化馆的负责人等纷纷题词赞许。《中国禅学史》主编、全国佛教协会常务理事、上海华东师范大学教授苏渊雷老先生闻讯后，称赞楼炳权先生《菩提达摩年谱》在义乌的发表，“填补了国家历史文献长期失载和达摩祖师在嵩山少林寺面壁九年后何处去的空白”，并专门题写了小诗一首：

只履西归事渺茫，达摩晚岁驻乌伤。
蟠龙古寺堂堂在，古井甘尔洌洌长。
同调同时傅大士，身历南朝姓氏香。
留史撰碑铭金石，遗著昭昭日月光。
多君辛苦勤发掘，遂使佛国运再昌。
此举攸关匪浅鲜，愿我同人起弘扬。

——小诗奉题楼炳权新著《达摩祖师暨傅大士在义乌弘法》乞正，甲戌(1994年)三月，平阳苏渊雷，时年八十又七。

2. 龙邱之谜

据义乌市图书馆藏的唐代楼颖著的《傅大士文集》内《嵩头陀达摩传》记载：“法师却还龙邱岩寺及入寂，大士心自知之，乃谓诸弟子曰：‘嵩公已还兜率天宫中待我，我同度众生之人，去已尽矣’。”由此可见：(1)嵩头陀达摩最后殁落于龙邱岩寺。(2)嵩头陀达摩比傅大士先一步回归到兜率天宫中去。史载傅大士的入灭时间是南朝陈太建元年(569)。因此，嵩头陀达摩灭于568年。

嵩头陀达摩入灭于“龙邱岩寺”，那么龙邱岩寺在哪里？

据《嵩头陀达摩传》中载：“法师又西行至龙邱界，望见南山，岩势孤秀，又曰：‘此亦可以置寺矣。’因居止其中，建立兰若，后号此为龙邱岩寺”。此句前曾称：“法师西至金华县界南山下曰：‘此亦可以置寺。’……尔后觅以此地置龙盘寺。”

所以从“望见南山”中可见，龙邱岩寺距离龙盘寺并不会太远。八宝山，义乌古来习称“南山”，龙盘寺位于义乌南端的八宝山脚下。龙盘寺今已划入金华县界的义浦区中柔村所辖，近年来此寺已修复一新，每天香烟缭绕，游客不断。

据楼炳权先生分析，龙邱岩寺位于今佛堂镇的古佛堂渡磬寺址，其理由是佛堂古人称镇南的田心蜀山为南山，但笔者认为这一说法欠妥不可信。

据义乌市博物馆的同志介绍，龙邱岩寺在衢州龙游县境内，为此笔者专程去了衢州市及龙游县调查考察，并借阅了《衢州市志》与《龙游县志》。其中，1991年由中华书局出版的《龙游县志》第四百九十四页载，“传说梁天监三年(504)，高僧嵩头陀(号香山法师)自乌伤(义乌)来县,建县南圣寿寺”,可见此记载也并不可信。

因为,楼炳权先生发现的《菩提达摩年谱》中载,菩提达摩来华的时间是天监元年(502),来义乌的时间是512年左右。先建香山寺,后称香山法师;去龙游时间必在512年以后。由此可证,《龙游县志》所载为“天监三年”“自乌伤县来”属杜撰不实。

但龙游素有“十殿八塔”之说,如今殿已不存,塔尚存八座。经笔者实地考察,除了在县城东十一公里外的湖镇下街的舍利塔始建无考,重建于北宋嘉祐三年(1058)以外,剩余城北十六公里的横山塔、距城东九公里七都乡曹垄村的湖岩塔、县城鸡鸣山上的鸡鸣塔,城东北新桥头的龙洲塔,城东四公里外七都乡朱家村的浮杯塔、县城北志棠乡塔下叶村的刹下塔以及县城南二十公里外沐尘乡的雷峰塔等七座塔均建造于明代嘉靖至万历年间。一般僧人去世后,起塔为墓,但从上述中可见龙游之塔,建于宋代至明代之间,根本与菩提达摩于陈光大二年(568)入灭与龙游(龙邱)毫无瓜葛。

《龙游县志》载,自秦始皇实行县治以来的历史沿革中,唐贞观八年(634),龙游曾称为“龙丘县”,在此以前称“太末县”。由此可见,龙邱在龙游之说,仅仅是地名相同的巧合而已,与嵩头陀达摩最后在龙游的龙邱岩寺入灭一说毫无联系。

那么,龙邱岩寺究竟在哪里?

笔者根据佛堂古镇的民间传说,认为应是在今佛堂镇西北的湖山之巅的“朝江府”址。理由是:“朝江府”一带,历史上曾称为“龙陂”。证据是:附近张宅的《张氏宗谱》被称为《龙陂张氏》;徐塘下、安头、桥西的《徐氏宗谱》,也被称《龙陂徐氏》。由此可见一斑。

朝江府址与古佛堂正南方的古南山(道院山)隔江相望。二山中间原是江面广阔的义乌江。义乌江水受来自东阳南江与北江的冲击,滔滔的江水,十年江南,十年江北,冲积成了一处起伏的沙丘。然而分别来自由东向西经寺前西村的石牛溪、与经下章村的云黄溪,由南向北经剡溪村的龙溪、经赤岸镇的丹溪与经塘下洋、田心村的蜀溪,由西向东经盛村的华溪与经湖干、宝山头村的长湖溪,由北向南分别来自东阳市的南江与北江,独特的地形地貌形成了九溪(江)汇总的“九龙落脉之地”,站在佛堂古南山(道院山)眺望隔江的湖山,山体高低错落有致,极像一条山岩孤秀的“伏龙”,且与《傅大士文集》所载的金华县界南山(即八宝山),仅仅十里之遥。湖山,又名余山,自古以来有“龙丘”美誉之称。传说“真龙天子”明太祖朱元璋当年兵败逃难至此,为躲避追杀,曾隐身于湖山之巅殿宇之中的佛像背后,蜘蛛很快就在佛像前编织了蜘蛛网,追兵进殿,见蜘蛛网完好无损便放弃进殿搜索,朱元璋逃过此难。此地因此被誉为“龙丘”。

朱元璋登基坐上皇帝龙椅后,回想起此事,认定当时是得了殿中菩萨保佑之故，遂封湖山殿为“朝江府”，象征了佛经中“南无”是永远朝着初升太阳、光明无量的寓意。据佛堂先辈的口传，湖山殿为龙邱岩寺中的一小殿，此殿中曾救过朱元璋的佛像，即是达摩祖师的泥塑像。二十世纪末，宗教政策得以落实后，佛堂镇湖山殿下村的居民又自发募建了“朝江府”佛殿，殿前，屹立起一尊高达三米的达摩祖师石雕的全身立像。凭借山岩孤秀的天然山景，一个容“春堤问柳”“风荷映日”“秋月临波”“雪榭垂钓”“湖山远睹”“达摩投磬”“古窟告别”“洪武藏身”八个景点的开发设计方案正在逐步付诸建设中。

3.《无字经》谜

传说嵩头陀达摩临终时，傅大士守护在榻前，嵩头陀达摩抓住傅大士的双手说：“我应该把释迦牟尼佛第二十八代以前的祖师排名讲给你听了：第一代祖摩诃迦叶尊者，第二代祖阿难尊者，第三代祖商那修和尊者，第四代祖优波毱多尊者，第五代祖提多迦尊者，第六代祖弥遮迦尊者，第七代祖婆须密尊者，第八代祖佛陀难提尊者，第九代祖伏驮蜜多尊者，第十代祖胁尊者，第十一代祖富那夜舍尊者，第十二代祖马鸣大士，第十三代祖迦毗摩罗大士，第十四代祖龙树大士，第十五代祖迦罗那提婆大士，第十六代祖罗睺罗大士，第十七代祖僧迦难提大士，第十八代祖伽耶舍多大士，第十九代祖鸠摩罗多大士，第二十代祖阇夜多大士，第二十一代祖婆修盘头大士，第二十二代祖摩拿罗大士，第二十三代祖鹤勒那大士，第二十四代祖师子尊者，第二十五代祖婆舍斯多尊者，第二十六代祖不如蜜多尊者。不如蜜多尊者，应该是你我共同的师祖。我们的师傅般若多罗尊者，便是接受他的衣钵传授，而成为二十七代祖的，所以你我应该同称为释迦牟尼佛的第二十八代祖。”嵩头陀达摩说完这话，又好像在思索，一会儿，他便又说，“以上廿七代祖的衣钵传授，差不多每一位祖师都有自己特殊表现的方式，这就是所谓的佛门掌故。”

接着，嵩头陀达摩给傅大士讲了一个“师傅”二字来源于佛经中师子的故事：

佛经《大智度论》卷八说，“师子，四足兽中，独步无畏，能伏一切。佛亦如是，于九十六种外道中，一切降伏，故名人师子。”意思是在四只脚的走兽中，只有狮子能畏伏一切，被称为兽中之王。中国本无狮子，汉顺帝时（126—130）西域疏勒国曾遣使赠送狮子给中国，因此，将佛经中的“师子”在民间加上“犬”旁进行区分。因为狮子在中国属于稀罕的兽类，从北魏帝起，陵前始设石狮，象征皇帝的威武之仪。后来石狮作为一种石刻的艺术品，广泛出现在陵墓或府宅前，用以驱邪或显示府宅主人高于普通百姓的地位。

《过去现在因果经》卷一谓：“太子（释迦牟尼出家前称为悉达多太子）生时，一手指天，一手指地，作大师子吼云‘天上天下，唯我独尊。’”后来，人们把菩萨无畏地演说佛法的决定之理，降伏一切“外道邪说”，喻“狮子吼”。《普曜经·论降神品》谓：“譬如师子吼，诸小虫怖惧；畅佛师子吼，降伏外异学”。《维摩诘经·佛国品》谓佛讲经时,“演法无所畏,犹如师子吼;其所讲说,乃如雷震”。故“狮子吼”又与“雷音”同义。后来,高僧说法,被喻称为“法之深藏,师子雷音”。从佛教用语演化到民间后,在“师”字的后面加上一个含辅导、教导意思的“傅”字,师傅,也就成了某些传授知识技术人的尊称。

说到这里,嵩头陀达摩已经显得十分疲惫,他用颤抖的右手从怀中取出一本经书,交给傅大士,断断续续地说:“这是维摩诘菩萨所创的微妙法门,以心传心,不立文字,教外别传的经书……它直指人心,见性成佛……”当傅大士从嵩头陀达摩手中接过这本经书时,嵩头陀达摩安详地合上了双眼……

站在傅大士身旁的小和尚们一见此状,不忍沉痛,悲声大恸。

“你们不要悲哀,不要难过,”傅大士尽量克制住自己的感情说:“嵩头陀达摩先我而涅槃,这是法的自然顺序,是法的原本归真,我和你们不久也要顺着法性而同去。现在嵩头陀达摩尽管空了一切洒脱而去,他的教法却永远留在人间……与日月同辉,与天地共存。”

傅大士翻开嵩头陀达摩交给他的这本经书,里面没有一个字,没有一点墨迹,原来是一本“以心传心”“不立文字”“信中取义,句中取玄”的《无字经》。它意在昭示傅大士及其众生,人生是虚幻云烟,一场空梦,心明此理,出离诸苦,安详涅槃,达到瞬间永恒,亘古的空灵宁静……

嵩头陀的尸体就地草埋后,实现了嵩头陀达摩最后回归大自然的夙愿。

傅大士以嵩头陀达摩《无字经》中“不立文字”的昭示,没有为他撰写碑文而立墓碑,没有为他造灵塔,随着日月的流逝,留给人们的只有距今一千五百年前,有一位印度南天竺国香至王的三太子,放弃了皇宫内优裕的生活,要出家当和尚,屡经人间种种磨难,为了寻求成佛的伴侣,不远万里来到中国,最后殒落在佛堂镇西的龙邱岩寺的传说故事。

口述者:金善文(1905—1985)。法号:常明。

记录时间:1983 年。

记录地点:杭州灵隐寺。

参考文献:

[1] 龚延明. 绘画本中国通史[M]. 杭州:浙江少年儿童出版社,1996.

[2] 忽滑谷快天. 中国禅学思想史[M]. 朱谦之,译. 上海:上海古籍出版社,2002.

[3] 吴洪激. 菩提达摩传奇[M]. 武汉:武汉大学出版社,1994.

[4] 彭楚珩. 历代高僧故事[M]. 北京:宗教文化出版社,1997.

三、傅大士传[①]

（一）古佛奇缘

梁普通元年（520），嵩头陀达摩为寻找在震旦中土共成佛道的侣伴，在稽亭塘下遇见了正在捕鱼的傅翕，只见傅翕头上的圆光宝盖十分耀眼，于是嵩头陀达摩高兴地叫了起来："终于找到了，终于找到了。"

菩提达摩自从在南天竺受释迦牟尼第二十七世佛祖般若多罗剃度授法为第二十八世佛祖后，遵循般若多罗"路行跨水复逢羊，机缘不契快渡江，北去难寻洞观音，连理梼下久昌昌"的指点，经过嵩山少林寺观音洞面壁九年后，把大乘佛教的衣钵，传授给少林寺第二代法嗣慧可，自己到洛阳禹门千圣寺另开禅门，遭到了三藏法师的暗算，最后才得到了观音菩萨"震旦佛缘侣伴，之江逆水西上，临水观影璎珞，双梼鹤树法坛"的开导，从此化名为嵩头陀达摩，沿着之江逆水而上。历尽千辛万苦，在震旦国中寻找共同开创大乘禅宗佛法的傅大士。现在，凭着他佛祖独具的慧眼，终于看到了傅翕头上只有菩萨化身才有的圆光宝盖，怎能叫他不高兴呢？

嵩头陀达摩马上以观音菩萨所开导的"临水观影"的办法叫傅翕放下渔具，临水照之，果然在水影中见到了阔别多年的第二十七代佛祖璎珞的宝相。这一见非同小可！不但使嵩头陀达摩找到了自己要找的佛缘侣伴，而且使傅翕也突然开窍，回想起了自己前世曾经与嵩头陀达摩一起在兜率天宫中对毗婆尸佛祖一起誓愿到震旦国弘扬大乘禅宗佛法的情景，于是马上带嵩头陀达摩回到了赐濑里家中。

嵩头陀达摩随傅翕来到他家中，只见傅翕妻子留妙光将已剪过屁股的泥螺倒入锅中，准备炒熟食用。嵩头陀见后，慌忙双手合十，口念"阿弥陀佛，罪过罪过"，并叫留妙光将已剪去屁股的泥螺与已炒得半生半熟的青虾，倒入附近的水塘中，不料这些没有屁股的泥螺与已经半生半熟而变得半红半白的虾，全都复活了。傅翕夫妇深深地佩服嵩头陀的佛法无边，感慨万分地说："炉鞴之所多钝铁，良医门下足病人，度生为急，何暇彼乐乎？"

嵩头陀达摩看到了离傅翕家不远处有二棵梼树，擢本相对，似双槐于侠门，合干成荫，类双桐于空井，同根异株，枝叶连理，上有双鹤和鸣栖翔，这不正是佛祖般若多罗所指的"连理梼下久昌昌"与观音菩萨所指的"双梼鹤树法坛"的所在地吗？

于是，嵩头陀叫过傅翕，指着这二棵双梼树说：释迦牟尼始尊佛祖，在二棵娑罗

① 根据1983年杭州灵隐寺常明禅师口述故事的记录稿改写而成。经常明禅师审阅，初稿完成于杭州灵隐寺。

树下涅槃，这二棵梼树与始尊佛祖所涅槃的那二棵娑罗树长得一模一样，同根异株连理，同有双鹤和鸣，这是始尊佛祖的有意安排。你就在这二棵梼树下结庵修道成佛，称“双梼树下当来解脱善慧大士”。

从此，傅翕以古佛转世的奇缘，按嵩头陀达摩的指点，更名为善慧大士，因姓傅，简称为傅大士。嵩头陀达摩也就被称之为“达摩祖师”。

（二）白杨古树

傅大士在达摩祖师的引导下开始在双梼树下修行。

达摩祖师首先把自己在少林寺观音洞里面壁九年所修炼成的坐禅功法传授给了傅大士。

坐禅，就是把脚背放在大腿上盘腿而坐。这种坐法，佛语称之为跏趺。坐禅时，头要正，身要直，眼观鼻，鼻观心，心入定。功行到家，神魂就会离开自己的躯壳，遍游十方世界。上可以见到佛国的清静，下可以观看尘世的烦恼，无往不可。

坐禅，需要有一个十分清静的环境。傅大士家门前的那棵白杨古树，传说是观音菩萨玉脂净瓶中的杨柳枝落入凡间生根成活演化而成。由于傅大士本是古佛转世，所以在其母怀孕期间，只有在这棵白杨古树下，才能得到佛的保护，傅大士也只有在这棵白杨古树下的清净之中，才能常闻天乐。这就是傅大士以傅翕的俗名，当了二十多年凡夫俗子期间，喜欢经常独自一人站在这棵白杨古树下的原因所在。

不久，傅大士学会了坐禅、入定。当他在白杨树下功行到家时，就能神魂离开躯壳直接与观音菩萨对话了。因为傅大士在凡世间生活了二十多年，受势利、混浊世界的影响，淡化、忘却了佛界净土世界的概念，所以观音大士受释迦牟尼始尊佛祖之托，重新对傅大士进行有关佛界知识系统化、问答式的开导和启示。

观音大士问：“你除了自己是来自兜率天宫，还记得其他事情吗？”

傅大士答：“我只知道，我是从兜率天宫降世到人间的佛身，其他都忘记了。”

观音大士说：“那就让我来告诉你吧，佛，不仅仅是指释迦牟尼，而是指一切‘觉者’和‘智者’。每一尊佛在天体宇宙中都有自己的净土世界。在各自的净土世界里，教化众生。”

傅大士问：“在我所在的天体宇宙中，有几个净土世界呢？”

观音大士答：“佛经中描述有三尊。一尊是东方琉璃净土世界，教主是如来佛，又称是‘大药王佛’。因为他能使众生离苦得乐，解脱众生的病痛、苦难和灾害，所以人们都称他为‘消灾延寿药师佛’。另一尊是兜率天宫净土世界的教主弥勒佛。他是排在贤圣劫千佛中的第五尊佛，从兜率天宫降生人世，继续释迦牟尼佛的事业，化度众生。还有一尊是西方极乐净土世界的教主南无阿弥陀佛，佛名意为‘无量的光明’，所以也称为‘无量寿佛’。他有左右二位助手，左为我观世音，右是大势至菩萨。这三尊佛合称为'西方三圣'"。

"佛与菩萨有区别吗?"傅大士的神魂问观世音。

观音大士答:"有根本的区别。"

"佛是指正觉、等觉或遍觉，圆觉或无上觉。也就是说，自觉、觉他的智慧和功行都已达到最高的最圆满境地的人便是'佛'。"

"菩萨，又称'大士'，是指那些抱着广大的志愿，要将自己和一切众生一齐从苦恼中救度出来，要将自己和一切众生一起从愚痴中解脱出来，而得到彻底觉悟的人。"

打个不恰当的比喻，佛好比是一个学校的校长，菩萨(大士)即是这个学校的教师，而众生则为众多的学生。菩萨(大士)的职责，是协助佛祖，用佛教的宗旨和教义去"普度众生"，去解救那些在苦海中挣扎的芸芸众生，把他们都普度到西方极乐世界中去，了却众生的一切烦恼。

这时，观音菩萨反问傅大士:"你当了二十多年的凡夫俗子，已经系统地学习了中国的儒教文化与道教典籍，你能说出他们的教主是谁，教义是什么吗?"

"儒教，是中国传统思想文化的精华，是中国古人处理人际关系和达到自我完善的精神支柱和行为的准则，由与释迦牟尼同一时期出生的东方圣人孔子创立。道教的创始人是春秋时期的思想家老子，他的基本信仰与教义是'道'。他认为'道'乃'虚无之系，造化之根，神明之本，天地之元''万象以之生，五行以之成'，宇宙、阴阳、万物均由它化生……"

傅大士滔滔不绝地讲解着震旦中土古国的儒教与道教。突然，他也反问观音菩萨:"佛教的宗旨与教义是什么?"

观音菩萨说:"人生入世，就有喜、怒、哀、惧、爱、恶、欲七情惑于内，色、声、香、味、触、法六欲诱于外，把一片凝聚的精气扰乱得分崩离析，不能相驭，所以人生苦短，如梦一场。为了免除这七情六欲的侵袭，佛就讲究眼、耳、鼻、舌、身、意六根清净。"

"因为六根直接与色、声、香、味、触、法六欲接触打交道，受其影响时时刻刻都在改变着人的意识形态，所以六欲犹如恶奴引贼入室，由此称六欲为六贼。《楞严经》卷四云:'汝现前眼、耳、鼻、舌及与身、心，六为贼媒，自劫家宝。'所谓家宝，亦即本性中的一切善法。为了防止'六贼'劫'家宝'，就必须守护好六根，勿贪生欲。所以说'学道犹如守禁城，昼防六贼夜惺惺'。"

遵循始尊佛祖释迦牟尼因业果报的规律，要求人们行善积德，世界上人的贫富穷达，是前生所造善恶诸业决定的结果；今生的善恶行为，也就是导致后生罪福的报应，进行生死轮回转世。也就是说，人的富贵贫贱，并不是生生世世，永不可变的。一个原来下等的人，如果今生积"善德"，下世即可生为上等人，甚至可以投生到天界去；反之，上等的人如果今生有"恶行"，下世也可以生为下等人，甚至下到地狱去。

听到这里，傅大士的神魂打断了观音菩萨的话：

“中国儒教提倡的‘仁、义、礼、智、信’讲的就是‘富与贵，是人之所欲也，不以其道得之，不处也。贫与贱，是人之所恶也，不以其道得之，不去也’。”

傅大士解释说：“天下哪有不想荣华富贵的人？但不从正道去求得的荣华富贵，是违背儒教所倡导的‘仁义’的。即使你今世处在贫贱地位的人，也不通过做违反‘仁义’的恶事恶行而达到富贵的目的。因为如果这样，善有善报，恶有恶报，这与佛教的因果报应不是同出一辙吗？”

傅大士接着说：“中国的道教中讲‘耳目声色，为子留愆；鼻口所喜，香味是怨；身为恼本，痛痒寒温；意为形思，愁毒忧烦。吾拘于身，知为大患。观古视今，谁存形完’，讲的几乎就是佛教中要清静六根，戒六贼的‘色不能恋你的目，声不能悦你的耳，嗅不能乱你的鼻，味不能扰你的口，一切富贵荣华不能动你的意’。

“我生在震旦中土，古老、传统的儒教、道教文化是闪烁着灿烂光辉的珍贵的中国古文化、古文明的历史遗产，我怎样才能实现创立适应中国国情的佛教禅宗呢？”

“一语道破，令人了然，这就是释迦牟尼始尊佛祖安排第二十八代达摩祖师从南天竺国东渡来华，与你共创具有中国特色，合儒、道、佛三家为一家的中国禅宗大教的本意。”观音菩萨说完此话，扬长而去。

傅大士在白杨古树下坐禅、入定，向观音菩萨所学的佛教知识，又在双梼树下，结庵修道，传教给芸芸众生。每天来双梼树下听傅大士说教佛法的人，与日俱增。

（三）鬻（卖）妻施舍

嵩头陀达摩对傅大士的传化用现代的话说是启发式的教育。当嵩头陀达摩把坐禅入定法传授给傅大士后，傅大士在坐禅、入定中得到了观世音菩萨在佛教知识与理论方面的教化。

因为傅大士本身是古佛转世，具有佛性，只是在他在未遇嵩头陀达摩前，过了二十四年凡夫俗子生活。在凡夫俗子的生活中，傅大士没有受到过七情六欲的约束和限制，因此他与常人一样，十六岁就娶妻生子，经历了传宗接代的人生旅程。现在坐禅入定中，经过了观世音菩萨对他佛教理论的“复习”指导后，他明白了由七情六欲所造成的种种业障。要成佛道，就必须诚心诚意地忏悔自已二十四年中的种种过失，只有消除这些业障，才能求得功成圆满，修身成佛。

没有佛缘的人，一时是难以接受要戒除七情六欲业障的传化的。自从嵩头陀达摩来到双梼树下传化傅大士后，傅大士除了要到白杨古树下去坐禅入定外，剩余时间，与妻子留妙光，二子普建、普成，一家四口照样过着农家田园生活。但是，傅大士的思维行为，发生了质的变化，做出了一些超出于常人的举止行动。

他种了一丘甜瓜，瓜地的四周和以往一样，围上了篱笆，种上了豇豆、天萝（丝瓜)一类依附篱笆生长的蔬菜，其妻带着两个儿子，与往常一样在瓜田里搭了一个瓜铺看瓜。一日，有一村妇趁着傅大士的妻子留妙光，儿子普建、普成不在瓜铺，拎了一只篮子到他家的瓜田旁边佯装割草，偷摘了甜瓜，又偷摘了豇豆、天萝放入篮子中。

正在她用草遮盖篮子时，被傅大士逮了个正着。村妇赤红着脸，不好意思地向傅大士叩头求饶地说："我家小孩嘴馋，无钱买瓜，请求饶恕。"

傅大士不但不责怪这位村妇，反而拿过村妇的篮子，又摘了甜瓜、豇豆与天萝，把篮子装得满满的，然后叫村妇拿回家去吧。

这件事被妻子、儿子知道后，傅大士耐心地向妻儿解释："她(村妇)家贫苦，'饥寒起盗心'，我们给了她瓜菜，解除了她家的一时之苦，这就是我要修行佛道的理义！"傅大士的行为，得到了妻儿的理解与支持。

大通二年(528)，天大旱，田禾无收。傅大士为了化导大众，决定请嵩头陀达摩协助，设立一次大法会，供养众生，度过饥荒。傅大士把家中所有值钱的东西都卖掉施舍饥民了。他作偈说："舍抱现天心，倾资为善会，愿度群生尽，俱翔三界外，归投无上士，仰恩普令盖。"于是做出了要鬻妻施舍的决定，为众生消灾集福，灭除罪垢，同证菩提，而舍己为佛的主张。

留妙光是傅大士的结发夫妻，十多年的夫妻生活使他们恩爱无比。普建、普成两个儿子是他们爱的结晶。缠缠绵绵，情丝难断。然而在封建统治的那时候，社会制度决定妻子是属于丈夫的身外之物，可以任意买卖。但是傅大士是个佛身，佛并不是无情无义的，在他决定要卖妻之前，他必须要做通妻子的思想工作，不但好合好散，而且还要让妻子的同情、谅解与支持自己舍身为佛，举办救助度荒施舍大法会的行为。于是，他在嵩头陀达摩的帮助下，以脱离人的生死之苦为切入点，向留妙光解释夫妻和合，是"爱"的恶缘，胎的孕育，是"情"的苦果；分娩阵痛，是"爱欲"因的果报；婴儿坠地，是"生"的哀伤。

人的两性结合后，新的生命每隔七天变化一次。其过程是：一七日如葆酪，二七日如稠酪(酪，为糊状)，三七日如凝酥(酥，为松软物)，四七日如肉团，五七日内疮成就(疮，指黏膜)，巧风入腹，吹其身体。六精(眼、耳、鼻、舌、身、意)开张(先形成)，在母腹中生藏之下，熟藏之上。母啖(吃)一杯热食，灌其身体，如入镬(锅)汤(像是被烫水浸泡一样难受)。母饮一杯冷水，亦如寒冰切身。母饱之时，迫祚身体，(压挤胎儿)痛不可言。母饥之时，腹中了了，亦如倒悬，受苦无量。至其满月欲生时，头向产门，剧(痛)如两石峡山。欲生之时，母危父怖(生母危在旦夕痛得呼天喊地，生父见状怕得不知所措)，生堕草上，身体细软，草触其身，如履刀剑，忽然失声大哭。哭声如喊："苦啊！"

其"苦"何来？留妙光从此懂得了爱欲是人生造苦之源的道理。两性的结合，种下了爱的种子，产生了生命的萌芽。从生命一开始的胚胎，小生命就沉溺在如苦海的母腹之中。她也感悟到了从儿子在自己腹中形成那天起，自己就成了给儿子第一个造成“苦”的人，也就是这个苦“因”，所以才有分娩时痛的“果”报。

留妙光与傅翕同龄，他们十六岁成婚后，生育了普建、普成二子。在封建礼教的约束下，女人生孩子只有接生婆才能进产房为产妇接产。即使他们夫妻的感情再好，留妙光临产时，傅翕也只能等候在产房之外耐心地等候妻子产下的是男婴还是女婴的消息。可他在产房外听到妻子分娩时因阵痛而呼天喊地的号啕叫喊声时，他只能在产房外急得跺脚搓手，坐立不安地为自己一时的性欲发泄，给妻子带来如此痛苦而深深地感到内疚。当妻子临盆后，傅翕见接生婆从产房内前端出盛满妻子生产时的血污及其胎盘、脐带等等脏物时，傅翕又是由内疚变为自责。因为傅翕认为，妻子十月怀胎之中，起坐不安，如擎（如举）重担；饮食不下，如长病人；满月生时，受诸痛苦；须臾产出，恐已无常，如杀猪羊，血流遍地，这些都是自己的业障！为免除这种因为妻子怀孕、生产的业障，他决心再不与妻子房事媾欢。每当妻子春心欲动时，傅翕终是以不能再让妻子遭受怀孕、生产之苦而告诫自己。不能！不能！尤其是自从嵩头陀达摩前来传化引渡傅大士后，傅大士从此懂得了修炼佛法中必须戒杀、盗、淫、妄语、饮酒的“五戒”。虽然已有妻子、儿子，但是为了能修成佛法，首先要全断“淫”欲，誓守“淫”戒，并以“三从四德”的《女儿经》告诫妻子留妙光，克制欲念，避绝犯缘，常修不净观。

傅大士为了修行佛道而克制欲念留妙光可以理解。傅大士为了设立救助度荒施舍大法会，要鬻妻施舍，把自己当商品出卖了，她又不能不从。可是，买主将是何人？能不能再遇上如以前的傅翕一样能够对自己体贴入微的丈夫呢？留妙光既不能反对傅大士要卖妻施舍的决心，又为自己后半生的前途命运而忧心忡忡。

留妙光陷入了极度的痛苦之中！

留妙光对傅大士明知女人生儿育女苦，而且还要将自己卖给人家做妾，往“苦”中“推”的做法不能理解……

其实，这是傅大士普度众生的具体安排。

傅重昌，是赐濑里一带出名的富户，可是年逾五十，未有子嗣，七十岁的老母亲先后为傅重昌娶了一妻二妾，盼望抱孙子盼了三十多年，可是傅重昌的一妻二妾嫁给傅重昌后连“屁”都未放一个，急得傅重昌的老母亲因为抱不上孙子而直跺脚。古人云：不孝有三，无后为大。因此，老母亲无论有事没有，只要遇上不称心的事，就拿三个媳妇当出气筒，东拉西扯地乱骂一顿。那时候的社会制度，重男轻女，女人必须嫁鸡随鸡，嫁狗随狗，而且还要从一而终，而男人却可以妻妾成群，稍对某个妻妾不满意，既可一休了之，也可随意买卖。所以，对于婆婆的辱骂，傅重昌的一妻二妾三个媳妇只能忍气吞声。

其实只有傅重昌自己一人知道，自己的一妻二妾因为没有怀孕生育，滥遭婆婆辱骂，都是由于自己生理上的缺陷而造成的。

因为傅重昌患有男根不壮的阳痿病，是自己的这个“大毛病”害苦了一妻二妾三位女人，他们从来没有享受过男女两性融合的欢乐。这三位女人，自从嫁给了傅重昌后，一直既忍辱负重又委曲求全地充当着“活寡妇”。出于这种心理上的内疚和生理上患有这种见不得人的毛病的难言之隐，在双林佛庵傅大士宣扬的佛教影响下，他自认为是自己前世作孽太深的“因”，今世得了没有子嗣“果”的现报。于是，他也想学习佛教，用佛教来填补自己的精神空虚，但愿佛能给他一个忏悔补过的机会，让他有朝一日，治愈毛病，生儿育女。

当他听说傅大士要鬻妻施舍的消息后，他认为机会来了。

因为他早听说了傅大士为了“五戒”，已与妻子留妙光分居多年。再说留妙光尽管生育了普建、普成两个儿子，但毕竟才二十多岁，仍是一名焕发着青春活力、姿色诱人，具有生育能力与经验的少妇。当他把想法与母亲商量后，母亲立即同意，于是马上用五万钱，向傅大士买下了留妙光，企盼佛祖保佑，留妙光能为他生个儿子，让自己后继有人！

婚娶留妙光的宴席散后，五十多岁的傅重昌牵着留妙光手中的红绸带，双双进入了洞房。

留妙光是个十分贤淑的女人，既然平时对自己体贴入微的傅大士为了弘扬佛法，施舍举办救助度灾的大法会卖掉自己，出于自己对傅大士的感情，理应不惜自身一切地支持傅大士早成佛果。可是，眼前买娶她的毕竟已是一个五十多岁，头发花白的老头。残酷的现实，要她与大于自己父辈的老头子结为夫妻，她感到恶心而难以接受！在感情与现实的矛盾之中，留妙光只能怨恨自己是女人身而独自含饮着苦涩的泪水。

忠于夫君，是作为人妻的美德。多年来的夫妻生活，留妙光知道傅大士是出于爱自己免受怀孕、分娩之苦才克制爱欲与自己分居的。他弘扬佛法，需要戒除性欲、色欲，她能理解，她应支持。现在傅大士的鬻妻施舍，是为了弘扬佛法的割爱、牺牲和奉献，丈夫能如此，自己何尝不能舍身！

想到了这里，留妙光脱光了衣服，合上了双眼，全身裸露地躺在了婚床上……

傅重昌原以为留妙光来自傅大士的身边，他花五万钱买了她，这也是他对佛的虔诚和对傅大士举办救助灾荒大法会的贡献与支持。因此，他企盼留妙光能够为他带来佛的庇护，使他阳痿病除，达到生儿育女的目的。他面对着婚床内留妙光全身白里透红的肌肤，望着留妙光那双白胖胖的乳房，他渴望着自己性欲高潮的到来，渴望着自己的男根从此坚举起来……但是过了三更，又过了四更，他的一切希望都化成了泡影！他的男根，依然如旧，薦而不举！

他毕竟是个男人，他伤心极了，随即到厨房里拿了一把菜刀，走回婚房……

躺在床中而一夜未曾入睡的留妙光忽然听到“咣当”一声菜刀碰撞在桌子边角上的声音，连忙睁开双眼一看，不得了啦！只见傅重昌一手高举着菜刀，一手抓着那软绵绵的男根。

“你要干什么？”留妙光厉声地发问。

“我要把这没用的东西砍掉。”傅重昌有气无力地回答。

“住手！”

说时迟，那时快。

留妙光滚身下床，一把夺下了傅重昌手中的菜刀。

傅重昌泪声俱下地向留妙光诉说了自己从十八岁开始就有了这个男根不壮之病，他先后娶了一妻二妾，三十多年过去了，自己请了不知多少郎中，喝了不知多少汤药，都不见效，他以前所娶的一妻二妾，如今都还仍是处女身的悲剧……

留妙光深深地被傅重昌的身世感动了，她只能用“这是命中注定的”来对傅重昌先进行一番安慰，并诚心诚意地对傅重昌说：“我常听傅大士说佛能知道贯通三世的因果轮回，记得在傅大士要卖我施舍大法前，曾讲述：‘要问前世因，今生受者是；要问来世果，今生作者是。’眼下，你纵有一妻二妾而无后嗣，看来是你前世之业因，今世之果报之故；我昨日还为傅大士为什么明知我怀孕、分娩之苦，还要把我卖给你，为你生儿育女而不解，今天才知道这是我今生早已与男性断绝性欲、色欲的天命安排，可见人人都具佛性，人人都能成佛，我们还是出家事佛吧。”

此后，傅重昌把家里所有的财产，都捐助给傅大士在双林佛庵弘扬佛法之用，自己拜傅大士为师，当起了一名虔诚的和尚。

傅重昌七十多岁的老母亲也只能听从命运的安排，带领傅重昌的一妻二妾三个媳妇，跟随留妙光，上了云黄山顶，建了一座云黄庵，当起了尼姑。

（四）弥勒应身

傅大士在双梼树下修行了七年，得到了观世音菩萨的谆谆教诲，终于修道成佛。

一夜，傅大士连得五梦：一是梦卧大海；二是梦枕须弥山顶；三是梦见众生，入于体内；四是梦中左手执日；五是梦中右手扶月。傅大士百思不得其解。众外道弟子与众僧也无一能解此梦。傅大士只得又来到白杨树下坐禅、入定，企盼能得到观世音菩萨的明示。

观世音菩萨如期与傅大士的神魂在云雾中相见后说：“此梦境说明你已缘熟。你梦卧大海，谓汝已身至普度众生的大海之中；梦枕须弥山顶，谓汝已身至佛山之巅；梦诸众生入于体内，谓汝已可以引导天下众生，皈依于你的门下；梦左手执日者，谓左手握乾坤，佛光高照；梦右手扶月者，谓右手常转法轮，普度众生。此五梦当是你成佛之兆相。我授佛法于你，当此结束，以后众佛祖自会来度你的。”观世音解完此梦，升入云端，用杨柳枝醮净瓶中的佛水洒向傅大士，天下普降法雨。

从此，如来、金粟、定光三佛自东方而来，放金色耀眼之光，自远而近，从天而下，集于傅大士身上。每当在这个时候，傅大士形态骤变，如菩萨戒弟子东海徐陵所撰的《傅大士碑文》中所述：“忽见大士，身长丈余”“脚长二尺，指长五寸，两眼光明，双瞳照耀，皆如金色，朗若金镜”“拳握之内，或吐异香，胸臆之间，乍表金色”。傅大士从此自称是兜率天宫弥勒佛转世，“成道之日，当代释迦坐道场”，引得四面八方的芸芸众生前来双梼树下，观看傅大士弥勒佛现身时的壮观情景。

傅大士有个叔叔名叫傅孚，他坚持认为傅翕不是弥勒佛，而是凡夫俗子，现在人们都说傅翕是弥勒佛转世，这是以讹传讹，并不可信。傅大士知道以后，他以“现天心，资善会，度群生”为己任，亲临傅孚叔叔家中教化，劝傅孚叔叔随他事佛。这时，傅孚只见傅大士二眼中射出二束强光，傅大士拨开前胸衣襟，又见胸现金光，异香扑鼻而来，使傅孚昏昏欲睡。

傅孚在朦胧中梦见大士翔空而行，并被八大汉子请入轿内抬去。傅孚急起直追，大士坐轿穿山削壁而过，自己却被石壁挡住，不得前进。梦醒时，傅孚发现自己正睡在云黄山的峭壁前，梦中情景历历在目。傅孚叔叔这才相信傅翕果真成了弥勒佛的化身大士佛。从此稽首，愿为弟子。

其时，东阳郡守王哮听到傅大士时现弥勒佛身形，称“得道之日，当代释迦坐道场”的消息后，初时不信，决定亲自前往观看。当王哮一到乌伤境内，只见人们三五成群地朝着云黄山下双梼树方向聚会而去，当他来到云黄山下时，双梼树周围已是人山人海，根本无法靠近双梼树看傅大士的弥勒现身奇观。于是，王哮只得悻悻而回，命衙役以“傅翕妖妄诱众”之罪将其缉拿归案。

傅大士被捕后，任凭王哮厉声呵斥他“妖妄惑众”，他只是双手合十于胸前，跏趺而坐于堂中，不予理睬。王哮将其投入牢狱中，傅大士从此就以绝食与之抗衡。

日复一日，傅大士不饮不食，尽是在牢内坐禅修行。王哮把傅大士在牢中关了三十天，傅大士三十天不食不眠，仍是头正身直，坐禅修行，十分精神。

王哮惊奇万分，终于信服了傅大士的佛法宏大，唯恐得罪佛祖，招祸染身，只得毕恭毕敬地向傅大士叩头赔罪，万求傅大士宽恕，然后用八人抬轿把傅大士送回云黄山下。

经过王哮抓傅大士又用八人抬的大轿送傅大士回到双梼树下这一个月的折腾，傅大士的名气更大了。

由于傅大士在牢狱中，坐禅入定了三十天，他的佛法愈加精进，门徒也越来越多了。这时的傅大士只要坐禅入定，就有佛祖从天上来自空而下，随喜行道。

自此，佛徒们都知道了他是十地菩萨示迹，弥勒佛的化身。

（五）梁帝下诏

梁武帝是个天下少有“活见鬼”的皇帝。

据《释氏稽古略》载：“梁帝（指梁武帝）初为雍州刺史时，夫人郗氏性酷妒，既亡，至是化为巨蟒入后宫，通梦于帝求拯拨。帝阅佛经为制《慈悲道场忏法》十卷，请僧忏礼。大人化为天人，空中谢帝而去。”

传说齐明帝萧鸾在位五年（494—498）中，为了巩固自己的皇位，对萧氏皇亲国戚进行了三次大屠杀。公元498年病危临终时，对儿子萧宝卷说：“做事不可在人后。”萧宝卷继位后，不仅继续抓住对自己有意见的宗族骨肉的把柄格杀勿论，而且还对自己专横暴行不满或有议论的大臣也进行残杀。萧宝卷的残暴统治使宗室成员和大臣们人人自危。当时在雍州当刺史的萧衍也为此终日不安，惧恐自己因稍有疏忽而遭杀身的大祸。

萧衍有位姓郗的夫人，不但姿色过人，而且十分聪明能干，她认为萧宝卷的残暴迟早要危及萧衍，与其坐以待毙，不如反戈一击。于是，她一方面建议萧衍暗地里制作武器装备，做好讨伐萧宝卷的准备，另一方面，利用萧宝卷专横跋扈，不理朝政，荒淫无度的特点，经常到萧宝卷那里讲一些阿谀奉承的话，麻痹萧宝卷。

501年，萧衍起兵争夺皇位。

郗氏为了配合萧衍，当萧宝卷还在宫中含德殿上与歌妓舞女们笙歌起舞、寻欢作乐时，郗氏利用经她收买的两位御林军将领，突然闯入含德殿杀死了萧宝卷。郗氏叫这两位御林军将领割下萧宝卷的头颅，到萧衍军帐中请功讨赏。

想不到，郗氏突然出现在萧衍的帐前，指责这二位御林军将领杀死萧宝卷是图谋造反，企图将这两位将军杀人灭口。

两位御林军将领对出尔反尔的郗氏怒不可遏，当场挥刀将蛇蝎心肠的郗氏杀死后自刎身亡。

萧衍十分痛惜一心为自己争夺皇位而献身的郗氏，把郗氏厚葬于后花园内。

502年，萧衍称帝，建立了梁王朝。

梁武帝为了巩固政权，吸取萧宝卷杀害皇族及亲信大臣，导致自己不得不谋反夺位的教训，施行了一套与其相反的做法，安抚朝臣，优待皇族，厚待士族，他们犯了法，可以不受法律制裁，老百姓触犯了法律，却付之以严刑的专制。他利用佛教中三世轮回，因业果报的定律，曲解佛经中的普度众生的含义，制造人生祸福，命中注定，只有虔诚礼佛，才能变贫穷为富有，才能当官掌权，享受荣华富贵，改变命运的封建迷信，以此麻痹天下百姓的反抗意志。因此，他当上皇帝后，就大力提倡佛教，广建寺院，人称“皇帝菩萨”。他在宫城里建造同泰寺，每天早晨、黄昏都要到寺里去烧香拜佛，并三次声称要到同泰寺去出家当和尚，朝政日渐奢靡腐败。

534 年，正在梁武帝与日中天的鼎盛时期，皇宫内的后花园里却闹起了鬼来，经常有人在后花园郗氏墓区看见有一条巨大蟒蛇出入，因郗氏墓中所葬的郗氏生前是梁武帝的爱妻，所以谁也不敢对这条大蟒蛇轻举妄动。梁武帝闻报后，亲自前往观看，果见有条大蟒蛇在郗氏墓边游动。当晚，梁武帝梦见郗氏人头蛇身，恳求梁武帝为她超生转世。

于是，梁武帝下诏书，诏请天下名僧上京为郗氏做慈悲道场、忏礼。

梁武帝活见鬼，请僧忏礼的怪事，当时轰动了全国各地。

其实，佛经中所指的魔鬼就是指邪思杂念，指噩噩欲界。讲得更通俗一点，也就是由于人的七情六欲所产生的魔障，泛指扰乱身心，破坏正法，障碍善行的杂念，即一切烦恼、疑惑、迷恋、嫉妒、贪心等妨碍修行的心理活动，而不是有形的鬼魔。可是，由于梁武帝请僧忏礼的一道圣旨，就把中译本佛经中以前的“磨”字清一色改成了“魔”。于是，在中国的佛门舞台上，从此就出现了张牙舞爪的，有形并能使人恐怖的天魔地鬼。

当时乌伤县令范晋传达了梁武帝的旨意，命傅大士上京，参加为拯拔郗氏的慈悲道场忏礼。

南朝梁大通六年(532)，傅大士首先遣弟子傅暀上书武帝，献上中下三善之策。其上善，以虚怀为本，不著为宗，无相为因，涅槃为果；其中善，以治身为本，治国为宗，天上人间，果报安乐；其下善，略以护养众生，胜残去杀，普令百姓俱禀六斋。(《大藏经》第三十套第十册 4 页右)

所谓“善”，就是指最高境界。其“三善”中的上善，佛教中称之为《般若经》，它以“苦、集、灭、道”为基础，是“能除一切苦”的无上咒，使人解决一切问题；所谓中善，称之为儒，就是“治国、平天下”之道，先要“格物、致和、诚意、正心、修身、齐家”，阐明统治者治理政事必须广博地学习，要以理、以礼服人。下善，称之为“善者为道”。傅大士以道教之祖的“民之难治，以其智多，故以智治国，国之贼；不以智治国，国之福”的智慧语典，请求梁武帝不要再搞唯我独尊的愚民之策，曲解佛经，而要以“民之难治，以其智多”的特点，来提倡“护养众生”的治国之道。

据菩萨戒弟子东海徐陵所撰的《傅大士碑文》所载：傅暀先将傅大士的这“三善”之书呈建康同泰寺僧皓法师，“师众所知识，名称普闻，见书随喜，劝以呈奏”。

梁武帝看了由同泰寺呈奏的傅暀所送的傅大士上书后，“皇心欢悦，遽遣招迎”。梁武帝为傅大士所提出将“佛、儒、道”三教合一的思想感到新奇，于是下诏请傅大士进京讲演佛法。

(六)锡杖伏虎

梁武帝下诏请傅大士进京说法,傅大士要做一番远行前的准备。

在赐濑里南,即今双林水库南侧,有一座扁担山,它一头朝东,一头朝西,长约一里,宽十丈许,山顶直而平坦,四周山崖如壁,高约数丈,拔地而起,极像一根横在地上的大扁担。山上林木葱茏,树干与山形一样,挺拔笔直,根根都是做扁担的好木料。后因傅大士用扁担山上的木料做成了一根佛门法器锡杖,因此扁担山改名为锡杖山,一直称呼至今。

锡杖,梵语称:吃弃罗,意释为鸣杖,声杖。它以木为竿身,高与肩齐,竿顶上安有铁圈,铁圈上安有若干铜环,摇动时发出"锡锡"声响,由此得名。

据佛教专著《锡丈经》和《寄归传》卷四记载,锡杖用于僧人行路,乞食或驱虫。"是锡杖者,名为智杖,亦名德杖。彰显圣智,故名智杖;行功德本,故曰德杖。如是杖者,圣人之表式,贤士之明记……持此杖,即持佛身万行。"

因此,持锡杖者也代表了他的身份。西域比丘行必持锡杖,它有二十五威仪。依据戒律,使用锡杖时,不得横置肩上,不得将杖指人,也不得在地上划字,凡置室中,不得着地,必挂于壁上。所以,把僧人的住处称为"挂锡"或"卓锡"。

《释氏要览》卷下载:"今僧游行,嘉称飞锡。""飞锡远来"也就成了称呼和尚从远道而来的意思。

《五灯会光》卷三载:"夜出林麓间,七步一振锡,一称观音名号"。这就是对常持锡杖的禅师,出门走路都摇着锡杖上的铁圈铜环佛经,呼佛号,不忘虔诚礼佛的认真劲儿,称之为"振锡"。

傅大士按照《锡杖经》中所载,到扁担山上取了一根硬木,请木匠、铁匠、铜匠,制成一根他准备上京用的锡杖。

锡杖,也称为"虎杖",其名出于傅大士锡杖伏虎的故事。

南朝梁中大通六年(534)初夏,云黄山上时有猛虎出没,先是叼走放养村外的山羊、毛猪、鸡、鸭,后来也将在山上砍樵或田间劳作的百姓或耕牛咬伤或啖食,一时闹得人心惶惶,纷纷来到双林佛庵向傅大士求助佛法,降伏虎患。

傅大士听说后并不害怕,含笑说道:"猛虎是通灵性的山中之王,佛祖曾封称它为巡山夜叉。它叼走村边的山羊、毛猪、鸡、鸭,这些山羊、毛猪、鸡、鸭本是由野生改为家养的禽畜,这本是饿虎的肉食之物,它所吃的人,是那些造孽多端,已失去做人资格,在猛虎眼里被看成是禽兽,全无半点人形的人,若是虎眼中看出来是人形的人,再饿的母虎也绝不会食人果腹。"接着,傅大士给大家讲起了释迦牟尼舍身喂虎的故事。

佛祖释迦牟尼前生是古印度毗罗卫国国王的第三个儿子。一日,国王带领三个儿子来到山区游览，在山谷中，见到一只母虎瘦骨嶙峋，奄奄一息地躺在草丛中，旁边围着七只嗷嗷待哺的虎仔，国王问三个儿子怎么办？大王子说："饿虎迫于饥渴，必然要食子充饥，以求生存。"二王子说："饿虎需要得到我们去救助，可是我到哪里去拿食物喂虎呢？"唯有三王子离开父王与兄长，脱去衣服，朝着饿虎一揖，说："我为法界诸众生志求无上菩提处，起大悲心不倾动，当弃凡夫所爱身。"然后委身与母虎旁的草丛间，待虎就食。饿虎呆呆地看着三王子一动也不动，三王子起身，默念誓言："此身不坚，与我无益，可畏如贼，不净如粪。当舍此身，修广大业！"一边说着，一边将自己的身体挪到了虎的嘴边饲虎，饿虎还是看着嘴边赤着上身的三王子，一动也不动。三王子以为母虎饿得四肢无力而不食他，于是，三王子用一竹签刺颈，鲜血顺着颈项流下，饿虎闻到了血腥后，见血动心，先是以舌舔三王子身上的血，随后血肉皆尽，唯留余骨。国王与大王子、二王子目睹三王子舍身喂虎处，骸骨纵横，血浆成泥，悲恸号哭，收拾了三王子的遗骨后，在此处造塔供养，是三王子的无畏，感动了巡山夜叉，不食无恶无孽的人。

傅大士言必行，行必果。自信地对前来向他报告猛虎下山伤人的百姓说，"现在虎在哪里？定是饿虎下山寻食而来，吾将用剩饭前往喂它。"

于是，傅大士用篮子装满了一篮子剩饭，前往山上喂虎，自此猛虎威伏。日后喂虎剩饭，皆变为石，称之为"厌饭石"或"虎饭石"，凡讲述双林寺傅大士的古籍中，都有此记载。此"虎饭石"，就是一颗颗粒状如晶的萤石，如今，颇具商业头脑的义乌人，用这种晶莹剔透的萤石矿加工成一串串项链、手链等工艺品，摆在义乌中国小商品城的摊位上销售，深受国内外客商的青睐，生意十分红火。

传说有一日，有人向傅大士报告，有二虎在江边争食，"二虎交斗，咆响振岩"。

傅大士马上手持新做成的锡杖，前往劝解。傅大士乃以锡杖伸于二虎间，并说："同居林薮，计无大乖，幸各分路。"虎即低头受命，饮气而散。

此地从此被称为傅大士的"伏虎岭"，位于今佛堂镇北小江滩一带。二十世纪七十年代人们在这里建了一座长一百六十米，宽八米，五孔混凝土双曲拱公路大桥，义乌市民政局义民〔1997〕101号文件，根据此故事把这座公路大桥命名为"伏虎桥"，其桥南端，传说就是当年傅大士用锡杖劝虎斗的伏虎岭旧址。

（七）名动朝野（一上京城）

傅暀于中大通六年(534)正月廿八日，受傅大士所遣入京城上书梁武帝。梁武帝阅后，欣然下诏书叫傅暀请傅大士上京面君。

经过几个月时间的准备，傅大士手持锡杖上路进京，傅暀挑着行李经担随行。

十二月初八，傅大士、傅暀来到建康东城门外。梁武帝要试试傅大士的佛法，便预先安排多人在城门外探听傅大士、傅暀二人行踪，下令一旦他们来到城门下，就关闭城门。

时值寒冬腊月，北风呼啸，滴水成冰。傅大士、傅晊孤零零地被关在城门外，任凭傅晊叫喊，门官就是不开门，依旨守在门内，窥听傅大士、傅晊动静。

傅翕知道这是梁武帝在试自己佛法，遂跏趺于城门外坐禅入定，傅晊将经担的扁担斜靠在城门上，依靠着扁担歇息。而与傅大士、傅晊仅仅一扇木门之隔的城门内，受梁武帝之遣，窥听城门外傅大士、傅晊二人动静的门官，见门外已无动静，便在城门内和衣靠着墙门打起盹来。

已是更深夜静，万籁俱寂，门官忽然听到门外傅大士与傅晊对起话来。

傅大士说："晊，我跏趺坐禅晚课已毕，你拿扁担铺床，我们可以睡觉了，养足精神，明天可以进殿面君。"

傅晊答："师傅，扁担床已铺好，你睡床里面我睡床外面。"

傅大士回答："你挑担行路辛苦，别客气了，还是你睡里面，我睡外面吧。"

傅大士与傅晊以扁担当床，互相推让谁睡床里面谁睡床外面的对话门官听得十分清楚。平时曾有人谈论傅大士佛法通天的奇事，今天这奇人奇事竟然发生在自己的眼皮子底下，不看个究竟，岂不错过良机。出于好奇，他蹑手蹑脚地登上城楼，俯身朝下张望，真想目睹一眼傅大士、傅晊的"扁担床"。

可是隆冬黑夜，什么也看不见。

当门官回到城门内时，只听得门外的傅大士、傅晊二人鼾声如雷。门官更觉得奇了，拔去门闩，欲开一条门缝窥之。门官刚一拉开一条门缝，傅大士、傅晊立即推门而进。

门官自知"贪奇"失责，误中了傅大士的"假睡"之计。

傅晊告诉门官"傅大士法术通天，只要你重闩城门，当没发生过你深夜拔闩开门一事便是。"

门官只能如此。

傅大士拿着锡杖，傅晊挑着经担，尾随上早朝的官员潜入到了宫内。

因为梁武帝是个佛教徒，平时经常请僧人（和尚）进宫讲解佛经、佛法，僧人随官上早朝是件极其平常的事，所以，宫内守将见了傅大士、傅晊一个手持锡杖，一个肩挑经担进宫，一般也便不予多查多问。

但是，也有几位忠于职守的宫门守将，见傅大士、傅晊的面孔陌生而进行查问，这时，傅晊就出示梁武帝诏请傅大士入宫讲经的诏书后，便一路通行入内了。

傅大士凡过一道宫门，都要用他随身所带的木槌，在宫门上槌敲几下后再走进宫内。这木槌，据由李明权先生著，赵朴初先生题写书名的《佛学典故汇释》第七十七页中解释叫作"犍槌"。梵语意释为"声鸣""打木"等。

据《涅槃经》卷十三谓："如鸣椎集僧，严鼓戒兵，吹贝知时，是名法世。"晋代法晋《佛国记》中记载，他在于阗国（今新疆域内）瞿摩帝大乘寺见到“三千僧共犍槌食，入食堂时，威仪齐肃，次第而坐，一切寂然，器钵无声。”

可见犍槌是一种严肃寺僧纪律的号令器具。可以想象，犍槌用挖空的木槌装上木柄，敲至发声，类似于和尚念经用的木鱼。

傅大士用木槌槌打宫门后才入内，用意相当于现在“报到”的意思。

当傅大士和傅晔进到宫内已到卯时，早朝已毕。

朝臣退去后，傅大士、傅晔来到了宫内的华林园重云殿。

梁武帝见之，惊讶地问：“你们是怎样进来的？”

傅大士知道，若道出实情，梁武帝必然要拿问城门官的失责之罪和宫门官的疏于盘查之罪。于是，他便从袖中取出事先预备的木槌说：“是这木槌叩门直入。”

梁武帝信以为真，后人也便以此木槌启开城门、宫门而以讹传讹，犹显傅大士入宫之奇。

据《中国禅学思想史》第九十六页援引《释氏稽古略》卷二载：“大士一日顶冠披衲靸履，帝问：‘是僧耶？’大士以手指冠。帝曰：‘是道耶’？士以手指靸履。”傅大士的道冠、僧服、儒履的表相充分表示了中国禅以“儒行为基，道学为首，佛法为中心”，儒、道、佛三教合一的法相。

据传，梁武帝问傅大士“为何要脚穿儒鞋？”傅大士答：“国以君臣相称，家以父子称呼，艺有师徒之分。君君、臣臣、父父、子子是华夏儒教之祖孔子所提倡的伦理道理之准则。若不以此为基础，君不君、臣不臣、父不父、子不子、师不师、徒不徒，岂不乱套？”

梁武帝问：“为何要戴道帽呢？”傅大士答：“道教之祖老子，佛教之祖释迦牟尼，儒教之祖孔子，同是春秋周灵王时期（公元前 571—公元前 544）的圣人，按年龄排行老子最大，释迦牟尼比孔子大七岁。在释迦牟尼还未出生前，老子就提出了修道必须眼、耳、鼻、舌、身、意六根清净的理论。所以，老子的道学先于释迦牟尼的佛学，为表示道释儒三教，道学为首，就要头戴道帽。

“后来，释迦牟尼成为佛祖后，在众生的身上，分眼、耳、鼻、舌、身、意为（生理方面的）‘六根’；色、声、香、味、触、法为（物理方面）‘六尘’；眼识、耳识、鼻识、舌识、身识、意识为（心理方面）‘六识’。总称三相十八界，明确地指出了‘六尘’和‘六识’要靠‘六根’的媒介才有作用；‘六尘’与‘六根’要靠‘六识’的判别才有反映；‘六根’与‘六识’要靠‘六尘’的反映才有功效。因此，如果把‘六根’比喻成一面镜子，‘六尘’就如镜子中的影像，‘六识’起了判断镜子中所照出的影像是什么的作用。所以，我们要学佛教，就必须以佛法为中心。这就是身穿僧服的理由。”

梁武帝被傅大士深入浅出的三教合一演说吸引了，接着问：“你能用一句话，把三教的要义解释清楚吗？”

傅大士答："儒教具有功利色彩，道教但求淡恬人生，只有佛教贯通三世，法眼透彻。"

"那么，三教的共同点是什么呢?"梁武帝接着问。

"善解宇宙、人生。"傅大士接着答。

"那你为什么要提倡三教合一，又为什么擅长于佛教呢?"

"道教、儒教，是中国博大精深的本土文化，它们的教义是教化众生，讲求仁义、道德，克己复礼，大家和平共处。佛教是缘于西域天竺的外来文化，它的教义是普度众生，解除人的一生苦厄，引渡人们到极乐世界的彼岸。"

"既然人生是苦，那我们何必为人?"

"我们只有知道了什么是苦，才能去追求乐。眼所见的'丑陋'是苦，我们就要去追求'美丽'的乐；耳所闻使人讨厌的声是苦；我们就要去追求使人悦耳的音的乐；鼻所嗅到的'臭'是苦，我们就要去追求'香'的乐；舌所尝的味是苦，我们就要去追求甜的乐；身所受病痛的苦，我们就要去追求健康的乐；意所受的孤独、贫穷是苦，我们就要去追求团圆、富裕的乐。我们每个人一来到世上，都要经受生、老、病、死的苦，佛的教义，就是要我们解除这些苦厄，到达永久圆满的极乐世界，这就是佛教所提倡的人要有进取心的做人的意义。"

"那我们该怎样学习佛教呢?"

"我们首先要皈依三宝。"

"怎样解释?"

"皈字，由白字与反字组成，就是取反染成净的意思。三宝指的是佛、法、僧。佛，指的是佛祖释迦牟尼；法，指的是释迦牟尼所说的离欲清净的各种法宝；僧，指的是出家受具足戒，按照佛的法宝，去修持净行的僧人；皈依，也称为归依。归，是投的意思，如水归海，如客归家；依，是依托的意思，如子依母，如渡依舟。"

"因此，人在生死大海中，若不皈依自性三宝与主持三宝，就无法解除苦厄，若肯发志诚恳切心，皈依三宝，如法修行，就可出生苦海，了生脱死，三宝如船来，皈依如登船，只有皈依三宝，才能被引渡到极乐彼岸。"

梁武帝与傅翕共研佛法的一问一答，使梁武帝真正了解了傅大士提倡三教合一的真谛所在。梁武帝高兴极了，赐傅大士居钟山定林寺，睡西国贡床，以殊礼厚待。

次年正月(535)，梁武帝在建康重云殿集四部大众，自讲三慧，又亲为傅大士别设一榻，赐水火珠一颗，宴坐行经，众多弟子有如醍醐灌顶。傅大士名声大振。

二月初春，梁武帝为郗氏设慈悲道场，邀请傅大士主持为其忏礼超生。傅拒之，提出为郗氏忏礼，非梁武帝亲自不可，其他任何人都爱莫能助。梁武帝不解，问傅大士何因?

傅答："忏，梵语称'忏摩'，是自己做错事以后，承认自己错误的意思。郗氏墓地之巨蟒，为'浑浑噩噩，业障众生，五阴积盛，迷惑不醒'，是郗氏上世为人，今世得四生受形之报。"

梁武帝正为傅大士透析郗氏生前造诸孽罪感到疑惑时，傅大士接着说："所谓四生，世尊曰：'一者卵生，是人先世，贪心机谋，计较为活，故坠卵生，鱼鸟之类。贪高为鸟，见人高飞，谋深为鱼，逢人潜沉。二者胎生，是人先世，贪恋淫欲，故坠胎生，人与畜类，本分贪淫，为人竖立，横心贪欲，作畜横行。三者湿生，是人先世，贪食酒肉，打闹作乐，烂蛆侧虫，蠛蠓类湿生。四者化生，是人先世，心多变异，面是背非，故作故犯，故为化生，脱壳飞行，蛾虫之类。'郗氏墓蟒既属卵生，逢人避行，并非胎生，爬地横行，因非湿生，体形如蛆，更非化生，但要换季脱壳。因其助帝，现为巨蟒，乃是六道（天、人、修罗、地狱、鬼、畜生）轮回之天意。故非帝为其默念前因之罪孽，为其代忏不成，以众僧消除障碍修道的经、咒助，求佛菩萨慈悲加护，以改德修来，助其转世超生不可成。"

帝从之，睡梦中，见夫人化为天人，空中谢帝转世而去。

傅大士一上京城，名动朝野。

据说，请和尚为死者做道场，助亡灵早日超生转世的佛事，就从这时候开始从皇宫普及到民间百姓的。

是年四月，傅大士回双林佛庵，置梁武帝所赐的水火珠于佛前供拜，四方善男信女，蜂拥而至，仰慕傅大士佛法，纷纷要拜傅大士为师，跟随傅大士一起念经拜佛，乞为弟子。

（八）木鱼法器

木鱼，是佛门中的重要法器，传说是由傅大士始造。

在今佛堂镇双林水库（双林古寺）的北侧，有一座形如双鱼头对头、尾连尾的木鱼山，与原双林古寺南侧的锡杖山对望，这两座山立于原双林古寺左右，尤见双林古寺旧址的神奇。

这里大自然的山水、地貌、林木，皆是当年天意助傅翕修成大士佛的见证。

自从傅大士上京为梁武帝做了慈悲忏礼道场回赐濑里后，善男信女，每天云集于双林佛庵下，要跟随傅大士念经礼佛。可是当时的佛经是傅大士成佛后，坐禅入定于白杨树下，由观世音菩萨口授，傅大士不立文字，口头传诵记录而成的。其中许多是梵语的译音词，念起来不但拗口不顺，而且十分难懂，难以理解，因此，众声念经，参差不齐，十分混乱，傅大士为此伤透脑筋。

在前来学习念经的人群中，有一位叫志林的木匠十分聪明，他从《涅槃经》卷十三中"如鸣椎集僧，严鼓戒兵，吠不知时，是名法世"中得到启发，古代以敲能发声的椎木集合僧众与报时，以打鼓用来作为操练兵法的号令，现在是否可以用打击声来指挥大家，把经念齐呢？不知道能发声之木为何种木料，志林就到山上砍来一根毛竹，取其中一节粗如碗口，长约尺许的竹筒，顺着竹筒两头两个竹节的中间，挖出一条半寸左右宽的缝，用木棒敲打竹筒发出的“咯、咯”声，来指挥大家众口齐声念经，效果相当好。可惜，圆形的竹筒无法平放在桌子上，于是，志林到山上取来一段硬木料，制成长方形，挖空后放在桌上试敲，其效果比敲竹筒更佳，于是，志林根据傅大士以前喜欢捕鱼的个性，把长方形的空木，外形雕成鱼形，木鱼之名由此产生。

由于制作木鱼之木料取材于双林佛庵以北形似双鱼头对头尾相连的团形的山中，因此，该山取名为木鱼山。

傅大士在带领俗众念经拜佛时，首先告诫大家要抛弃人间的财、色、名、食、睡“五欲”；从戒杀、盗、淫、妄语、饮酒的“五戒”开始，尤其是以戒淫（色）欲为最。傅大士认为：淫欲是从爱念生起的。因为爱他（她）身上这样或那样的优点，就发生了追求和获取的念头。为了达到目的，就不惜财力、工夫，不辞赴汤蹈火，不顾性命、地位，“英雄难过美人关”，战场上叱咤风云的将军，在女人面前也只能唯命是从，甚至有的皇帝也可以不做，“不爱江山爱美人”。《圆觉经》上说：“欲从爱生，命因爱有，爱欲为因，爱命为果”，所以出家人应以“断欲”为“第一戒”。而断欲，必须从断淫入手。他树立起淫是“不净”的观点。

其实，人与人之间没有本质的区别。使你动心而产生爱欲的对方，实际上是很不洁净的。你爱的，使你迷惑的只不过是外面那一层表皮而已。剥去外皮暴露出来的是人人都一样的血肉、筋骨、内脏以及屎尿等等腥臭之物，这些腥臭的东西，还能使你与其外貌一样留恋与喜爱吗？人体内的汗、屎、尿等等排泄物，通过各个孔道及全身毛孔排出体外，除去血、肉、内脏，剩下的骷髅，更不值得让人喜爱。再说，任何人难免病魔缠身，人生病时的涕唾屎尿，呕吐抽搐，疮烂脓流，呻吟悲泣，见此，你还爱他（她）如初吗？年轻时的笑靥可掬，老来的满脸皱纹，年轻时的飞灵活跳，老年人的腰佝背驼，行动蹒跚，直到死后，都要皮脱肉落，剩下枯骨一具。当你想到昔日所迷恋而产生过淫欲的人原来本质就是如此这般时，你就会从以上种种不洁净的事实中清醒过来，减轻爱念，割断淫欲。任何人都不会去抱住一个满盛屎便臭秽的皮囊去爱欲横生。任何人都无法保持红颜不老，永生引人垂爱。只有这样去想、这样去做，才能断欲、断淫，专心事佛而不由爱欲而产生迷乱。傅大士为了警人醒世，嘱咐志林，把长版式的“直鱼”，仿照交尾团身头对头的木鱼山形状，改制成象征一雌一雄两鱼头相对、两尾相交的“团鱼”式木鱼，声称：“雌雄团木鱼，醒人戒欲具，敲在交尾处，声响淫欲除。”

从此，凡和尚寺、尼姑庵为戒淫欲，必置团式木鱼于佛案前，以作醒人戒器法具。

（九）金殿说经（二上京城）

大同元年（535）二月，傅大士为梁武帝操持完忏礼，为其夫人郗氏超生的轮回转世办妥慈悲道场后，四月带着梁武帝所赐的水火珠，回到了双林佛庵。

梁武帝毕竟是个精通经学、佛学、史学、文学的文人。他越想越觉得傅大士的头道、身佛、足儒的穿戴不妥，其“三教合一”理论的依据不足。

其理由是：

尽管傅大士博取了道教尊重自然规律，儒教讲究仁义治人的精华，融会于提倡贯通三世、因果定律的佛教之中。可是，根据老子《道德经》的言论，老子是道重自然。老子的哲学思想是要人“返璞归真”，回到自然里面去。与孔子主张“三纲五常”、四维八德（认为人行仁义，遵礼仪，家庭才会和，社会才会安定，国家才会兴旺）的儒教思想大相径庭。

因为，老子认为，礼仪固然是好的，然而一个人到了注意礼仪的时候，他的道德早已败坏了。因他坏了道德，才产生用仁义礼治的规则来使之就范，借谋补救。老子说“仁义出，有大伪”“圣人不死，大盗不止”。而那些不肯就范的人，就会更不道德起来，社会就会越来越糟。换句话说，人类到了实行仁义礼治的时代，早已失却了自然之道的真朴，才会有人为的装作的言行发生；这样一来，欲人为道，反而去道越远了。

所以，老子主张“吾所以有大患者，为吾有身，及吾无身，吾有何患？”这样一来，他认为有身体才造罪恶，有罪恶才有大患。根据这个道教的原理，怎能与儒教的仁义去融合为一体呢？

可是，傅大士的“三教合一”之说，在京城皇族大臣官员中已经造成了相当大的影响。解铃还须系铃人，于是大同五年（539），梁武帝第二次下诏，诏请傅大士进京，进一步研讨有关“三教合一”的佛教理论，共论佛教真谛。傅大士以状上帝曰：“帝岂有心而欲辩，大士岂有义而欲论耶？”据资料记载，傅大士于539年三月十六日第二次进京，梁武帝在寿光殿独宴傅大士。

据《中国禅学思想史》第九十五页援引《续藏经》第一辑第二编乙第十一套第一册三十九页说：“梁武帝请讲《金刚经》，士（傅大士）才升座，以尺挥案一下，便下坐。帝愕然。圣师曰：‘陛下还会么？’帝曰：‘不会。’圣师曰：‘大士讲经竟。’”

《中国禅学思想史》同一页援引《传灯》中所云：“帝于寿光殿请志公讲《金刚经》，志公曰：‘大士能耳？’帝请大士，大士登座，执拍板唱经，成四十九颂”，提出了当时梁武帝在寿光殿并非独宴傅大士，同时去的还有志公，是在志公推让之下，才由大士“执拍板唱经，成四十九颂”。

可是，同在《中国禅学思想史》的九十五页下段援引同上第三套第五册四百四十八页中又说:“帝问志公,公云:‘大士讲经竟。’”“然大士入朝,公已去世二十一年,何从有此问答?”志公死去二十一年后,傅大士才第二次上京,给梁武帝讲解《金刚经》的史实,推翻了以上《传灯》中所云梁武帝在寿光殿同时宴请志公与傅大士共讲《金刚经》的传记。

由此可见,有关傅大士给梁武帝讲《金刚经》的历史记载,有的说是傅大士一人,也有的说是与志公二人,更有的说傅大士给梁武帝讲《金刚经》时,志公死去都已经二十一年了,根本不存在二人一起说经的事实。孰对孰错讲法不一,是一桩难以定论的历史公案。

但是,傅大士于539年三月第二次上京城,面见梁武帝后,根据笔者所收集的资料,他们确实对“三教合一”维摩禅宗的宗法创意,进行了一场认真而又激烈的研讨与演说。

梁武帝陈述了他对道教与儒教不能契合的看法后,傅大士以其精辟的佛学理论,做出了如下一番有理有据的解释。

傅大士认为,佛学的学理思想,具体表现在两方面:一方面是比较消极的,以主张绝欲无为的修持,达到自己离苦得乐的目的,它近乎老子所提倡的返璞归真、不言之教、无为之治的道教;另一方面是以积极利他的以勇于人世,舍己为人,解脱众人之苦,便是自己得之乐,这与主张杀身成仁、舍生取义的儒教极为相似。这就是前者为小乘佛教思想,后者为大乘佛教思想的反映和区别。

在“三教合一”的穿戴中,之所以要头戴道帽,是因为我面前的陛下是一国之主,信奉的是类似于道教的小乘佛教。之所以要足穿儒履(鞋),是因为《大学》(相传为孔子的学生曾子所著述)中的“大学之道”,就是“治国、平天下”之道。历史上有哪一位帝王,不想把自己的国家治理得臣服民顺,国泰民安呢?曾子在《大学》中提出,要想“治国平天下”,则首先要“格物、致和、诚意、正心、修身、齐家”。其“格物”,就是要推究事物的原理。可见,他并没有反对老子所提倡的尊重自然规律,而是坚持不能死搬硬套圣人们所提倡的理论原理。

接着,傅大士讲了一个关于曾子孝行的故事。

曾子,原名曾参(公元前505—公元前436),字子舆,春秋末年鲁国南武城人。他是比孔子小46岁的弟子,以孝著称。他初时认为晚上伺候父母安息,早晨起来向父母请安,平时不让父母干重活,为了让父母冷暖适时、饭菜可口,整天在家里忙碌,甚至父母打自己也不还手,骂也不还口,这就是对父母尽孝了。有一次,曾子做错了事,父亲随手拿了一根木棍打他,曾子自愿挨打不逃作为尽孝,结果父亲一时失手,把他打昏过去了。当曾子昏醒以后,还去问父亲气消了没有。

当这件事被孔子知道后,孔子以“朽木难雕”把曾子推之门外不见。曾子自以为父亲打他,他没有逃是在尽孝,自己没有错,他就千方百计想要去跟孔子解释,几经周折后，他终于见到了孔子。

于是孔子对曾子说："你没有听说过舜是怎样做儿子的吗？小棒让父亲打，受点皮肉之苦，可以让自己吸取做错事的教训。当他父亲暴怒，用大棍子来打他时，他就逃走。为父亲避免打死人、出人命的犯罪行为。而你却昏死在父亲的面前，天底下有哪一位父母不是打在儿身，痛在自己心上的呢？"

在孔子的教诲下，曾子为自己定下了一个向父母行孝的原则：大孝，要使父母在精神上愉快，物质上丰裕；中孝，要尊仁守义，为双亲效劳；小孝，要慈爱忘劳，对父母尽力。因而，曾子懂得了"身体是双亲所赠之体，用双亲所赠之体做事，怎能不慎重"的道理。

于是，曾子根据孔子"砍伐一根木头，猎杀一头野兽，如果不按规定季节，就是不孝"的教诲，把侍奉君王不忠就是不孝，为官不恭敬，就是不孝的孝行理论，进一步的进行了宣传与推广。最后终于写成了历代统治者治理政事必须学习的《大学》。

傅大士把道教、儒教，引经据典地说得头头是道时，突然把话锋一转，提到佛教的"四大皆空，五蕴非有"上来。他说："三教合一"是佛教的真谛，既容纳了道教的自然规律，也接受了儒家的仁义理论。用现代的话解释，他是符合维摩禅宗"三教合一"科学原理的。

《金刚经》中指出，"四大本空，五蕴非有，缘聚则合，缘散则离"。其四大指的是大自然中的地、水、火、风四大物质元素。《中国禅学思想史》第一百二十七至一百二十八页中援引的《金刚经论》说："世尊曰：地有坚性，水有通性，火有焰性，风有动性。在人身上，四大和合，方成一体，所谓皮肉筋骨，胶成一身，名地大；津涎尿血，滋润一身，名水大；暖气均融，温和一身，名火大；动转施为，运用一身，名风大；四大调和，一身安乐，四大不调，便生病苦。"

佛陀倡导"天人合一"的四大，指的是山岳土地属于"地大"，海洋河川属于"水大"，阳光炎热属于"火大"，空间气流属于"风大"的宇宙物理现象。进而也可把它推之为人类的物理现象。毛发骨肉属于"地大"，血液分泌属于"水大"，体温凉热属于"火大"，呼吸元气属于"风大"。从四大的物质上分析：坚硬属于"地大"，滋润属于"水大"，温暖属于"火大"，气候属于"风大"。所以说四大是构成一切物质现象的基本因缘，也是形成一切生命的种子。"四大"和谐，便会蒸蒸日上，欣欣向荣；"四大"相克，就会萎靡颠倒，归于毁灭。大自然如此，任何有生命的东西也都如此。这就是：云散水流去，人寂天地空。人身无常，生命是空。正如《圆觉经》中所说："我今此身，四大和合……四大各离，今者妄身将在何处？"这就是"四大皆空"之说的缘由。

"五蕴非有"也就是"五蕴皆空"。

“蕴”字的旧译名“阴”。蕴是将很多物积聚一堆的意思。“五蕴”指的是色、受、想、行、识五者，傅大士又根据“天人合一”的原理，作如下具体的解释：

色：有“内色”与“外色”之分。内色，指的是如上所述人体上骨肉血液方面的“四大”；外色，指的是自然界中天、地、山、水，一切万物的“四大”。凡有形质有障碍者，都叫作色。

受：指用人体上的眼、耳、鼻、舌、身五种根，对来自人体外的色、声、香、味、触五种尘，去领受去感受种种苦与乐的境界。

想：是想象的意思。五根领受了五尘后，就要妄生出种种形相名目的念头来。

行：是造作的活动。意志驱使人去这样做、那样做，结果就成了各种行业的种子。

识：分别区分各种东西的境界叫作识。因为有了色、受、想、行、识五蕴的种子，存积在人的心里，就起到了攀缘的作用；使得人迷迷惑惑、颠颠倒倒，把原来真实的心智遮盖住了，这就造出了种种恶业来。

通俗地讲，人的心本来是虚空、清净的。这就像天上的太阳一样，拥有无量的光明。可是，天有不测风云，人有旦夕祸福，一旦阴云遮盖了太阳，太阳的光明就被隐没了，人本来虚空，清净的心，也就被“五蕴”所遮盖了。“五蕴”旧译“五阴”的原理就在这里，一个人死后，身溃烂无存，骨肉归地，湿性归水，暖气归火，呼吸归风，四大皆空了，五蕴为何存在？所以《金刚经》中称“四大皆空，五蕴非有”“缘聚则合，缘散则离”。人的生存，和合于大自然存在的规律，人的前途和命运，绝不是受一种超自然的力量所主宰和控制，而是由自身行为决定的，这就是释迦牟尼佛提倡“人人都有佛性，人人都能成佛”的依据。

打个比方说，假如你明白了四大皆空与五蕴非有的原理后，就自以为自己懂得了佛法，人家欺侮你的时候，你以强忍的办法压抑住，尽量不生气。可是人家一而再、再而三激怒你的时候，你尽管有意识地一忍再忍，但是肝火旺了，脾气来了，控制都控制不住了，最后你终于一发不可收拾地发怒了，你的这种暴发，讲得彻底一点，就是你最后还是忍受不了你所受到的凌辱，没有真正达到四大皆空、五蕴非有的境界，是以你自己利益不甘受人侵犯为底线的结果。当年来自南天竺的佛祖菩提达摩，与陛下的金陵不契，渡江北去，就是因为陛下当时无法忍受菩提达摩一针见血的意见而拒绝接受菩提达摩大乘佛法的缘故。

提到了当年自己没有留住菩提达摩佛祖一事，梁武帝的心中有讲不出的内疚与自责，归根结底，是自己没有修成金刚心之故。

何谓金刚心？

《中国禅学思想史》第一百六十一页援引了《金刚经论》中的解释：

“何名金刚心？此心人人本有，个个不无。是诸众生，自知自觉，本等之心。何以故，一切善恶，皆出自心。自心修善，令身安乐；自心造恶，令身受苦。心是身主，身是心用。所以者何，佛由心成，道由心学，德由心积，功由心修，福由心作，祸由心为。心能作天堂，心能作地狱，心能作佛，心能作众生。是故心正成佛，心邪成魔，心慈是天人，心恶是罗刹，心是一切罪福种子。”

说到这里，傅大士从袖袋中取出从双林佛庵带去的木鱼，边敲边念起他所作的《心王铭》和《金刚般若四十九颂》来。

许多经典著作中载述傅大士“才升座，以尺挥案一下，便下座”“大士登座，执拍板唱经，成四十九颂”等等，皆出于傅大士在金殿敲着木鱼念经的故事。

（十）十二因缘（三上京城）

傅大士“天人合一”的佛教理论，基本上说动了梁武帝原来信奉小乘佛教的心。

梁大同六年（540），傅大士四月从京城回双林，同年十二月，梁武帝第三次下诏，又诏请傅大士上京，为他讲解十二因缘。

十二因缘的前提是四真谛，也叫作四圣谛，即苦谛、集谛、灭谛、道谛。谛，是“仔细、道理”的意思。佛语解释为人生的真理。佛祖释迦牟尼涅槃一千多年后，佛门居士（即在家信佛的人）苏东坡在他的《水调歌头》中，几语就破译了佛祖当年弘扬的“四圣谛法”：“人有悲欢离合，月有阴晴圆缺，此事古难全”。因为“集”是“苦”的因，“苦”是“集”的果，种瓜得瓜，种豆得豆，所以，谁也无法改变“月有阴晴圆缺”的自然规律。它的宗旨就是教人“诸恶莫作，众善奉行”。“灭谛”是修道征得断恶行善、和谐天地的佳果；“道谛”就是修了八正道才能解脱诸般痛苦。也就是说“集”是“苦”的根源，“灭”是“道”的收获。由集、苦、灭、道，最后衍生出过去因，现在果，现在因，未来果的十二因缘，它们之间排行的顺序是：无明、行、识、名色、六入、触、受、爱，取，有、生、老死。

傅大士给梁武帝对十二因缘的解释是：

第一因缘：无明。这是过去一切烦恼的总称。由此使得众生生死相续，苦海随波，流转不息。因为人有本能的贪名、利、色、香、味、乐，稍不如意，即起嗔念，就生气、发怒，怪罪人家，甚至起歹心而不畏因果，恣意妄为。这种使人不明不白的行为，称“无明”，成了众生生死的根本。

第二因缘：行。这是行为和造作的意思。依过去的无明烦恼，发动身、口、意三业，行善、作恶。众业山积，因已积累，这“无明”与“行”就积成了十二因缘中的第一大因“过去因”。

第三因缘：识。由于所造业的存积，称为业积，遇缘投胎，完成生命体的雏形。识，是众生命的开始。

第四因缘：名色。入胎以后，六根未生，但有受、想、行、识之本能，来自于父母红白凝华之精血。这是有情生命体的要素，胎相初成称为“名色”。

第五因缘：六入。十月怀胎，形成眼、耳、鼻、舌、身、意六根，组成雏体，对外界的感觉有了些微妙的反应。这是人生胚胎期的“六入”。

第六因缘：触。即出胎后与外界的接触。幼儿时，只能用啼哭和欢笑来区分苦与乐，不能分辨对的、错的，没有憎、爱之感，哭笑随意，举止天真。随着日月的起落，从婴儿、幼儿到了幼童，接触外界的知觉渐渐增进，开始在混沌中初步了解世界，从未知到真知，这就叫作“触”。

第七因缘：受。从儿童到青年时代，心识逐步发育成熟，社会接触面逐步扩大，因而逐步懂得了“受苦”“受乐”与舍弃的感受，故名为“受”。

从第三因缘到第七姻缘，结束了一个人从投胎发展到成人，由前世因，转变为今世果的过程，因此称之为十二因缘中的第二大因：“现在果”。

第八因缘：爱。这是由“受”发展而来的，“受”字中部加个“心”字，大体就成了“爱（愛）”字，这就说明了，人“受”在衣、食、住、行时，就产生了寒思衣，饥思食，贪财物，爱色欲的感情。欲爱则占有，欲苦则思离，情欲冲动，言行越轨，这是青年人的特征，故名爱。

第九因缘：取。有了爱，加上年龄成熟，精神旺盛，就产生了强于执有，渴望占有的心理。于是，三业不净，贪心不足，造出了罪业，集成了未来的苦因，都是由“爱”产生“取”的。

第十因缘：有。取的目的，是有的产生。

因此第八因缘到第十因缘，就为自己造成了下世因的业力，所以在十二因缘中称之为第三大因的：“现在因”。

第十一因缘：生。即未来将生，时而缘熟，完成缘熟，去投胎，接受新一轮生命转世的果报。

第十二因缘：老死。有生，必有死，这叫因果循环，生死流转。前生的惑业，今生果报；今生的惑业，来世果报，生生世世，业果酬还。

所以第十一因缘与第十二因缘称之为十二因缘中的第四大因：“未来果”。

傅大士对十二因缘详尽的讲解使梁武帝茅塞顿开。梁武帝彻底明白了任何一个果，都是由前因而生；任何一个缘，都是由前缘而起的，宇宙、人生没有一个绝对的道理。梁武帝从此认为傅大士创造的维摩禅宗，是释迦牟尼佛祖“缘起论”的继承者与完全信赖者。

“佛的最高境界，是能知人的三世因果”，梁武帝向傅大士提出“你能讲清楚我的前世、今生、后世的三世因果关系吗?”

“能。”傅大士作了干脆地回答。

“我前世是干什么的?”梁武帝问。

“你前世干什么，没有人和事物能够证明和相信我所讲的是事实。陛下也不必追问了。”傅大士毫不在意的回答。

“那我今世怎样呢？”梁武帝问。

“这还要问吗？”傅大士不慌不忙地说：“你现在是万人之尊的皇上，还有什么地位能够比皇上更高贵呢？”

“那我后世会怎样呢？”梁武帝问。

“后世怎样，这需由后人去评说。但是，我们应该相信佛祖所说的善有善报，恶有恶报，今世之因，下世果报的道理。”

梁武帝对傅大士如此毫无结果的解答，甚为不满，正想指责傅大士对自己三世因果答非所问时，傅大士不慌不忙的接着说：“不过，陛下今生的结局，因果已成定论。”

“请说我的最后的现世结果将是怎样？”梁武帝急着追问。

傅大士默而不语。

经过金殿讲经，梁武帝已知傅大士知识渊博，佛法功底深厚。他相信傅大士对自己最后怎样死的结局、预言的准确性。现在自己越想知道，傅大士越是缄默不语，想向自己讨赏封赐不成？于是说：“你为朕预言，朕为你敕建双林佛殿！”

傅大士马上跪拜谢恩，接过梁武帝敕建双林佛殿的诏书（圣旨）后，还是闭口不言。

梁武帝面露愠色，两旁文武百官也窃窃私语起傅大士莫不是有难言之隐。相持了许久，还是梁武帝先开口问傅大士：

“是不是因为我最后的结局是不得好死而不敢直言？”

傅大士马上跪拜答：“是。”

梁武帝惊愕地说“尽管直言，朕恕你无罪。”

“陛下最后将要饿死于城台！”

傅大士预言一出，金殿都几乎被震动得摇摆起来。

“堂堂的一国之主皇帝都要饿死，天下臣民岂能还有活的？”众臣又纷纷议论起傅大士的预言过于荒唐无稽了。

在嘈杂的金殿上，只有梁武帝一人自己心知肚明。

因为梁武帝知道傅大士的佛法宏大，傅大士对自己结局的预言并不是妄语，而是值得相信的。

无论小乘佛法还是大乘佛法，梁武帝毕竟是一位对佛法有过潜心的研究和有较高造诣的信徒。从佛法的法理上来讲，修炼佛法，不分年龄大小与迟早，只要迷途知返，同样回头是岸。只要认真反省自己的错误过失，诚心诚意的向佛祖忏悔，以消除自己的业障，一心发愿改往修来，还来得及。

于是，梁武帝不但不对傅大士的预言感到恐慌与不安，而是非常冷静地思考起如何按大乘佛教中“布施、爱语、利行、同事”的四摄和“布施度悭贪，持戒度淫恶，忍辱度嗔恚，精进度懈怠，禅定度散乱，般若度愚痴”的六度，大发菩提心。以戒“杀、盗、淫、妄语、饮酒”的五戒和“一不杀生，二不偷盗，三不邪淫而修清静行，四不绮语用花言巧语欺骗人，五不妄言而说老实语，六不二舌而息事宁人，七不恶口而辱骂诽谤，八不贪而修不净观（即不对财、色、名、食、睡的贪欲），九不嗔而修慈悲观（不发怒），十不痴而修因缘观（以因缘关系，正视一切聚散成败）”的十善法，从身意“三业”和眼、耳、鼻、舌、身、意“六根”着力去修行，务使自己三业清净，六根纯和，远离五欲，不染六尘，不为喜、怒、哀、惧、爱、恶、欲“七情”所内惑，不被色、声、香、味、触、法“六贼”诱于外。

梁武帝发愿：自己从此开始要做一个真正清净的佛教弟子。

（十一）双林佛殿

自傅大士第三次上京金殿讲经后，彻底消除了梁武帝对傅大士创立的儒、释、道三教合一维摩禅宗佛法的怀疑。以金刚心坚定了他对傅大士“心要”佛经的信念。于是，在傅大士离开京城建康回双林佛庵时，梁武帝赐给了傅大士许多佛教经典书籍和敕建双林佛殿的诏书，使他满载而归。

佛庵、佛殿、佛寺，在规格上、规模上，有其明显的区别。

佛庵：一般指小草屋一类。傅大士初时在双梼树下，结茅修佛，故称为双林佛庵。

佛殿：一般指高大的房屋殿堂。梁武帝敕建双林佛殿，就是由梁武帝下令，由地方上的官方主持，国家出资，建造可以供傅大士专门事佛的宫殿式的建筑。

佛寺：是指可以拥有僧尼，分师徒，由一座或几座佛殿加僧舍组成，专门研究佛教的寺院，其规模、等级又远远超过了佛殿。

梁武帝之所以敕令建双林佛殿，而不建双林佛寺是有其原因的。他认为，佛寺，是当时最高等级的佛教场所，只有他皇宫里才能建有同泰寺一类佛教寺院。傅大士原在双林佛庵里修行佛法，不能一下子与皇帝同等级，所以敕建双林佛殿已是给了傅大士最大的殊荣。

傅大士原是上无片瓦，下无寸土，一直与父亲、妻子、儿子三代人寓居在姐夫贾昙颖家当佣人，要建双林佛殿，首先遇到的就是寺院地基问题。

（十二）贾孝从佛

贾孝（496—566），字君举，号法会，义乌市佛堂镇洋川贾氏第五世孙，在京城当云麾将军。

傅翕受梁武帝封赐，决定要扩建双林佛殿后，需要建双林佛殿的地皮屋基，要想占地建双林佛殿，就必须征得姐夫昙颖的同意。

其时，昙颖在外地当官，对于傅翕在家受达摩旨意，在自己贾氏祖坟双梼树下结庵事佛并不多问，随他为之。如今傅翕竟然要提出占地建造双林佛殿了，这事非同小可。尽管昙颖把贾孝养大成人，但是论辈分，自己与贾孝还是堂兄弟的关系，家中祖传十里方圆的田地家产，应该说也有贾孝的一半份额。基于情理，尽管他想助傅翕修成佛道，也难以擅自做主，把祖传的产业拿出来助自己的妻舅建双林佛殿之用。

于是，昙颖去信叫贾孝回家共商捐地给傅翕建造双林佛殿大事。贾孝接到昙颖的来信，初时不相信傅翕竟能修成佛道，遂带了八十名兵将回家，他要亲自测试一下傅翕的佛法到底如何。

贾孝带了八十名兵将，风尘仆仆赶回到家中时，傅翕正按达摩指点，在双梼树下结庵事佛。他见贾孝带了这么一大班人回家，似乎有先知先觉一般，傅翕按达摩吩咐，拿出一泥壶茶水招待众兵将先喝茶休息。

贾孝口中不说，心中纳闷，责怪傅翕小气，"一泥壶茶水怎能供牛高马大的八十位兵将饮用？"

傅翕不慌不忙地说："贾兄离家多年，对愚弟已疏远，有所不知，你尽管叫众兵将们尽量喝饮便是。"结果一泥壶茶水，八十名壮汉尽喝有余。

接着，傅翕之妻留氏拿出三竹箪米，倒入一口小泥锅中煮饭，款待众兵将。结果同样，八十名壮汉人人皆饱有余。

正在众兵将为傅翕所供的茶饭，量小而富足感到瞠目惊奇之时，贾孝发现兵将们配饭用的是螺、虾等荤腥菜肴时，表露出对傅翕"杀生"的佛道的怀疑。原来蹲在灶膛下烧火的达摩，双手合十，口念一声"阿弥陀佛"后，对贾孝作揖解答："原已被俗人剪去螺底，煮成了半生半熟、半红半白的虾、螺。被傅翕倒入水中后，已只只复活。""方才众兵将所食用的螺、虾，皆是螺壳、虾衣。""不信？你们可以去门前的长生塘里，捕些螺、虾来便可为证。"结果，贾孝与众兵将立即到门前长生水塘中摸泥螺，果然只见每只鲜活泥螺都好像刚刚被剪去屁股一样；水中捕上来鲜活的青虾，每只都是红白间半的。这才使贾孝与众兵信服傅翕佛法果然已成。（无底泥螺，半红半白的青虾，至今仍然被现代人戏称是见证傅翕从俗人修炼成佛星宿尊的"活化石"。）

贾孝信服了傅翕的佛法后，决意弃官回家跟随傅翕事佛。

梁武帝是信佛的皇帝，在批准贾孝离京回家跟随傅翕当和尚前，宣贾孝上殿，委托贾孝代自己转赠给傅翕铜钟一口，并请贾孝传口谕邀请傅翕进京演示佛法。

当贾孝带了众兵将回到义乌后，首先同意了兄长贾昙颖捐地给傅翕建造双林佛殿的主张。

那么傅翕到底要多少地方(面积)建造双林佛殿呢？大家决定不下。

贾孝提出:以敲打铜钟,到听不到钟声的距离为半径圈地相赠。

傅翕认为,耳听钟声圈地建寺,方法虽好,但也有不妥,赐濑里旧地,四面环山,声音受山阻隔传不远,于是就提出以掷钟远近的距离作为半径圈地。

达摩提出一个折中的办法,要贾孝与傅翕进行登松山比赛,谁先上山顶,采取谁的办法。

贾孝满口答应,因为贾孝认为自己是将军,经常操练兵将或驰骋疆场,体魄健壮,自信定能赢过傅翕。

登山比赛开始,傅翕利用达摩平时教他禅定的轻功,率先上了松山顶,贾孝还在半山腰没上来。

傅翕等贾孝上山后,二人虽未见达摩祖师一起同行登山,但达摩却早已禅坐在傅翕与贾孝的身后了。

贾孝惊奇地问达摩祖师是从那条山路上山来的?

傅翕代为笑答:此乃达摩轻功上山,方才小弟赢了你,也是运用了达摩所传授的轻功。

贾孝从内心佩服达摩的武功了得,就拜达摩为师。

在达摩的悉心传授下,贾孝后来成了双林寺中的第一代护寺武僧。

达摩、贾孝、傅翕三人同在松山顶,眺望山下四面阔地,阡陌纵横,一口口水塘在阳光照耀下,极像一颗颗闪光发亮的明珠。来自东南方向美丽的画溪,沿着石牛山脚先是自东向北流去,绕过了石牛山北端转了个弯又自北向南而来,在石牛山西面与来自东阳北方的江汇合后,并成了一条广阔如练的义乌江一直向西奔泻而去。按照上山前的盟约,傅翕问贾孝自己向哪个方向掷钟?

贾孝沉思了一阵后,突然问达摩:“佛能知人的三世事,我为什么没有后嗣子孙？贾家为什么人丁不旺?”

达摩笑着答道:“赐濑里虽然环境幽美,可是块天生的佛地,自然人丁旺不起来,待你迁出佛地,贾氏才能人丁兴旺。”

贾孝问达摩自己贾家应向哪个方面迁居为好？达摩要傅翕代答。

傅翕说:“相传人类祖先伏羲,曾背负‘河图’。‘河图’中说:东为木,西为金,南属火,北属水。松山之北是石牛山,石牛山有东、北、西三面江水环绕,自然你们向北迁居为好。”

于是傅翕拿起由梁武帝所赐的铜钟,就往石牛山方向掷去。铜钟落到了距松山十里路远的石牛山北端山脚下,此地名遂称之为“圣钟潭”。

贾家从此就迁出了赐濑里。后来不知是哪个朝代的贾氏后裔,在“圣钟潭”建造了一坐“圣钟祠”。这座“圣钟祠”是一幢坐南朝北，面对“圣钟潭”的三进二天井砖木结构古建筑，至今犹存在梅林村西义乌稠佛公路东侧。

傅翕就这样得了姐夫贾昙颖与贾孝所献的赐濑里地产，依祖师达摩指点，建成了双林佛殿。

贾孝与昙颖从此迁居到圣钟潭以南洋浒庵一带，重新建房定居，繁衍发族了义乌的洋川贾氏。

贾孝的故事不仅在民间流传至今，而且在清嘉庆七年(1802)的《义乌县志》第三百五十九页“僧法会”中也有如下历史记载：

“僧法会，俗姓贾，名孝。……官至云麾将军。武帝时弃官为僧，自金陵携巨钟长刹东还。闻傅大士神异，率八十余人往丐食。大士给以一箪饭，众饱而饭有余，会叹服，以钟献乞为弟子。大士持钟自松山顶掷之溪潭中，谓曰：‘汝缘在彼’会即其处宴坐原石，信向甚众，为立精舍于溪滨，即法惠禅院也。因呼其潭曰‘圣钟潭。’宋皇佑中，潭湮塞。”

(十三)大士治洪

圣钟潭东，有一座浮玉山。山上尽是岩石，不长草木，极像一尊坐狮。那时候，南江常发大水，浮玉山一忽儿在东岸，一忽儿在西岸。人们都说这只“狮子”是活的，在东西两岸跳来跳去。

贾孝从佛后，取僧名法会。他经傅翕与达摩指点，在浮玉山上建了一座法惠禅院，以作“镇狮”之用，锁定南江之水，只能环浮玉山北侧流过，以减少洪灾，确保贾氏家园。

那时候，南江一旦发大水，南江与北江汇合处，便是一片汪洋。“十里洋滩”(洋川)由此得名。

傅翕为了让姐夫贾昙颖与贾孝在这一带发族，繁衍生息，以其渊博的知识，率领民众，在洋滩(洋川)一带开展治江治洪。

为了集聚广大民众的凝聚力，他利用佛法，驯服了一只猛虎，带着这只驯虎来到双江口。

他叫这只老虎伏卧在一块岩石的下面，自己禅坐在岩石上，引得成千上万人赶来观看。

此时傅翕就准备了一些锄头畚箕，由双林寺众僧带头，号召大家挑土筑高江堤，众人可以站在江堤上，居高临下看傅翕用佛法驯虎。一条长达五里路的江堤就这样筑成了。这块岩石从此被百姓们称为“伏虎岩”。老虎伏过的岩石下面的水潭也就称为了“伏虎潭”。(这“伏虎岩”“伏虎潭”千年未变，至今仍在佛堂镇燕里村北头。)

江堤筑好，治服了南江的水患。传说有一次，傅翕帮助贾孝在伏虎岩前的地里选拔粟苗，头上烈日当空，贾孝大汗淋漓，而傅翕头上总是有一片乌云遮盖着烈日，并随着傅翕移动，使他免受暴晒之苦。贾孝发现后，知道这块乌云是傅翕佛法演变所致，只得来到傅翕身边一起劳作。后人根据这个传说，在伏虎岩前建了一座“黑云寺”，为避“黑”字之讳，后人改称为“海云寺”。

还有一种传说，有个和尚法号海云，有恩于贾孝，贾氏裔孙立庙纪念。其庙称为“海云寺”。

因海云寺位于双江口，1922 年的“壬戌年”大水灾，冲毁了海云寺整座庙宇。后人将海云寺迁址到今潜流山上。

（十四）白杨古塔

据《傅大士传录》卷一载：“……大士造佛殿，佛殿前先有白杨树，枝叶秀异，经行其下，常闻天乐，时降甘露，大士令伐此木为殿中佛像，末间，雕匠自至，复于树所，创建砖塔九层。”

双林佛殿址前的白杨树，传说是观音大士的净瓶中杨柳枝落地生根而成的。因为白杨树来自观音大士的神佛仙气，孕育了傅翕在母腹的成长，所以傅大士在白杨树下坐禅，才受观音大士教以释迦牟尼佛法。如今，已是树龄年迈，枝干苍老，但它虽是植物，毕竟也像人类一样有生命，“人老七痛八痛（病苦），树老七孔八洞（老苦）”。现在傅大士享受浩荡皇恩，要废草堂建双林佛殿了，傅大士首先想到的是要让苍老的白杨树有一个能让自己永远纪念的归宿。因此，他砍伐了这棵白杨树后，请木雕匠取其枝干，雕了一座观音菩萨佛像。

观音是位出没于道教玉皇前，周旋于神仙菩萨间的佛祖，因为观音有千手千眼，所以能满足凡间俗人的千般求助。

傅大士感恩于观音大士对他在白杨树下的引渡，决心要雕一尊有千只手千只眼的观音佛像。如何在仅仅一个树干上，雕出千只手千只眼呢？木雕匠为傅大士的要求犯难了，无法动手开工。

傅大士在念《楞严经》时得到了启示：他把《楞严经》中的南无常住十方佛，南无常住十方法，南无常住十方僧，南无释迦牟尼佛，南无佛顶首楞严，南无观世音菩，南无金刚藏菩萨称为“七大”；把万物之灵的血肉之躯，总合为眼、耳、鼻、舌、身、意生理方面的“六根”；把色、声、香、味、触、法物理方面的“六尘”；把眼识、耳识、鼻识、舌识、身识、意识心理方面的“六识”，七大、六根、六尘、六识加起来共二十五；再用南无释迦牟尼佛，南无佛顶首楞严，南无观世音菩萨，南无金刚藏菩萨中代表光明的四个南无与十方佛、十方法、十方僧中的“十”相乘所得的四十，进行二十五乘四十所得的一千，代替观世音佛像的千手千眼，于是他叫木雕匠在观音佛像双合十字手的两侧，分别雕刻了各二十只手，每手掌各有一眼的“千手千眼”观音像，并把它置于新建成的双林佛殿内，朝暮供拜。

在白杨树旧址上，傅大士以雕刻观音佛像剩余的枝干作为骨架，以泥砖叠造成九层砖塔，供后人敬仰与瞻拜。

据民国初期朱中翰先生所著的《双林寺考古志》中的《（五）双林寺白杨古塔考》记载：“今塔颓损已久，存者仅二级，丰上杀下，势甚斜攲，乃危而未倾，已历年所，抑亦奇矣！”该塔经梁、隋、唐、宋、元、明、清数朝，已存一千四百多年。

到了民国年间，传说拿一块残塔的砖块，砌于灶脚，百姓家的灶上即不会有蚂蚁爬行。于是，双林寺周围的农民砌灶、修灶时都要去取其砖块，垒筑于灶脚。其中一塔脚砖块仅留一砖支撑着，砖塔严重倾斜成斜塔。但塔斜而不倒，堪成奇观。该塔的残砖，每块长约五十厘米，宽约三十厘米，厚约十八厘米，重达十八公斤左右，在寺前街村的部分农户中，至今仍有保存着。

1942 年，日寇侵华，大肆掠夺云黄山上的萤石矿。为修建到云黄山上运萤石的公路，就把这座一千四百多年的白杨古塔炸毁了。原双林寺前的寺前街村民丁尚勖，抢在日寇炸塔前，用当时并不多见的照相机，冒着危险，抢拍下了白杨古塔的遗照，留于后人纪念。

（十五）创转轮藏

转轮藏是由傅大士创造，专门用于贮藏佛经、佛像，供人瞻拜，可以旋转的“佛教图书馆”。深受国内外佛教寺院的认可，并纷纷仿制，且一般会在仿制的转轮藏前面，放置一尊道冠、僧服、儒履的傅大士像，以志该转轮藏为他傅大士首创。

《中国禅学思想史》第九十七页援引《续藏经》第一辑第二编乙第四套第三册一百九十八页载：“梁傅大士愍世人多故，不暇诵经及不识字，乃方双林道场创转轮藏，以奉经卷。其誓有曰：‘有三登吾藏门者，生生不失人身。有能信心推之一匝，则与诵经，其功正等。有能旋转不计数者，所获功德，即与读诵一大藏经正等无异，藏前相承列大士像，备儒道释冠服之相者，以大士常作此状也。’”

根据明太宗御制《神僧传》卷第四百十页解释，上述的意思是“或有男女生来不识字，或识字而为他缘逼迫不暇披阅者，大士为是之故，特设方便，创成转轮之藏，令信心者推之转一匝，则与看读（佛经）同功”“今天下所建轮藏，皆设大士像，实始于此。”

由此可见，转轮藏，是储藏有佛经书籍，下设转轮，可以旋轮的活动的佛教“图书馆”。因为在梁武帝统治的年代里，梁武帝本身是个佛教信徒，他不仅以自己的观点翻译了大量的佛经，而且还提倡流通佛经，全民崇佛。在《隋书》卷三十五志第三十经籍四中，就有“梁武大崇佛法，于华林园中总集释氏经典，凡五千四百卷”的记载。梁武帝信佛，天下臣民均以仿效，佛教很快普及到了全国各地。

通览史书，还可以发现那时候有诵经千遍，就可以达到消灾免祸目的的种种记述。

例如《魏书》卷八十四列传儒林第七十二——卢景裕中载："是时又有人负罪当死，梦沙门教讲经，觉时如所梦，默诵千遍，临刑刀折，主者以闻，赦之。此经遂行于世，号曰高王观世音"。

《宋书》卷七十六列传第三十六——王玄谟中载："初，玄谟始将见杀，梦人告曰：'诵观音经千遍，则免。'既觉，诵之得千遍，明日将刑，诵之不辍，忽传呼停刑。"等。

由此可见，用诵经千遍，以求得自保于乱世，已是当时人们的普遍心态和行为。

但佛经典籍，深奥拗口，常人不易诵读。且千遍的数量，也颇需时日。加上那时候文化知识未能普及，真正能读书识字的人也不多。傅大士是农村佣人出身，他知道识字人读念拗口的佛经已经很难，不识字的人想念佛经就更难。于是，他根据古印度世亲《阿毗达摩俱舍论》十二所载："此王由轮旋转应导，威伏一切，名转轮王。"古印度神话中，有一国王被称为"转轮王"，在他即位时，有自无感应得轮宝，转轮威震四方的传说，创制了转轮藏。

整座双林古寺，已从公元1961年兴建了双林水库而淹埋于水底，不复存在。但在全国各地以及日本、泰国等等世界上信奉佛教国家的寺院里，至今仍保存着大量的转轮藏。为了了解转轮藏的建造结构与使用方法，义乌市博物馆的傅健先生做了专题的考察和调查研究，现将他的研究论文的纲目，辑录于下：

(1)对有关转轮藏的现存文物有：

北宋遗物、南宋遗物、明代遗物、清代遗物。

(2)对有关文献记载有：

全国范围、义乌部分。

(3)对转轮藏的历史地位，进行较详尽的分析。

(十六)大士预言

梁武帝最后要"饿死于城台"的预言像是一块天天竖立在梁武帝面前的"警示牌"一样，事事处处提醒着梁武帝要洗心革面、善待臣民、诚心诚意的忏悔，以求佛祖保佑他平安地度过人生。

但毕竟是一国之主。梁武帝以教条式的菩萨心肠治国，然而在决定国家存亡命运的关系时刻，没有摆脱停留在"自利"的基础上而不能"利他"的小乘佛教思想，没有按"身无牵挂、四大皆空"去普度众生的大乘佛教和傅大士提倡"儒、道、佛"三教合一的中国维摩禅法去治国、平天下。在梁武帝的晚年，终于导致了国家的灭亡，最后印证了“饿死于城台”的傅大士的预言。

据《中国通史》记载：534 年，北魏分裂为东魏、西魏，东魏的大将侯景骁勇无比、力大无穷，且十分善骑，统领十万将士，军纪严整，又十分懂得笼络军心。他把战争中所掠夺的财富，不占为己有而分赐给部下，因而得到了将士的拥护。但在处理军机大事上，又十分机诈多变、藏而不露、残忍酷虐。东魏的皇帝高澄召侯景回朝廷任职。侯景怕失去兵权后受制于人，于是派部下到建康，向梁武帝请降求和，并编造了自己与高澄有矛盾，愿意归附梁朝，并将自己所管辖的十三个州的土地一并带上送给梁朝。

梁武帝接到侯景的降书后，不知是计，误以为是自己近几年专心事佛，感动了佛祖相助，统一中原的机会来了，就接纳了侯景，封侯景为大将军、河南王等，又派自己的侄儿萧渊明，带统军五万，支援侯景，讨伐东魏。

可是萧渊明是个不懂军事的纨绔公子，在前线被魏军打败后被俘。侯景不予相救，而是退居寿阳，屯兵蓄锐坐山观虎斗。

东魏为了挑拨梁朝与侯景的矛盾，多次遣使送信给梁武帝，要求重新通好，并声称可以放回萧渊明。

梁武帝以为不战可以戒杀生，这是他洗心革面，虔诚礼佛所求取的佛祖对他的庇护，于是公开表示愿意和好。

侯景得知这个消息后心里十分清楚，假如东魏果真与梁和好，这对自己的处境将十分危险，于是上书梁武帝，直接向梁武帝提出了：“今朝廷复与东魏高氏和好，我侯景将处何地？”可是，梁武帝此早已陶醉于佛祖保佑他统一中原的美梦之中，根本不去考虑侯景的要求。

一向足智多谋的侯景为了试探梁武帝对自己的态度，伪造了一封东魏给梁武帝的信函，提出以萧渊明交换侯景的要求。

梁武帝接到这封假信后，以萧渊明是自己至亲侄儿，把是否抓侯景送给东魏换回萧渊明进行孰轻孰重的权衡对比，最后私情占了上风，决定抓侯景以换侄儿。复信说：“萧渊明晨归，侯景夕返。”

侯景用假书信换取了梁武帝的这封信后，火冒三丈，决定举兵反梁。他把寿阳城内的成年男人全部招募为兵，把未婚女子全部配给未婚将士为妻，548 年，从寿阳举兵南下攻梁。

其时，梁武帝萧衍已八十五岁，年老昏庸，建康京城的兵权全部安排给自己的儿子萧纲主持。而萧家子孙，眼望梁武帝已年高而来日不多，诱人的皇帝宝座吸引了他们，他们互不配合保京城建康却开始内讧。549 年三月，侯景攻破了建康城，梁武帝被软禁于城台，并连饮食也受到了限制而致活活饿死。

梁武帝临终前，不但佩服傅大士预言的准确性，而且忏悔了自己的所作所为，他痛悔自己当年没有接受菩提达摩利己利他大乘佛教的开导；痛悔自己没有真正按傅大士诱导他三依、四摄、五戒、六度、十善的佛法去修炼，最后落得这样一个的可悲结局。

梁武帝最后昂天长叹："求佛祖再给我一个机会，让我来生补过吧。"

（十七）请输己命

南朝梁太清元年(547)二月，东魏大将侯景怕失去兵权，受制于人，拒绝东魏皇帝高澄召他还朝任职，以自说与高澄有矛盾的理由，向梁武帝请降。并将自己所辖的十三州土地带过来，表示愿意归附梁朝。梁武帝大喜，误认为是不用一刀一兵即收服了一员侯景大将，又增加了随侯景所降的十万大军，更扩大了由侯景所降而带过来的十三个州的地域，这是自己潜心礼佛所获的功德。四月，他改国号为太清元年，以为自己统一中原的机会来了，于是，加封侯景为大将军、河南王，派自己不懂军事的侄儿萧渊明，带五万精兵，协助侯景，讨伐东魏。

儒家经典《大学》中指出："一家仁，一国兴仁；一家让，一国兴让；一人贪戾，一国作乱，其机如此。"其意思是：国君一家仁爱，全国就兴起仁爱的风气；国君一家谦让，全国就兴起谦让的风气，国君一人贪戾凶暴，全国就会犯上作乱。所谓"一言偾事，一人定国"，这就是国君的一句话，可以败坏事业，一个人的行为可以安定国家的道理。梁武帝已是八十多岁高龄，可是还贪得无厌，欲霸中原。傅大士在双林佛殿听到这个消息后，长叹一声："梁运将终，灾祸竞兴。"

果然不出傅大士所料，太清二年(548)，旱灾遂至，禾苗焦枯，颗粒无收。大士倾其双林佛殿赀财，散与饥贫百姓，"课励徒侣，共拾野菜煮粥，人人割食，以济闾里"。

其时，有一老尼姑，年逾八十，仍在双林佛殿南三十里的双尖山顶的双峰庵堂修行佛道。天大旱，山泉涸，大士上山，欲接老尼姑下山度荒，老尼姑不遂，傅大士就在双峰庵堂近处挖一泉井，其井虽在双尖山峰之巅，其水清凉，取之不尽。如今双尖山顶的双峰庵堂已不复存在，但其被命名为"大士井"的泉井，依然如旧。

太清元年(547)三月，萧渊明所带的增援侯景去夺取中原的五万精兵，由于侯景"坐山观虎斗"不予配合而全军覆没，萧渊明也已被东魏所俘。大士闻讯，深为这五万将士死于刀兵而不安。

古时候，人死了以后，会请道士为之招魂，企盼死者能复生。招魂以七天为期，传说七七四十九天内不复生，才可以入土安葬。可是，人死后要腐烂，尸体根本不能存放四十九天。道教是讲究自然科学的，称"人之初生，以七日为腊，死以七日为忌。一腊而一魄成，一忌而一魄散"。腊，指年底十二月为"寒冬腊月"。腊肉，腊月腌制的干肉，不易腐烂，所以，也有"死以七日为腊"的讲法，意思指人死了以后，七天是尸体储放的最长时间，过了七日就要开始腐烂。所以，后来就形成了死后先入土，后做道场为死者超生的习俗。

佛教中，以三世轮回的因果定律作为基础。它以人生与宇宙共存的天人合一理论为基础，研究、分析人生的真谛；它称人生以“死”为“乐”，因为人如果修成了佛道，死后就可以到达极乐世界中去了；它称“人的出生”是“苦”的开始，所以把人的今生结束，后生未始，潜意识处于中间游离阶段，称为“中阴”。《地藏菩萨本愿功德经》称：新死的人如果生前多造恶业，死后没人替他追荐，其“中阴身”在四十九日后就可能投身地狱中去。因此佛门认为：在死者“罪福未定”即“七七”期间的“中阴”阶段时，“应为修福，愿亡者神，使生十方无量刹土（指净土）”。

傅大士认为，自己是接受过梁武帝敕建双林佛殿的僧人，自己与梁武帝的关系，应该是君臣的关系。作为臣，就必须忠于君。现在，梁武帝为了征战东魏，使五万梁军将士成了阵亡的冤鬼，自己就有义务用自己的生命去祭奠这五万梁军将士的亡灵。据《中国禅学思想史》第九十五页载：大士“将持不食上斋，烧身为大明灯，供养三宝，普度一切。盖以是禳梁末之兵祸也。”大士决心以自己不食上斋，烧身为大明灯，舍身焚化以奉施佛恩的行为，为前线阵亡的将士们超度亡灵。

“弟子哀惧，请输己命”。

跟随傅大士在双林佛殿修行佛道的弟子们，认为傅大士是菩萨化身，没有建成双林禅寺，没有完成成佛的宏愿，不能以烧身大明灯灭度入寂将圆满功德半途而废。于是，纷纷要求傅大士取消自焚超度的决定，由众弟子一起代替傅大士超度。“代之者十九人，烧臂、烧指、首或馘耳，劓鼻者二十人，持上斋三日不食者十五人，卖身奉佛者二十余人。”

傅大士为了国家兴衰存亡，这种以身灭度的壮举，用当今科学的理论来说，是一种迷信佛能超度亡灵的无稽之举，但从忧国忧民的角度来讲，这种忘我的精神，在史载中确实并不多见。

傅大士要舍身自焚为阵亡的梁军将士们超度，充分体现了他“不成功，便成仁”的儒教渗透于佛教的言行一致的理念。同时，众多弟子都纷纷要为傅大士去替死受罪，可见当时傅大士甘心奉献的思想不仅广得民心，赢得了众多弟子的追随，也反映了傅大士所弘扬的大乘佛教，利他胜于利己的舍己为人的大无畏精神，已在他的众多弟子中生根、开花、结果，得到了普及与发展。

（十八）善恶有报（四上京城）

梁武帝饿死城台后，侯景立太子萧纲为太子，自封丞相，并挥军向湘东王萧绎逼近。

萧绎派大将王僧辨阻止侯景西进。

由于侯景的将士大部分是北方人，来南方参战水土不服，加上军粮不继而败回。

据《中国通史》记载，侯景听从了智囊王伟“要成大事者，须行废立，以绝民望”的建议后，于南朝梁大宝二年(551)八月，废了简文帝萧纲，立萧栋为帝，不久又废萧栋，自己称帝。

承圣元年(552)二月，湘东王萧绎，命王僧辩与陈霸先两员大将顺长江东下，讨伐侯景，把侯景逼出长江口，侯景入海北逃。侯景部下埋怨侯景终无所成，善恶有报，侯景死于入海北逃船中的乱剑之下，得到了恶有恶报的下场。

承圣元年(552)十一月，湘东王萧绎赶走侯景后，在江陵改国号为承圣，称梁元帝。萧绎生性懦弱无谋，多疑少断，不接受众臣建议，迷恋于江陵的繁荣而不愿迁都建康。承圣三年(554)十一月萧绎被西魏军队破城而杀。护国大将陈霸先与王僧辩推十三岁的萧绎之子萧方智为帝，称梁敬帝，王僧辩为丞相，陈霸先为征西大将军。

王僧辩把十三岁的萧方智扶上皇帝宝座后，暗地里以萧方智太年轻，想请萧衍的侄子萧渊明当皇帝为由，控制萧梁政权，这引起了陈霸先的不满。555年，陈霸先起兵谋反，攻克建康，杀了王僧辩，并对不服于自己的王僧辩的将士进行镇压。

南朝梁太平二年(557)九月，梁敬帝萧方智禅位于陈霸先，十月，陈霸先称陈武帝，建立了陈王朝。可是陈霸先登上皇帝宝座后不久，就因长期征战，积劳成疾，病魔缠身，陈霸先为了预知自己究竟可以当几年皇帝，下诏请已声名远扬的傅大士进京预言。

傅大士奉命第四次进京后，陈霸先的儿子陈蒨把傅大士安排在建康蒋山定林寺。传说其时傅大士的佛法已达到了炉火纯青的程度。在定林寺，可以常见傅大士二眼吐火，状若金钱，以手取光，止露去虫等神异之法，北国数抵沙门进偈拜师，均为大士神异莫测之法，叹服得五体投地。

每次陈蒨进定林寺请傅大士进殿，为其父陈霸先预言，傅大士都坐禅于定林寺佛堂内不起，声称“法地若动，一切不安”。陈蒨每遇其境，只得作罢。

南朝陈永定三年(559)六月，陈霸先传位于陈蒨，称陈文帝。陈蒨宣傅大士进殿，命傅大士直言其父还能否康复，自己皇位能有几年。

傅大士立于殿下，默而不语。

陈文帝想到了奄奄一息、形同骷髅的父王，心急火燎般的难受，父王在位时，自己三番五次到定林寺请傅大士上殿为父王预言，傅大士皆以“法地若动，一切不安”坐禅拒之，今天自己继位后传旨傅大士上殿，傅大士又缄口不言，他明知傅大士从未见过病榻中的父王，为了刁难立在金殿之下的傅大士，遂出言不逊地问傅大士：

“我父王现在病态如何？”

傅大士快言以答：“被褥之下，遍身躯体忍受着难以计数的蛆虫叮咬之苦。”

陈文帝立即命御医进内验之。御医回复：“果见太上王满身蛆虫。”

陈文帝愕然，追问傅大士：“何故如此？”

傅大士心中十分清楚：因为陈霸先杀人太多，平时“噬食”众生，而今在他生命弥留之际，该轮到他受被“噬食”之苦了。但面对的陈文帝是新登基坐殿的君王，不便直言，经过三思，傅大士说：“先得恕我直言无罪”。

陈文帝允之。

“若我言中，叩请陛下敕建双林寺院。”

陈文帝：“可以。”

“太上王身躯长蛆，乃未受五戒之业因果报。”

陈文帝急于想知道父亲究竟还能活几天，正想动问……

“今晚亥子交时，落驾升天。”傅大士终于说出了自己对陈武帝的预言。

当天晚上亥时将过，子时将交，陈武帝果然慢慢地停止了呻吟，合上了他留恋于世的双眼。被傅大士言中，陈武帝驾崩了。

傅大士继梁大同六年，为梁武帝饿死城台预言，领了梁武帝敕建双林佛殿的圣旨，回双林建成双林佛殿后，在陈武帝永定三年(559)，又以为陈武帝驾崩预言的兑现，领到了陈二帝敕建双林寺院的诏书，建成了双林古寺。

尽管这梁武帝、陈文帝的两份诏书的来历是根据民间传说所写，但双林古寺初建时，有过这两份有镇寺之宝之称的圣旨，毕竟是事实。

后来这两份诏书被唐开成二年(837)御史大夫越州刺史元稹所掠，匿于其家。是时大水突至，元稹因恐是恶报，遂返其(同时所掠的)珠(水火珠)、槌(扣门槌)、佛(织成佛)，作《还珠留书记》以文饰其过。由此可见，是元稹强夺了双林古寺二诏书。

(十九)舍利佛牙

“舍利”系梵语，民间多称为“舍利子”。

“舍利”，译意为“骨身”“遗身”，指火化后形成的珠状骨粒等。据《佛学典故汇释》第二百二十三页，援引《法苑珠林》卷五三谓：“恐滥凡夫死人之骨，故存梵本之名。”据佛家所说：舍利多作珠状，质地坚硬，五彩夺目，系由无染功德薰修而成。

《金光明经·舍身品》中说：舍利可分为三种：白色的骨舍利；黑色的发舍利；赤色的肉舍利。不过，一般指骨舍利，骨舍利又可分为全身舍利(如多宝佛色身入塔)和碎身舍利(如释迦牟尼佛分身八国)。《法苑珠林》卷五三中还明确指出，“佛舍利椎打不碎，若是弟子舍利椎击便破矣”。“双树八枝，随义所表；舍利八分，亦遂缘感会”指的是释迦牟尼在两棵娑罗树下涅槃，双树八枝，即这两棵娑罗树的树枝伸向四面八方，所以释迦牟尼佛祖的舍利分身八国。

据郑孝时先生著的《释迦牟尼成佛秘录》一书的二百十九页载：“佛陀逝世后，有两颗牙留在人间，其中一颗传到狮子国，即今斯里兰卡；另一颗传到乌苌国，在今印度北部苏瓦特河流域，后又由乌苌传到于阗，即今新疆和田。五世纪东晋僧人法显西游至于阗时，把它带到齐朝京都建业（今南京市）。”

南朝陈永定元年（557），陈霸先灭梁建立陈朝。永定三年（559）传位给侄儿陈蒨，称陈文帝，永定四年（560）改国号为天嘉。陈文帝虽然不是佛教徒，但他十分敬佩傅大士的佛法，敕建双林古寺。双林古寺建成后，陈文帝命弃官为僧的贾孝将国宝佛牙从京城带回转赠给了傅大士。傅大士于天嘉七年（566）为这颗佛牙精制了一个沉香木盒，并在木盒上镌刻上了“释迦牟尼佛灵牙舍利，天嘉七年四月二十二日记，善慧书”的题字，以资纪念。

有关陈文帝请贾孝转交佛牙的经过，在义乌《洋川贾氏宗谱》内的《云麾将军传》中有其详细的记载：“云麾将军，封威武侯，谥梁国公。忽一日，悟道弃官，舍身慕佛，诣阙乞骸骨（到皇宫乞讨这颗舍利佛牙），帝谕其意（陈文帝同意他的请求），诏许之（赐给了他）。遂赉巨钟（还给了他一口大钟），长刹东归（从遥远的京城寺庙中带回来），敕赐其居（皇帝下旨封赐他的居家）曰仁道门第（称为仁道之家）。”

义乌《洋川贾氏宗谱》创制于唐贞观年间（627—649），历代人的生卒年月，事件发生的时间、地点、因果关系的记载都较为完整，是目前义乌市内重点保存的古旧宗谱之一。在该古旧宗谱中的《双林寺记》篇中，还有“号称舍利梵音四振，无殊盛西而双林”的记载。可见当时双林古寺因为有了这颗佛牙舍利，而使佛法四振，名声远扬，双林古寺当时的盛况不亚于西天佛国。

据有关资料记载，这个由傅大士珍藏佛牙的木奁（木盒）在隋大业元年（605），隋炀帝下诏保护双林寺大士遗迹清册时还在。根据《傅大士集后序》记载，唐开成二年（837），这个内藏佛牙舍利的木奁，外加了一个石臼（即石函）存放在大士舍利塔舍利丛中。黄巢残部（约 878—879）火烧义乌双林寺后，这颗佛牙才失载而不知去向。

据《释迦牟尼成佛秘录》中记载：该佛牙“五代时中原烽火战乱，佛牙辗转到当时北方辽燕京（今北京）”。朱中翰所著的《双林寺考古志》“八、云黄山大士舍利塔考”中，援引《佛法金汤编》卷六云：五代时开运元年（944）钱弘佐，文穆王元瓘子也，袭封吴越国王，谥忠献。遣僧慧龟来双林，开善慧大士塔，得灵骨十六片……乃奉迎舍利灵骨……至钱唐安光册寺供养。由此可见，大士灵骨与放在一起的这颗佛牙，同时被掳掠了。

可是，据 1990 年浙江古籍出版社出版的《佛学典故汇释》第二百二十五页又援引《佛祖统记》卷五三记载：“宋代列朝迎‘佛牙’入内供养，御制发愿文。治平二年（1065）敕大相国寺造三朝御制佛牙赞碑，翰林学士臣王珪撰文。”《释迦牟尼成佛秘录》第二百十九页载：“辽道宗咸雍七年（1071）八月，信徒们将佛牙舍利安置在灵光寺招仙塔内。”1071 年，是北宋神宗熙宁四年，灵光寺招仙塔址在辽地燕京。但宋神宗熙宁四年，距宋英宗治平年间敕大相国寺造《三朝御制佛牙赞碑》的时间不到十年。而从历史纪年选用辽道宗咸雍七年八月的时间上看，可见当时这颗佛牙曾经从北宋的京城开封辗转到辽的属地燕京的过程。

现据《宗教知识宝典》和《高僧传》载称：八国联军侵占北京时，灵光寺和招仙塔同时被毁，后僧人收拾残址时，在塔基中发现了一具珍藏佛灵牙舍利的石函。石函内有一沉香木奁，上面题着“释迦牟尼佛灵牙舍利，天会七年四月二十二日记，善慧书”。天会七年(1129)，是金朝纪年，1127年北宋被金灭亡后，宋高宗南逃到临安(今杭州)定都。1125年金灭辽，占领了燕京后，是金人把原来佛牙木奁上的“天嘉”改为“天会”，改“天嘉”为“天会”的目的，是以此纪念金人打败了北宋。

这颗佛牙，最初从印度到中国的新疆和田，经法显到梁武帝→陈二帝经云麾将军到双林古寺，经钱弘佐到杭州光册寺→宋都开封→辽都燕京→金人改“天嘉”为“天会”纪年经八国联军到1964年重建北京西山灵光寺佛牙舍利塔。真可谓是国宝犹存、历程坎坷。

总而言之，舍利佛牙在随着朝代变更的辗转传递过程中，曾经被傅大士所得，也曾经为双林古寺增辉。作为国宝，本不该为地方或个人所有，而今最后落籍于北京西山灵光寺的佛牙舍利塔内，得到了国家的保护，这才是它真正的归宿。

(二十)大士入寂

据南怀瑾居士撰写的《南朝的奇人奇事——中国维摩禅大师傅大士》一文中“撒手还源”一章记载：

南朝陈太建元年(569)，大士示疾，入于寂灭。世寿七十三岁。当时，嵩头陀已先大士入灭，大士心自知之，乃集诸弟子曰：“嵩公已还兜率天宫待我。我同度众生之人，去已尽矣！我决不久住于世。”乃作《还源诗》十二章：

还源去，生死涅槃齐。由心不平等，法性有高低。
还源去，说易运心难。般若无形相，教作若为观。
还源去，欲求般若易。但息是非心，自然成大智。
还源去，触处可幽栖。涅槃生死是，烦恼即菩提。
还源去，依见莫随情。法性无增减，妄说有亏盈。
还源去，何须更远寻。欲求真解脱，端坐自观心。
还源去，心性不思议。志小无为大，芥子纳须弥。
还源去，解脱无边际。和光与物同，如空不染世。
还源去，何须次第求。法性无前后，一念一时修。
还源去，心性不沉浮。安住王三昧，万行悉圆修。
还源去，生死本纷纶。横计虚为实，六情常自昏。
还源去，般若酒澄清。能治烦恼病，自饮劝众生。

据冯志来先生的《云黄山双林寺》史料汇集第二十八页援引的《浙江通志稿》载:“大士既涅槃时至,亦预有征应。”其意是:傅大士临终时留下的遗言,结果都得到了应验。

太建元年(569)四月寝疾(卧病于床)时,告其子普建、普成二法师:“……我灭度后,莫移卧床。后七日当有法猛上人送织成弥勒佛像来,长镇我床上,用标形相也。”四月廿四日傅大士入寂后第七日,果然,有一位叫法猛上人的人来到傅大士的遗体前,将一副丝织的弥勒佛像盖在傅大士的遗体上,摇了几下他自己随身带来的一个“九乳钟”后就不见了。县令陈钟前来敬香,突然如见“大士犹反手受香”。从此民间盛传:香的烟,能找到佛在哪里。拜佛时烧的香,有“香烟缘”之说。从傅大士所在的南朝开始,朝廷始举办“行香”法会。

过七七四十九日后,众弟子按照傅大士生前遗嘱,将其遗体安放在云黄山顶,火化后所得的舍利子,分别置放于黄山顶的两座舍利塔内。[也有人传说,云黄山顶原有两座舍利塔,其中一座为达摩舍利塔,另一座为傅大士舍利塔。两座塔经宋元祐六年(1091)、明永乐年间(1403—1424)、清康熙十七年(1678)、同治十年(1871)屡毁屡建、屡建屡毁。现存于云黄山顶的这座七级砖塔,由朱献文于民国二十三年(1934)募捐重建。]

傅大士殁后三年后的太建五年(573)九月十九日,陈宣帝诏令开国侯徐陵为大士立碑并撰写碑文时,称傅大士为“仰嗣释迦,法王真子,是号弥勒”。

附

“香”的来历

香,梵语称:健达,由古印度传入。佛经引为护法的“八部众”之一。它的原料为龙脑香、檀香、苏合香、安息香等香料。按形制可区分为棒香、线香、盘香、丸香等。以香敬佛的缘起,《贤愚经》卷六载:佛陀住在祇园时,有长者子富奇那建造了一座旃檀堂,准备礼请佛陀。他手持香炉,登上高楼,遥望祇园,焚香礼敲。香烟袅袅,飘往祇园,落在佛陀头顶上,形成一顶“香云盖”。佛陀知悉,即赴旃檀堂。根据这个传说,“香”是弟子把信心通达于佛的媒介,所以称香为引路的佛使。

参考文献:

[1] 忽滑谷快天. 中国禅学思想史[M]. 朱谦之,译. 上海:上海古籍出版社,2002.

中　篇

人文轶事，

到古事中寻找历史痕迹

在一条轴线上由近到远可见的三个“双林寺”

1.双林水库底下沉溺着一个由傅大士始建于梁朝普通元年（公元520）毁于公元1960年的老双林寺（近）。
2.双林水库东南岸的“回（来）龙山”小山坡上1978年重建的双林古寺（中）。
3.云黄山下，1997年由义乌市政府主持重建的“双林禅寺”（远）。

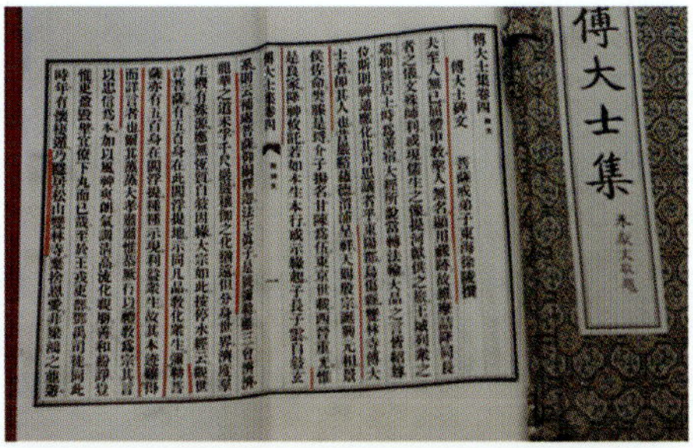

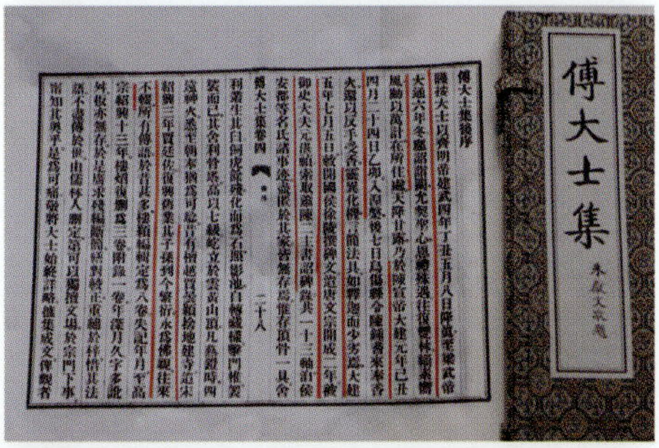

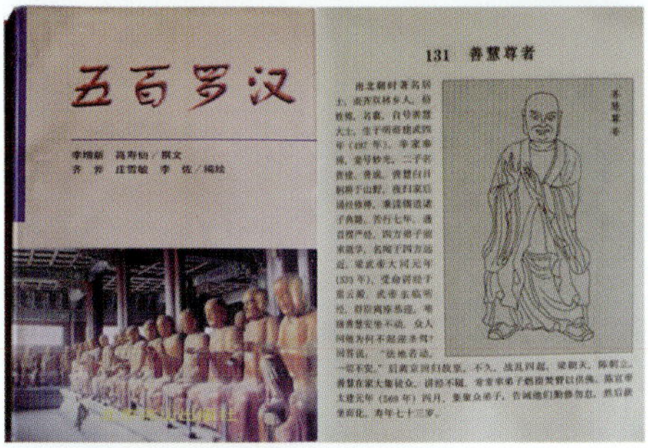

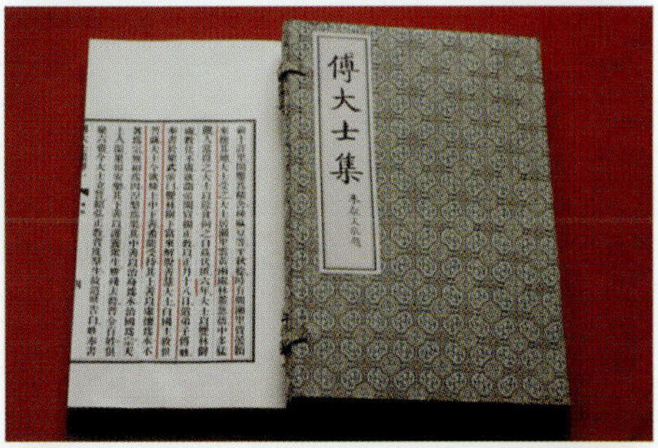

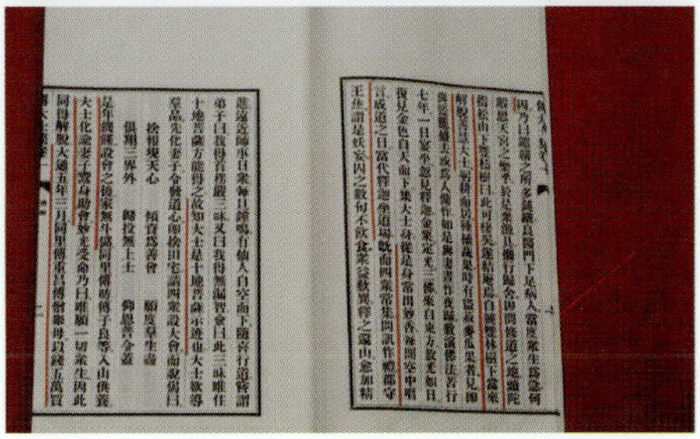

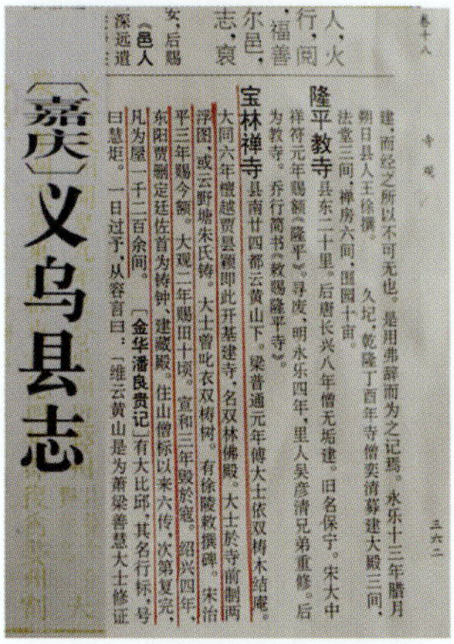

6	1
7	2
8	3
	4
	5

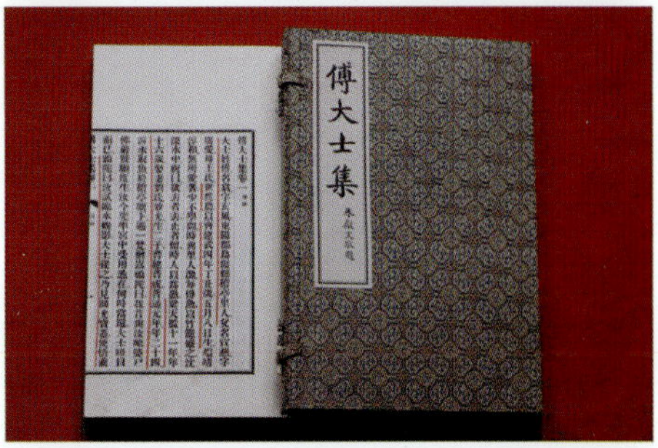

历史掌故传（1）

1.嵩头陀达摩西来缘会博大士的记载。
2.傅翕首次遇见达摩的记载。
3.贾、傅二姓“永为佛亲”的记载。
4.贾昙颖舍基助建双林寺的记载。
5.傅大士代释迦牟尼坐道场的记载。
6.傅大士殁后第三年由徐陵撰写的碑文。
7.第四章“历史掌故传”故事之五：罗汉名号。
8.《义乌县志》的有关记载。

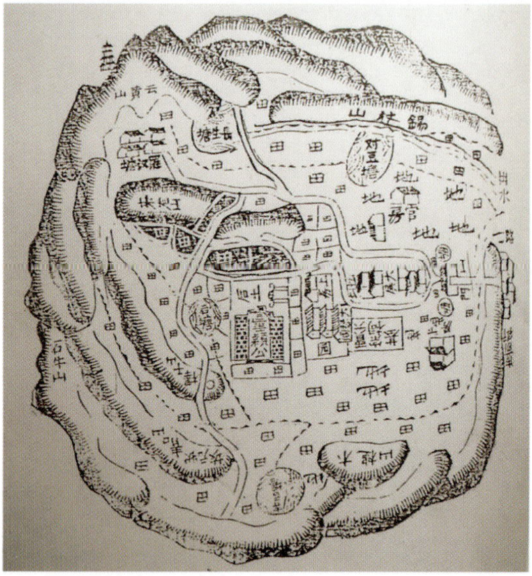

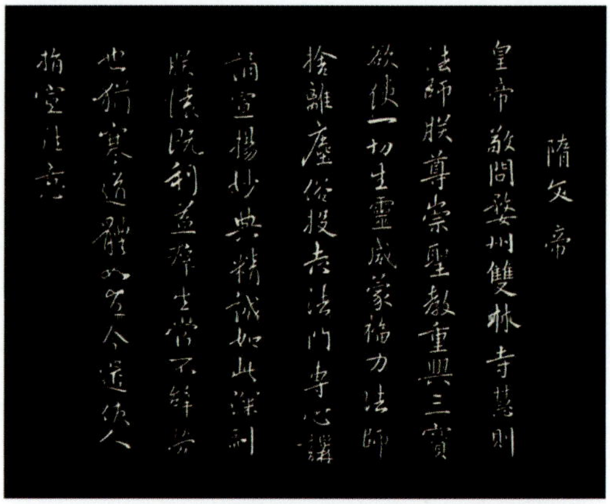

1	4
2	5
3	

历史掌故传（2）

1.1960年沉入双林水库底的“昔时双林寺”的平面示意图。
2.双林水库北岸的今日木鱼山。
3.双林水库南岸的今日锡杖山。
4.今保存在西安碑林的隋文帝诏书拓件。
5.1987年日本友人铃木秋雄前来参拜双林寺留影。

5	1
6	2
	3
	4

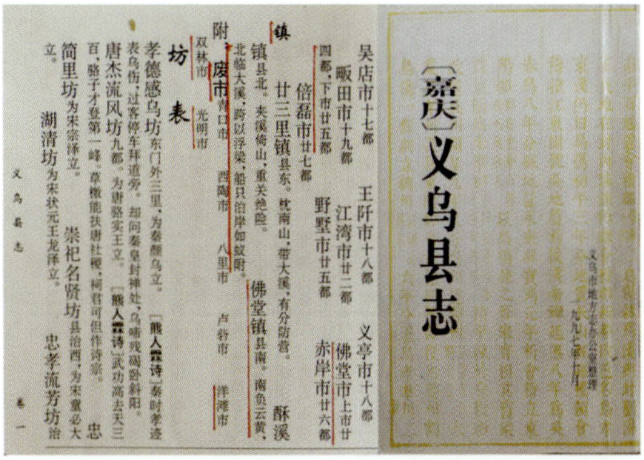

〔嘉庆〕义乌县志

吴店市十七都　王阡市十八都　义亭市十八都
畈田市十九都　江湾市廿二都　佛堂市上市廿四都，下市廿五都
倍磊市廿七都　野墅市廿五都　赤岸市廿六都

镇

廿三里镇县东。枕南山，带大溪，有分防营。　酥溪镇县北。夹溪倚山，重关绝险。　佛堂镇县南。南负云黄，北临大溪，跨以浮梁，船只泊岸如蚁附。

附：废市　青口市　西陶市　八里市　卢宅市　洋滩市　双林市　光明市

坊表

孝德感乌坊东门外三里，为秦颜乌立。〔骆人霖诗〕秦时孝迹表乌伤，过客停车拜道旁。却向秦皇封禅处，乌啼残碣卧斜阳。
唐杰流风坊九都。为唐骆宾王立。〔骆人霖诗〕武功高去天三百，骆子才登第一峰。草檄能扶唐社稷，祠前可但作诗宗。　忠简里坊为宋宗泽立。　崇祀名贤坊县治西，为宋童必大立。　湖清坊为宋状元王龙泽立。　忠孝流芳坊治

义乌县志　卷一

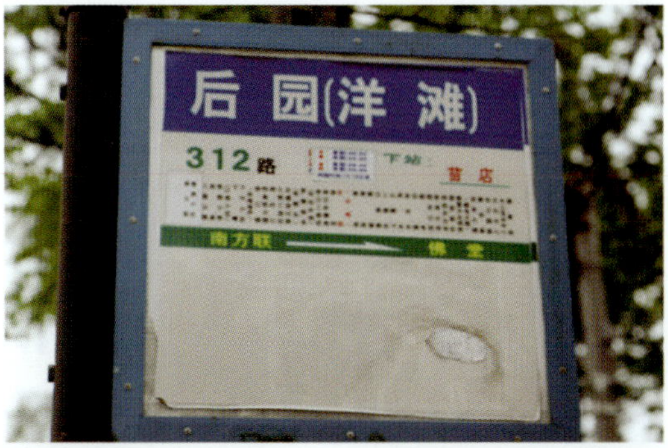

佛堂成地名（1）

昔日洋滩古市组照

1.《义乌县志》记载的“洋滩、双林、光明”三个古市。

2.今日“洋滩”公交汽车站。

3.今日后园村老街。

4.今日江南街村新貌。

5.今日洋滩村老街。

6.当年洋滩古市盐埠头旧址今貌。

佛堂成地名（2）

昔日双林古寺遗址旧貌变新颜

1	2	3
4	5	

1.今日旧石桩埠。
2.今日春艳皮装厂。
3.今日帅达尔公司。
4.今日义乌水文站。
5.今日世宝、恒信公司。

昔日光明古市遗址新貌

1	2
3	4

1.光明古市遗址。
2.今日光明村貌。
3.田心东塘塍老街。
4.佛堂下市村老街。

土特产史话（1）

1.燕里村貌。
2.义乌红糖公祠。
3.取节育苗。
4.挖糖梗。
5.牛拉木榨糖车。
6.蔗汁熬糖。
7.进槽做糖。

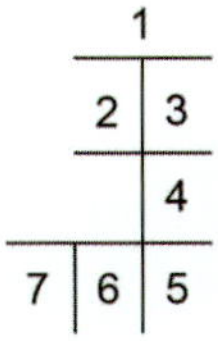

土特产史话（2）

1.田心火腿型村貌。
2.火腿厅堂——培德堂。
3.田心火腿厂。
4.十一月初八祭猪民俗节祭坛。
5.摆祭大肉猪。
6.祭祀礼仪一。
7.祭祀礼仪二。

1	2	
3		
4		
5	6	7

商贸建古镇（1）

1.江边船筏泊岸如蚁附。
2.20世纪40年代的万善浮桥。
3.20世纪50年代的万善浮桥。
4.20世纪60年代的万善浮桥。
5.20世纪70年代的民用水泥桥。
6.丁家渡大码头。
7.盐埠头老街。

	1
6	2
7	3
	4
	5

商贸建古镇（2）

1.1958年的新市基。

2.1974年的新市基。

3.1996年“十月十”的新市基。

4.1999年改造中的新市基。

5.2001年的新市基。

1	
2	
3	4
5	

商贸建古镇（3）

1.新安会馆大门。
2.新安会馆内室。
3.百家姓灯头祭坛大红烛。
4.老相公王彦超灯头。
5.老相公广场盘灯。
6.百家姓灯头。

1	2
5	3
6	4

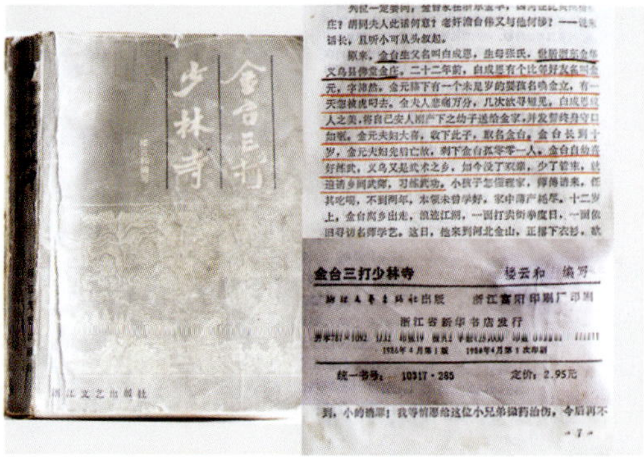

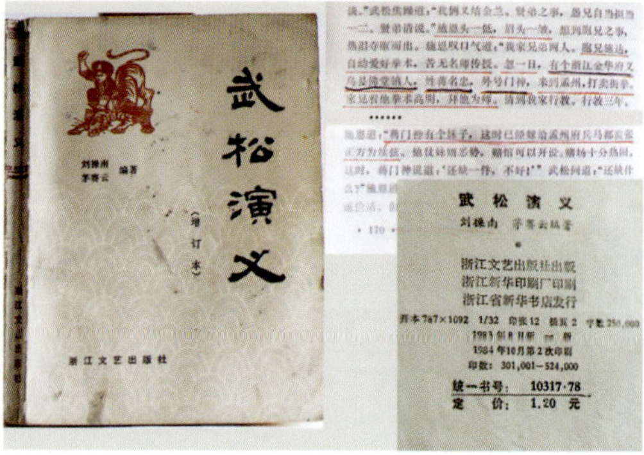

人文轶事录

1	4
2	5
3	6

1.书载金台佛堂金庄人。
2.金台古居——洋滩古市许宅金庄。
3.金台古居——金庄2号内室。
4.书载蒋门神佛堂镇人。
5.当年由蒋门神开凿的双林古市东池水塘。
6.王芳手书“惟勤”匾额。

第四章　历史掌故传

历史长河水不断，民间掌故代代传。
千年佛堂叙沧桑，回眸往事浩如烟。

一、隋帝诏书

到了隋朝，双林寺已经名声远扬。
隋文帝曾经三次写信给当时的傅大士弟子双林寺住持慧则法师。
第一次是隋开皇十五年(595)二月十五日。

皇帝敬问慧则法师，如来大慈，矜念群品，救度一切，为世津梁。朕君临天下，重兴法教，欲使三宝永崇，四生蒙福。汝等皈依正觉，宣扬圣道，想勤修梵行，殊应劳德。秋暮已寒，道体如宜也。今遣使人，指宣往意。

第二次是隋开皇十八年(598)。

朕受天命，抚育黎元，尊崇三宝，情深救护，望十方世界一切含灵，蒙兹福业，俱登仁寿。汝等栖身净土，投志法门，普为群生宣扬圣教。又知此来为国行道，勤修功德，当甚劳心。汝等弘此慈悲，精诚苦行，广济群品，深慰朕怀。既利益宏多，勿辞劳也。

第三次是隋仁寿元年(601)正月十五日。

皇帝敬问婺州双林寺慧则法师。朕尊崇圣教，重兴三宝，欲使一切生灵，咸蒙福力。法师舍离尘俗，投志法门，专心讲诵，宣扬妙典，精诚如此，深副朕怀。既利益群生，当不辞劳也。犹寒，道体如宜。今遣使人，指宣往意。

这三封御笔书信通俗易懂，由隋文帝派专人送达双林寺慧则法师手中，并对双林寺僧众为国行道，勤修功德，专心讲诵，欲使一切生灵，咸蒙福力，利益群生，不辞辛劳，深表谢意和深切地慰问。同时嘱咐：天气寒冷，注意保重身体。这充分体现了隋文帝对双林寺僧侣们的亲切关怀。

据说这三件隋文帝墨宝，至今犹存。

1994年6月，义乌市人民政府下发义政〔1994〕114号文件，决定修复双林寺，建立双林风景旅游开发区时，冯志来先生撰编了一本《云黄山双林寺文史资料》，义乌市双林风景旅游开发办公室的丁山先生，复制了其中一件墨宝作为该书装帧的封面。寓意深刻，得到了广大读者的好评。

二、运河之谜

隋炀帝杨广（569—618）是中国历史上有名的荒淫无度的皇帝。据《中国通史》记载：仁寿四年（604）十一月，隋炀帝迁都洛阳后，为了满足自己骄奢淫逸的生活，方便大兴土木所需原材料的运输，开凿贯通南北，把海河、黄河、淮河、长江、钱塘江五大水系连在一起的大运河。因为那时候，水上航运胜过交通不方便的陆地运输。所以那时的大运河，以与洛阳最近的沁水到黄河的出口处为中心点。通向北方的北干渠称为“永洛渠”，作为他征服高句丽，运送物资、兵将的主要航道。通向南方的南干渠由“通洛渠”“邗沟”和“江南河”连接而成。其中“通洛渠”与“邗沟”，主要用于运到江西采运大批量珍贵木材，建造洛阳皇宫御花园。“江南河”，传说就是为了他想到天台国清寺、乌伤双林寺瞻拜智顗法师与傅大士而开凿的。

遗憾的是，大运河工程浩大，从605年开始到616年，杨广当了十二年皇帝，运河未最后完工就驾崩了。已跨过钱塘江原主张到达天台国清寺、义乌双林寺的“江南运河”，也只能挖到慈溪就中断了。最终没有实现他亲自前往天台国清寺、义乌双林寺的愿望，但也产生了千百年来一直流传于佛堂民间的关于隋炀帝为什么想要到“双林寺”“天台寺”的逸闻轶事。

（一）

因隋炀帝父皇隋文帝看重双林寺，隋大业元年（605）杨广继位，称隋炀帝。他登基后，也对保护双林古寺下了一道圣旨（全文如下）：

“朕钦承宝历，抚育万方，思弘德化，覃被遐迩。况复昔居藩屏，作镇江都。所管之内，临践日久。兴言唯旧，有异常情。今者巡省风俗，爰届淮海。山川非远，瞻望载怀，薄寒，道体清予，广修净业，实足津梁。既以弘济为心，不为劳也。”（见《傅大士集》卷二第二页）。足以可见，隋炀帝对双林寺瞻怀已久。

《傅大士集》第二页还载：隋炀帝下诏书并嘱官员转告乌伤朝廷命官，对双林寺僧，要多加保护。对当时双林寺所遗存的文物，作了统计清单，登记在册。

“稽亭塘下漉鱼塘一所，佛殿及九层砖塔各一所，法猛上人织成弥勒像及小铜钟子一口，大士卧床一张，莞席一领，木帐一具；木忱一枚，牙塔子、牙菩萨二躯，白石像一躯，瓷像二躯，瓷砚一面，瓷插笔架一具，扣天门槌一双，武帝水火珠一颗，鹿尾扇一柄，香奁一具，遮日扇两柄，张僧繇画菩萨两铺，西国献榻床一张，其余屋宇园池皆大士在时所有。”

隋炀帝为何也如其父般对双林古寺独具钟情？民间传说原因有二。

其一，双林寺开山祖师傅大士(497—569)，自诩弥勒佛降世，仰嗣释迦，得道双林，说法皇宫，化迹神奇，自天子至庶人，一以应机普化，所以度人无量。傅大士分别于大通六年(532)、大同元年(535)、大同六年(540)，三次应梁武帝邀请，上京城建康讲演佛法，开创了释、儒、道“三教合一”的中国维摩禅宗佛教。经梁、陈二帝下旨，在义乌赐濑里，勅建成闻名于中外的义乌双林禅寺。隋炀帝很想到乌伤御览双林寺这块凡人成佛的洞天福地，瞻仰双林寺里“弥勒佛应世”的傅大士遗迹。

其二，傅大士圆寂于太建元年(569)，隋炀帝杨广也出生于太建元年。如此巧合，隋炀帝认为自己与傅大士“命中注定有缘”。尤其是傅大士殁后三年(572)九月十九日，陈宣帝诏令菩萨戒弟子、东海僕射徐陵为傅大士撰写的碑文名气极大，加上自己父皇分别于隋开皇十五年(595)、十八年(598)和仁寿元年(601)三次下诏书关心双林寺僧“深慰朕怀”“为国行道”之举，更使信仰佛法的隋炀帝杨广，产生了欲想开凿“江南运河”，方便自己可以到双林寺瞻拜傅大士之目的。

（二）

隋炀帝杨广与天台宗的开山祖师智顗大师的关系，非同一般。

智顗大师(538—598)，俗姓陈，字德安，祖居颍川(河南许昌)。自幼亲近寺院，喜欢见佛。十五岁出家，时值梁末乱世，父母双故，服丧三年，十八岁投奔湘州果愿寺，受俱足戒，法号“智顗”。天嘉元年(560)在南岳大苏山拜慧思为师；光大二年(568)前往南京瓦官寺弘法，称为“瓦官禅师”；太建七年(575)往浙江天台山习观修道。当年秋天有一老僧告诉智顗“(天台)山下有皇太子寺基，舍以仰给”。智顗问“当以何时能办此寺?”老僧答：“寺若成，国即清”。智顗即在此建一草庵，领众修道，从此名声大振，影响日远。

至德三年(585)，陈少主问群臣“释门谁为名胜?”僕射徐陵力荐“瓦官禅师”智顗。少主“召之还都”，并前后七次遣使迎请智顗到金陵(南京)弘法；智顗皆称病婉言谢绝。后经扬州判吏苦劝，时年四十八岁的智顗才赴金陵，先后在灵耀寺、光宅寺为少主宣讲经论，尊为国师。

开皇九年(589),隋灭陈,智顗率众进庐山避难;十一年(591),应晋王杨广之请到揚州,为杨广设千僧斋,授菩萨戒。智顗对杨广说"大王纡尊圣禁,可名总持"(其意称:杨广有当皇帝之"兆")。杨广大喜,遂称智顗为"智者",并承诺"只要我能当上皇帝,我必为你建造佛寺"。这期间,智顗往返于金陵(南京)与扬州之间,经常为晋王杨广讲解天台宗先驱者慧文禅师的"一心三观"形成"空、假、中'三谛俱足,只在一心''圆融三谛'的观法。"晋王杨广与智顗交往日趋频繁,密切。

开皇十五年(595)九月,智顗复归天台山撰写经疏。开皇十七年(597)冬,晋王杨广再遣使奉迎智顗。智顗临行前,将描画寺图式样的图纸交给僧众,嘱"后若造寺,一用此法"。当智顗行至新昌大佛像前发病,自知不起,留遗书致晋王杨广:"请敕建一伽蓝(佛寺),不见寺成,瞑目为恨"(其意:智顗自恨天寿太短而未能见寺成;所以向晋王杨广提议:"山下有皇太子寺基""寺若成,国即清",请晋王杨广始建佛寺),翌年十一月廿四日(598)智顗圆寂于新昌大佛脚下,世寿六十。弟子灌顶奉智顗遗书献于杨广;杨广见书,马上依图造寺。同时,工于心计的杨广,认为时机已经成熟,他就先诱隋文帝废去了长子杨勇太子之位,接着又"杀父兄,篡王位"。605年,实现了智顗和尚说他"可名总持"的预言,当上了隋炀帝,立年号为"大业"。

隋炀帝登基后,根据智顗生前"寺若成,国即清"的遗言,为自己依智顗所建的佛寺赐额"国清寺"。智顗因此成为国清寺之开山祖师。这也就成了隋炀帝要开凿"江南运河",想到天台国清寺游览的初衷。

因智顗于太建七年(575)秋天先在国清寺前址上始建草庵;傅大士是梁普通元年(520)在稽亭塘下溯水取鱼时,遇见嵩头陀达摩,并经嵩头陀达摩指点的双梼树下结庵修道的。所以后人据此称国清寺的始建寺时间要比双林寺的始建寺时间迟五十五年。

三、台宗同源

义乌双林寺与天台国清寺的天台宗,具有"同宗共祖"之渊源。虽然无历史文献直接记载,但国清寺"一心三观"的宗旨,源于傅大士的《独自情》一诗,这是难以回避事实。

据《佛光大辞典》内的《傅翕善慧大士》中记载,傅大士"师于天台之一心三观有其独到之领略,……"。其从侧面说明傅大士是天台宗"一心三观"佛学思想的先师(之祖)。

考天台《国清寺志》内的《天台宗传承系统表》,但未见傅大士与国清寺的开山祖师智顗大师有直接"师徒传承"的记载。唯见日本高僧最澄,唐德宗贞元二十年(804)来中国时,在他《内证佛法相承血脉谱》中讲到天台宗的师承关系上,把傅大士的位置放在鸠摩罗什之后，北齐慧文禅师之前，将傅大士推崇为天台列祖之一。称傅大士与慧文禅师为天台宗并列二祖。

据有关资料记载：印度高僧鸠摩罗什继龙树大师（约150—250）来华后，大译《天台宗传承系统表》中天台宗初祖龙树大师所著的《大智度论》《三论》（《中论》《百论》《十二门论》）和《法华经》，使龙树大师的《大智度论》《三论》成了后来智顗开创和发展天台宗的经典。

天台宗先驱者慧文禅师，以《大智度论》中的“一切智”“道种智”“一切种智”，妙得其旨，领会到“三智实在一心中得”。首先提出“一心三观”的思想即空观（有不定有），假观（空不定空），中观（空有不二名为中道），三观可于一心中得。与慧齐大师同时期的傅大士，当时就写了“独自精，其实离声名，三观一心融万品，荆棘丛林皆自平”。“独自作，问我心中何所著？推检四运并无生，千端万绪何能缚？”的诗句，旁赞慧齐大师的“一心三观”。后来，智顗把“三观一心”立为天台宗之宗旨。所以日本高僧最澄称傅大士与慧齐同为天台宗并列第二代初祖，也不无道理。慧齐大师把他与傅大士共研的“一心三观”，传授给了南岳慧思（515—577），慧思传给了智顗，智顗开创了天台宗，成了天台宗的第一代宗师。

据《国清寺志》载：天台宗第八祖左溪禅师（673—754），系傅大士的六世孙。受俱足戒后，来到天台国清寺。接过七祖慧威禅师“一家宗趣，解悟无遗”的衣钵，成为天台宗八祖。后来左溪禅师把衣钵传给荆溪禅师，荆溪禅师成为天台宗九祖。经天台宗九祖荆溪禅师努力，自天台宗五祖灌顶圆寂后衰微的天台宗学说，得以恢复。后人称荆溪禅师为大师。在天台宗第七代至第九代衣钵传承和天台宗九祖荆溪禅师被尊为大师的过程中，不难看出傅大士的六世孙左溪禅师在发展天台宗方面起到了“名师出高徒”的作用。

四、罗汉故事

罗汉，又称尊者。用文字解释：“断绝了一切嗜欲，解脱了烦恼的僧人”。

可是，罗汉与菩萨、大士，又有区别。比如：观世音菩萨，又称为“观音大士”，但无人称“观世音”为“罗汉”；“傅翕善慧大士（俗称为：“傅大士”），尽管在一些资料上有傅大士是“兜率天宫中‘云补处菩萨’”的记载，但从来没有人称傅大士为“菩萨”，只能在佛界五百罗汉中，称其为“第一百三十一尊‘善慧尊者’”。更有趣的是，在天台《国清寺志》第六章“历代名僧和住持”中，国清寺的历代住持高僧，都仅称为“大师”或“禅师”；唯在第九代住持湛然与第十代住持道邃期间的丰干、寒山、拾得三位名僧，称为弥陀、文殊、普贤三菩萨的化身，故冠之为“三大士”。可是使人不解的是：这丰干、寒山、拾得三大士，并没有像傅大士一样被列入佛界的五百罗汉之内。

由此可见，仅仅在同一“大士”的称呼中，又有“菩萨（观世音大士）”“罗汉（傅大士）”与“由菩萨化身的高僧（寒山大士、拾得大士）”之分。

那么，佛界五百罗汉源于何处？请看下面二则传说故事：

（一）

《天台寺志》记载五百罗汉的传说有三。

一是：传说，有五百只大雁听到释迦牟尼在讲经说法时，听得入神，不愿离去，结果被俗人捕杀。死后升入忉利天，化为五百罗汉，并在释迦涅槃后，为其倾心整理佛法。

二是：据《大唐西域记》载：“佛言震旦天台山石桥方广圣寺，五百罗汉居焉”。传说五百罗汉缘会于天台山石梁，其石梁大瀑布下，迄今仍有五百罗汉当年在此沐浴升天的“罗汉沐浴潭”。

三是：天台山，是罗汉应真之地。五百罗汉，承佛嘱托，住放世间，蔽隐圣仪，同放凡流，密受应供，能使人天，广种福田。

（二）

《傅大士集》卷一“传录”卷四“碑文”之傅大士“神异”七例[①]：

1. 傅大士年二十四岁（520），溯水取鱼于稽亭塘下，遇一梵僧嵩头陀达摩曰“我昔（过去）与汝（你），毗婆尸佛（七佛）前发愿（承诺）度生（普度众生），汝（你）今兜率宫中受用（衣钵）悉（还）在，何时当还（什么时候兑现你的承诺）？”大士瞪目而已；头陀曰“汝（你）试临水观影。”大士从之，乃见圆光宝盖，便悟前因……，于是弃渔具，携行归舍。因问修道之地。头陀（达摩）指松山下双梼树曰：此可栖（居住）矣，遂（就在这里）结庵（搭建草屋）焉。自号（称）“双林树下当来解脱善慧大士”。

2.（傅大士）苦行七年（527），一日宴坐（跏趺而坐），忽见释迦、金粟、定光三佛来自东方，放光如日，复见金色自天而下，集大士身，从是（此），身常出妙香。每闻（经常可以听到）空中唱（传来）言（话声）：“（你傅大士）成道之日，当（可以）代释迦（佛祖）坐道场（传扬佛教）。”

3. 自复（此后经常可以看到傅大士的）灵异益（好）多……，一日诣（傅大士到）叔家，自称我是弥勒。特来教化……又欲往（前去）从（请）祖（辈）孚公，孚（公）初不信……。是夜，孚（公）梦（见）八（个）人（来）迎大士去……，俄（忽）见大士金相奇

① 以上傅大士“神异”七例，录自《傅大士集》。《傅大士集》原著由唐代进士邑人楼颖，参照与傅大士同时期的徐陵写于太建四年（572）的《东阳双林寺傅大士碑》文，加上他追访长老、录大士圣言懿行，汇编而成。此乃有关傅大士行实最早之史料。因缺傅大士在何时、怎样成为“罗汉”之文献，故录其以上“神异”七例，以飨读者。

特，翔空而行，孚（公）追之（去），但见石壁（悬崖削壁）横空（挡住去路），（傅）大士（与）侍从，直过无碍，孚（公）不得前（不能过去）。既寤（梦醒后）悲悔（懊悔），迟明（自己不能）入山。（这时）寝（室内）闻（到）异香，遥（远远看）见（了）（傅）大士，（马上）雨泪（哭着）稽首（向傅大士叩头），愿（自愿做傅大士）为（的）弟子。

4.（傅）大士居（住在）（赐）濑里、云黄（山）两处。林麓葱绿，（山）中多猛兽（老虎），人（大家）常（都）畏（极怕）之（老虎）。（傅）大士以（用）余食（剩饭）饲（去喂老虎）之，自兹（从此）伏匿（虎患就没有了）。喂老虎的剩饭，化为“虎饭石”，至今犹存。

5.（大同）七年(541)。（傅大士）谓（对）弟子曰（说）“我于（是）贤劫千佛中一佛耳（啊）”……；又曰“我是如来（佛）使（的化身），从如中来耳……；（大同）八年(542)，（傅大士）立时持上斋。作願曰：“弟子善慧，今启（告诉）释迦世尊……”。（大同）十年(544)，（傅）大士以佛像经文，启白（告诉给）诸（各）佛（祖）（修行“善恶果报”之佛法等等）。

6.（天嘉）二年(561)，（傅）大士在山行道（修行），常见七佛在前，维摩从后，谓（对）弟子云（说）“七佛之中，唯（只有）释迦数（多次）与我语（说）。释迦（当）今正宗此世界，我当绍继（承）。”

7.弥勒菩萨，亦有五百身在阎浮提，种种示现，利益众生。（傅大士）频覩异仪，或见脚长二尺，指长五寸余，两眼光明，双瞳照耀皆为金色。

五、罗汉名号

据《十诵律》卷四所记，释迦牟尼修行佛道时，随他听法传道的五百弟子，后来都修成正果，被人称之为“五百罗汉”。《法华经·五百弟子授记品》中，也记有佛为五百罗汉授记的事。

罗汉，是梵文“阿罗汉”的译音。指僧人修行佛道所达到的最高果位。

果位，通俗地说，类似于现在的学位。它根据佛教徒修行程度的不同，由低到高可分为以下四种不同果位等级：

初果，名为“预流果”，获此初果者，在轮回转生时就不会堕入“恶趣”。（下世投胎，不会变成畜生，恶鬼。）

二果，名为“一来果”，得到此果，轮回时就只能转生一次。（转生后还得继续修行。）

三果，名为“不还果”，就不再回到“欲界”受生而能超生天界。

四果，名为“阿罗汉果”，受了此果，是诸漏已尽，万行圆成，所作已作，应辩已辩，永远不会再投胎转世而遭受“生死转回”之苦。得此果位的人，就被称为罗汉。

东晋兴宁年间(323—365),西域高僧昙猷,一天在石桥(今天台山石梁)畔坐禅虔修。突然“横石洞开,梁道平正”。他顺利地渡过石桥,来到一处殿宇宏伟、宝塔瑰奇的地方,见香霭飘逸,法音清丽在一只金鸟回翔的林间石上居然出现了或坐、或站、或卧、或行的五百位罗汉。他们款待昙猷,用过午餐后,送昙猷回桥东。这就是历史上最早“罗汉显圣”于天台石梁方广圣寺的传说。

后来又传说,隋代智顗进山修道曾得罗汉指点;唐代寒山子与赵州从谂禅师对话也涉及“五百罗汉游山”;晚唐永嘉全亿长史画的五百罗汉形象,其每尊罗汉画像,都需要在(天台山)石梁宿夜烧香,迎请罗汉后,方得画成。所以,后人称天台山为五百罗汉的总道场。所以到了唐末,汉化佛教中佛和菩萨以及五百罗汉的形象才基本定型,并传承至今。

到了五代,俗人开始对罗汉崇拜起来。

五代后周显德元年(954),道潜禅师得吴越王钱忠懿的允许,迁雷峰塔下的十六大士像于净寺,创建五百罗汉堂。北宋雍熙二年(985)造罗汉像五百十六尊(十六大士与五百罗汉),奉安于天台山寿昌寺。在此期间,各地寺院也多兴建罗汉堂或罗汉阁。当时有名的画家李公麟等都有五百罗汉图像传世。

北宋治平三年(1066),因双林寺的俗家弟子金台,在京城打擂获胜被称为“天下拳王”,所以宋英宗赐双林寺“宝林禅寺”匾额一块,双林寺达到了空前的兴盛,时有僧舍1200多间。

崇宁二年(1103),宋徽宗诏谥双林傅大士为“等空绍觉大士”,排位列于五百罗汉中第一百三十一尊,称为“善慧尊者”;大观二年(1108),宋徽宗又赐双林寺田十顷。

南宋绍兴四年(1134)十二月,南宋人高道素根据宋徽宗对五百罗汉的排名,立“江阴军乾明院罗汉尊号石刻”。原碑已无存,但其碑文收在《嘉兴续藏》第四十三函中。

自宋以后,尤其是近现代的寺庙中,凡有罗汉堂供奉五百罗汉塑(雕)像或绘画罗汉图的,均以此乾明院碑为根据。

六、镇寺铁塔

据《乔溪朱氏宗谱》中许乾撰写的《重修铁塔记》载:朱禄(即朱洪基)老人有四子十八孙,晚年乐善好施,“见双林寺宇巍焕,僧舍繁华”,“以为梁木必有坏时,不若镇以铁塔,令后人睹塔而存寺亦因葺之而不废。遂于山门内两边,捐资鸠工,凿两方池,各铸铁塔,竖立于其中,与宝刹而并峙”,“又以铸塔余铁,冶罗汉十八尊,每孙授一,使散处远近,藏以为后世同派共祖之征”。果不出朱公当年所料“寺果自梁迄今兴废不一”。铁塔铸成后,它见证了双林寺四次大劫难,却未能实现朱禄老人“能以镇寺”的心愿。

第一次是距朱公撰写《铁罗汉像记》的五代后周广顺二年(952)，一百七十年后的北宋末年，宣和三年(1121)的方腊起义军残部，以双林古寺有宋皇赐匾额、赐田产扩建之而焚毁。

第二次是清咸丰十一年(1861)太平军攻陷义乌时，双林古寺被战火破坏得“垣瓦倾颓，椽梁毁拆”，僧舍仅存“仁”“信”两房。

第三次是民国十七年(1928年)，慧泉法师经过二十余年辛苦经营，将双林寺修复一新。然而1936年慧泉入寂后，其两个徒弟通田、通达，开始争夺方丈之职，通达唆使绰号叫“搂江滩”的恶僧，以玩火为掩饰，火烧双林寺，造成继方腊之后双林寺的第二次大火。双林古寺几乎被烧毁殆尽。

第四次是1960年，建双林水库，将双林古寺全部拆毁沉于水库底。东池铁塔与重约一千八百多斤的大铜钟被弃于水库大坝外面的坝脚下，无人管理。其时，有一村民将一层铁塔打碎后，谎称是“假山”，以三分钱一斤当作废铁卖给了佛堂供销社废品收购站。一群众目睹铁塔被敲碎当废铁卖，心痛至极，认为这是国家应当采取措施予以保护的历史文物，遂冒着政治风险，多次向浙江省委、宗教事务处写信求助。

1963年2月13日，浙宗(63)释字第53号文件，寄到当时的义乌县人民委员会，请县委立即布置收藏保管铁塔。义乌县文教局会同文化馆将残存的铁塔抢救保管在原义乌县文化馆内，并于1963年5月7日，将已妥善保管的情况，如实向浙江省宗教事务处汇报。残存的四层双林铁塔，作为双林古寺唯一的“古董”，才得以的保存至今。

据由著名古建筑专家编写的《中国古塔》介绍，义乌双林铁塔的形象与苏州的虎丘塔、杭州的白塔极为相似。如此精美、历史久远的铁铸塔，在全国也属罕见。

双林古寺，纵有千年铁塔，也未能镇住双林古寺兴废之劫难。

七、东渡扶桑

自唐宋开始，日本僧侣陆续来双林寺取经，学习佛法。据文献记载，很多著名的日本高僧都曾与双林寺僧人有过往来。

唐时，傅大士六世孙玄郎法师，其法子湛然和尚为天台国清寺高僧，湛然的徒弟道邃和尚是日本高僧最澄的师父，被日本天台宗尊为祖师。

唐永贞元年(805)，最澄自中国返回日本，带回大批佛像及天台、密教之经疏，上表奉进。天皇嘉许之，遂敕令臣下建伽蓝寺庙及十七僧房，以赐予最澄。最澄以此地形状极像中国东阳郡乌伤县之双林寺的缘故，也就号称该伽蓝寺庙为“双林寺”。

日本双林寺，位于京都，号金玉山。几经兵火、改建，明治三年(1870)后渐次废绝。据传，在日本的双林寺内，傅大士曾被最澄作为药师佛尊之。

元代以后，日本僧人到双林寺为僧的更多了，主要有大拙祖能等。据《续补高僧传》卷十四"孤峰德禅师传"载:师"抵双林见明极俊公,会日本遣使迎明极俊公为国师,师送至海滨。"

明极俊公(1262—1336),号楚俊,字明极,浙江鄞县人。年十二,就灵严寺竹匆喜剃发,昼夜精研,不遑寝食,后为双林寺住持。元天历二年(1329),应日本佛教界邀请,东渡日本,醍醐天皇,召参宫中,奏对惬旨,赐"佛日火焰慧禅师之号"。乃开广严寺,以师为开山第一世。他在日本,弘扬中国禅风。他擅长诗文,对日本文学界造成相当大的影响,许多诗文至今仍在日本流传。

日本的大拙祖能在中国十四年,曾拜双林寺住持德辉为师。双林寺住持德辉,号东阳,又作东阳德辉,元代临济宗僧,生卒及籍贯不详。元文宗至顺元年(1328)重建法堂。元(后)至元元年(1335),奉敕主重编辑《百丈清规》,第二年即颁布于丛林,赐号"广慧禅师"。

据《佛光大辞典》载:大拙祖能回日本后另辟禅宗,成为日本二十四派中独成一派的"大拙派"之祖。

20世纪80年代以来,慕名前来双林寺参谒傅大士的日本僧人接踵而来。他们沿着先辈走过的足迹,重温中日两国佛缘往来的友好历史。

1987年,日本铃木秋雄先生,前来重建中的双林寺考察;同年8月10日,日本爱知大学教授、同禅研究所副所长、文学博士铃木哲雄又来重建的双林寺中考察与朝拜。

1995年,在傅大士诞辰一千五百周年前夕,义乌市人民政府决定,成立"修复双林禅寺筹建委员会",并由义乌市部分经办人员与省市有关领导前往双林寺实地考察留念合影备考。

八、明代高僧

传说,明朝开国皇帝朱元璋,小和尚出身,笃信佛教。

明洪武二十九年(1396),他写给双林寺住持居顶和尚的诏书,其全文为:"前者僧无念,戒行精于皎月,定慧稳若巍山,暂来一见,去此尝怀,怀之不已,遣人就见,特以松实供之,兼以诗劳也。"

从该书信中"暂来一见,去此尝怀"和"怀之不已,遣人就见"的句子可见居顶和尚与明太祖经常往来,关系非同一般。

居顶(?—1404),明初临济宗僧,台州(浙江临海)人,俗姓陈,号圆极,别号圆庵,十五岁出家。据《增集续灯录》卷六载:"洪武十六年(1383),初于鄞县翠山弘法,曾固辞蜀王之请,住金华双林寺二十八年。"为双林寺住持。

据《增集续灯录》卷六载:"其后,受敕任僧录司左讲经之职,未久移住应天府

（河南商丘）灵谷寺。”就是说他在双林寺当了二十八年住持和尚后，接明太祖圣旨，到京城当任僧录司左讲经的职务，住在河南商丘的灵谷寺。著有《灵圆极居顶禅师圆庵集》十卷、《续灯录》三十六卷等佛教经典著作。“此外，明版《大藏经》于南京开版时，师曾赞助开版工作”。

由此可见，居顶和尚是从双林寺被朝廷下圣旨招至京城，从事佛教著作撰写和出版工作的明代高僧。

九、沧海桑田

明末以后，双林古寺日趋衰落。尤其是经过清咸丰末年到同治初年（1861—1863）太平军残部屯兵义乌后，更是一落千丈。

据有关资料记载：明清时代，云黄山顶有傅大士行道塔三座，清康熙十七年（1678）八月廿七日夜，被一阵怪风吹倒。今塔乃民国二十三年（1934），由清末法政科进士朱献文先生主持重建。

民国以后，战祸连绵，盗寇四起，双林古寺僧尼不守清规戒律，肆意盗卖田地契文，占为己有，用于嫖赌，贾氏宗谱内有明确记载。此乃双林寺开始破落之始。

1928 年后，通田、通达两师兄弟，争当住持，一把火烧毁寺院，从此双林寺一蹶不振。到义乌沦陷（1942）前夕，仅存田地不足五六十亩。此时，从山西、湖南、江西、江苏和浙江各地逃难来双林寺的和尚骤增，僧多粥少，偷盗成风，寺内可动产骤减。

日军侵华，1942 年义乌沦陷。双林寺上、中、下三房共有僧尼二十五人。据当时下房的尚智主持的徒弟回忆：那时候，他已十八岁。日军进寺他们都不知道。看到日军后，师父叫大家诵经念佛，求佛祖保佑。日军进寺庙看了一圈后，即列队离开双林寺。后来日寇为掠夺云黄山的萤石矿，修筑公路时，炸毁了有一千四百多年历史的白杨古塔，在云黄山顶修筑了一个与佛堂镇道院山用望远镜遥相对视的碉堡。

抗战胜利后，金珠和尚看到佛堂镇上商业复苏，就约请了一位来自江苏的和尚，发挥他曾是织布厂技师的特长，带了十多名和尚到倍磊仙山寺办了一个布厂，后迁往佛堂镇内，改名为六和布厂。由仙山寺僧丁景珠当厂长，厂内共有六七十个和尚当工人。有的和尚、尼姑认为双林寺大势已去，散的散，走的走，仅存上房六十八岁的公书和尚师徒五人留守。这五名和尚立下宏愿要振兴双林寺，四处募化。得大米四百担，并亲自到金华木材行采购木料，重建了三丈六尺高的大殿九间，观音阁九间及山门一座，重塑了四大天王，极其庄严，声闻浙东。

土改开始后，双林寺僧人四散。准备筹建双林寺的木料被邻村以建学校为名运走。由于宗教政策得不到落实，双林寺被视为迷信场所而遭冷落。毁佛拆寺无人管束。

进入农业合作化后，双林高级合作社由寺前西、陶斯、上双园三个自然村组成，双林寺的庙宇被拆去建双林高级社办公室与养猪场。其时，张宅村一班铁匠住进寺内，以打铁为名，将黄铜铸的大弥勒佛像敲碎盗卖。被双林高级合作社民兵发现后，抓获其中一名主犯，经审查，这名主犯供认，被砸的那尊黄铜铸造的大弥勒佛像，仅碎铜就重达二千斤，全部过秤后作废铜出售了。

1960年，佛堂人民公社掀起兴修水利高潮，双林水库的大坝筑在山门前，原上殿的傅大士佛像仍留在水库中央，未被扳倒。善男信女趁着天黑人静的时候，偷偷地为傅大士佛像戴上了一个大笠帽。经过三年时间的风吹雨淋，傅大士佛像泥身斑驳，佛像内的佛骨（木架）外露。附近有一村民，去拆了“佛骨”当柴烧饭炒菜，只见佛骨燃烧时，火光呈现出青红紫绿诸色，叹为奇观。邻居闻讯前往观看，无不交头接耳议论这位村民缺德。第二年，这位无知的村民又去拆水库边上的殿房，被梁柱倾压，当场死亡。群众议论，认为这是报应。

在双林古寺流传着一句俗话“双林穷再穷，扫扫还有千担铁，万担铜”。这是群众对双林古寺财产价值的评价。当年未被张宅村铁匠砸成碎铜的另一尊小弥勒佛铜像，被双林的一些人砸破卖掉，碎铜重达一千八百余斤。原在下房寺宇里的一面约一平方米的大云锣，由稽亭民兵押着（地、富、反、坏）四类分子扛抬到稽亭村后山，先挂在一棵古老的锣丝刺树上，社员群众出工时当锣敲。后来，锣丝刺树被挂死，大铜锣也就不知去向再也无人过问了。双林铁塔经群众反映，被抢救到义乌市文化馆。

一个曾经历了十五个朝代拥有一千五百多年历史，一千两百余间僧舍，两千多名僧侣，遍地是“秦砖汉瓦”“唐宋墨宝”，“震旦国中，庄严第一”的双林古寺遗址，在时代潮流的冲刷下，被淹没在了碧波荡漾的双林水库之底。1978年，国家实行了宗教信仰自由的政策，实事求是成了改革开放的基本路线。原从双林古寺还俗回到东阳紫溪农村的尼姑释开瑞借此机缘，于1979年重返双林水库，在水库东侧的迴龙山背，募捐开基重建双林寺。1987年三月，释开瑞入寂后，由其师妹释善清来寺做住持，接过释开瑞重建双林寺的重担，继续募捐重建工作。

1944年，释善清十九岁，来双林寺出家为尼，1950年土改时还俗，回义乌县毛店村，工作勤奋，深受群众的信任和拥护。后分配在水库当管理员。五十五岁退休后，她重新皈依佛门。在她的努力下，1988年重建在迴龙山背的双林“古”寺，已初具规模。

一个历史上高僧辈出，声名远播东瀛，曾被号称“天下第三，江浙第一”的东方佛教活动的著名胜地双林寺，在1987年8月10日后成了众多东瀛宾客远涉重洋寻根觅祖之地。

1993年，义乌市政治协商委员会把重建双林寺提上议事日程，1995年5月16日义乌市人民政府聘请世界佛教名人、美籍华人夏荆山大居士专程前来为重建双林寺指导选址，同时聘请擅长古建筑设计的南京东南大学专家进行了规划设计。

又一个占地二十三平方公里，每年可接纳七十万名游客观光的双林“古寺”旅游开发区，经过浙江省人民政府所属的有关部门科学论证后，已经组织实施。

在1997年傅大士诞生一千五百周年之际，首期大雄宝殿工程基本竣工，其中“双林禅寺”与“大雄宝殿”匾额大字，由中国佛教协会主席赵朴初先生亲笔书写。以历史文化孕育出来的“宝林梵声”“双梼空色”“沧海百汇”“竹林紫扉”“大士重光”“金台试剑”“云黄刹影”“回澜听涛”八个景点的修建也将陆续付诸实施。

天有阴阳，人分女男；天有四季，人有四肢；天有五行，人有五脏；天有十二个月，人有十二个骨节；天有三百六十五天，人也有三百六十个穴位；天有昼夜，人有视瞑；天有冬夏，人有柔刚。佛教把天人合一的感应，总结为人的六根为生理、六尘为物理、六识为心理的三相，称之为“天气不合，地气郁结，六气不调，四时不节”“六气之精，以育群生”。佛教以十二因缘的因果定律，教育人们要“五戒”“十善”“诸恶莫作，众善奉行”“勤修戒定慧，自灭贪嗔痴”。达到我为人人，人人为我最高的思想境界。

一个老双林古寺已沉没水底，这是历史注定佛堂古镇难以挽回的损失。

一个新双林古寺借改革开放之动力，重新建成。

一个以历史文化为载体的双林旅游开发区的规划，是历史潮流赋予佛堂古镇重振雄风的契机。这真是：

零落黄金蕊，虽枯不改香。
深丛隐孤秀，犹得奉清觞。

参考资料：

[1] 龚延明. 绘画本中国通史[M]. 杭州：浙江少年儿童出版社，1996
[2] 丁天魁. 国清寺志[M]. 上海：华东师范大学出版社，1995.
[3] 稽亭村丁予民中医师撰写的1988年《重建双林寺》手稿。
[4] 义乌市1995年《双林风景区开发规划》资料。

第五章　佛堂成地名

佛堂地名始双林，宋皇赐匾双林盛。
寺庙香火兴古市，三市合一创佛镇。

一、洋滩古市[①]

（一）

洋滩古市位于今佛堂镇江南街村北义乌南江的北岸，江南街村名，就以洋滩古市设在江南的一条街而得名。洋滩古市始于宋初乾德（963—967）年间，撤销于清嘉庆七年（1802），前后共兴盛了八百四十多年。至今（2008）在洋滩古市遗址一带，一些八九十岁的老年人仍有称呼今义乌市徐江镇的“洋滩村”为“佛堂”的习惯。

传说距今一千四百多年前，傅大士创建双林佛殿时，贾昙颖、贾孝兄弟俩捐出了赐濑里（今双林水库内）的全部田园屋宅给傅大士建造双林佛殿。而贾昙颖、贾孝兄弟俩的合家老少搬迁到了今石牛山北端山脚下的圣钟潭附近洋滩一带，另建村舍。

据义乌《洋川贾氏燕里村谱》上卷第四十四页写于明宣德九年（1434）的《洋川记》中记载：“婺之义乌县南十有五里，其地曰洋川，俗曰洋滩，土地平广，草木丛茂，贾氏始居焉。”根据 1997 年新版的《义乌县志》第三百五十九页《僧法会》和《洋川贾氏燕里村谱》上卷第九到十页中记载：“昙颖公，仕梁职，授提领，家业殷阜，以祖宅捐舍创建宝林禅寺，为傅大士檀越主，偕弟威武候，讳孝，复肇建于洋川（洋滩）居焉。”

贾昙颖的妻子信佛，传说当年傅大士为贾昙颖的妻子傅氏在圣钟潭南的石牛山脚建了一座“洋浒庵”（今梅林村南）。贾孝也弃官从佛，传说当年傅大士为贾孝在圣钟潭东的浮玉山（今梅林村东）建了一座“法会禅院”。

---

① 此文原载 2000 年 12 月 1 日《义乌日报》第 5 版，部分内容经删改。

弥勒佛化身的傅大士修成佛界五百罗汉第一百三十一尊“善慧尊者”后，由傅大士创建的洋浒庵、法会禅院以及双林古寺引无数善男信女前来顶礼膜拜。传说点燃佛像前面的蜡烛与香火，口念一句象征“无量光明”的梵语“南无阿弥陀佛”(印度佛教方言，信徒的意念)，即会随着点燃而袅袅上升的香烟，与佛祖搭上佛缘。因此前来洋浒庵、法会禅院内佛堂里烧香拜佛的人特别多。洋滩等于佛堂的地名，也是开始于此时。早在唐末宋初年间，洋滩佛堂就成了拜佛香烛买卖兴隆的市场。

(二)

宋建隆二年(961)，吴越数月无雨，婺、衢、睦三州大旱，田禾无收。俗话说，久旱必涝。时隔二年后的乾德元年(963)，婺州自五月至七月，阴雨连绵，江河泛滥，民多溺亡。

义乌洋川贾氏第十六世孙贾伸，科登宋初建隆二年(961)进士，仕宋乾德(963—967)大理寺正卿，他得知乡报后，回乡探望灾情。只见义乌江南江与北江汇合处，一片汪洋。平时水清见底，被誉为画溪的南江，此时也洪水滔天，波浪滚滚，茫茫水荡，浩如“十里洋滩”。

大水退后，贾伸向皇上上奏，下拨库银，赈灾救济，并组织沿江民众疏浚河道，修筑堤坝。

为了激发治江民工们的劳动干劲，他首先将双江口被洪水冲毁的海云寺修葺一新，以祈求大士佛保佑治江早日成功。乌伤溪上游的南江与北江，经过几年治理后，呈现出了一派生机勃勃的景象。贾伸因势利导，及时从河南、安徽引进花生、芝麻等经济类农作物，提高洋滩一带农民的经济收入。许多商贾也纷纷借着江上船筏交通之便，带来了各式各样的日用小商品，来洋滩一带做生意。充盈、丰富、繁华的经营，使洋滩佛堂一带地由洋浒庵、法会禅院的寺庙香火买卖，发展成了农副产品集散的“洋滩市”。

贾伸身为朝廷命官，时刻关心着家乡灾后的建设和发展。他经常写信给义乌县衙，督办洋滩一带百姓生活、生产的事，结果受到某些官员的反感。他们上书皇上，弹劾贾伸事事以家乡事为先，私心太重。贾伸得知此事后，没有责怪这些官员，而是耐心地对皇上解释：我为官一任，理应造福一方。洋滩一带是我的家乡，一个连自己家乡都不关心的官，这与一个连自己父母都不孝敬的儿子一样，能说是个好官吗？宋太宗听后，不但没有因为贾伸偏顾家乡的灾后建设而罢贬他，反而对贾伸更加器重。

一次，贾伸回乡见洋滩市场已经初具规模，但许多外地商贩在以物换物的买卖中，时有大斗进，小斗出的现象，于是他就从京城带回来一把以十寸为一尺的

“三元尺”与一杆以十六两为一斤的秤，到市场上推广使用。他还依照民众信神、信佛的心理，编了尺子为什么要十寸为一尺，秤为什么要以十六两为一市斤的故事，在市民商贩中广为传播，让大家都自觉地接受公平买卖的原则，杜绝欺诈现象的发生。

那么，贾伸为什么要十六两一斤，尺子又为什么定十寸为一尺呢？

最早，秤是以天上北斗七星加南斗六星共十三星为一斤的，因为十三星是不能平分的奇数，很难计量，买卖双方经常会发生争吵。天上的玉皇大帝知道后，马上派了福、禄、寿三位神仙来凡间解决这个难题。福、禄、寿三位神仙商量后，索性以自己的名字作为秤杆上的三颗星加进去，使秤杆上的十三星变成了十六星。十六是个偶数，容易将数量进行多次平分。贾伸把这十六两为一斤的秤称为“天秤”，代表的是“天意”，如你少一两，即会被福、禄、寿三仙知道，扣去你的福分；少二两，扣去福、禄二份；假如一斤少三两，那么你的钱挣得再多，福、禄、寿全无，人活着也就毫无意义了。市尺也一样，除了福、禄、寿三三得九外，剩下的一寸少了，代表你良心的寸心也就没了。贾伸的寸金难买寸心的神话故事，推广了十六两为一斤和十寸为一尺的度量衡制度，买卖双方为缺斤少两的争吵从此就明显少了很多，有力地促进了洋滩市场的繁荣和发展。

由于洋滩市民和周围许多租种洋浒庵、法会禅院、双林寺田地的佃农，家中都设起了一个傅大士佛龛，以自己是“佛堂”人为荣。洋滩市也就成了最早的佛堂市。以宋代为背景的古典小说《金台传》中，把金台称为义乌佛堂金庄人，其金庄就在当年的洋滩市（现今为徐江镇的许宅村东头）范围内。如今尚存的金庄古建筑房舍，也便成了过去洋滩古市也就是佛堂的实物见证。

洋滩古市虽然在清嘉庆七年（1802）的《义乌县志》中被废弃，可是从现在义乌市徐江镇一带的毛店、苗店、供店、赵店以及江南街、徐村街、洋滩街、金庄、许宅、后园等等当年洋滩市周围的村名、地名中，我们还可依稀分辨得出当年洋滩市繁荣的范围来。

二十世纪末，当时已经八十多岁的老人回忆，在二十世纪六十年代以前，曾经被称为连接洋滩市与江南街（村）的义乌南江的江面上，还保留着当年便于行人涉水过江的石蹬步桥（即一块一块大石头排成一条线，石与石间隔五六十厘米左右，横跨江面，供人踏石跨水过江的桥）。1960 年时，徐村公社的洋滩村、合作公社的江南街村，也都还保留着当年洋滩称“市”时期遗存的整齐的店面屋与用鹅卵石铺砌的老街道。

历史的尘埃湮没了二三百年前洋滩市的喧嚣和繁华，但却为今天佛堂镇的变迁和繁荣提供了历史的佐证与依据。

二、双林古市

（一）

义乌江，又名乌伤溪，由来自东阳市的北江与南江在今徐江镇的中央村汇合而成。从中央村的双江口向西流，经佛堂古镇，流进金华境内的低田村。义乌江全长三十里，后流入金华的婺江、兰溪的兰江、桐庐的富春江、杭州的钱塘江，最后汇入东海。

北江与南江汇合的双江口，形如“丫”字。义乌的县城稠州在北江的北岸，距双江口二十里。从双江口溯南江上游二里地，即是两百多年前的洋滩古市旧址。那时候的双林古市，在双江口下游五里路左右，因此，洋滩古市与双林古市相距约有七里路程。

在梁、陈二帝先后下诏敕建双林寺时，许多来自义乌江下游运载木材、石灰、砖瓦等建筑原材料的船筏，都得逆水而上，先运到洋滩古市南岸的洋滩埠，过法会禅院、洋浒庵堂，然后沿着石牛山、云黄山下一条五里路长的沿山大道，进双林寺工地。因此，凡从义乌县城方向来双林寺的善男信女，也就可以从这条沿山大道进寺烧香拜佛。

后来，双林寺僧人发现了从石牛溪入义乌江的出口处沿着石牛溪进双林寺，仅五里路程，而且出口处位于双江口下游来自义乌江下游船工、筏工们的运输可以更加方便，于是双林寺僧在石牛溪口，竖起了几根刻有“南无阿弥陀佛”字样的石柱，作为从义乌江下游运载进双林寺货物靠岸卸货的标志。“石柱埠”由此得名，一直沿用至今未变。

这条沿石牛溪进双林寺水路使从事水上运输的船筏劳工们少走了从石柱埠到洋难埠七里逆水行舟的“冤枉路”，船工们纷纷说石柱埠比洋滩埠强多了。因为石柱埠在洋滩埠的下游，“下强”地名由此产生。

后来，凡义乌江下游前来双林寺烧香拜佛的人也都走这条路了。下强，成了从义乌江中上岸进双林寺的第一站，香客们要吃饭、住宿，下强自然形成了一个称为“双林市”的商贸小市。

这个小市内无论哪家店铺，都会在厅堂的上面摆设一个佛龛，佛龛内安置了一尊或木雕或泥塑的傅大士佛像，一是祈求傅大士佛保佑自己生意兴隆，四季平安；二是象征着自己这家店铺与双林寺傅大士有缘，可以招揽进双林寺烧香拜佛的香客们进自己店里住宿、购物。由于家家店铺都有这么一个“佛堂”，下强村也就成了“佛堂”地名的别称。可见这个“佛堂”，完全是由于双林寺而形成的，所以，也就称呼“下强”为“双林古市”，也是最早被称呼为“佛堂”的地方之一。

（二）

北宋治平年间（1064—1067），双林寺的俗家弟子金台上京城打擂台，打败了西夏的擂主，大振国威。据1987年版《义乌县志》第五百九十九页记载“宋英宗治平二年（1065）赐‘宝林禅寺’匾额”，宋徽宗大观二年（1108），赐田十顷，双林寺得以扩建僧舍一千两百余间，拥有僧尼两千多人，双林古市也就是在此时成了供应双林寺蔬菜、粮食的重要商贸集市。

据原杭州大学副教授刘操南先生和茅赛云先生编著，由浙江文艺出版社1983年出版的《武松演义》第一百七十页载，称在“快活林”里被武松杀掉的蒋忠（蒋门神）是“浙江金华府义乌县佛堂镇人”。遗憾的是，武松是距今八百多年前的宋朝人；在义乌最早的《义乌县志》中记载，佛堂镇在距今四百多年前的明朝万历年间还仅仅只是个“佛堂埠”。佛堂称“镇”，有文字记载可查的最早时间是清乾隆元年（1736）。

《武松演义》的作者刘操南先生称蒋门神是“浙江金华府义乌县佛堂镇人”，其“佛堂镇”指的应该就是明朝万历年以前的这个“佛堂埠”。因为前面已述“石柱埠”位于双林古市，由此推论“佛堂埠”是双林古市最早用文字记载为“佛堂”的地名。

而在设过双林古市的下强一带，民间不但历来流传着一个关于“蒋门神走山东”的故事传说，而且还遗存着一口有三四亩大小，传说由蒋门神当年为双林古市菜农取水灌溉开凿的名叫“方池”的水塘。双林古寺故事中的蒋门神，生得五大三粗，膀大、肩宽、腰圆，讲话声如洪钟，不但力大无穷，疾恶如仇，还是个十分热心兴办公益事业，深受百姓爱戴和敬仰的人。他为方便菜农取水灌溉，在双林市东挖了一口足有三四亩大被称为“方池”的水塘，专供双林古市菜农灌溉使用，为双林古市的菜农做了一件旱涝保收的大好事。可是蒋门神的这件公益善举却遭到了地方上财主恶霸的妒忌。蒋门神为避陷害，最后出走山东。

到了山东孟州，由于他爱打抱不平的秉性不改，又得罪了一心想霸占哥哥施达“快活林”酒店的弟弟施恩。施恩为图报复，收买了杀嫂充军到孟州的武松，得了施恩小惠的武松，就借酒力，杀害了蒋门神。

位于下强的双林古市在民国十一年（1922）的“五江头”被特大洪水冲刷为平地。而今居住在佛堂镇老市基村，八十八岁（2002年时）的吴祖法老人，就是当年下强村在“五江头”特大洪水中唯一获救幸存的村民。

三、宋皇赐匾

宋朝是双林寺最鼎盛的时期。之所以连续几代宋朝皇帝都给双林寺赐匾、赐田、嘉奖、扩建，究其原因是因为双林寺出了一位名唤金台的俗家弟子。宋仁宗暮年，由于连年战争，国库空虚，朝中太师澹台伟勾结西夏国乘机派黑风僧来中原摆设擂台，要挟懦弱的宋英宗，欲霸中原。治平二年（1065），宋英宗不得不下诏，广招天下豪杰赴京打擂。

双林寺僧力荐俗家弟子金台赴京，金台不负众望打败了擂主，大长了国气。宋英宗赐封金台为皇城殿上御教师，并奖赏他御银十万两。因为金台是双林寺僧所推荐的俗家弟子，因此，宋英宗治平三年（1066），御赐双林寺"宝林禅寺"匾额一块。金台把皇上所奖赏的御银全部捐赠给双林寺，双林寺得以发达，建僧舍一千两百余间，僧侣发展到了两千多人。

宋英宗封赐金台为皇城御教师、天下拳王。由于宋英宗在位时间（1064—1067）短，其病故后，由朝气蓬勃的宋神宗即位。宋神宗招见当时任度支判官的王安石讨论国事，王安石指出，开国百年来，理财无术致使民不富、国不强，大有作为之时，正在今日。宋神宗听后高兴地说："非卿（即指王安石）不能为朕推行新法。"君臣相知，如鱼得水。为支持王安石实施变法，宋神宗遣金台当王安石护身保镖长达十多年之久，为王安石推行青苗法、募役法、农田水利法、方田均税法、保甲法等十大富国强兵新法，立下了汗马功劳。

王安石崇佛，得知金台是双林寺俗家弟子出身，曾随金台到过双林寺，留有《东阳道中》诗篇为证。传说王安石家中的傅大士画像，就是他到双林寺时取回珍藏的。佛印和尚为其题像赞曰："道冠儒履释袈裟，和会三家作一家。忘却兜率天上路，双林痴坐待龙华。"

赞元和尚是傅大士的后代，王安石相其德望，奏赐章皈。安石离开政界隐居后，与其为友，清淡终日。元祐元年（1086），赞元入寂，王安石痛哭，为他造塔。由此足见王安石与双林寺僧之关系情深意笃。

宋大观二年（1108），宋徽宗又给双林寺赐田十顷（约一百五十亩），双林寺地产由此骤增。

宣和三年（1121），方腊起义失败。残部进寺屯兵驻守，宋兵追杀至双林，方腊残部焚寺，将双林寺烧为平地。传说宋徽宗赐一百五十亩归属于双林寺的田地，作为寺产（香火田）分由丁、朱、贾三姓代寺管业，一直延续到 1949 年土地改革时才收归为国有。

四、重建双林

双林寺经宣和三年兵燹后，由贾删定（删定为官职）主持重建。

有关贾删定是何方人氏，历史记载不一。

其一，贾删定为义乌洋川贾氏第二十六代贾渊（1076—1165）之子，原名枢，字叔机，七岁能文，善楷书。传说其后迁居东阳。因原来的贾家宗祠在双林寺旁，储存于宗祠内的宗谱同时被焚而失去记载。

其二，贾删定为东阳市西南郊贾宅村之祖(1109—1167)。据《东阳市志载》记载，贾廷佐，字子野，祖为真定(今北京)人。宋宣和二年(1120)，随父南渡，定居南溪下贾宅。

但是，无论贾删定是义乌洋川人氏还是东阳南溪下贾宅人氏，贾删定重建双林的故事，一直在民间流传至今。

传说双林寺被方腊焚毁后曾荒芜了十多年。南宋绍兴四年(1134)初，义乌贾、朱、丁三姓氏族合议，决定重建双林。

贾、朱、丁三家坐在一起议论募捐助款，唯造价高昂的“进寺山门”尚无着落。于是，大家有意空着高堂之上的“东首一(代表最高权威之座)”的一把椅子，示意“谁去坐这把椅子，这个‘进寺山门’由谁出资赞助”。结果，因为这把“东首一(代表最高权威之座)”，一直空着无人就座，使整个场面都停滞了下来。

正在尴尬时，风尘仆仆的贾删定从东阳赶来，一下子就坐到了这把椅子上。主封人马上递上募捐账簿，请贾删定签名捐款，贾删定欣然命笔写上“独造山门”四个大字，从此重建双林缺乏资金的难题迎刃而解。传说，因删定公的自生肖属鸡，故定以每逢鸡年，东阳南溪下贾宅村民要迎花灯到双林寺朝拜，此俗一直沿继至今数百年不变。

重建后的双林古寺，规模基本上恢复如初。南宋宁宗(1195—1224)品评天下禅宗丛林选出禅寺五山十刹，双林被列为十中之八。其五山为：杭县径山(兴圣万寿寺)、杭县灵隐山(景福灵隐寺)、杭县南屏山(净慈寺)、鄞县天童山(景德寺)、鄞县阿育王山(广利寺)。十刹为：永祚寺(浙江杭县)、万寿寺(浙江吴兴)、太平兴国寺(南京蒋山)、光孝寺(江苏吴县)、资圣寺(浙江鄞县)、龙翔寺(浙江永嘉)、崇圣寺(福建闽侯)、云黄山双林寺(浙江金华)、云岩寺(江苏吴县虎丘山)、国清忠寺(浙江临海天台山)。在这五山十刹中，尤以双林古寺被称为“震旦国中、庄严第一”而载誉天下。

五、下强殿、胡公祠、蟠龙寺

(一)

北宋太宗、真宗、仁宋时期，永康方岩胡库村的胡则(963—1039)在双林古市一带为民办了许多实事、好事。人们为了纪念他，把双林古寺的下强殿改称为胡公殿，所以据佛堂古镇长辈的口传，下强村双林古寺的胡公殿，要比永康方岩山上广慈寺中的胡公祠还要早许多年，而且方岩的胡公祠是仿照当年佛堂胡公殿布局安排建造的，且有以下事例为证：

第一，如今登上永康方岩的广慈寺，左边是始建于唐代大中四年（850）的大悲寺（佛教），居中的是胡公祠（儒教），右边是玉皇殿（道教）。三者相安而居，几乎与双林寺傅大士所提倡的儒、释、道三教合一的教义同出一辙。

第二，傅大士的儒教，是以孔子的仁义礼治为核心，方岩代取胡公能为百姓“嘉应福泽，灵显于极”的诗签内容，更是把傅大士儒、释、道鼎足三分，迎合了广大求神拜佛者对神佛显灵信仰的现实主义，使傅大士三教合一的佛法理论演变成了普通百姓都能乐于接受、通俗易懂的实用化知识，形成了一种具有地方特色的宗教文化。

第三，传说宋真宗时期，为了服务于宋真宗东封西祀的需要，胡则在双林市的下强殿以中国古代占卜的方式创制编写了向佛像求取的签书。因签书灵验，所以下强殿改称为胡公殿。

过了八十年后的宋宣和元年（1119），方腊起义军残部屯兵双林寺，在与宋军交战时，下强村双林古市的胡公殿与双林寺同遭兵燹。传说永康方岩胡库村的胡则后裔，把下强村胡公殿中的胡公神像与胡公当年在这里编写创制的签书，趁机接回永康，安置在胡则曾读过书的方岩山上的广慈寺旁，并立庙祭祀。

宋绍兴年间（1131—1162），赐方岩胡公庙额称“赫灵佑顺”。此时，方岩的胡公庙升格为“赫灵祠”，胡则被神化为胡公大帝。

后来，淳祐年间（1241—1252）、宝祐年间（1253—1258）屡受宋理宗敕封嘉赐，并将胡公神像迁入广慈寺内，使胡则的神像与佛像同居一室，取悦于民。

中华人民共和国成立后，中国佛教协会会长赵朴初先生为了划清神与佛的界线，亲笔题写了“胡公祠”。赵朴初先生仅仅一个“祠”字，就以中国文字定义的方式认定了胡公的原型胡则，是人而不是神。

胡公祠是由社会公众共同为祭祀胡则而建造的场所。祭拜胡公，是因胡则他在世时“为官一任，造福一方”“其生也利，有以惠之”“其殁也功，有以庇之”，对他提倡宽刑薄赋，兴革便民功绩的崇拜与怀念。把胡公祠与广慈寺、玉皇殿区分开来，也就把胡则其人，准确地定格在了非神、非佛，而是一位值得人们纪念的优秀的先人、古人的位置上，让千秋万代的后人以为楷模，效为习之。

（二）

宋绍兴二年（1132），贾氏上祖由义乌洋川迁居到东阳南溪的贾氏后裔廷佐考中进士，始任桐庐主簿，迁大理寺司直转升，敕封贾廷佐为删定官。他回乡召集双林寺周边的贾、朱、丁三姓宗族，重建双林寺。

因重建双林寺的工程浩大，为方便双林寺重建工地的施工，传说当年从各地迁到寺前街村，专业从事打铁钉、刀具等铁器的铁店就有十八家之多。因此，当时的双林古市，也就从下强村兴迁到了寺前街村。

重建后的双林寺，分上、中、下三房，上房由丁姓管理，中房由贾姓管理，下房由朱姓管理。据丁、贾、朱各姓宗谱记载，宋大观二年(1108)所赐的田十顷，丁姓管理一百亩之数，贾姓管理十余亩，朱姓管理三十余亩，一直到清末民初未有大的改变。

元朝，由于交通地理环境的优势，双林古市又从寺前街迁回下强村。

明嘉靖年间，稽亭村丁允光从山东做官告老回乡，路过下强村胡公殿时，忽然从轿窗见一条大蛇盘曲在胡公殿墙外的一块岩石上，下轿观蛇，蛇就不见了，上轿又见此蛇，反复几次。丁允光遂将从山东带回的一尊八手相公雕像捐给了胡公殿，并改称胡公殿为蟠龙寺。传说这个八手相公是捕捉稻虫的能手，只要每年夏至日在田畈周迎一圈，就能使稻虫全无，双林古市又因蟠龙寺的八手相公灵验而又兴盛起来。

清乾隆二十五年(1760)，佛堂镇万善浮桥建成后，《义乌县志》内所载的二十四都上市(下强双林市)与二十五都下市(田心光明市)开始向以万善浮桥为中心的佛堂镇靠拢。

清咸丰末年(1861)，下强双林市被太平军残部烧毁，原在双林市上开店经商的商人加快了向佛堂镇方向南移的速度，双林市从此一蹶不振。

民国十一年(1922)，一场百年不遇的“五江头”大水灾把下强村冲刷为平地仅留下了下强殿(胡公殿、蟠龙寺)与当年双林古市的残砖碎瓦。

六、光明古市

光明市，始于光明寺。旧光明寺位于田心村南过光明石拱桥一里地俗称盘塘的小盆地内。该小盆地内存有大量的断垣残壁，四周留有石衣架、龙窑址、碑亭、牌楼脚等古建筑遗物、遗址。1954年，由田心、青口等周边农村合力修建成了一个盘塘小水库。

光明寺原是双林寺下属的周边小寺。据清宣统三年(1911)《田心环溪王氏宗谱》第十一卷《行复三十九应满公》记载，田心村应满太公，为了让香客不再需要涉水到光明寺进香拜佛而修建了一座木桥。从后来建成庞大的横跨光明溪的光明村北石拱大桥，当年旧光明寺庙宇规模可见一斑。

传说光明寺因和尚不守清规戒律，扰民乱纪，朝廷震怒，于明朝年间被抄毁。民间曾经留有“花鼓”“道情”传唱。近几年因传唱“花鼓”“道情”的盲眼艺人改行而濒临失传。但是，在旧版《义乌县志》内都留有“光明(古)市”的文字记载。在今田心村内，迄今仍留有“东更”头，“西街”下，“典店屋(当店屋)”等古市街巷的名称留存，田心村中“东塘塍”旧街道“排门屋”构成的古街也仍遗存。

近几年，在田心村西的金鸡笼山又发现了一处汉代生产陶器的遗址，出土了一个白瓷玉枕头。可见这里在唐朝以前就曾经繁华过。

查考田心村与光明古市之间的关系，唯不见田心村曾设市经商的文字记载。这与我国历代奉行“贱商”政策和人们视“商业”为“贱业”的传统观念影响有直接因果关系。

早在春秋战国时期，孔夫子就提出了“小人喻于利，君子喻于义”的理论，因此在长达几千年的封建社会里，把对蝇头小利也要斤斤计较的商人称为“贱”，是“唯利是图”的“小人”。可见宗族谱牒中不载入经商的商人，也不足为奇。

据佛堂镇季村民间传说，季村原来由姓季的村民居住得名，宋熙宁年间(1068—1077)，浦江郑义门的郑肇基(1063—1107)迁来此地定居，成为季村郑氏一始祖后，开始出现“郑盛季衰”的现象。目前，季村已无季姓居民而成了清一色郑姓的村庄。查季村《义门郑氏宗谱》卷之一和卷之四记载：季村郑氏第十五代文百九十九，讳国仁，字圣心(1676—1738)，乾隆元年(1736)捐助下市市基，邑侯宋公，为其赠“尚义可风”匾，证明佛堂下市大致始建于乾隆元年。

据说下市原是由厉姓居住的村子。因其位置靠近吴溪江流入义乌江的双江口，水上交通方便，田心村王姓的村民经常在此将火腿装船运销外地，遂有田心村先民来此做火腿生意，形成佛堂下市的市场雏形。后田心村的王姓与下市相邻的季村国仁太公为争夺市基的所有权发生了纠纷，打官司结果两败俱伤。从此，田心村凭借村大族大，与经营火腿的村民联合起来，移居下市，成了下市的主要村民，原位于下市的厉姓村民开始外迁。迄今下市村内仍留有一座厉姓的木结构厅与不到十来户姓厉的裔孙和当年设市的古街巷建筑。下市成为田心村外销火腿的专业市场后，田心村以腌制、销售火腿为业的农、工、商得到了发展。田心村民遵照祖上遗训建村，至今登高俯视，田心村整个村庄呈一只腿头朝西，腿爪朝东的火腿型轮廓。

据田心村《环溪王氏宗谱》记载：第十八世行颐六百廿一公，讳有华，字封三，太学生(1725—1783)，一生“觅思创业”“营生万里”。秉承祖父王应瞻“维勤以广业”，总结出了“农不如工，工不如贾，贾不如商，诚得懋迁(诚实经营)，有无可免凶年贫乏，经营四方，不辞劳瘁，赖以小康”的为生之道。他以经营火腿为业，活跃于苏州商界，颇得各界尊崇，被推任为苏州会馆司事。他于 1836 年主持重修了建于乾隆十七年(1752)的苏州会馆，篆刻有由他而立的“重修金华会馆”碑一块，今由苏州碑刻博物馆收藏，镶嵌在该馆碑廓的墙壁上，供游人观赏和阅读。其第七个胞弟王有臣之子王恒玺，继承大伯父有华传家之业，在苏州经营火腿生意。道光十五年(1835)得巡抚林则徐书赠“培德堂”匾，现建成由义乌市人民政府命名为爱国主义教育基地、市级文物保护单位的田心村培德堂新厅。

田心村第十九世恒千四百九十四恒槐(排行恒字辈的第一千四百九十四号,名叫恒槐)(1784—1861),字贻三,号霭庭从事火腿经营,定居于佛堂下市,晚年始建云书公祠。传说云书公祠的每根椽木,都是火腿下船装运外销时当作为“扁担”使用过的。下市的王姓与季村的郑姓,上辈为争市基留下宿怨,在云书公祠后幢地基需占用郑氏的田地时,王姓愿意用银圆一块块铺遍的价格向郑氏购买,仍遭郑氏拒绝。后来恒槐公借调虎离山计,一方面请季村郑氏宗族头领到田心祠堂设宴招待“洽谈”,另一方面抽调田心村身强力壮的青年抢时间“强做”,方使云书公祠后幢墙脚砌成。当郑氏宗族头领从田心回季村见云书公祠后幢的墙脚“木已成舟”,只能以“冤家宜解不宜结”安慰自己,将这块地基出让给恒槐。年迈的恒槐公在云书公祠未落成时就谢世西归,由其善徵、善律、善伟三个儿子继承父亲遗志续建,所以云书公祠的堂名,被称为“承志堂”。原悬挂于云书公祠上首的“承志堂”匾,毁于“文革”破四旧中。

清乾隆二十五年(1760),佛堂镇万善浮桥建成后,《义乌县志》上废除了洋滩、双林两个古市,产生佛堂廿四都上市、廿五都下市,从此双林古市由下强村南移,向佛堂丁姓的长新、义和、六盛,王姓的利记、日顺方向靠拢而称为上市。下市于清末民初,佛堂商会1910年成立后,宣布撤销而并入佛堂镇内。

光明古市,就这样由田心村,迁徙到下市后并入佛堂镇。

第六章　土特产传说

红糖火腿南蜜枣，义乌特产三件宝。
佛堂古镇始产地，四海名扬多骄傲。

一、义乌红糖出燕里

佛堂镇北的燕里村位于高大的石牛山下的红土坡上，四周林木葱茏，白墙黛瓦的村舍隐蔽其中。远看极像一个筑在石牛山“屋檐”下的“燕窝”。燕里村，就从这“燕窝里的村庄”得名。

据义乌《洋川贾氏燕里村谱》记载，燕里村始建于 1442 年。村前居高临下，是义乌北江与南江汇合成双江口的一大片十年九涝的黄沙滩，俗名“大水地”。村后是随石牛山自高而下的一大片十年九旱的红泥山坡地，俗名“流浒畈”或“马路头”。五百多年来，世世代代的燕里村村民，就在如此贫瘠的土地上扒土刨食。然而，贫瘠的土地，培养了燕里村的村民“敢为天下先”的精神。第五代传人贾维承(1604—1670)早在清顺治年间(1644—1661)，就在这黄沙、红泥的土地上从福建引进种植糖蔗的技术，制成了义乌红糖。

燕里村的红糖成了佛堂镇上出了名的土特产后。义乌各地农民纷纷前来燕里村学种糖蔗和制作红糖的技术。由于燕里村位于旧时行政编制的佛堂镇廿四都相邻的廿三都，于是“廿三都”也便成了燕里村在佛堂镇、甚至在全义乌糖农中称呼的代名词。

(一)

贾维承(1604—1670)，字君益，号明山，是燕里 1477 年建村后的第五代孙，兄弟六人排行第三，人称老三。在《洋川贾氏燕里村谱》内，除载有他创制红糖，后人尊他为糖公，立庙祭祀外，还载有他为人刚毅、英敏多才、割尻救父、邑旌孝行的事迹。欲知其创制红糖的始末，这还得从他割尻救父的故事说起。

贾维承四十岁那年，父病重。他亲自上山采药，不慎跌了一跤，树桩戳破了他的屁股，鲜血淋漓。他拄着树枝回家，顾不上自己的疼痛，为父亲煎药。每次给父亲喂药前，他都要先尝一口苦涩的药，待药凉热适中后再喂给父亲吃。在维承的精心调治下，父亲的病日渐好转，可是维承屁股上的创伤越烂越凶。当父亲病愈康复后，维承的屁股几乎烂掉了半个，到了卧床不起的地步。维承的弟弟维宪见哥哥为父亲采药治病伤成这个样子，很受感动，就主动按照维承的吩咐，上山采药为维承医治创伤。后人为了传颂维承、维宪的孝行，在编纂宗谱时，把他们"割尻救父，邑旌孝行"的事迹载入了谱册。

（二）

维承学有一手好的木匠活，对农事也颇有研究。

自从他为父治病口尝苦药后，倍觉甜味的珍贵。因此每年春天，当江边的白茅（俗称野糖梗）返青抽头后，他总要去拔几枝野糖梗来嚼一嚼嫩杆的甜味。

有一次，维承到洋滩市里去修理水车，把木匠摊设在街道上。由于维承手艺精，干活既快又好，引来了许多围观的百姓。饭后休息时，维承习惯性地拿出几根路上随手带上的野糖梗，放到嘴里咀嚼。站在一边的一位外地客商看到了他的举动觉得十分好奇，他向维承要了几根野糖梗照样放入嘴里嚼起来，觉得什么味道也没有。外地人问维承为什么要嚼这东西，维承笑着说我觉得很甜。这个外地人说，我们家乡的糖蔗要比你这东西甜几百倍呢！言者无心，听者有意，维承连忙问这位外地客商家住哪里，由于当时语言不通，维承与这位客商指手画脚地说了大半天，才知道这位客商是闽粤人（福建、广东），他是慕名来洋滩市买花生、芝麻的。

（三）

闽粤客商家乡的糖蔗还可以制成四季都能存放的食糖，这一消息使见好就学的贾维承决心要把它引进到家乡。清顺治年间（1644—1661），年过不惑的维承过年时在家门口贴上了一副"思婺温带地，夺得利再归"的春联。乡亲们觉得好奇，都去问维承这副春联是什么意思。维承笑呵呵地对大家说：我们婺州土地肥沃，温湿宜人，我想出一次远门，干一番甜蜜的事业。有人问维承去闽粤路有多远，维承说，大概比唐僧上西天取经要近得多。一番话，说得村里人都觉得维承疯了。任凭妻儿父母兄弟们怎样劝说，维承执意要走。过了正月十八迎送傅大士佛龛的海云寺庆典大会，维承毅然背起了雨伞包袱和木匠工具，在一个阴雨绵绵的早晨出门走了，一去几年，杳无音讯，村里的人都说维承疯了、癫了，不会回来了。

（四）

其实，维承经过了几个月的风餐露宿，艰苦跋涉，终于来到了闽南。凭着他一手好木匠手艺，吃东家，住西家，受到了沿途百姓的热情招待。中秋节前后，在一个叫闽越的村庄附近，维承确实看到了一片形似竹，叶如剑，随风起伏的蔗海。有一天，一场大风过后，维承正在做木匠活的东家抱回来一大捆被风吹断的糖蔗，叫维承拿来吃。其实在维承第一次看到糖蔗时，就想尝一尝糖蔗的味道了，碍于人生地不熟，怕触犯当地风俗不敢轻举，现在东家叫吃，他求之不得。维承迫不及待地放下手中的活计，一口气吃了好几根，果然甘汁四溢，香甜无比。立冬过后，糖蔗开始收获，当地糖农忙着榨糖蔗，取蔗水煎糖，这可乐坏了维承。他每天比谁都勤快，既帮收糖蔗，又帮上糖车榨糖蔗，取糖蔗水煎糖，捞糖沫制红糖，帮了这家帮那家，维承成了十分欢迎受当地糖农的外来客。

这年除夕，闽越村的一位族长，见维承这个外地木匠没有回家过年，觉得奇怪就问维承为什么，一向忠厚老实的维承向这位族长说明了自己千里寻糖的原因。出于当时社会制度的封建与保守，族长发怒了，认为维承要学种糖蔗，制食糖，违反了他们祖先舍命去台湾引糖种，规定种蔗制糖术不外传的族规，连夜就将维承赶出了村。维承只得卷起铺盖，在村外的一座破庙里熬过了他来闽越村后的第一个年卅夜。

（五）

俗话说：越是难得到越珍贵。闽越族长因为知道了维承是来学种蔗制糖的，把他赶出了村子，维承不但没有因此而泄气，反而更加坚定了他决意要将种蔗制糖技术学到手的决心。第二天，年初一，请维承做过木匠活、收糖蔗时受过维承帮助的乡亲们知道维承被族长赶出了村的消息后，尽管怕族长的威严，但都还是偷偷地来到村边破庙里，为维承送来了新年饭。

乡亲们一个个到族长家里说情，都说这个外地木匠勤快，是个好人，要求族长留下维承，为他们做木匠活。族长觉得维承仅在闽越村里半年时间，只知道糖蔗的收获过程，而未经过糖蔗的育苗、栽种和各个管理环节，一时无法学会煎糖、候糖技术，于是就做出了维承只许在村里做木匠活，不准任何家请他帮种糖蔗的决定。维承从此在闽越村里得到了居住权。

（六）

维承一年到头，每天只能帮人家在屋子里做木匠，不准出门看糖农植蔗制糖，一连几年，维承为了争取族长对自己的信任，他都耐着性子忍受下去。其实学不到种蔗制糖术，维承心里比什么都难受。

闽越村里有一位年龄比维承妻子金氏小两岁的寡妇王氏，与六十多岁的公公二人相依为命。王氏寡妇年轻时，媒婆几次上门劝王氏改嫁，王氏都因为公公体弱多病，无人照顾而不忍离开。公公也十分体贴媳妇，总想找个合适的男人入赘，以解一老一女鳏寡无劳力耕种之苦。可是在村族宗谱里有一条死规定:未经族长允可,异姓人概不准进村入赘。因此王氏年过三十,再也没有媒婆上门来劝他改嫁了。自从维承经族长许可,有了在村里的居住权后,村里的好心人认为维承和王氏寡妇是天生的一对,热心地为他俩说起媒来了。可是维承在燕里老家有自己的妻室儿女,来闽越的目的是为了学种蔗制糖技术,说什么也不能答应这门亲事。可是,闽越村族长规定维承只能做木匠,不能学种蔗制糖,年复一年,如何是好?维承经不住这种度日如年的煎熬,为了自己能成为一名合法的闽越村民,能够名正言顺地学到一整套种蔗制糖技术,最后维承同意了这门亲事,就与王寡妇、公公三人组成了一个家庭。从此,维承就与当地糖农一起春播秋收,几年后,真正地掌握了整套种蔗制糖技术。

（七）

在闽越糖乡,维承这个受人尊敬的木匠师傅,终免不了要问他老家住那里。每当别人问起的时候,维承只是笑着回答:燕里村,而从不告诉他们燕里村是属于哪州哪府的。对于这一点,王氏虽是维承的人了,但也终还是处处提防,怕有朝一日维承跑掉。后来,维承与王氏生下了一个女儿,这可乐坏了王氏的公公,一家三代四口人,日子过得和和睦睦。其实,维承时时都想着早日离开闽越回燕里的事。他虽是个已在闽越住了几年的木匠,但是为了不让维承学到植蔗制糖技术,每逢村里新做或修理木榨糖车,族长就是不让维承参加。因此,几年的艰辛,维承虽然学到了植蔗、煎糖的一整套技术,但对于木榨糖车的结构还是比较生疏的。现在,维承的女儿都快十岁了,闽越的村民自然也就不把维承当外地人看待了,这一年,在收糖季节即将到来的时候,族长第一次请维承去修糖车,这可把贾维承乐坏了。在修理过程中,他发现糖车是靠两个滚筒,夹在上下两块大木板中间,依靠滚筒的辗转,将糖蔗轧碎挤汁的。由于上下板压得过紧,滚筒在上下板间摩擦发出的“吱吱”声,会耗费牛拉滚筒的力气而影响效率。如果上下板压得过松,随着滚筒的旋转,糖蔗就会上下滑动而榨不干。于是聪明的维承在修理时,就在这两块上下板的两端,做了两根天地柱,在两个滚筒进糖蔗的地方,又做了一只进糖蔗的漏斗。结果一经使用,不但糖车的转动轻了,饲糖蔗进滚筒也方便了,工作效率提高了几倍,受到了当地糖农的一致称赞。其实维承也为自己掌握了一整套完整的做木榨糖车的技术而暗暗高兴。

这年初冬,年迈的公公病逝,维承想起了燕里老家的父母。可是王氏与女儿每天跟他如胶似漆,形影不离,如何离开他们回燕里,这可叫维承伤透了脑筋。为了实现要把闽越的植蔗制糖术带回燕里的愿望,他决心找个机会回燕里。于是,他就选择了几根粗壮的糖蔗埋在容易挖出来的糖种堆上角。糖蔗收获制糖结束后,他与村里的几个村民，挑着新糖到附近集市里去卖。临行前，维承暗地里去糖种堆里取出事先准备好的那几根糖蔗种，连叶取其中间几节，用油纸包好藏在雨伞内，当他与村里人将新糖卖掉后，装糖的箩筐托村里卖糖的同行人带回村，自己骗说到附近一户木匠东家联系做木匠活的事，背上藏有糖蔗种的雨伞，乘机踏上了回燕里村的路。

（八）

经过了几个月的艰苦跋涉，正好赶在大年卅夜回到了阔别十五年的燕里村。一进家门，他马上拿出一小包从闽越带回来的红糖，想去孝敬父亲，哪知父亲已在他离家五年后去世了。维承抱住父亲的神主牌失声地痛哭："孩儿不孝！"乡亲们见失踪十五年的维承突然回来了，都纷纷前来看望他。维承见到了父老乡亲，马上放下父亲的神主牌，捧着那包闽越红糖，要乡亲们用手指，蘸一点放到嘴里尝一尝。初尝红糖的香甜味儿，燕里村民们高兴得无法形容。而后，维承从雨伞里取出用油纸包着的糖蔗种，一五一十地向大家介绍起了如何育苗、移栽、管理、收获、制糖的经过。乡亲们听了维承在闽越村，用十五年卧薪尝胆一般的辛苦学回了种蔗制糖术的经历，个个都激动得流下了热泪。

第二年一开春，维承就精心地取出从闽越带回的糖蔗种，春天取糖蔗节育苗，夏初移苗栽培，秋季灌水管理，入冬准时收获，第一年收获的糖蔗，维承说什么也舍不得吃一根，全部埋种，第二年开春后，在切糖蔗节育苗时，维承才把切下来无节的糖蔗，每户分了几节给乡亲们饱饱口福。这年冬天，由于维承的精心培育，糖蔗获得了大丰收。维承留足了下年的糖种后，剩余了一部分糖蔗，因为来不及做糖车榨汁取水制糖，他就将糖蔗放在石臼里榨，榨出糖液后，放在家中锅灶里煎。由于设备过于简陋，煎出来的糖，尽管像现在的斧头剖（一种无法制成细黄色的红糖，既黑又韧、味带苦的劣质块糖）一样的块糖，颜色红中带黑，吃起来粘牙齿，又韧又甜。但燕里村人都为贾维承种植制糖成功了而欢呼雀跃。第三年，维承的糖蔗得到了大面积的种植，同时，维承花了几个月的时间，自己动手，做成了燕里村第一部木榨糖车，在兄弟叔伯们的帮助下，经过了前后二十年的努力，维承终于实现了"思婺温带地，夺得利再归"的夙愿。燕里，成了义乌红糖的发源地。

（九）

燕里出了红糖，丰富了洋滩市场上农副产品的上市品种。附近农民们纷纷来燕里向维承学习植蔗制糖技术，客商们上半年就预付订购款，来向贾维承订购下半年的红糖，燕里村成了附近农村村民们寻求致富门路的热点。可是维承一家种植的糖蔗，每年既要留种，又要榨糖，根本无法推广。这年收蔗制糖时，维承的儿子国风玩游戏,学着大人们煎糖的样子,把红糖放在一块瓦片上,瓦片放在火囱上煎起糖来。红糖烊开后想取出瓦片时,发现瓦片很烫手,他就顺手抓了一把芝麻放到瓦片上烊开的红糖内,取出瓦片冷却后一尝,芝麻红糖,香甜无比,村里的孩子们就都学习国风的样子,在火囱里煎起芝麻糖、花生糖来了。孩子们的儿戏引起了大人们的注意,维承见后,茅塞顿开,闽越村那边没有花生、芝麻,我可不能学闽越村族里不准外人学种蔗制糖的封建陈旧陋习。于是他就去洋滩市里收购了几担花生、芝麻,启程去闽越,把种花生、芝麻的技术毫无保留地传到了闽越一带。维承的举动同时也得到了闽越村族长的理解。糖蔗收获后他带上了妻子王氏与女儿,运上了一批糖种和当时燕里还没有的西瓜子,合家老少回到了燕里村,把闽越带回来的糖蔗种卖给了前来求购的村民兄弟,糖蔗、西瓜,从此就从燕里村传遍了义乌各地。

由于维承为引种糖蔗、西瓜,几经坎坷,终于积劳成疾,康熙三十五年(1670)十月十五日在收获糖蔗制作红糖的季节里去世了,享年六十六岁。全村的男女老少都为他披麻戴孝,村里人说什么也不愿把他葬到远处,所以贾维承的坟墓,就埋在燕里村的村前。村里人为了表示对贾维承的尊敬与怀念,都把贾维承从闽越带回来的妻子王氏敬如上宾,每逢有好吃的东西,都给她送上一份,每当有伤风冷热,就主动为她请医抓药,服侍得十分周到体贴。据《燕里贾氏宗谱》记载:维承妻王氏,生于万历壬子年(1605),卒于康熙丁丑年(1690),享年八十五岁,成了燕里村的一位长寿老人。王氏谢世后,合葬于燕里村前维承墓旁。后来,燕里村民在村西建了一座糖公庙,称贾维承为糖公,王氏为糖公婆。每逢榨糖的糖车开榨前,糖农都要到糖公庙前祭典一番,以求红糖有个好质量、好收成。糖公贾维承的事迹谱记志载,一直流传到今天。

二、贾祯淑的种蔗经①

燕里村第十三代传人贾祯淑,字陶情,名樟和(1898—1980),是以前燕里村内文化程度最高的清末秀才。他不但擅长燕里土特产文化,而且对燕里村糖蔗的种植和红糖的制作,西瓜、花生、油麻品种的改良,都十分有研究。

1929 年,佛堂镇商会选送的"黄培记"红糖在杭州西湖博览会上获得"特等奖"后,义乌红糖的发展得到了省政府的重视,1933 年浙江省政府拨款十万四千元,由义乌县实验科出面,使全县的糖蔗种植面积发展到了有史以来最高数——二万五千亩。由于许多新发展起来种蔗制糖的农户缺少经验,红糖质量不好,市场价格暴跌。可是廿三都(燕里村)的红糖,凭着贾祯淑"放在桌上会爬,放在口中会烊,含在

① 此文原载 2002 年 8 月 14 日《金华日报》第 3 版《文化专版》,部分内容经删改。

嘴里清香，存放三年不烂”的“文化经典”，成了当时糖商抢着收购的珍品。后来，各地糖农纷纷到燕里村向贾祯淑求取种蔗制糖的经验，贾祯淑就收集了许多种蔗制糖的谚语，写成春季怎样育苗，夏、秋季怎样管理，入冬怎样制糖的《种蔗制糖四季歌》（见后文附）教给大家。

贾祯淑不但对种蔗制糖有研究，对糖蔗地轮作西瓜、花生、油麻（芝麻）也同样有他的一套“文化经典”。

例如他的“燕里西瓜甜如蜜，皮薄肉厚如沙粒。如果用过豆箍饼，瓜汁如胶会‘粘板砧’”（意思是用过豆饼肥的西瓜特别“沙甜”，其果汁稠如胶水，能把垫起来切过西瓜的刀与砧板都“粘牢”）；“踏江车，注油麻，油麻粒，特别大”（踏江车，是用几部脚踏水车联合起来向江中取水抗旱，如果芝麻不受天旱失水，籽粒就一定会饱满）；还有“落花生，产量高，选品种，最重要，红衣三粒头，只我燕里有”；等等。

正当贾祯淑专心于“红衣三粒头”花生品种筛选的时候，碰到了 1950 年的土地改革运动。这一年他收了二十几箩筐泥子花生（即连泥的湿花生），因为村里的人都说他家种的无论是西瓜、花生、油麻、还是糖梗里绞出来的红糖，产量要比别人高，质量要比别人好，拿到市场上特别抢手。所以他家成了燕里村的“首富”，被评成了燕里村内的地主成分。下文附：贾祯淑用农谚编写的《种蔗制糖四季歌》。

糖梗要吃四季水，
春种夏秋勤管理；
入冬绞糖一分甜，
九分苦水糖农尝。
种蔗制糖农谚多，
请你颂唱四季歌。

（一）春季

“惊蛰未到打天雷，糖梗要抽蓬里剑”“惊蛰回暖打天雷，糖梗开蓬育糖栽（糖苗）”。糖农称窖藏糖梗种的地方为“糖梗蓬”，时到惊蛰，天气回暖，这里糖农开始开蓬切取糖梗节，育糖栽（糖苗）。惊蛰未到打天雷，说明这一年回暖早，糖种在蓬内就要发芽（称：抽剑），这种蓬里抽出的剑（芽）过于娇嫩，成活率极低。

“谷雨断霜，好卖（买）糖梗秧”“谷雨过后麦抽头，套栽糖秧麦地头”。时过谷雨，糖苗开始移栽，麦地套栽糖梗。

“栽糖先开垦，既要浅来又要深”。这是糖农对栽种糖梗的技术要求。其大意是：栽种糖蔗苗，先挖一个碗口般大的洞，挖洞也叫开垦；要浅，就是不能将糖苗埋过深，以利糖苗分蘖抽剑（芽）；要深，就是应将糖苗栽入碗形的垦洞内，以保护施肥时肥水不流失。

（二）夏季

“芒种夏至麦收净，糖梗地里忙出垦”。麦收后就得抓紧为糖苗除草、施肥，称为出垦。

“入霉糖苗发剑（芽）秧，杂草与糖比快长，不除杂草剑不粗，下地除草怕肥刺”“霉天糖梗地，头件怕肥刺”“霉天太阳云里晒，肥刺叮后叫黄天，一夜草席擦天亮，既痒又痛皮抓破，皮破流血化脓烂，不吃苦药就要黄胖加鼓胀。”肥刺也称肥嗤，是一种人的肉眼难以看见的钩虫的丝状蚴进入皮肤所引起的症状。梅雨季节，在施过人畜肥的土地中丝状蚴发育特别快，一接触到人的皮肤，极易感染，称为被肥刺叮，奇痒难忍，抓擦后就会红肿，疼痛，如不及时治疗，很快就会发展成为要黄胖、膨胀的血吸虫病（又称钩虫病）。

“小暑大暑太阳狠，坨糖梗忙得汗淋淋，糖叶划破满脸痕，汗水一腌红庭庭，既痒又痛实难忍”“坨糖地里高气温，容易将人痧气闷，一病三天不还魂，糖农的辛苦谁知情”。小暑、大暑期间，糖苗分蘖抽剑结束，糖农要将每垦糖梗剑，集中成一束，用土培高成行，以利流水灌溉，防旱抗倒，这农活叫“坨糖梗”。由于这时的糖苗一般齐人肩高，枝叶茂盛，不利通风，加上时值高温的盛夏，因此糖梗地里流通空气少，温度要比空地高出数度，加上糖叶边齿如锯，利如刀剑，容易将人划得皮破血流。因此糖农称这“坨糖梗”的农活为种糖所有农活中最苦、最累的一种。

“糖梗地像口大粪缸，坨糖用料多不嫌”“糖梗吃白豆，红糖节节流”“垦里用一把，垦外要一担”。坨糖梗时是糖梗最需要用肥的关键时刻，过去没有化肥的年代，糖农坨糖梗时不仅施人畜肥，还要每垦加施一把煮熟的白豆，用过白豆的糖梗，含糖成分特别高。

（三）秋季

“糖梗入秋不要料，只要泥湿有水淌”“秋旱糖梗水如油，要想糖梗就难怕大汗流”“秋后高温天晴晒，脚踏江车注糖梗，脚板踏肿步难行，为的是糖梗有个好收成”。秋旱期间，也是糖梗一生中最需要水分的时候，糖农这期间就得冒着高温找水源，为糖梗灌水抗旱。踏江车，是义乌合作乡、徐村乡沿江一带糖农，联合起来向江中取水抗旱的集体农活。

“过了七月半，糖梗甜了二节半”“八月毛雨赛，糖梗日长夜大来”。七月半后，天气阴雨，是糖梗长得最快的时候。

“寒露前后留糖种，霜降留种要冻红”。寒露开始糖梗基本成熟，开始削头留种入蓬（入窖），以备下年育苗栽种。如经过霜降，受过霜冻的糖种，容易使糖种发红变质而影响下年糖蔗苗的质量。

（四）冬季

“有糖无糖，立冬绞糖”“糖梗立冬开始收，糖农起冻落雪糖车铺里抖”“赤膊糖梗冻最怕，冻过的糖梗红糖是斧头剖”。经过冰冻的糖梗，红糖质量很差。据1942年二月《抗日报》载，王宅乡杨宅村糖农杨某，因为天寒地冻，糖梗榨不出水来，全是斧头剖，结果夫妻二人先杀死了两个孩子，后都自杀了。一年的辛苦，换来了家破人亡的惨剧。

“斧头剖，咬上口，粘掉牙；细砂糖，堆在桌上它会爬，吃在口中香又甜，不用牙齿也会烊”。糖农对红糖好坏的对比。

“种糖有钱有划算，一年辛苦忘记完”“种糖如种宝，有吃又有烧”。糖农卖糖后一计算，经济效益要比种粮好，这时糖农就会将一年种糖的辛苦都忘掉了，糖水煎糖，糖渣又是农妇烧饭的好柴草，因此农妇称种糖如种宝。

“花生配红糖，赛过头婚郎”。糖农用花生与红糖搭配食用，其味香美，比喻成像新婚夫妇度蜜月一样。

三、金华火腿出田心

（一）神奇的火腿村

出义乌佛堂镇南五里路，有个叫田心村的大村庄。全村一千四百多副烟灶，有四个行政村，自东向西呈火腿形联结在一起。东首第一村是过去的“义兴火腿行”，它像只腿爪。一条流了数百年的金乌堰水渠穿村而过，自南向北像一根扎在腿爪上的绳子。西头的第四村是过去的“慎可火腿行”，很像一只腿头。村中的第二村和第三村的前辈们，曾在杭州开设过“同顺昌火腿行”和“太阳公火腿店”，村中俗称“东塘塍”，设有商店、茶馆和饮食店，以前是乡政府的所在地，田心村人又称那为“火腿心”，是全村的政治、经济、文化中心。在过去土地私有制的年代里，大部分富裕的农家基本上都能腌制火腿。据新中国成立初期统计，田心村仅仅以杀猪、卖肉和挂着宗泽画像在金华、兰溪、杭州、苏州等地经营火腿的商行店铺就有三十多家。土地改革时，村内“钟记腿坊”的业主王同悦、“道记”腿坊的业主王煜程、“钱记”腿坊的业主王樟庆都分别评为田心村地主，其他因腌腿致富而评为富农、上中农成分的农户，比比皆是。要探索田心村鸟瞰村子火腿型、村民们兴创火腿业的奥秘，这还得从田心的建村祖宗谈起。

(二)特殊的建村史

传说七百多年前,一位赶鸭为生的东阳王坎头人,一日赶了一群鸭子到佛堂镇南的吴溪上,把赶鸭长竹竿往田中央一插,自己进了佛堂镇的茶馆里喝茶谈天。当日落西斜,他回到吴溪上看鸭子时,只见插在田中央的赶鸭长竹竿抽出了竹芽,下面长出了竹根。他好生奇怪,马上停止了游牧式的赶鸭生涯,从王坎头迁居到这里,在田中央搭茅定居,遂名田心。元延祐年间(1314—1320),田心第四代传人名大度,字宽夫,号风山,娶金华浦口俞氏为妻,岳父岳母给女儿的嫁妆仅仅是一对头部和臀部为黑色,其余部位为白色的两头乌猪仔。寓意女儿嫁到田心村后,要随女婿起早摸黑两头乌,齐心协力创家业,开发方园十多里的田心畈。在夫妻俩的共同努力下,田心村便成了猪壮粮丰的富饶之地。由于两头乌猪种早熟易肥,遗传稳定繁殖力强且肉质鲜美,大度公每年年底宰杀的猪肉自吃有余,他就依据义乌北乡(宗泽故乡)的腌肉方法,把精多肥少的猪腿腌制起来,供一年四季食用。

有一次,大度为筹资添置农具,拿了几只腌腿到市场上出售,顾客们都因田心村腌腿的色、香、味俱佳而对其赞不绝口,争相购买。从此,田心村的大度公找到了一条养猪腌腿致富的途径。后来就索性称宗泽为祖师,开了一家火腿店,兴隆的生意,使大度公发了火腿财。大度公临终前,唤儿孙到榻前,嘱咐儿孙要以养猪腌腿传家,建村要以火腿型布局。从此,田心村也就成了必选两头乌猪腿来腌制火腿的村庄,这个故事一直在田心村老人口中流传,至今已七百多年。

(三)典型的祭猪民俗

数百年来,佛堂镇田心村流传着独一无二的为养猪、腌腿要搭台做戏的民俗。每年春耕前,田心村要搭台演三天三夜的“养猪戏”,建议每家农户都去市场上购买小猪养起来。到了农历十一月初八日,田心村又要搭台演三日三夜“比猪戏”。这一天,在田心的祠堂里,村中农户饲养的大猪被宰杀后整只猪要依次放在祭猪架上竞赛,看谁家的猪最肥、最大。由于十一月初八正好是冬至前后,传说摆过祭的猪腿腌制成的火腿,肯定质量上乘。据田心老农和腌腿师傅介绍,每年的春耕前到十一月初八的六七个月左右,气候温和,正好是能将一批两头乌小猪养成大猪的最佳时期。冬至前后,把杀好的整猪放在祭猪架上三天三夜,猪肉的水分都干了,再取腿腌制到第二年开春,洗腿、上架、晒太阳,这种从养猪到腌腿的传统民俗,在田心民间已流传五百年。

据田心村《环溪王氏宗谱》记载:田心第九代传人名应满,字仲盈,号耕乐(1445—1529),一生早出晚归,田间勤作,且又十分乐善好施,凡村里架桥铺路,修渠引水,不但慷慨解囊,而且必率领子孙前往出工出力。

耕乐公有一个好友姓洪，家住义乌县城北的荷叶塘村，二人志趣相投，十分合得来，年轻时就以兄弟相称，来往甚密。明正德年间(1506—1521)，洪公的十二岁孙子名洪罗，冒着酷暑在瓜铺里看瓜。忽见上来了两大一少三个身穿绫罗绸缎的人。洪罗好生奇怪，就把三人招到瓜铺乘凉，并摘了三个甜瓜给他们解渴。三人吃后不过瘾，年少的这位客官索性脱下身上的黄袍，往瓜铺床上一扔，自己就到地里摘甜瓜吃。年纪大一点的两位客官见状，嘴里叽里呱啦地讲了些什么，也就马上到瓜地里帮助小客官摘瓜去了。洪罗见状，觉得十分好笑，顺手抓起铺床上少年客官的黄袍往身上试穿，因洪罗生来只穿粗布土衣，从来没有穿过用丝绸做的黄袍，他觉得浑身舒服。正在洪罗高兴得意时，忽然从瓜地东面的树丛里，飞来一箭，射中洪罗胸膛。后来听说去摘瓜的这位少年客官，就是正德皇帝的儿子。两位年长的客官，就是保护小皇帝出游的太监，洪罗穿黄袍时，正好中了朝中奸臣派刺客尾随伺机刺杀太子的毒箭身亡。太子回朝登基后，号嘉靖，追封洪罗为替死太子相公，赐皇宫銮驾半副，定洪罗替死遇害的六月十九日与生日十一月初八日为一年二祭日。荷叶塘村民以此为荣，雕了个洪罗的塑像，称为洪罗相公，坐在一个木雕的亭阁内。每逢祭日，迎着御赐銮驾，鸣锣开道，旗伞引路，祈求洪罗保佑百姓风调雨顺，国泰民安。

明正德五年(1510)，春涝夏旱，蜀塘堤溃，百姓颗粒无收。六十五岁的耕乐公率领儿孙修堤坝刚成，祖上从吴溪上游截流引水灌溉的金乌堰水渠，又被人抢占霸用。耕乐公就到县衙告状。不过抢占金乌堰的人有官亲做靠山为其护短，耕乐公的诉讼受挫。荷叶塘的洪公得知此事后，是年五月十九日，抬着洪罗雕像，迎着御赐銮驾来田心村为耕乐公诉金乌堰被霸占案助威，使金乌堰被霸占案最终胜诉。

田心村百姓为了感谢洪罗相公，遂仿造荷叶塘洪罗相公雕像、亭阁和銮驾，定五月十九日(比荷叶塘六月十九日祭日早一个月)，与十一月初八日(洪罗的生日)，为一年二次的祭日。后来听说民间遇旱，抬着洪罗相公求雨也十分灵验，于是，田心村洪罗相公祭日就发展出了用全猪全羊摆祭的热闹场面。数年后，为了隆重祭奠洪罗相公，田心村就以太公的房头轮流摆祭比阔气，讲排场了。定每年农历五月十九日为“养猪祭”，十一月初八日为“摆猪祭”，产生了比祭猪的民间习俗。再后来，由于五月十八正是春耕大忙季节，为了不误农事，将“养猪祭”又提前到春耕前进行。田心村的“养猪祭”和“比猪祭”为发展田心村的养猪腌腿业，起到了推动作用。

(四)林则徐手书“培德堂”

清道光十五年(1835)，林则徐在苏州任巡抚，这年瘟疫四起，染病百姓既吐又泻，州官百姓都为无法控制瘟疫的蔓延而着急。

当时在苏州开设慎可火腿行的田心村颐字辈有臣公的第三个儿子恒魁，字文光，号梅林(1786—1846)，自幼聪明伶俐，通读四书五经，是位太学生。他根据《本草纲目拾遗》和《救生苦海》中的记载，截下腿爪，肉煮汤，骨研末，送给患者服用，顿时病势大减。林则徐深为恒魁的仗义济世感动。

为了减少恒魁因斩了腿爪的火腿卖不出去而造成的经济损失，林则徐就挥毫写了一块黑底金字的“培德堂”横匾(该匾长二点八米，宽一点三五米，字为八十三乘七十二厘米，上款为道光乙未年，下款为少穆林则徐，并印有林则徐印章)。由衙役们抬着此匾，敲锣打鼓地在苏州大街小巷绕上三周后，送到了由恒魁的大哥恒玺主造的苏州会馆门前。于是，慎可火腿行已斩去腿爪的火腿，不但成了苏州市场上的抢手货，而且因火腿能治病而身价倍增。由恒玺、恒传、恒魁、恒球四兄弟合开的慎可火腿行发了大财后，回田心村建造了一座规模宏大，古朴典雅的前后四进的新厅，并把林则徐赐的“培德堂”横匾悬挂在新厅前进的上首，以志纪念。

(五)佛堂火腿业的兴衰

火腿因腌制的季节和取料的不同，有冬腿春腿之分，前腿后腿之别。冬腿可以久留不坏，春腿交夏即变味；冬腿中独取后腿，以其肉细而可久藏，前腿未免较逊；冬腿陈三年不变质，煮食香气扑鼻，入口味甘酥，为诸病所宜。腌腿时，在猪后腿堆中夹进狗的后腿加工成戌腿，味道尤佳。用猪尾巴加工成的小火腿，每只重一市斤左右，尾巴尖部剪开，套上猪小趾蹄壳，成了外形与后腿无异的观赏性微型小火腿，食用味道不及正宗火腿，但用它馈赠亲友，聊作观赏却十分有趣。

佛堂火腿业历史上有过辉煌，但抗日战争胜利后，由于国内经济萧条，火腿生意也日见萎缩，整个金华火腿的生产很不景气。

中华人民共和国成立后，党和政府十分重视火腿业的发展。1950 年开始，东阳、永康、浦江、淳安、诸暨、衢州、金华等县市都先后办起了国营食品公司和火腿加工厂，佛堂镇从事火腿加工腌制业的师傅纷纷被各地火腿厂邀请。随着私有制的改造，田心村民间腌腿业几乎到了停止的状态。

二十世纪八十年代后，改革开放的浪潮打动了田心人的心。八十年代初，田心乡火腿厂在乡政府企业办公室的支持下，又重整旗鼓，鸣锣开张。1982 年，在义乌县委书记谢高华同志的支持下，在《金华日报》头版头条位置上，发布了由谢高华书记秘书董纯才撰稿的“田心乡火腿厂率先在乡镇火腿厂中使用‘金华火腿’商标”的消息，一时间在同行业中引起了轰动。各地乡镇火腿厂纷纷上马抓数量、抓质量。到 1991 年底，在使用金华火腿商标的全省十五个县八十个火腿厂中，乡镇火腿厂就占七十一个。现在各地乡镇火腿厂严格按照 1988 年 10 月 1 日发布的“浙食Q—ZB02—88”金华火腿加工工艺标准，对厂房设施、技术力量与卫生条件进行了扩大和完善，乡镇火腿厂已成了社会主义国营商业的必要补充。

然而，岁月的风尘淹没了历史的痕迹。凡中华人民共和国成立以后出生的田心村王氏子孙，只能从老人口传中知道一些过去田心村先辈腌腿业之事，而许多制腿故事都逐渐被人遗忘了。可是1994年10月在金华成功举办的金华火腿文化博览会，又激起了人们对神秘的火腿故乡历史的兴趣。

四、义乌南枣出双林

秦始皇统一中国后，全国推行郡县制。传说他为了促进长江南北的经济往来，推行了南方人到北方做官，北方人到南方就职的南官北调，北官南下的任职制度，并规定了每位官员去任职时，都要带上一种或几种家乡的工农业生产方式或种植品种，到任职地加以推广。这样不但可以抑制当地人在当地当官的裙带关系，而且还可以让南北进行生产技术交流，使社会得到发展，实现"为官一任，造福一方"。因此从那时候起，南方就学会了种大小麦，北方部分地区也插上了南方的水稻。

晋隆安五年(401)，原籍河南南阳的傅熹来义乌任县令后，见义乌(乌伤)除了没有枣以外，其他的桃、李、杏、梅水果样样都比河南好。于是他就从河南引来了许多枣树苗，想在义乌增加一个水果品种——枣，实现他为义乌人民造福的宏愿。但他没有想到的是，从河南引入义乌的枣树长大后，枣树上只生出了一根根坚硬的刺儿，并不挂枣果。这使傅熹伤透了心。他临终前嘱咐儿孙，要把他的遗体安葬在枣树生长得最好的赐濑里枣树林里，并一再叮嘱儿孙，一定要继承他的遗志，让枣树开花、结果，实现为义乌造福。可是傅熹的儿孙虽然几经努力，但赐濑里枣树林里的枣树，只长椭圆形的枣树叶和树枝上一根根尖锐的刺儿，就是不长枣果。

傅熹儿孙人丁旺发，到了第五代，傅家已有了一百多口人。俗话说"树大抽丫，儿大分家""千金家伙不经三次分"，傅家因此而贫穷没落。原来属于傅家子孙的枣树林，大部分都卖给了邻居贾家。唯有傅德宣分到的那一小块枣树林留了下来，他宁可自己到贾家当伙计，也坚持不卖枣林。

南朝齐建武四年(497)，傅德宣的儿子傅翕虽然长得丰满圆润，十分聪明，惹人喜爱，但因贫穷，父母无力供他读书，他只能自幼开始跟随其父在贾家当小长工。

傅德宣的东家贾昙颖有个比傅翕小一岁的堂弟(叔父的儿子)，名叫贾孝，父母早亡，生性好动，从少跟随贾昙颖生活。贾昙颖为了培养贾孝读书成才，专门请了一个教书先生到家里来教贾孝读书。可是贾孝经常溜出去与没有书读的傅翕到田野里玩耍。贾昙颖拿贾孝没办法，只好请傅翕来当贾孝的伴读。傅翕就这样得到了一个天赐的读书机会。

傅翕读书的天资特别好，凡他读过的书几乎过目不忘。他读了儒家读道家，读了道家读佛家，尤其是对佛家的知识几乎是无师自通。后来，傅翕成了一名以“儒学为基，道学为首，佛法为中心”的儒、释、道三教合一的中国禅学一代宗师，并得到了梁武帝的赏识和封赐。

傅大士弘扬佛法，得到了东家贾昙颖舍赐濑里方圆十里的山、塘、田、地给傅大士建双林寺的支持后，为了让跟随他信奉佛教的善男信女们能够自食其力，他就带领大家垦荒种粮。一些垦荒人主张砍伐不结果的枣树，改枣园为粮田，这使傅大士猛然想起了自己祖辈从河南引种枣树到义乌，想为义乌增加枣果“造福一方”的遗训来。

傅大士详细地询问了长辈这些枣树的来龙去脉后，他想到了“解铃还须系铃人”。所以他就日夜兼程地赶到了河南祖居地，请来了一位富有种枣经验的枣农师傅。这位师傅察看了双林寺赐濑里枣园里的每棵枣树后，发现这里的枣树都是未经嫁接，只是从枣树根部抽芽蘖生自行繁殖的。于是他就马上赶回河南，采剪了大枣、马枣、旗鼓枣三种优质枣树果枝芽头带回义乌，嫁接在赐濑里枣树蘖生苗上。这些枣树成活后，义乌的土地上就长出了大枣、马枣、旗鼓枣。在傅熹的第六代传人傅翕的手中，实现了义乌能产枣的夙愿。

但是双林寺枣树长果后，无论如何也不能把枣子留在树上红透，只能在枣子还青的时候就摘下来，不像北方的大红枣那样可以收藏当干果，一年四季都可食用。由于南方人喜欢吃熟的，人们就把大量的青枣成熟收获后，煮熟，晒成了义乌所特有的枣干，这正好弥补了义乌青枣久贮就要烂掉的缺点。义乌人为了纪念傅熹从北方引种枣苗来义乌的功绩，义乌的枣干也就被称为“南枣”了。传说傅翕修成了佛界五百罗汉中排名第一百三十一尊善慧尊者后，义乌人都认为义乌的枣干，完全得益于傅大士的佛法功德，人们也就把义乌特产“南枣”称为是双林寺的特产“佛果”。

宋宣和三年(1121)，双林寺遭兵燹夷为平地。双林寺枣树也从此开始向义乌各地扩大种植。绍兴四年(1134)，由贾、朱、丁三姓氏族合力重建双林寺后，原属双林寺的十多亩枣林产权，一直登记入《洋川贾氏宗谱》归贾姓分管。到1951年实行土地改革时，才划归与双林寺相邻的寺前街、寺前施等自然村所有。

五、蜜枣祖师朱献文

(一)

清朝咸丰年间，有位法号叫钟慈的安徽歙县谷云寺和尚来到双林寺参加佛事法会。他见傅大士佛前的供桌上摆着未做成南枣的青枣，得知这些枣树是由傅大士的先辈从河南引种来义乌生根、开花、结果的之后，他就到义乌枣乡，虚心地向枣农求教种枣技术，并带了许多枣苗回到安徽歙县，细心地栽种、嫁接、管理成林。

这一年，钟慈和尚种的枣子获得了大丰收，有位小和尚根据钟慈法师喜吃甜食的习惯，特地仿效义乌人用红糖煮成糖枣的方法，用蜂蜜煮青枣来孝敬师傅。钟慈法师吃了用蜂蜜煮的枣子后，倍感清香可口，于是就按照义乌枣农做南枣干的方法，吩咐小和尚们将用蜂蜜煮熟的青枣，再用炭火把它烘干储藏，供一年四季食用。这种用蜂蜜煮熟的枣干也就是最早的蜜枣。后来，钟慈法师又把他们制作蜜枣的方法传回了义乌。从此，这种蜜枣也就逐步取代了义乌以前用红糖煮制的糖枣。

关于义乌枣农又是怎样用白糖制出“金丝琥珀蜜枣”“无核桂花枣”来的，还得从一心要振兴义乌的义乌骄子朱献文先生说起。

朱献文(1872—1949)，原名昌煌，字郁堂，清末进士，义乌市佛堂镇南东朱乡雅治街村人。他自幼聪颖好学，是我国最早赴日本帝国大学法政科留学的学生之一。他一生为推行国家法治而努力，建树颇多。那时他虽官居国务院法制局参事，但始终不忘自己祖代都是布衣出身，每次探亲坐轿回家，离村数里路远，就非要下轿步行不可。外出作客，必要待轿夫将空轿抬出村外才肯上轿，入宴前，必等轿夫就餐后再入席。他这种视百姓平民为父母，不事奢华，平易近人的作风，到今仍为家乡男女老少所传颂。但朱献文创制义乌“金丝琥珀蜜枣”的故事，就鲜为人知了。

朱献文少年时代，经常跟随祖父母去双林寺拜佛，并尝过由双林寺和尚送的佛果——南枣和蜜枣。这在朱献文幼小的心灵里永远留下了义乌南枣、蜜枣虽外形皱皮疙瘩，但其味无比香甜的美好记忆。

清光绪二十八年(1902)，朱献文以优异的成绩获取公费去日本帝国大学留学的机会。一次偶然的机会，他在日本尝到了由中国广东出产的色味俱佳的桃、李、梅果脯，这使他想起了义乌样子难看、味道香甜的南枣和蜜枣。他想，如果义乌的蜜枣也像广东金黄色的果脯那样，既好看又好吃该多好。

回国后，朱献文把这个想法告诉了父母，他的父母很支持儿子为家乡的蜜枣打开国内外市场的建议，待到金秋果熟时，就派人专程去广东聘请了几位有丰富实践经验和制作技术的果脯师傅来义乌。果脯师傅先挑个大又圆的大枣，用剃刀在枣体上切出宽窄均匀、深及枣核的一条条刀缝，再和百分之六十广东产的白砂糖、适量的水，一起放入锅内煮。当白糖慢慢渗透进了枣的刀缝内后，起锅用炭火烘至半干，然后用手把枣捏成扁而椭圆的形状，再烘干。这样制成的蜜枣外形扁平，有清晰的丝丝纹路，色泽金黄，晶莹剔透可见枣核，外裹一层薄薄的白色糖霜，极像琥珀玛瑙，故取名为“金丝琥珀枣”。如果在手握整形时，剔出枣核，在煎煮的白糖中加入桂花，这样制成的蜜枣，便成了枣中的珍品“桂花蜜枣”。

（二）

民国十一年（1922），朱献文出任江苏省高等审判厅厅长，后因内战，1927 年挂冠归里，仅挂名任司法院参事。这期间，朱献文十分重视义乌农副产品经济的发展。1929 年，当他得知杭州要举办西湖博览会的消息后，为了把义乌的土特产推向国内外市场，他力荐义乌生产的红糖、火腿、南枣、蜜枣的商家去杭州参展。结果由佛堂王宅安头村徐友松的火腿获特等奖中的第一名，稠城陈祥知的顺记火腿获优等奖，佛堂黄克仁的黄培记号红糖获特等奖，龚振昌号厂生产的南枣、蜜枣也都获奖。

传说在这次博览会上，朱献文与黄克仁一起到杭州，他有意挑选了像双黄鸡蛋一样的双仁大枣制成的金丝琥珀蜜枣，一对一对的装在特制的镂金盒子和锦缎盒子里，盒内衬上名贵金丝绒布，蜜枣上扎上真丝带，贴上金字标签，只展不卖，引得围观者每天都把展台围得个水泄不通。在高峰时，博览会的工作人员会当众剖开金丝琥珀蜜枣，只见个个是双仁枣核，皮薄肉厚核细，枣肉香甜酥软，无论形、色、味都使每位观赏者赞不绝口。这次西湖博览会，从六月六日开幕，到十月十日闭幕，前后四个月时间，使“义乌出三宝：红糖、火腿、南蜜枣”的赞誉声飞出了浙江，传遍了大江南北。

佛堂镇商会组织的红糖、火腿、南蜜枣在西湖博览会上夺魁归来，有力地激发了义乌人的生产积极性，推动了义乌红糖、火腿、南蜜枣的生产。朱献文先生在博览会上看到金丝琥珀蜜枣倍受青睐后，决定要为大规模发展义乌蜜枣生产尽心尽力。在他的努力下，民国二十二年（1933）由省政府拨款十万四千元，由义乌县实验科长肖家点兼任主任委员，选址在红糖、青枣的集中产区江湾乡，创办了以生产制蜜枣所用白糖为主的浙江金区合作糖厂。据资料记载，1933 年全县种糖蔗面积达到了二万五千亩的历史最高纪录，为制糖、制枣提供了充足的生产原料。这个糖厂虽因经营不善于 1938 年倒闭，但义乌的南枣、蜜枣的产量却上了一个新台阶，仅 1938 年全县就产南枣一百吨，蜜枣二百五十吨。1946 年全县共产南、蜜枣四百八十吨。南蜜枣与红糖、火腿一样成了义乌农村的拳头经济产品。朱献文先生也被枣农称之为金丝蜜枣的祖师爷。

六、酿酒红曲出稽亭①

位于佛堂镇东三里地的稽亭村始建于南宋年间，迄今已有近八百年的历史，村

① 此文原载 2004 年 6 月 30 日《金华日报》第 7 版，部分内容经删改。

里有八百多户村民，但稽亭村的红曲生产的历史并不长。

两百多年前，一位来自福建莆田县名叫吴梧孙的人迁入稽亭村后，带来了制作红曲的“曲娘”和技术，发展起了制曲业，并逐渐使稽亭形成了一个依靠做红曲勤劳致富而远近闻名的专业村。

据清光绪十一年(1885)的《吴氏宗谱》记载：“莆田县吴梧孙，号庆元，幼负异材，贸易代耕。遨游义邑，爱山川之秀丽，念风土之敦淳，辞鳌头之桑梓，徙乌伤之稽亭，自为第一世祖。娶朱氏，生二子……”，迄今已繁衍至第八代，有二十多户。

吴梧孙到稽亭后，不仅自己制作红曲，还大方地教给村民，稽亭村红曲业的生产，还带动了本地酿酒业和酱醋业的发展。由于吴梧孙人缘极好，心情舒畅，寿高九十九岁才仙逝西去。

但是，吴梧孙去世后，稽亭的村民借靠近佛堂古镇的优势和制作红曲的技术，农商兼顾，其“曲娘”与制曲技术开始保守起来，后来做红曲甚至成了男人的专利，只传儿不传女。师傅在制作红曲时，假借“守口”能保酒气不“外溢”为名，嘴不张声说话，其目的就是为了保守制曲秘诀不外传。因此到了新中国成立初期(1949)，全稽亭真正能制红曲的还不到三四十户人家。

改革开放后，稽亭村村民基本上解决了温饱问题，种粮制曲得到了大发展，无论是大姑娘还是小媳妇，都把种粮制曲当成了发家致富的好门路。全村百分之六七十的农户，都从每年的五月开始制曲，到中秋或重阳前后结束，大户能加工二三百担米的红曲，小户也可达四五十担之多。全村全年加工红曲八百多吨，除了本地农村自酿糯米黄酒用曲外，还外销到衢州、嵊县、仙居、缙云等地。

1988年，稽亭村的丁予章、丁舸父子俩，依靠传统的制曲工艺，办起了红曲加工厂，后更名为天然色素实业有限公司。他们以私人企业的名义向粮食部门购入早籼米，分发到二十多户农民家中加工红曲，以每担米八元的加工费，由企业收回产品，统一销售。其红曲销路，扩展到了山东、河北，甚至东北三省。

几年后，丁予章、丁舸通过科技信息交流，获得“红曲可供制造红糟、红酒、红腐乳，并可提取中医学上的活血消食药，主治赤痢下重，妇女经血阻滞等症的食用红曲红色素”的科技信息后，毅然走出稽亭，来到山东某大学，与科技人员联手研究提取红曲红色素的技术并获得成功，对传统的红曲产品进行嫁接改造，在原来的红曲制造基础上，提升为对红色素的继续研究和开发。

1994年，他们试产成功的天然红曲红色素被国家科委等研究部门认定为国家级新产品。2000年，功能性红曲米再次被国家六部委认定为国家级新产品。

稽亭村丁氏父子以红曲生产为基础的天然色素实业有限公司，如今成了浙江省高新技术企业和农业龙头企业。他们走出了农业，走向了工业，走出了中国，走向了世界。2001年11月23日，新华社报道：他们在短短的八年中，依靠科技，催生了点米成“金”的奇迹——从早籼米中提取了红曲系列产品，平均一公斤早籼米的投入，产出的效益高达二十多元人民币……1999 年产品出口到二十五个国家和地区，去年则增至二十九个国家和地区。实现了出口创汇三百九十万美元，去年公司与农业部签订了无公害专用粮食基地五百亩，消化早籼米两千三百吨，今年已增加到一万亩，预计可为当地农民净增收入二十万元。

稽亭这个原生态的古村落，搭上了进入新时代的快车，开启了奔小康的致富大门。

第七章　商贸建古镇

三教合一傅大士，九流汇聚佛堂集。
万商云集兴古镇，大街小巷留遗迹。

一、丁家渡

据佛堂镇塔山下村《盘石丁氏宗谱》内“岳父明晃公行状、圻六百五十一”中载：公姓丁，讳尚庆，字明晃，清康熙二十九年(1690)生，“家初不甚丰，公善经营，出入有纪，滋息有道，家赀逐日以裕，居积巨万，为乡里冠。然积而能散，每遇岁秽，或炊粥施民，或捐米粟赈济”。可见丁尚庆初时，家中并不富裕，由于他诚实守信的经营，生意越做越好，使他逐渐富有，成了当时乡村里出了名的财主。然而他富能济贫，每当年成恶劣，田禾受灾歉收，他都能够用施粥或给穷人捐赠粮食的不同方式，帮助灾民渡过难关。

该文还载，其时，“佛堂为四方贸易会集之镇，舶樯如猬”，来此地经商船只的桅杆，多如刺猬身上的刺一样，林立于江中。“每遇(佛堂)市期，(前来赶市的人)肩摩踵错”。丁尚庆为解除“来往行人，艰于渡涉”的问题，“捐资造船，以济行人”。从此，这个有丁尚庆捐资造的渡船被称为“丁家渡”，停船的码头也被称为“丁家埠”。

随着佛堂贸易市镇的不断扩大，出现了“济渡者，舟不能行”的拥挤不堪的状况后，“公捐厚资，慨然为众人先造浮桥，为永久利焉”。可见丁尚庆是当时积极赞助建造佛堂浮桥的发起人之一。

清乾隆四十年(1775)，丁尚庆有两个儿子，十一个孙子，十七个玄孙共四五十人(女儿、女婿不算在内)，成了四代同堂的大家庭。是年，适逢塔山下村纂修《盘石丁氏宗谱》，其东阳籍女婿郭会勤，为已八十五岁高龄，身体仍“矍铄如壮岁，行不扶仗，双目炯炯有神”的岳父丁尚庆，与其“德称贤内助”，深受儿媳、孙媳们尊敬的岳母，撰写了《行状》一文，载入新纂成的《盘石丁氏宗谱》内，以志对丁尚庆一生勤劳致富，不忘扶贫济困，积德行善的品行，晚年得到了子孙昌盛、长寿康乐的善报；同时也用文字记录下了丁尚庆率先在佛堂镇开发了“丁家渡”(古商埠)的事迹。

二、万善桥

用“万善”二字作为桥名，可见此桥由许多好善之人乐助建成。

清乾隆二十五年(1760)秋，佛堂万善浮桥建成，义乌县令杨春畅，撰写了《万善桥记》，载入《义乌县志》。

《万善桥记》称：“距县三十里有佛堂市镇，其地四方辐辏，服贾牵车，交通邻邑。而旁据小道，汇合绣津(北江)、画川(南江)，水势浸涨，民苦病涉。里人王以琳、王禹德等谋建浮梁，而有志未逮”。

王以琳，字林玉，号荆山(1712—1769)，佛堂镇头甲村义乌凤林王氏第二十九代传人。他一生积德行善，十分热心公益事业。清乾隆二十年(1755)在佛堂镇后秧田水塘的南岸，建成鼎二公祠后又与族人王禹德，率先倡议在佛堂镇的义乌江上建桥。但因江面广阔，耗资巨大，几次努力，均未能成功。然而王以琳不辞劳苦，锲而不舍筹资建桥的决心最后得到了佛堂镇商民的称赞和支持。慕义乐助者有弃渡建桥的丁尚庆与乐善好施者楼德运等十余人。

楼德运(1708—1783)，义乌夏演乡流夏村人。据《夏演楼氏宗谱》记载：楼公，名德运，字景明，号河山，行潽七八九十五(排行潽字辈的第七八九十五号)，居智者里之流夏。恩授州同，赠儒林郎。家有田产一千三百余石。富甲义西夏演一带。乾隆二十四年(1759)，其母七十周岁，突发奇想要儿陪她到杭州游西湖。景明公生性至孝，父丧后，寝苦枕泪，哀毁弗立，侍母倍加细心，下气柔声恂恂如也。奈何赴杭路遥艰辛，唯恐老母经不起舟轿颠簸，遂“往坊杭图，归里宏建‘流夏西湖’，傍造黄山八面厅，专供其母畅游舒赏，乐享晚年”。

楼德运建造“流夏西湖”，竹、木、石灰等等建材，需到佛堂市镇采办，其时“佛堂镇逢市，须大江过渡，人众拥挤”。“倡建浮桥，需用铁索两条”，楼公欣然出巨资采办纯铁万余斤，锻造成环环相连的铁索两条，于乾隆三十二年(1767)捐助给佛堂万善浮桥，并赠诗一首：

桥浮佛镇贯长空，
两岸云衢道自通。
一带松舟横水面，
千寻铁索锁江中。
波澜滚滚浮轻鹢，
洪浪滔滔落彩虹。

何用乘车争利涉，
万民千载渡西东。

据佛堂众人回忆，两条铁索各长约两百米，每环呈二十五乘十二厘米腰圆形，用直径约二点五至三厘米方圆条铁，锻接成链。传说锻造时，红铁浸过桐油，所以乌黑锃亮，永不生锈。因此，每年一次的佛堂浮桥会，楼德运必居宴席首位。

在《万善桥记》内，同时记载了王士宇、杨启周、丁宏铨等其他十多名慕义乐助者的姓名。他们除捐助钱款外，还捐助了田地、房产，组成了万善浮桥董事会，以田地租谷、房产租金为收入，除输赋及守桥工食外，积余为修葺之费。

二十世纪二十年代（约 1928 年），由佛堂镇商会向全镇商界募捐，丁顺昌店号首助三十乘三十厘米的四根石柱，建成一栋五大间石柱木梁的万善桥台浮桥厅，以及浮桥厅前用石板、条石砌成的浮桥码头一座。众人选举何秋圆、何梦庚先后出任浮桥会董事会会长。商会每年向佛堂商界募集浮桥修葺费用，经管浮桥会田地、房产租谷、租金至 1949 年。

1949 年中华人民共和国成立后，佛堂万善浮桥会共有田产五十一石（一百五十亩）余（坐落在今王宅、方前、横明堂一带），盐埠头店面楼屋十间，由土改时担任佛堂镇共和村（今吴溪叶小吴溪村）、联合村（今下市村）、经建村（今新市基村）、和平村（今竹园村）、民主村（今老市基村）、解放村（今王蒲头、头甲村）六村主任的张秀桂代管三年后，交由佛堂航运合作社管理。

佛堂“万善桥”桥工王惠政（1897—1992），俗称烂头伯，自幼随父住码头，当桥工。其任务有五：

1. 晴天扫桥板，雨天到一只只浮桥船里掏出天落水；

2. 每天上午、傍晚两次，定时到第九和第十两只浮桥船之间的过船口，支开连接两只浮桥船供行人与手拉车通走的大跳板，让上下行船，鱼贯而过；

3. 洪水涨到水浪打到揽铁索的石桩时，用斧头敲开梢锁在铁索环中的木锁（即木梢），放浮桥漂流到江对岸堤坎边，称“放浮桥”；

4. 洪水退位到揽铁索石桩下三级石阶后，向佛堂大街上明锣号召，请各家店铺都派出伙计，到佛堂江边，与各船家伙计、老板齐心协力，撑浮桥船、拉纤、拉绳索，将洪水来时放泊在江对面的浮桥拉回原位，重新将浮桥的铁索环套锁在两根四十厘米左右见方、八十厘米左右高的石桩上，称“挂浮桥”；

5. 一旦发现有浮桥船漏水，及时更换，并提请浮桥会及时修船。

1964 年，国家拨款两万元，改浮桥西头（沙滩段）十二个井字形木架的“跳板段”为长五十米，宽四米的半座钢筋水泥桥。

1967 年，去掉由十三只浮桥船组成的东段铁索浮桥，续建成全长一百三十四点八米，宽四米的七孔石台、石墩，可通过载重一吨以下机动车辆的钢筋水泥民用桥。一直使用了两百七十年的佛堂万善浮桥，终于寿终正寝，但永远留在了古镇人的记忆之中。

1992年，九十五岁高龄，在佛堂万善浮桥上辛苦了一辈子的最后一位老桥工王惠政仙逝。

三、盐埠头

盐埠头，是佛堂古镇江边的一个古码头。

盐埠头横街，东头呈“丁”字形与直街相接，中部与鱼市街十字交叉，西头伸到义乌江边，全长一百多米。沿街两旁，有七十多间二层排门店面屋。二楼倚街的一排小阳台，古色古香的木雕马腿、花板，五十厘米左右高的木栅栏，拼装成整齐的“美人靠”，构成了一条格外幽雅别致的古街风景线。这里是佛堂古镇茶馆、酒肆的集中地。走到此处，见物思景，仿佛耳旁回荡起当年美人靠内传出的悠扬琴声，婉转动听，令人心醉；似见当年一个个美如西施的女招待，翘着她们的兰花纤指，依偎在美人靠上，招揽着上楼饮酒喝茶的生意。

与十字口交叉的鱼市街与直街平行，因为位于直街西侧，故又称为“西街”。它北起浮桥头横街呈“丁”字形，向南延伸，串盐埠头横街、金宅弄、新码头、大成弄，连接上塘沿、稠南小学、松山别墅、下塘沿，全长三百多米。沿街两旁老式的二层结构排门店面屋，门挨门，户挨户。在还没有火车、汽车的年代里，这条街与盐埠头横街，成了佛堂镇上的闹市区。白天到处是市井的喧嚣声，夜里是通宵达旦、灯火通明的“不夜城”。据佛堂镇上老者相传，盐埠头与西街之所以能够如此繁华，是因为这里曾经是义乌食盐外运的天然码头。

据《义乌县志》卷五《田赋（上）》中载：唐宝应元年（762），刘晏担任盐铁使后，推行了“盐法”。那时候的义乌虽在浙江中部，无海水煮盐的“亭户”，却有了“商盐”与“官盐”之分。尤其是《义乌县志》中“每商人不至，则减价以粜，官收厚利，而民不知贵。此官盐所由始”的记载，说明唐朝时期，外地盐商可来义乌贩卖官盐的史实。宋朝，义乌官府为了垄断经营官盐，只准“官自运卖”，铺户到衙前取盐，以零售的方式，赚些由官府所赐的“脚价”钱。到了元朝，由官府确定，盐按人定量，折成价银，称“盐钞与税粮同征”。从此“盐粮”成了百姓向官府纳税的代名词。这种赋税法，一直沿用到了明朝。明万历九年（1581），义乌在台州临海始设官府所建的粮、盐、米“广储仓”，稳定了义乌用粮米向临海产盐区换取官盐的流通关系。

《义乌县志》卷六《田赋（下）》载：康熙十三年（1674），官府设立了“盐行牙税”。其“牙税”，指的是对从事撮合买卖双方从中收取佣金的“行牙”（俗称：行郎）人所收的税。从“盐行牙税”可见自清初开始，义乌已有食盐市场公开存在与兴旺的历史记载。

传说那时候，佛堂人用一石米（约一百五十市斤），可以到临海换回一千斤盐。而在佛堂一斤盐，又可以卖三斤米的价钱。在这种贩盐厚利的诱惑下，每当秋冬农闲，佛堂一带的百姓就会成群结队地去到临海担私盐。“有其力，赚其钱，没有十分力气，不能担私盐”“想赚钱，担私盐，赚到铜钱苦不见”“担盐长路无轻担，穿破草鞋堆成山，翻山过岭脚起泡，肩头担肿还要担，一路发愿‘不再来’，卖了盐后数铜钱，路上发愿全忘见，又上路去担私盐”“担私盐，勿倒霉；官要抓，穷（土音：我）不怕；日眠夜走过关卡，赚点苦力钱，过过日子脚”。这一首首流传了几百年的民谣，道出了佛堂一带百姓当年担私盐生活的写照。

从浙江省交通地图上看，义乌到临海，必须翻越大盘山。在没有汽车的年代里，义乌与临海来往的粮、盐运输，靠的是人肩挑担与马驴驮运，走的是旱路。来自东阳的北江与南江，在佛堂镇北汇合后，滔滔的义乌江水自北向南而来，在佛堂镇一折弯，又自东向西而去。义乌江在佛堂的转弯处，江面广阔，水深而流动平稳，形成了一个天然的港口码头。顺水而下，到兰溪可以逆衢江而上，直达赣东的婺源、玉山、广丰等县。到建德梅城逆新安江而上，可达皖南歙县、屯溪、休宁等徽州县地。据佛堂镇塔山下村《盘石丁氏宗谱》和《义乌县志》卷一《乡隅》中记载：乾隆年间，佛堂已成商贸会集之镇，江边“船樯如猬”“船只泊岸如蚁附”。据《义乌地理志》载，佛堂江边船舶最盛时，竹、木筏不计在内，就达五百多艘。经笔者二十多年收集镇史资料调查，在今佛堂镇所辖的一百三十四点一平方公里一百零六个行政村内，几乎没有发现有一个历史上从事水上运输的专业村。由此可见，那时候停泊在佛堂江边的五百多艘船，大部分都是外地来佛堂从事商贸的商船。

义乌从明末清初开始，盐粮改成了用“折银”收钱的办法。而官盐的价格，集盐的收购价、运输费、卤耗、税收等于一体，自然要比老百姓从临海担过来的私盐价格高。义乌官府为了方便徽州盐商贩盐，在佛堂镇盐店脚（今佛堂新华剧院），建了储盐的官仓，并开仓把盐卖给需要整船运载的徽州盐商。徽商把佛堂的盐贩运到安徽内地后，获利甚丰。历来十分注重亲朋乡谊的徽商，亲戚带亲戚，朋友带朋友，来佛堂经商的也就越来越多。大量的徽商到来，使佛堂因为“僧多粥少”，引起了盐价上涨。许多来佛堂的徽商，见佛堂四方辐辏、交通便利的商贸环境，就定居下来，开设店铺。俗话说“无徽不成镇”，徽商作用下，形成了佛堂镇旧城的雏形。

绍商善于制作咸菜、酱菜和经营当店、钱庄。在佛堂盐市的吸引下，他们来到此地，最早经营起酱菜、颜料、印染以及金融行业的生意来，成了继徽商之后前来开发佛堂市镇的又一支商贸劲旅。

清乾隆二十五年（1760），佛堂万善浮桥的建成，产生了佛堂市镇；依义乌江的流水，又出现了被载入《义乌县志》卷一《乡隅》篇中的“廿四都佛堂上市”与“廿五都佛堂下市”的地名。

《义乌县志》卷二《万善桥》中载：佛堂万善浮桥，由吴生、周士“首捐白金四百两”。清乾隆二十五年(1760)秋，佛堂浮桥建成后，成立董理会，“而吴生、周士功成身退”。此吴生、周士是何许人？

据老桥工王惠政生前介绍：“吴生是徽州盐商，周士是绍兴商人。他们建浮桥初时捐助白金后，吴生在盐埠头购地，建造了五间坐北朝南的店面屋，称为‘盐栈’(今盐埠头三十四号到三十六号)。周士在浮桥头鱼市街丁字口购地建了四五间坐西朝东的店面屋，称为‘酱园’(今浮桥头三十号到三十四号，后由佛堂‘义和’接管，称‘义和’酱园)。他们远离家乡，来到佛堂，目的是为了在佛堂长期做生意赚钱。浮桥董理会主要是经管浮桥的组织，长年累月需要直接与当地人打交道，所以他们就不愿加入其中。后来徽商、绍商在佛堂生意做大了，分别在竹园西头与今商会街东头建了徽州会馆与绍兴会馆后，他们在盐埠头、浮桥头的十间左右店面屋就都卖给了佛堂浮桥会，作为浮桥会的公屋出租，以这租金作为修理、保养浮桥费用的资金……。”

据佛堂镇下市村八十六岁的老船翁郑道有老人回忆，他自幼随父在义乌江上拉纤、撑船。在1931年12月杭州—江山开通火车铁路运输之前，佛堂镇是汇集义乌、东阳、永康、武义、浦江等周边县市商贸交通的最大码头，来自沿江各地的船都停泊在以盐埠头、浮桥头为中心的上下游。江上船只，大小不一，形式各异。其中凡从衢江过兰溪来的船，由于衢江多浅滩，每到浅滩处，船工要下水用肩顶船尾推行，所以其船的船尾高翘，形状与水鸟十分相似，因此称这种船为“常山鸟”“江山鸟”。因为，衢江又从衢州分叉，一条称“常山港”，另一条称“江山港”，常山、江山盛产石灰，他们将常山石灰、江山右灰运来义乌卖掉后，要把佛堂的盐运回常山、江山，贩到赣东内地去卖，其船的体积一般是“四仓头”(载重约四吨)。从新安江过梅城来的船，一般都是“六仓头”“八仓头”甚至是“十仓头”的徽州大船，他们运来的是丝绸、棉布、竹木器、生漆、徽纸、徽墨等，运回去的是在佛堂盐埠头装货的食盐。

那时候，佛堂的盐店是义乌的官仓，派有八个盐兵驻店守仓，盐店脚旧址在今佛堂镇新华剧院址。据七十多岁的退休老干部朱和墉回忆，新中国成立初期，佛堂街头有一位双目失明的乞讨老人，年轻时曾是佛堂盐店的盐兵，因好出风头，仗势欺压担私盐的脚夫，结果双眼被私盐客挖掉，成为瞎子。可见，佛堂镇也曾经存在过官盐与私盐商贸之争。

据《中国十大商帮》第十章《徽州商帮》中载：徽州歙县多盐商。明初规定，盐商必须赴边纳粮，由官府酬给盐引，商人才可以持引支盐行销，但因徽州赴边路远，这种经营盐业的“开中法”，限制了徽州盐商的发展。明弘治五年(1492)，明朝廷改

“开中法”为“开中折色”制度，商人只要向盐运司交纳现银，即可办引行盐，这给徽商带来了经营盐业的方便。万历四十五年(1617)，明朝廷为了疏销积引，又推行了纲法，以纲册所载各商持行原数为依据，册上无名者不得参加，这将“吾乡贾者，首鱼盐”的徽州歙县盐商经营盐业的特权固定了下来。清代沿用明代的盐制，于是徽州歙县的盐商，也就成了清乾隆年间在佛堂至歙县水路上享有运销食盐特权的人，所以徽州盐商吴生，在清乾隆二十五年(1760)筹建“万善浮桥”时，首捐了白金四百两后，购得了盐埠头五间坐北朝南店面屋基，建成盐埠头“盐栈”，这正说明了徽商能够抓住商机的精明之处。

参考资料：

[1] 义乌县志编纂委员会. 义乌县志[M]. 杭州：浙江人民出版社，1987.
[2] 张海鹏，张海瀛. 中国十大商帮[M]. 合肥：黄山书社，1993.
[3] 佛堂镇塔山下村《盘石丁氏宗谱》。
[4] 佛堂镇王蒲潭村《凤林王氏宗谱》。
[5] 夏演乡流夏村《楼氏宗谱》。
[6] 老桥工王惠政生前采访资料。

四、商踪

会馆是明清时期都市中由同乡或同业的商人，为“敦乡谊，叙桑梓，答神庥，互助互济”成立的封建社会团体。历史文献中有“会馆之设，肇于京师，遍及都会”的记载，浙江商业会馆最早的当数明天启年间(1621—1627)，由宁波药材商人在北京设立的“鄞县会馆”。在旧时(1949年前)的佛堂镇内，曾建有徽州会馆(新安会馆)、绍兴会馆，佛堂本地商人也有在苏州建“金华会馆”。从这些史实中，可见当时佛堂镇的商贸盛况就已经在全国范围内跻身“都会”之列。

(一)徽州会馆·乐善堂

佛堂徽州会馆是明清时期皖南旧属徽州府的歙县、休宁、婺源、祁门、黟县、绩溪六个县的商人，联合在经商地建造的会所。传说最早由一名叫吴生的徽商，建在佛堂镇西下市滩东岸高坡上(今义乌皮革厂旧厂房址)。

吴生，是歙县最早在佛堂经营的盐商。乾隆二十五年(1760)建万善浮桥时，他首捐白金四百两，赢得了佛堂镇上众商人的信赖后，购地建成了盐埠头五间店面的盐栈。后盐栈迁址到佛堂镇中街与上街交接处盐店脚，再从盐店脚迁移到旧徽州会馆址(今义乌皮革厂旧厂房址)。历史的尘埃，淹没了有关以吴生为代表的最早徽商在佛堂经商的文史记载。但凡是盐栈、盐店脚、旧徽州会馆这三个遗址中出土再用的旧墙砖，容易风化成粉末，传说这是砖中渗透过盐卤水造成的。假设这种传说是真的，那么这些移砌在新华剧院食堂、宿舍后墙与义乌皮革厂靠近新安会馆一面外墙上已经风化成粉末状的旧砖墙，可以为这段历史提供实物佐证。

据佛堂先辈口传，徽州会馆建于清乾隆年间。清同治初年(1862)遭太平军残部焚毁后，大部分徽商曾逃回皖南老家避难。徽州会馆的断墙残垣搭建成了在佛堂经商的外地亡者灵柩停放处，始称为“乐善堂”。

中华民国初年，乐善堂曾由佛堂镇富商丁成余经办修缮，成为佛堂镇百姓停柩公用场所。

抗日战争胜利，佛堂镇市场经济复苏后，佛堂镇上“压花会”赌博盛行，许多赌徒为能得到好运，曾荒唐地进入乐善堂中，睡到停柩棺材板上去“托梦”，乐善堂一时成为赌徒们的好去处，为此编造出了许多令人捧腹的大笑话。

中华人民共和国成立之初，在破除迷信、相信科学的号召下，乐善堂被废除，成为一块荒芜之地。1958 年人民公社化后，乐善堂遗址成为竹园村民垦荒的自留地。二十世纪七十年代末，在此地筹建成了义乌皮革厂。筹建厂房时，用了地下挖出的一些陈旧砖块砌墙，这些旧砖块，如今都因当年受过储盐卤的侵蚀而出现了风化成粉末状的现象。

(二)新安会馆·古佛堂

据王惠政老人生前介绍，清同治、光绪年间，徽商再次分批来到佛堂经商。当时，佛堂本地的丁姓、王姓、张姓、毛姓等商人也初露锋芒，形成了佛堂市场上群雄逐鹿的局面。徽商为了团结力量，在原徽州会馆(乐善堂)西侧，建造了一座“新安会馆”。同时为了争取民心，徽商以佛堂最先是达摩投磬治洪之地的传说故事，在新安会馆东侧，建造了一座古佛堂渡磬寺，并在达摩祖师的佛龛两旁，竖立了两根小方石柱，上刻“古佛神灵安四境，佛堂市兴永千秋”句，以此展示徽商熟知佛堂的历史典故，敬重佛堂地方神灵，希望恢复先前徽商在此建造过的荣耀与地位。

收集佛堂古镇文物时，在竹园村一村民的屋旁发现一块长约三点六米，宽零点六米，厚零点二米原新安会馆内供奉徽商先人灵位石供桌的石板。该石板上刻有“宣统三年(1911)新安会馆歙西吴松麟敬助”的行楷凹文，为新安会馆建于清末提供了实物佐证。

徽商吴松麟(1849—1913)，歙县杨干乡杨干村人，十三岁由亲友带来佛堂，早年在由徽商开设的隆泰兴杂货店里当学徒。出师后，在佛堂经营的徽商亲友们的帮助下，开设了佛堂古镇的吴德兴布店。据吴松麟的第三代孙吴永贞(1929—2000)生前介绍：他听祖辈父辈相传，佛堂最早的徽州会馆，建于乾隆年间，后被屯驻在佛堂镇的太平军焚于咸丰末年。其址在今新安会馆北侧乐善堂的旧址上。因徽商十分敬重神灵，古佛堂的渡磬寺由徽商在清末与重建的新安会馆同时建成。

徽商郑清喜（？—1935），歙县臣坎乡汪村东横人。十二岁由亲友带来佛堂当学徒，出师后在佛堂镇开设了与徽商开设的吴德兴、汪德兴这两家老店齐名的隆瑞兴布店。生有燮荣、燮林二子。燮荣（1911—1974），绰号尼姑，其父殁后改布店为袜厂、布厂。

徽商黄道明（1910—1980），十三岁经亲友介绍，花了一个月从新安江乘船到佛堂，在一家由徽商开办的布厂里当工人。

1949 年新中国成立后，大部分徽商子弟回安徽老家参加土改，小部分因祖先的坟墓已葬在佛堂，就在佛堂镇参加土改落籍。如今留居在佛堂的还有吴、郑、黄、程、刘、陈等姓氏十多户徽商的后裔。

徽商在佛堂镇两百多年来，从盐商→布商→办袜厂→办布厂的一系列演变经历中，我们看到了善于经营的徽商在佛堂镇实施了“人无我有，人有我优，人优我转（业）”，凡事“捷足先登”“独占鳌头”“船头小，调头快”的经营策略和轨迹。

（三）绍兴会馆・新市基

绍兴会馆，又称绍宁会馆，位于佛堂镇商会街的东头原义乌第二人民医院旧址，最早由开设在今佛堂镇六顺里十八号“可园”绍商“裕盛钱庄”的老板与宁波、慈溪的药业商人合建于清嘉庆、道光年间，最初建在今佛堂中街供销社旅馆址。民国三年（1914），绍商开在今佛堂镇商会街二十七号的百年老当店，被义亭王莲塘村的王坞烟土匪抢劫焚毁后，绍宁会馆主要由在佛堂的宁波籍药业商人管理。

宁波籍慈溪药商沈春华，清道光年间，由绍商“裕盛钱庄”的老板介绍，经诸暨转道迁来佛堂开设“沈太和堂”药房，成了佛堂古镇的百年老店之一。沈春华将药店传给儿子沈万回，再传给孙子沈献麟。沈献麟生有四子，其中三子沈寿涌最为精明能干。据民国二十八年（1939）浙江省政府卫生处制作的《义乌县管辖境内药商清册》中记载，沈寿涌经营的“沈太和堂”药业商号，资金已跻身在稠城“魏立盛东记”“毛天德”和佛堂的“寿春堂”等四强之中，资本在两千元以上。

佛堂新市基，由佛堂商会开辟于二十世纪二十年代末。传说 1929 年，佛堂商会会长黄克仁为了打响义乌三宝“红糖、火腿、南蜜枣”的品牌与销路，挑选了“黄培记”的红糖，“正大”“隆昌”火腿行的火腿，“龚振昌号”的南枣、金丝蜜枣到杭州参加西湖博览会。结果，黄克仁的“黄培记”红糖与“龚振昌号”的南枣、蜜枣均获食品一等奖，佛堂徐友松“正大”与上崇山村王加法“隆昌”火腿行的火腿，都获甲级特等奖。为了召开庆功会，促进义乌红糖、火腿、南枣、蜜枣的生产与发展，1932 年，由时任佛堂商会会长的赵钦生主持召开以佛堂农历“十月十”古佛堂旧庙会为契机的

“首届物资交流大会”。外地商贩纷纷前来，在新市基搭棚设摊经营，新市基地名由此产生。

1937年，新市基建成外雨台（戏台）后，1938年建成里雨台。佛堂商会迁入绍兴会馆内，从此绍兴会馆横街被称为商会街。

1949年中华人民共和国成立之初，绍兴会馆曾作为佛堂售票公演的戏院使用。二十世纪五十年代后，作为佛堂镇卫生院（后称义乌市第二人民医院）用房。

1950年土改时，留居佛堂镇的绍宁商帮后裔人数远不及徽商后裔的人数。

1998年，新市基扩建改造，整栋绍兴会馆拆除，建筑的木料、石料全部售给金华中柔、白溪的龙蟠古寺，供扩建大殿之用。

五、古镇二绝（迎“文、武”二灯）[①]

迎凳板龙灯是金华八婺（金华、义乌、东阳、永康、武义、盘安、兰溪、浦江）城镇、乡村百姓在春节至元宵期间普遍开展的一种大型灯节娱乐活动。灯的龙头有竹篾扎、彩纸糊的，也有木雕涂漆贴金的，还有用稻草扎的，其龙身一般都用一片片长两百厘米左右，宽约十八厘米，厚在五到六厘米之间的松木板，木板与木板之间用一个活动的木梢连接。

龙身灯板，由少则数十多则数百甚至上千片灯板串联而成，每一片灯板称为一桥灯，一桥灯上装有二盏灯，灯与灯之间距离六十到七十厘米左右，灯罩用竹篾或铁丝扎，彩纸或丝绸糊饰，内点蜡烛，蜡烛形状有八角铜锤灯、六角油麻灯、圆形西瓜灯、竖立长方灯、葫芦灯、花篮灯、圆筒灯等多种，由凳板灯的主人自定。灯板的两头钻有两个直径约四厘米的圆孔，连接灯板时，前后两桥灯板对准圆孔，插入一根约四厘米粗、五十至六十厘米长的圆木梢，作为迎灯人手提或肩扛灯板时抓手的柄，持柄随龙头行。龙尾用樟木雕刻，长四十到六十厘米，呈四十五度角装在一块一米左右长的灯板上，朱红漆底，龙鳞与龙尾鳍贴金，这片灯板仅仅前面凿一圆孔，插一手柄，由一人扛在肩上，游弋在整条凳板龙的后面。它不与前面灯板相接，其意一是可以方便后来迟到的灯板接灯，二是寓意本凳板龙灯身长，桥灯多得难以数计，兴旺发达。因其灯板极像一条长凳板，凳板龙灯由此得名。

佛堂镇是金华八婺中屈指可数的古镇。镇内有两条分别称呼为“文灯”与“武灯”的凳板龙灯，独具的人文风俗与其他地方的凳板龙灯有截然不同之处，堪称佛堂一绝。

---

① 此文原载2002年9月20日《义乌日报》第7版，部分内容经删改。

(一)"武灯"

"百家姓"的武灯,于清光绪三十四年(1908),筹建佛堂商会时雕刻而成。它以佛堂古镇平均每一百个人就有一个不同姓氏的特点命名。当时佛堂商会的筹建人员为了加强镇内来自全国各地商人的凝聚力,不分店、铺、摊的资金多少,规模大小、经营项目、宗族姓氏,大家都可以来参加灯会接灯、迎灯,这种寓民间体育与娱乐活动为一体的方式,既象征了佛堂百姓能团结成一条龙向前进的进取精神,又体现了佛堂镇的百姓与百姓之间,犹如八仙过海一样,各显神通,互不相让,争强好胜的武术之乡的民俗、民风。"武灯"的特征就是当灯迎到道路直而宽的地段时,灯头与灯尾会进行拉灯拔河比赛"嬉闹"。因此,凡"百家姓"龙灯灯板上的插销,必须是选用坚硬的杂木棍制成,以免拉灯拔河时被拉断。"百家姓"灯会还有这样一条硬性规定,一旦发现有灯板或灯板木梢被拉断,巡游在灯周围的保卫人员就会马上出面控制暂时混乱的场面。淘汰了被拉断的灯板后,马上就重新接起来继续迎灯与拉灯拔河,充分突出了"百家姓"龙灯活而不乱的组织性和纪律性。去参加"百家姓"迎灯的人员,一般都是年轻力壮的男汉,他们腰扎护腰带,拉灯拔河时,扎着"弓步""马步",摆出一副武士气派。

"百家姓"龙灯的装饰十分奢华。龙头用香樟木雕成,歪头、张口、凸眼,翘首斜眼望天,加上一对龙角,施粉填墨巧装扮,朱红底漆上贴金,龙头的周围装有数十盏彩色的琉璃灯,好一派蛟龙腾空之势。龙头的后面,先是象征着佛堂各行各业能团结成为一个整体,又各有专长的八仙过海浮雕群象,接着是一座微型的木雕牌坊,而后是一大二小共三座各双层雕梁画栋、翘角飞檐、曲槛回廊的木雕小殿阁。龙头与殿阁分别装在两节灯板上,总称为龙头灯,由数十名青年壮汉轮流肩扛背驮着前进。一旦开始在广场上圈灯或开始灯头灯尾拉灯拔河,数十名青年壮汉就一拥而上帮助灯头,以保证灯头平稳不被拉倒。

整条百家姓龙灯队伍,最前面是由各大店家的牌匾灯、彩旗条幡、大铜锣、火铳、吹打乐队组成。晚上迎灯前面还要加两个松明火兜照明带路。敬奉的店家、居民、村户,门前摆着祭放猪肉与鸡网的香案,躬身作揖地朝龙头祭拜后,鸣放鞭炮,祈求风调雨顺,五谷丰登,生意兴隆。放鞭炮时,用两把竹篾打的大芭蕉扇遮住龙灯头上的琉璃灯,以防琉璃灯被鞭炮飞来炸碎。进入广场后,以放三响火铳为号,开始跑步围绕广场圈灯,尾随头行,笑语喧天,纵情欢乐。圈灯由跑在灯前的总指挥带路,或圈成磨盘式,或剪刀绞,或铁索环,或梅花形,任凭总指挥设计安排。当灯头绕至广场中心,总指挥又令三声火铳响,灯头急转一百八十度向后倒退缓步行进,这时,数百盏桥灯一进一退,逆向相行。在黑夜的陪衬下,流动的凳板龙灯十分美丽壮观。最后,"百家姓"迎到佛堂镇西广阔的下市沙滩上,尽情拉灯嬉闹,弄得大家都筋疲力尽，方才拆灯回家。灯头重新放回古佛堂，以备下年再迎。

1941年5月，日寇占据佛堂，屯兵在隔江的枸树脚与道院山期间，佛堂镇百业萧条，停止迎灯活动。1946年，佛堂人民为了庆祝抗战胜利，由商会牵头恢复开市，兴迎“百家姓”龙灯，并请来剧团搭台唱戏。当时的县政府怀疑佛堂有地下共产党活动，指使警察局把剧团戏箱查封，把演员带走，阻止佛堂迎“百家姓”龙灯。该行为结果激怒了数以千计的佛堂商民，他们认为这触犯了佛堂商民恭敬“百家姓”龙灯的民俗，于是佛堂百姓涌进古佛堂警察局，砸烂了警察局的牌子与办公用具，砸烂了佛堂税务所。武义籍的杨局长闻风而逃，佛堂商会宣布罢市十多天，逼使义乌县政府领导出面，亲临佛堂镇街头沿街鸣放鞭炮，以示向全佛堂镇的商家店铺、人民群众赔礼道歉。这件事充分显示了佛堂“百家姓”灯会的凝聚力与号召力。

“百家姓”灯头曾在“文革”期间被毁，1983年5月，由佛堂合作商店王启球、七十多岁的退休老工人叶新炉、竹园村村民龚景南等人牵头重新用樟木雕刻灯头，恢复组建“百家姓”灯会，定每年正月初十至十二迎灯。灯头存放在竹园村祠堂。近几年，由竹园村灯会接管，组织“百家姓”迎灯活动，“百家姓”时兴拉灯拔河比武的武灯形式也被保留了下来。

（二）“文灯”

与“百家姓”武灯相反的一条文灯叫“老相公”。“老相公”凳板灯，没有木雕的龙头与龙尾，仅有一个“宫殿”。“宫殿”用香樟木精雕细刻，双檐翘角，四面殿墙上画着古装戏剧人物图像，周围挂满彩球，传说新婚的男女青年或不孕夫妇，向灯头“讨”个彩球即能有身孕，一年内就能够抱上个胖娃娃。“老相公”的一条硬性规定就与“百家姓”截然相反，绝对不准拉灯拔河嬉闹。广场上圈灯以放火铳为号，但也是缓步行进，当灯头围到广场中间，又以放火铳为号，灯头急转一百八十度掉头后，全灯“下马”，停放在广场上休息。这时每桥灯板的主人一齐鸣放“一筒”（十个）大鞭炮，在黑夜中，数千个鞭炮同时升天爆炸，犹如一朵朵光芒四射的礼花，十分壮观。

“老相公”灯是佛堂镇内凤林王姓的祖灯。在佛堂镇周围的王姓和田心村的王姓，祖先都来自东阳王坎头，称为环溪王氏；后塘村的王姓，祖先来自金华长山，称为长山王氏；前王村的王姓祖先来自义乌的吴店，称为环川王氏；王宅村的王姓来自天台的黄岩，称为金谷王氏。他们都不能参与“老相公”迎灯活动。佛堂镇旧城区内唯有王蒲潭、头甲、竹园、双塘四个村及老市基村的日顺里、新市基的东王村王姓属于来自义乌尚阳来山（今前川村）的凤林王氏的后裔。

传说宋初时，始祖王彦超随钱缪王路过来山，见有凤凰鸣叫并出入于山林，羡慕此地风景独好，钱缪王即赐“凤林”地名。后王彦超在此落籍遂名“凤林王氏”。据1985年统计，佛堂旧城区共一万两千七百三十八人，一百三十个姓，其中王姓就有四千零八十九人，占总人口数的百分之三十二点一，印证了佛堂镇内平均一百个人就有一个不同姓氏的传说和仅“五支”王姓就占佛堂镇人口三分之一左右的特征。

旧时迎“老相公”灯，以一丁（人）一桥，一灶一桥摊派到户，以王蒲潭、头甲、竹园、双塘有凤林王氏小宗祠的四个村子进行轮流大年迎灯，以此代替佛堂凤林王姓后裔子孙集体的祭祖活动。佛堂镇内凤林王姓的子孙们基于对祖先的虔诚与敬重，所以迎“老相公”还有一套祭祖与祈求祖先对子孙后代显灵、庇护的规矩与程序。

一般是农历正月十一“老相公”落架，即将木雕的“宫殿”装扮一新，放在祠堂正中上首的供桌上，“宫殿”（即灯头）的上面披挂下来大幅的绣花帷帐，灯头的前面摆着四时果品、应时花卉。供桌的两旁，摆着一个个或四角、或六角、或八角高六至九层（约两三米），粗四十到八十厘米不等的塔型楼阁式的金斗、银斗。再前面是一张张用大方桌拼凑起来的大供台，上面放着一对对各家各户贴上自己名字的红烛烛台，烛台供桌的前面是一对对几十斤或几百斤、甚至上千斤的大蜡烛，这些大蜡烛，最粗直径五十厘米以上，有一人多高，大蜡烛用打过蜡的红纸包装，描有金黄色的龙凤呈祥图案或“风调雨顺，国泰民安”的贺联，大蜡烛的主人一般是在去年交了好运或喜得贵子或赚了大钱，以此来表示对“老相公”的感谢。祠堂的两侧摆有猪羊祭，即王姓农户，将自己养大的肥猪或山羊宰杀后去内脏和毛，剖开肚皮，四条腿左右两边掰开，扒在一个特制的木架上，猪羊的口上含着一个朱漆贴金的“和合”“如意”一类木雕工艺品，背上插起古装戏中武将背后的四面英雄旗，其摆祭猪羊的数量不限，主要是富户与富户之间在“老相公”前面比体面，比谁的祭猪、祭羊最肥最大最漂亮，以此比阔气。猪羊祭摆三天三夜。白天，供桌烛台上的大红蜡烛不点燃，前面的大蜡烛不分昼夜一直燃着，晚上烛台上的大红蜡烛轮流点燃以增加祠堂的热闹气氛。因此，供桌烛台上的蜡烛两边有专人轮流值班守候。这三天中，祠堂内挂灯结彩，人山人海，老太婆们三五成群在“老相公”前念经，铜磬声、木鱼声节奏明快地伴和着她们的念经。

正月十四日清晨，火铳为号，通知各户背着凳板灯开始在广场里接灯。靠近灯头先接喜灯，喜灯在灯桥板上的两盏灯笼上插上一面三角小红旗，上写喜灯为记号，代表灯板主人是向“老相公”求子来的。灯头前，开始请道士蘸灯头，蘸灯头的目的，主要祈求“老相公”献灵，保佑王姓子孙平安，人丁发达。后面的灯接好后，以火铳为号，灯头带领整条龙灯先前往王斗村“看娘”，理由是雕制“老相公”灯头的香樟木料是从王斗老香樟树上取来的，同时也提示王姓子孙要敬老爱少，礼义传家。

“看娘”回来后，整条龙灯进佛堂上街、中街、下街。走在灯头前面的仪仗队也有别于其他任何地方迎灯队伍，“老相公”仪仗队最前面是村内数十名男性寿星，他们一手提一只进香篮，篮内放着黄棉纸、经贴与香，另一手迎着一笺竹丝灯（俗称行灯），手指间握着几支燃着的香。长寿老人的后面是妇女孩童，后面还有着旗幡队、堂灯队、铜锣队、火铳队、吹打乐队。灯头后的每一桥凳板上，都用红线扎着一叠黄棉纸、经贴，经贴上压着三根未点燃的香，代表参加迎灯的凤林王氏成员合家子孙对祖宗的崇敬、怀念与祭奠。凡“老相公”所到之处，挨家挨户都要对“老相公”烧香作揖叩拜，企盼能够得到“老相公”的神灵保佑庇护。

传说1927年，佛堂中街吴大成烟店的老板为了测试一下他所采购的鞭炮质量是哪里出产的好，燃放了分别来自于缙云、江西、湖南等地数十箩大鞭炮，结果这一年吴大成烟店的生意特别好，发了大财。第二年，“老相公”迎到吴大成烟店前面时，天下大雨。吴大成店老板马上叫伙计们接灯头到店堂里，由于灯头高于楼板迎不进，老板马上叫伙计撬掉楼板，楼栅，迎接“老相公”的灯头进了吴大成店堂后，老板、伙计一齐跪在灯头前叩拜施礼，并叫全部店伙计到佛堂火炮店里去搬运鞭炮，凡前来看灯的观众，只要愿意帮助放鞭炮，吴大成店老板一概出工资恭请帮忙。鞭炮一直放到雨停天晴，“老相公”迎出吴大成店堂时，地上堆积的鞭炮纸碎足足有一尺多厚。据说，吴大成烟店这一年的生意比上一年还要好。从此，吴大成烟店老板定下规矩，每一年在店里的资金预算中，都要事先抽出几个百分点来专门为“老相公”放鞭炮用。后来，每年“老相公”迎到吴大成店门口时，因为这里要放长时间的鞭炮，后面迎桥灯的人只要十几桥灯留一人看守燃着的蜡烛即可，其余的人都能回去睡上几个小时后再回来迎灯，这种盛况一直延续到1949年左右，因此多了一个传说：几百年前被称为“老相公”的这个太公耳朵是聋的，谁的鞭炮声最响，让他听到了，他才能保佑谁“最发财”！所以，迎“老相公”文灯，从开迎到结束，得要不分昼夜地迎上三天三夜，每桥灯板必须预备几个人轮流相互替换迎灯才行。

“老相公”迎到快要结束时，必须得到田畈广野里，以放铳为号，进行拆灯。这时候参加迎灯的人，也顾不上几天几夜迎灯的辛苦了，拆了凳板灯上的木梢，扛上肩头就满田畈抢田塍，抄近路飞跑回家，因为传说谁先到家，谁就能先发财发丁。

“老相公”灯头背回祠堂上首的供桌上后，大供台上的各家烛台，由每个户主点燃蜡烛领回家中，放在各家各户的厅堂上首，合家拜上几拜后再熄灭，以示对“老相公”的敬重。

迎“老相公”的最后程序是拜斗。这些塔形楼阁式的斗，传说是由蜀国丞相诸葛孔明在五丈原战司马懿时，为了完成国家统一大业，决定拜告天帝，于是禳星拜斗，仗剑作法，以求天助延寿。迎“老相公”灯援引诸葛孔明的拜斗，旨在凤林王氏子孙团结友爱，长福长寿。

拜斗的程序是将这一座座用彩纸、金银锡箔制作成的金碧辉煌的三墩斗、五墩斗、七墩斗或九墩斗，抬到祠堂外面的阔地上，由道士挥剑作法，众老太婆、老翁双手合十祭祷祖先保佑健康长寿后，焚烧化烬。“老相公”灯，由王蒲潭、头甲、竹园、双塘四个凤林王氏村民，轮流大年迎灯，各村仪式雷同。近几年，竹园村组织的灯会接管了“百家姓”武灯后，双塘村因其他原因也不再承办迎“老相公”灯，“老相公”灯一直在佛堂王蒲潭与头甲两个自然村之间轮流大年迎灯，仪式仍旧保持与以前一样，称“老相公”灯为佛堂镇凤林王姓的太平文气祖灯。

第八章　人文轶事录

雁过留声人留名，人文轶事传说真。
古人古事留古迹，传说故事有史痕。

一、骆宾王题壁[①]

骆宾王与王勃、杨炯、卢照邻以文辞齐名，号称“初唐四杰”，他为什么要到双林寺的墙壁上题诗，又为什么要在《洋川贾氏宗谱》内梁云麾将军贾孝(僧法会)的遗像后面题赞词呢？根据义乌《洋川贾氏宗谱》内的记载与燕里村先辈贾祯银口述，骆宾王一生中与贾谅有同乡情谊。

贾谅(619—?)，字邦信，浙江省义乌洋川贾氏第九世祖，与骆宾王同籍同庚，以诗为缘，义结金兰。骆宾王一生三起三落，都与贾谅的提携相关。

唐贞观九年(635)，贾谅与骆宾王一起赴京赶考。贾谅以诗赋登进士，官封御史大夫。骆宾王落榜，后又屡试不第。

贞观二十年(646)，贾谅回义乌祭祖，在双林寺大殿北侧的昙颖公祖墓边建成了一座规模宏大的义乌洋川贾大宗祠，置昙颖神位于上，并规定每年农历正月十八昙颖公生日这一天为贾氏子孙的祭祖拜佛日。由此产生了义乌贾氏正月十八大会的民俗，一直延续了一千三百多年，至今仍兴盛不衰。当时，贾谅曾邀请骆宾王协助创制义乌洋川贾氏宗谱世系图。

骆宾王为贾氏第五世祖公贾孝弃官回家、跟随傅大士出家事佛并助傅大士建成双林道场的事迹所感动，遂在宗谱内贾孝公遗像下题赞曰：“三军之帅，百代之英，功隆帝室，泽被生民。辞侯封而荣国谥，好慧善而树双林。然则公之出处，其果贵客乎，抑古之真人?”

贾谅回京，带骆宾王同往。经贾谅推荐，骆宾王在长安做了五年府掾小官。后因骆宾王秉性刚直，不能取悦权贵而被罢免，时年，骆宾王三十三岁。

乾封二年(667)，骆宾王又经贾谅推荐，入京对策中选，授奉礼郎，为东台详正

① 此文原载 2000 年 8 月 4 日《义乌名人》专栏，部分内容经删改。

学士，后获遣从军边塞，创作了不少军旅、边塞诗作。上元元年(674)骆宾王回京，先后出任武功主簿、长安主簿。仪凤四年(679)，经贾谅再次提拔、推荐，骆宾王当上侍御史，成了贾谅的御史助理。

不久，因骆宾王秉性不改，耿介正直、直言进谏，又被诬陷下狱。他在狱中写了大量的诗作，以明心志。在贾谅的周旋下，骆宾王遇赦获释，贬为浙江临海丞。

永隆二年(681)，骆宾王赴临海上任，过义乌安葬母亲时，上双林寺请名僧为其母超度亡灵，并去北侧贾大宗祠叩拜了贾谅的先祖神位。出于对贾谅一次次提携帮助的感激，骆宾王感慨地提笔在双林寺壁上题诗："能具千古心，能建千古业。千古无已时，千古德不灭。信如贾公者，德业相吻合。开基唯一家，但看梁笔墨。"下署"邑人骆宾王游此偶题"。

从此，义乌贾氏后裔历次纂修宗谱时，都在《洋川贾氏宗谱》，加上了如下的记载："按临海之游双林而题句于壁也，不知系何年何日，但味其意，觉多欣慕吾祖功德之盛因，澄录于谱。"

骆宾王的这一题诗，充分表现了他与贾谅非同寻常的关系和他对贾谅的感激之情。

口述者：贾祯淑。

记录时间：1978 年 5 月。

记录地点：佛堂镇燕里村。

二、元稹掠宝

唐初，佛教盛行。贞观元年(627)八月，玄奘离开长安去西域印度取经，贞观十九年(645)正月回到了阔别十八年的长安城，把唐朝的佛教发展推向了高潮。

贞观二十三(649)年，唐太宗驾崩后，二十五岁的武则天成了唐太宗的遗妃。按规定，凡没有子女的先皇遗妃一律削发为尼。武则天被迫到感业寺当尼姑，因此与佛教结下了缘分。

唐高宗李治因与武则天有旧情，把她接回了皇宫。武则天运用心计，取得王皇后的欢心，王皇后封赐武则天为昭仪(比才人高两级的妃嫔)。永徽四年(653)正月，武则天为唐高宗李治生下了第一个儿子，取名李弘。(武则天后来又生了三个儿子一个女儿。)

永徽六年(655)十月，武则天以王皇后未曾生育为由，对王皇后以怨报德，挑唆唐高宗废除了王皇后，为自己戴上了正宫皇后的凤冠。

显庆五年(660)起，高宗因病委托武则天处理朝政。

麟德二年(665),生性懦弱的唐高宗李治身体不适,武则天乘机让唐高宗当傀儡上朝,自己开始垂帘听政。

弘道元年(683)十二月,唐高宗驾崩,立武则天的第三个儿子李显(长子李弘病死,次子李贤不服母训被母杀)为中宗皇帝。

嗣圣元年(684)九月,因李显说要提拔岳父韦玄贞当宰相,触怒了已当皇太后的武则天,武则天立即以皇太后的懿旨废了仅当了不足一年皇帝的李显,立第四个儿子李旦为唐睿宗皇帝。从此,武则天以皇太后的身份,成了皇室内的绝对权威。

天授元年(690)九月初九,六十七岁的武则天身穿龙袍正式称帝。因为她崇佛,和尚为她编制了《大云经》,经文中称武则天是净光天女下凡,从此武则天以老佛爷自居。但是武则天从不按照佛法中三皈、四摄、五戒、六度、十善去修行,当她的佛菩萨皇帝,而是纵容酷吏横行,当时告密成风,冤狱遍起,全国上下处于一片恐慌之中。

长安五年(705)十二月,八十一岁的武则天病殁,唐皇室内为争皇位而相互残杀。

先天元年(712),武则天第四个儿子李旦(唐睿宗)的儿子李隆基当上了皇帝。李隆基执政后,为了挽回其祖母武则天利用佛教鱼肉臣民的坏影响,开始打击佛教势力。

唐玄宗认为道教尊老子为教主,老子姓李,名耳,唐朝皇帝也姓李,于是觉得自己是李耳的后裔,应该积极扶持道教,抑制佛教。于是他就下令强迫僧民还俗,毁佛像,拆寺庙。

会昌元年(841),唐武宗登基后甚至下诏灭佛,全国到处出现了拆寺庙、赶僧众的现象。

在这样的政治背景下,时任越州(金华)刺史兼御史大夫的元稹,以"因教出义乌,索其事实"为由,到双林寺盘查,双林寺僧举着梁、陈敕建双林佛殿、双林寺的两件皇帝诏书,请求元稹保留双林古寺。元稹趁机顺手牵羊,掳走双林古寺碑录十三轴与水火珠、扣门椎、织成佛等寺藏宝物占为已有。此事引起天意震怒,"突发大水,元稹恐惧至极","余因返还珠椎佛突",但带走了双林古寺的镇寺之宝——梁、陈二主诏书,掳为己有,遭后人指脊谴责。

元稹自知理亏,为遮丑辱,所以在开成三年(838)撰写《还珠留书记》一文,留世于今。

附:

还珠留书记

元　稹

浙江东道都团练观察处置等使、正议大夫、使持节都督越州诸军事、守越州刺史、兼御史大夫上柱国赐紫金鱼袋元稹述:梁陈以上,号婺州义乌县为东阳乌伤县。

县民傅翕，字玄风，娶刘妙光为妻，生二子。年二十四，犹为渔。因异僧嵩谓曰：尔弥勒化身，何为渔？遂令自鉴于水，乃见圆光异状；夫西人所谓为佛者，始自异。一旦，入松山，坐两大树下，自号为双林树下当来解脱善慧大士。久之，卖妻子以充僧施，远近多归之。梁大通中，移书武帝，召至都下；闻其多诡异，因敕诸城吏，翕至辄扃闭其门户。翕先是持大椎以往，人不之测，至是挝一门，而诸门尽启。帝异之。他日坐法榻上，帝至不起。翕不知书，而言语辩论，皆可奇。帝尝赐大珠，能出水火于日月。陈太建初，卒于双林寺。寺在翕所坐两大树之山下，故名焉。凡翕有神异变现，若佛书之所云，不可思议者，前进士楼颖为之实录凡七卷。而侍中徐陵亦为文于碑。翕卒后，弟子菩提等，多请王公大臣为护法檀越。陈后主为王时，亦尝益其请。而司空侯安都，以至有唐卢熙，凡一百七十五人，皆手字名姓，殷勤愿言。宝历中，余莅越。婺，余所刺郡，因出教义乌，索其事实。双林僧挈梁陈以来书诏，洎碑录十三轴，与水火珠，扣门椎，织成佛，大水突，偕至焉。余因返其珠椎佛突，取其萧陈二主书，洎侯安都等名氏，治背装剪，异日将广之于好古者，亦所以大翕遗事于天下也。与夫委弃残烂于空山，益不侔矣，固无让于义取焉。而又偿以束帛，且为书其事于寺石以相当之，取其复还之最重者为名，故曰还珠留书记。三年十月二十日。

开成二年十二月，内供奉大德慧元、清涔，令弘深禅师及永庆送归。

口述者：贾祯淑。

记录时间：1978年5月。

记录地点：佛堂镇燕里村。

三、金台传奇[①]

金台，据浙江文艺出版社1986年4月出版的《金台三打少林寺》第七页记载：金台世居浙东金华义乌县佛堂金庄。古典名著《金台传》《铁臂金刀周侗传》等小说中，也同样有金台是浙江金华义乌县佛堂金庄人的记载。

金台生于宋庆历四年（1044），他智勇过人，人称天下拳王。宋时大名鼎鼎的朝廷教师周侗是金台的入室弟子。周侗的学生有水泊梁山马军五虎将之一，原八十万禁军教头林冲；步军五虎将之一，原景阳冈打死吊睛白额大虫之武二郎；还有河北玉麒麟卢俊义；就连抗金名将岳飞，也是金台的再传弟子，周侗的关门徒弟。

宋时的义乌县佛堂金庄在哪里？经过笔者多年调查核实，应该是在今义乌市徐村乡许宅村的东头。它东靠麦磨山、天井山、灯头山三个小山头，南与浮玉山的

① 此文原载2001年10月12日《义乌日报》第7版，部分内容经删改。

法惠禅寺(遗址)隔江相望,西邻后园村,北与许宅村紧紧相依。庄内,自金台出走以后,孙姓迁入居住至今。山峦、江水、村庄依旧,金台的故事却被渐渐淡忘。

(一)

宋仁宗暮年,由于连年战争,财政入不敷出,朝政腐败,纲纪日废,国库空虚。各州府官库无钱,就向老百姓强征或强借以应付开支,往往"一朝取办,逼以鞭打",搞得人民怨声载道,社会矛盾更加尖锐。据史载:仅嘉祐三年(1058),各地发生的农民反抗斗争就多达九百九十多起。真是上有奸臣当道,下有污吏横行,闹得国不泰,民不安,生灵涂炭,饿殍遍地,万民求神不应,拜佛不灵。当时,朝中身兼丞相、国丈、太师的澹台伟尚嫌利禄不足,久谋篡夺皇位,他私下与西夏国密谋,定下一计:乘宋英宗皇帝刚刚继位之机(1068),于西夏国收买了一诨名叫黑风的武僧,来中原摆设擂台。西夏国遣国使哈密西带黑风至皇城汴梁,与澹台伟密议后,次日澹台伟带哈密西上朝面见英宗皇帝。哈密西面呈给英宗皇帝一本奏章称:"臣代西夏国主,启奏吾皇万岁:华夏江山,尧禅舜让,非赵氏一家之天下。今赵氏纲纪日废,国运日衰,我邦臣民,俱备不服。今特派黑风前来朝圣,想在皇城汴梁御教场摆设黑风擂台。百日之内,若有人能打败黑风,西夏愿服王化,依旧年年进贡;若百日之内打不下此擂,我等代天行道,率大兵压境,恭请万岁退位让贤,我邦登殿称主……"未等哈密西奏完,左右两旁文武百官已怒不可遏,纷纷奏请皇上:"西夏狼主如此无礼,欺我宋朝无能,以下犯上,惩斩来使哈密西,以雪耻消恨。"顿时,殿上一片骚乱,生性懦弱的宋英宗听了哈密西的一番话后,急得六神无主,不知如何是好,加上文武众臣纷纷跪请他下旨惩斩哈密西,更是没有了主张。此时,只有澹台伟一人站在原地一动不动,一双绿豆小眼左顾右盼,以静制动,留意着宋英宗脸上的每一个表情。他的心里很明白,宋英宗是个没有主见的皇帝,一定要下诏征求过自己的意见后才能做决定,到时再做打算不迟。果然不出澹台伟所料,宋英宗一声:"众爱卿息怒。"大家纷纷住口,退回原位。宋英宗宣澹台伟上前,"方才只有你默站一旁,未与众卿齐声喧闹,朕想听听你的意见如何?"澹台伟一见时机已到,马上对宋英宗说:"皇上,依臣之见,哈密西万万斩不得。""自古以来,两军交战,不斩来使。况且西夏乃是必须年年向我大宋进贡的夷邦,想以一个小小的黑风擂台来吓唬大宋,岂不是小小蚍蜉撼大树?我大宋中原,历来人才济济,岂会没有英雄豪杰打败黑风擂台?若皇上不准西夏在汴梁摆黑风擂台,岂不是我大宋国畏惧小小西夏?若皇上准他摆擂,待我大宋英才灭了黑风,西夏岂能不服大宋?"澹台伟的话听似有理,其实早已设下圈套,诱导宋英宗上钩。宋英宗听了澹台伟的一番话后,同意西夏国在汴梁摆黑风擂台的话刚一出口,肃穆的金殿上马上又吵闹了起来。汝南王郑震平时知道澹台伟与西夏私下交往密切,只因抓不住证据,奈何澹台伟不得，因为澹台伟毕竟是当今皇上爱妃之父。此时，郑震在金殿上对皇上高呼："此擂台在汴京不能摆，摆不得！"宋英宗示意大家静下来，要郑震讲摆不得的理由，郑震说："当前国力不盛，岂能引狼入室？"澹台伟毫不示弱："泱泱大宋岂惧小小西夏？"郑震理正词严地称："恭请皇上明辨当今事务轻重，应当支持王安石的改革要紧。黑风擂台摆在汴京，势必扰乱民心，于国不利。"澹台伟辩称："打擂台能招天下豪杰，发现人才，为国出力有何不可。"郑震与澹台伟在金殿上你一言我一语针锋相对，争得面红耳赤，宋英宗既不敢得罪持有先皇所赐"打皇金锏"的汝南王郑震，又不能使自己的岳父澹台伟有失颜面，最后只得搬出"太祖先皇有遗诏，擂台上出了人命，毋庸偿命"的成规，同意了西夏在京城汴梁御教场摆下黑风擂台。

（二）

京城汴梁御教场上的黑风擂台，台柱上贴着"拳打四山五岳，脚踢达摩门下"的对联，富有挑衅性和蔑视性。因为武当山、昆仑山、峨眉山、崆峒山是华夏武林的四大门派，东岳泰山、南岳衡山、西岳华山、北岳恒山、中岳嵩山是华夏群神所居之地，达摩佛祖更是嵩山少林武术开山之祖，此对联一出，气得台下百姓个个义愤填膺，京城里的文武百官也都指责西夏的黑风擂台太过分了，因为此擂台是皇上御批摆设的，台前御林统帅，台后皇城兵马司，台左铁骑指挥，台右开封巡城道，四面率兵将擂台包围其中。这都是澹台伟有意安排的，他口头上讲这样做一是因为皇上会来观看打擂，起护卫圣驾作用；二是谨防一时拥挤，伤害看客，其实是摆威风给汝南王郑震看，以消金殿上受郑震阻拦的气，有意让众官们看看，郑震纵然有先王所赐的"打皇金锏"，但自己乃国丈，皇帝最后还是得听他的，郑震也奈何不了澹台伟。擂台上黑风身高九尺，肩阔三停，头上无发，满脸横肉，五官吓人。内着紧身僧衣僧裤，外面袈裟披肩，两只衣袖管在前胸打个十字结，虽是佛门弟子装扮，却是全无礼数地在台中站立着，一不向擂台下看客通报自己姓名，二不双手合十示意自己是佛家弟子，而是两手叉腰，两腿跨开，甩眉凸目，恶狠狠地尽朝台下横扫、斜视。

黑风趾高气扬，一副目中无人、不可一世的模样惹恼了八百里靖山王呼延雄俊。呼延雄俊是北宋开国功臣之后，容不下番邦恶僧如此在皇城耀武扬威！他高叫一声"我来也"。"噌"地登上擂台，黑风未等呼延雄俊双脚着台，立即横转身来，抬起右腿，就势横扫一脚，踢在呼延雄俊的屁股上。呼延雄俊一下从擂台左侧摔出台外，面门朝泥跌趴在地，满脸是血。台下看客顿时哗然蜂拥，纷纷指责黑风蛮不讲理，不守擂台规矩。呼延家随从纷纷抬着呼延雄俊离开御教场回家给主人治伤。更多欲上台打擂者，呼吁主持擂台秩序的御教头，必须要黑风待打擂者上台，相互抱拳施礼、通报姓名后，还必须按照宋太祖赵匡胤所定，擂主先打一套样拳，当众显示一下，使上台打擂者心中有底了，方可摆架开拳打擂。台后的西夏国使者哈密西见众怒难平，遂登台抱拳向台下施礼解释说："黑风不懂中原擂台规矩，望各位英雄好汉见谅。此后照中原擂台规矩打擂便是。"一连几日，黑风在擂台上还是采用了一些偷袭的办法，又伤了数员勋亲世爵，急得宋英宗整天摇头叹气，不知如何是好。澹台伟却心中暗喜，假情假意地对宋英宗说："皇上保重龙体要紧。泱泱大宋，何愁没有能打败黑风的英雄好汉，依臣之见，重赏之下，必有勇夫。皇上何不下诏征召天下英雄豪杰进京打擂？"英宗听了澹台伟谗言，不知澹台伟是想趁机把天下英雄豪杰都召到皇城，以打擂为名，加以陷害，他可稳取赵宋江山之计，便依澹台伟之言，乃出诏曰：

奉天承运，皇帝诏曰：西夏番邦在汴京设下黑风擂台，藐视天朝，意欲进犯中原。朕特下此诏，四方义士，海内英豪，赴皇城打擂。能打下此擂者，有官加官，无官封官，不愿为官者，赐万户侯，赏御银十万两。此诏发各州各县实贴。

钦此！

治平二年(1065)元月

(三)

皇诏贴到了浙东金华府义乌县洋滩市街头，引来了无数市民围观。

洋滩市位于义乌县城东南十五里廿三都，是义乌北江与南江的汇合处。无论北江还是南江发大水，这里终是一片汪洋，十里洋滩(洋川)由此得名。自南朝梁武帝封赐傅翕为"大士"后，傅翕得到了姐夫贾昙颖与其弟弟贾孝捐的"赐濑里"地基，建成双林寺。贾昙颖、贾孝一家遂从"赐濑里"迁来洋滩一带发族定居。贾孝迷恋傅大士的佛法，弃官为僧后，傅翕帮贾孝在洋滩(洋川)附近的浮玉山建成了一个法惠禅寺。

洋滩市的东边有座高山叫东干山(现名山王殿尖)，东干山坐东朝西，西面山脚下有麦磨山、天井山、灯头山三个馒头形小山坡，紧靠这三个小山坡的西面是洋滩市所辖的金庄。庄主金沛然，娶陈氏，老年得子，取名金立，十分宠爱。

这年金立满周岁，金沛然夫妇为了答谢祖上庇护得子，清明节带上小金立、乳母与丫鬟一行五人到东干山祖坟扫墓。金沛然在坟前插烛焚香，陈夫人抱起了金立，跪拜祖宗在天之灵，祈求保佑金立快长大，长命富贵，将来考中功名，骑马当官。小金立受不住母亲抱着他翻来覆去的一连串躬身揖拜，哭着挣扎着伸出两手朝乳母乱招。乳母接过夫人手中的小金立，丫鬟也摘了一朵映山红花逗他笑，小金立挂着泪珠高兴地在乳母手中手舞足蹈。乳母见小金立高兴，就抱着小金立与丫鬟离开了金沛然夫妇上山去摘映山红。漫山遍野的映山红，一丛比一丛鲜艳好看。乳母与丫鬟摘了一朵又一朵，离金沛然夫妇越来越远。这时，金沛然夫妇扫墓礼毕，也借着和煦的阳光，站在高处，欣赏起春光美景来。突然山风骤起，一只斑斓母虎突然从树丛中闯出，乳娘慌乱中被一个树桩绊倒，把小金立摔出了怀抱，这只母虎叼起小金立转头就走，乳娘与丫鬟看得真切，大声呼叫起来："快来人啊，金立被老虎叼去啦！"等到金沛然夫妇赶到，老虎叼着小金立已消失在深山树林之中。

乳娘吓得魂飞魄散，跪于金沛然夫妇面前，不知如何是好。丫鬟扶着痛哭得死去活来的陈夫人一起哭泣。金沛然双目发呆，老泪纵横也不知道该擦一下。时过中午，乳娘、丫鬟扶着金沛然夫妇回家，金沛然和陈夫人深明大义，反劝自知失责而无地自容的乳娘放宽心。其实，金沛然夫妇失子痛心，茶饭不思，积郁病起。

在洋滩市上有位叫白成恩的成衣师傅，是金沛然的朋友，得知金沛然上坟失子的消息后，前来登门探望安慰，见金沛然夫妇都双双病倒在床上后，生了恻隐之心，心想自已有二子一女，金家仅一独子已失，万一夫妇悲极有个三长两短的话，岂不全家都毁了。白成恩为了成人之美，遂提出愿意将自己刚刚出生才满月的小儿子送过来给金家，并发誓守口如瓶。金沛然夫妇大喜，收下此子，取名金台。

（四）

金台的家与法惠禅寺仅仅一江之隔。禅寺里的晨钟暮鼓，木鱼铜磬，声声入耳。禅寺里武僧的习武操练经常吸引小金台涉水过江去看，时常看得流连忘返。寺内有个矮个子和尚，人称蛋子僧，他十分喜欢逗小金台玩，并经常教小金台蹲马步，练踢腿，教他一些拳术的基本功。由于小金台肯吃苦，学得认真，身体日渐消瘦，金沛然夫妇爱子心切，心痛起来，不让金台再去法惠禅寺向蛋子僧学练武术。

金台十岁那年，金沛然夫妇先后病亡，剩下金台孤苦一人。一日，他想去法惠禅寺找蛋子僧和尚玩，但蛋子僧却已外出多日未回，金台只得垂头丧气地回到洋滩市。这日，正好来了一个跑江湖卖艺的武术班子。班主姓章，二十多岁，十分面善，五个演练武术的童子，年龄与金台相仿，都仅十来岁，其中一个还是丫头，翘着两根短短的羊角辫。这个班子的表演以翻跟斗为主，尤其是那个羊角辫小姑娘能在原地快速连翻二三十个后空翻，引得围观的看客们连连拍手喝彩。小金台的脸上也露出了羡慕的笑容。武术表演收场之后，小金台好客地把章班主与这五个武术童子接到了自己家里，说要拜班主为师。

班主也是孤儿出身，原在东阳戏班子里当武生演员，所以取名叫章武生。一次戏班子到一个祠堂里为一富户演祝寿戏，后半夜祠堂失火，不但烧掉了戏班全部的行头，而且还烧死了几名戏班子的台柱子。第二天，该富户不但不对戏班子的遭遇表示同情，反以纵火烧祠堂的罪名，报案让县衙把班主抓了去。从此，章武生就只能带着这五名演员的后代，漂泊江湖卖艺。现在，小金台要拜章武生为师跟班学艺，章武生就又多了一名孤儿弟子。好在小金台家有自己的住房和一些现成的家产，章武生也就答应了小金台的请求，在金庄住了下来。小金台生性豪爽，一日为师，终身为父，家中的一切任凭章武生与师兄师姐们拿用吃喝。章武生识字能读戏文，自从在小金台家落脚，有了个安身之所后，他心想一边教小金台在内的六个童男童女读戏文识字，一边教他们练习翻跟斗一类的舞台表演的武术套路，一旦时机成熟，以这六位童男童女为主，组织一个戏班子，重新开锣登台演戏。可是，章武生自己也是孤儿出身，加上年轻从未当过家，不懂得坐吃山空理家谋生的道理，不久，小金台家的薄产已将耗尽。章武生只得带着小金台这群孩子离开金庄，浪迹江湖，重新打卖街拳，搞武术表演度日。章武生一个男青年，既当爸又当妈，还要当领班，带着六个孩子漂泊江湖，一晃两年过去了。

经过了两年时间的调教与磨炼，章武生所带的六名童男童女，出落成了一个个初生牛犊般的小后生。当年头上扎两根羊角辫叫郭旦的小姑娘，比金台大一岁，如今成了他们班子里主管买菜做饭后勤的“女当家”了。另外叫王胜、刘四、赵哥、何强的四名小孤儿与小金台成了异姓兄弟，在章武生的精心教导下，不但都已能读戏文，而且玩起舞台上的刀枪棍剑，耍起拳脚功夫来，真是达到了技压群芳的程度。章武生正想乘此机会赚点钱，办些戏装行头道具筹建一个戏班子的时候，想不到一场厄运正一步步向他们袭来。

章武生与何强一起在兰溪购置了戏装行头道具，中秋节前后，决定从兰溪到义乌的黄山请乐队为他们的戏班当后台。途经兰溪与义乌交界的马岭头时，树丛中蹿出一名黑汉，声称“此山是我开，此树是我栽，想从此处过，留下买路财！”他右手握着一把鬼头刀，左手叉腰，两腿左右分开，跨在大路当中。何强年少气盛，跑了几年江湖，胆子大，他毫无畏惧地责骂黑汉，青天白日，不该拦路抢劫。章武生一面劝何强息事宁人，一面向黑汉求情让路。黑汉身高力大，在抢夺小何强肩上背的小包裹时，一把抓住包裹，把小何强如摔田鸡似的抛下悬崖。章武生顾不得与黑汉争辩，朝那万丈深渊呼喊着他的名字，黑汉抢了包裹后，还向章武生背后砍了一刀，结果了章武生的生命。

小金台与王胜、郭旦、刘四、赵哥在兰溪久等章武生与何强兄弟多日不回，在兰溪客栈里闷得慌。一日，郭旦发现章武生临走时交给她保管的钱包突然不见了，急得茶饭不思，哭红了双眼。小金台劝郭旦说：“钱既然被偷了，光哭也没用，何不由我们五人上街打拳卖艺，多挣点钱来弥补家用？”小金台的主意，马上得到了大家的赞成。

兰溪城西江边码头，江上帆船、竹筏连片，炊烟缭绕，岸边工农商僧道，无行不有，骑马、拉车、坐轿、挑担的，千姿百态，呈现出好一派如《清明上河图》画卷中一般繁华的景象。小金台四名小兄弟加郭旦小姑娘，个个身穿紧身武术服装，腰扎一条白布腰带。王胜敲铜锣围场，刘四连续后翻着跟头，赵哥的飞镖飞向四周闪开的围观人群，郭旦舞剑，小金台耍刀。在江边的一块小空地上，随着一阵阵观众的拍手喝彩声，一下子引来了数百人围观。当王胜托着铜锣盘向四周观众讨钱时，观众们纷纷向王胜手中的铜锣盘里“咣当咣当”地投掷钱币。

那时候，兰溪的溪西有个叫王麻子的地头蛇，整天手托一只八哥鸟笼，带着一帮喽啰打手，在码头上收取地摊小贩的“地皮”摊基钱。见小金台这帮小青年如此占地打卖街拳，众喽啰喝开围观的人群，闯入小金台他们的演武场内，要他们停演，叫着要小演员们的“老板”出来。小刘四上前，向王麻子抱拳施礼后说：“客官见谅，我们的师傅出门多日未归，我们的钱财被盗，今借此宝地卖艺挣点糊口饭钱，望请宽容。”王麻子手下的一名喽啰正想伸手去抓王胜铜锣盘中的钱币，郭旦大喊一声“住手”，挺身走到了这名喽啰与王胜的中间，向喽啰施礼道：“恕请好汉放过我们吧。”喽啰突然见了郭旦如此标致的姑娘，顿生邪念，用本来伸出去想抓王胜铜锣盘中钱的那只手顺手托起郭旦的小脸蛋。郭旦岂容如此羞辱，她右手抓住喽啰的右手腕，左手朝喽啰的右手肘关节猛力一掌，喽啰被郭旦这么突然一击，向前踉跄了几步扑倒在地，跌了个嘴啃泥，从满口是血的嘴里吐出了几颗跌落的门牙。王麻子见状，怒目圆睁，呼喊了一声：“把他们统统带走！”

（五）

王麻子家中已有三房妻妾。大夫人叶秀娟是个吃素斋、念佛经的，见众家丁抓了一女四男回家，知道王麻子又在外面惹祸了。见被抓的郭旦红脸蛋，一身女侠打扮，双手虽被反绑着，但一副英姿飒爽毫无畏惧的样子，显得十分可爱，小金台、小王胜、小刘四、小赵哥虽然仅有十二三岁，但毕竟是跑江湖码头出身的，个个昂首挺胸不服输的架势。尽管双手都被反绑在背后，由王麻子的家丁推着向前走，他们都还要转过头来挤眉弄眼、龇牙咧嘴地向你做鬼脸。王麻子尽管有三房妻妾，可是无一后裔，平时叶夫人尽是责怪王麻子，是王麻子干尽了坏事缺阴德现世报应之故。所以今天见了这么一群孩子被反绑着带回家，她就管起闲事来了，问王麻子的随从：“这是怎么回事？”随从讲话有些结巴：“叶叶叶大夫人，他他他们不交交地皮钱钱还打伤了我我们的人。”叶夫人听得有些不耐烦了，叫人将郭旦带到她跟前问：“姑娘，别害怕，是不是他们想占你的便宜欺侮你了？”郭旦挺着胸膛，朝叶夫人斜视了一眼，被绳子反绑在背后的双手转向叶夫人。叶夫人命家丁给她松绑。被打落门牙的那个喽啰，一手捂着满口是血的嘴，一手摇着满手是血的手掌呼喊道：“松不得，松不得，是她打落了我的门牙！”叶夫人见状，“嗤”的一声笑了起来：“你这个大男人竟被这么一个小姑娘打了？”她还是给郭旦松了绑。王麻子见了大声呼喊：“不能松绑，不能松绑！”叶夫人问王麻子：“是怎么回事？”王麻子说：“他们不交地皮费。”郭旦这时候也使出了她跑江湖的本领，向叶夫人施了一礼后，向叶夫人诉说了自己因师傅外出多日未回，身边银钱被偷，带众兄弟借兰溪江边码头打卖街拳，挣些小钱糊口的经过。叶夫人听后，表示同情。但她毕竟是王麻子的夫人，转过脸来对王麻子说：“你真会惹祸，向孩子们收什么地皮费？等他们的师傅回来向他要地皮费不就得了。”王麻子立即明白了叶夫人的意思，派两名家丁到郭旦的客栈守着，等章武生回来，叫章武生带钱赎人。郭旦被夫人的丫鬟带走，被关进了丫鬟的房间里。小金台四小兄弟仍被绑着双手，关进了王麻子家的柴草房内。柴草房与厨房的灶台仅一板壁相隔，从板壁的缝隙中可以看见灶膛内燃烧着柴火的火光。小金台站着吃力，背靠着柱子往下蹲，想坐一下，突然被埋在柴草中的一个硬物顶得小屁股一阵酸痛，小金台用绑着的双手扒开柴草一看，原来是一把旧柴刀。四小兄弟会意地笑了笑，点了点头。

夜深人静，四面漆黑。王麻子家深院高墙。当墙外传来三更的更声时，关押在柴草房里的四名小兄弟就开始行动了。他们用那把旧柴刀割断了绑着四个人的绳索，撬开了通向厨房的板壁，抓着剩菜冷饭吃饱肚子后，用打火石点燃了柴草房，放起了火来，然后四个人悄悄地从边门溜出了厨房。正当四个人拿着柴刀、菜刀向外逃时，发现王麻子做贼防人偷，在门闩上都挂着一把锁。他们举刀砸锁的声音惊动了前来救火的一名家丁，这名家丁借着柴草房冲天的火光，看清了四小兄弟在砸锁外逃，就高声喊起来：“放火的人在这里！他们要逃了！快来人啊！”结果引来了许多原来提着水桶去救火的王麻子家丁。正当危急关头，锁砸开了，门闩被拔了，后面追来抓他们的人也赶到了。王胜大喊了一声：“你们快逃！”自己手挥柴刀与追来的家丁在门台上对打起来。但毕竟寡不敌众，小王胜被一家丁用木棍打中头顶，脑浆四溅，当场身亡。王麻子率领众家丁夺门而出，对其余三个小兄弟紧追不舍，黑夜中，小金台与刘四、赵哥失散了。

第二天早上，小金台本想回客栈去找刘四、赵哥，但是王麻子的家丁在客栈周围游荡，机灵的小金台知道，这是王麻子派人看守客栈，想抓他们，他只得逃入兰溪城东的白云山上躲了一天。

小金台躲在山中，饥肠辘辘饿了一天。天黑后，他下山潜回客栈，向客栈老板打听刘四、赵哥他们的消息。客栈老板对小金台一伙人的遭遇，十分同情。他先给小金台饱餐一顿后，告诉小金台：

刘四、赵哥与小金台失散后，当天晚上就潜回了王麻子家，乘着王麻子家里的人都忙于救火，到关着郭旦的丫鬟房中去救郭旦。三个人正想逃出王麻子家时，原来出门追刘四、赵哥的那班人因没追着所以回家来了，郭旦、刘四、赵哥慌忙躲入王麻子家花园的假山中藏身。厨房、柴草房的大火扑灭后，王麻子发现原来关在丫鬟房中的郭旦也不见了。于是抓起丫鬟一阵拷打，诬陷是丫鬟放走了郭旦，硬是拿丫鬟出气。郭旦在假山中看得十分清楚，深为丫鬟受自己的连累而感到内疚。小金台他们半夜放火，王麻子家里组织家丁救火，追杀小金台他们，拷打小鬟环闹了一个后半夜，东方已露出了鱼肚白的曙光，再不逃出假山，天亮后就麻烦了。于是三个人就翻墙外逃。跳墙时，郭旦不慎扭伤了脚踝，正在刘四与赵哥想背起郭旦一起逃时，被王麻子家的守门家丁发现了，高呼："快来人哪，他们在这里啊！"郭旦从刘四肩上挣扎下地，叫刘四与赵哥二人快逃，自己做掩护。刘四与赵哥没有办法，眼看着王麻子的家丁把郭旦抓回去。后来听说郭旦被抓回王麻子家，关进了磨房，被王麻子的家丁剥光了衣裤，一顿毒打，郭旦不堪凌辱，一头撞在石磨上死了。天刚蒙蒙亮，刘四与赵哥逃回到了客栈，原想在客栈等小金台来汇合，想不到王麻子后面紧追刘四与赵哥而来，慌忙中，刘四、赵哥与客栈老板讲，他们沿着兰溪到义乌黄山的路寻章武生去了，假如小金台回客栈，叫他从这条路追赶他们。说时迟，那时快，客栈的前门被王麻子家的追兵"嘭嘭嘭"地急叫开门，客栈老板就将刘四与赵哥从后门送走了。小金台听了客栈老板的诉说后，就沿着兰溪到义乌黄山的山路，一路寻觅刘四与赵哥。

小金台来到兰溪到义乌黄山的马岭脚，见路边一座新坟，坟顶放着一双十分眼熟的鞋。小金台仔细一看，这双是何强的鞋！小金台心里一惊，难道何强死了？那一起出门到黄山请乐队师傅的章武生又怎样了呢？小金台上了马岭顶，又看见一座新坟，坟顶放着一双章武生的鞋。小金台立即明白：章武生与何强肯定遇害了。可是为什么两个人一个在山上一个在山下呢？刘四与赵哥到底到这里来过没有呢？一连串的为什么，小金台决心要弄个明白。茫茫山野，只听见一阵阵的松涛声。小金台孤身一人，向谁去问"为什么"呢？小金台呆站在章武生的坟前，显得有些六神无主。当小金台安静地呆了一会后，远处传来了几声鸡叫狗吠声。小金台循声找到了一户樵翁住的山铺人家，樵翁见小金台孤身一人，深山寻访，热情接待了小金台。小金台从樵翁那里，知道了章武生在山上被强盗所杀，何强被强盗摔下悬崖，跌入深谷身亡的经历与新坟筑在大路边，坟顶放一双死者生前所穿的鞋，是马岭山区山民为了方便死者家属沿途寻访亲人，告知已在此地被害身亡，为已埋葬的遇害者亲人提供线索的乡风民俗。同时，樵翁也告诉了小金台，昨天也有与他年龄差不多的小后生来寻访山上山下两座新坟的死主。小金台对樵翁说："那是我的师兄。"并问樵翁："他们朝哪个方向去了？"樵翁指了指走向金华方向的山路。小金台就告别了樵翁，一直沿着山路寻找刘四与赵哥。

几经风餐露宿，小金台来到了金华城，但是没有找到刘四与赵哥。蓬头垢面的小金台一人坐在江边码头，暗自流泪，十分悲伤地哭了起来。路过的人都关切地问小金台为什么如此悲伤，痛哭不止。小金台尽是摇头，因为仅仅在短短的几天时间内，既死了何强、王胜、郭旦师兄师姐与章武生，又失散了已朝夕相处了两年的刘

四、赵哥,这叫他如何向每一位关切地问他“为什么哭”的人作答呢?

时近傍晚,一位僧人从船中上岸来。“咦,你不是小金台吗?为什么会这般田地地在这里?”小金台抬头一看,“蛋子僧师傅!”小金台大喊一声,扑向蛋子僧。蛋子僧拿出一方布巾,叫小金台到江边洗净脸上的污垢。

在金华江边码头的客栈里,小金台将自己父母双亡,跟随章武生学艺以及章武生与师兄师姐被害,刘四、赵哥失散的事一股脑儿向蛋子僧诉说一遍,蛋子僧把小金台带回了义乌洋滩浮玉山法惠禅寺。从此,小金台成了法惠禅寺里的一名俗家弟子。

（六）

蛋子僧,个子矮,体形胖墩墩的,头大如笆斗,光秃秃,油亮亮,头顶十八颗戒点显得十分清晰,一双善目,两条慈眉,如意大鼻元宝阔口,挺胸凸肚。他身披一件杏黄袈裟,下着杏黄色的武僧灯笼裤,裤腰耷拉于肚脐下,脚穿一双僧靴,走路一摇一摆,像个不倒翁似的。他原是四川峨眉乾元山八宝莲珠洞活佛,已修炼到了能知过去、现在、未来三世佛家的最高境界。他知道自己在义乌有一段师徒因缘,由于两年前他见金台才十岁,缘机未到,所以暂时离开了浮玉山上的法惠禅寺,外出云游,现在机缘已熟,所以返回法惠禅寺来了,这次路遇落难于金华江边码头的小金台,便知自己要选择传道授业于小金台的缘分到了。小金台有勤奋好学刚正不阿的性格,蛋子僧看出他将来必成大器,于是把小金台带回法惠禅寺,以完成他与小金台的师徒情缘。

小金台由蛋子僧带回法惠禅寺,当了一名俗家弟子后,每天向武僧们学习挥拳踢腿的拳脚功夫。有一位小武僧悄悄告诉小金台:“你若要学到真功夫,蛋子僧才是你的师傅。”小金台“嗤”的一笑,从鼻孔里笑出了两条长长的鼻涕:“蛋子僧这般身坯,连走路也快走不动了,他能有拳脚功夫?”“你别有眼不识泰山,我们想拜他为师,他不纳,是我们没缘分,我看他对你疼爱有加,能收你为徒,是你的福分呢!”小武僧的一席话,说得小金台心里痒痒的,他心想试试再说。

第二天,小金台在蛋子僧未起床前就跪在蛋子僧的床榻前,蛋子僧问他为何对他下跪,小金台说:“天天在寺内挥拳踢腿学不成武功,请求师傅收我为徒,传授真功夫。”蛋子僧下床扶起小金台说:“冰冻三尺,非一日之寒,挥拳踢腿是学武练武的基本功,基本功不扎实,到哪里能学到真功夫?”小金台说:“这些挥拳踢腿,与以前师傅教我们的差不多。如果师傅有真功夫,还会死于强盗的刀下?”蛋子僧穿好僧衣僧裤,带着小金台来到一片松林里的一块岩石边。蛋子僧打坐在岩石上说:“我坐着不动,你用手或脚用尽全力朝我这里打一下试试,如果你赢了,我马上教你真功夫,如果赢不了,你还是每天去挥拳踢腿练基本功,你看怎么样?”蛋子僧说完后站立起来，双手拍拍大肚，只见他原来走路时会抖动的一身肥肉，顿时变成了一块块馒头一样凸起来的肌肉，小金台见了，知道蛋子僧在运用内功，真的想叫他试打了。小金台为了试探蛋子僧的真功夫，跑动拳步，用尽平生之力，对准蛋子僧当胸一拳打去，“咕”的一声响，小金台的拳头如打在棉花堆里一样。小金台感到惊奇想拔出拳头，但拳头被蛋子僧的一双大乳吸夹住了，怎么也拔不出来，而且越夹越紧。小金台的拳头由酸痛转到发麻，连连向蛋子僧求饶。蛋子僧见小金台已求饶了，双乳一松，小金台顺着向外拉拳的惯性，倒退十多步后，跌坐在地上。他马上从地上爬起来，拍了几下跌痛的屁股，抱拳要拜蛋子僧为师：“请师傅收我为徒。”蛋子僧说：“功到自然成，你还是跟着他们每天挥拳踢腿去吧。”“全听师傅的教诲、安排。”从此后，小金台天天锲而不舍地跟随法惠禅寺的武僧们练功不止。

宋太祖赵匡胤做了宋朝开国皇帝后，为了严防方镇外藩复演陈桥兵变，使自己辛苦打下的天下得而复失，所以用杯酒释兵权的计谋，罢免了众节度使的兵权。但他对强民健身的民间武林颇为重视，于是赵匡胤效仿北魏孝文帝之举，继河南嵩山北少林寺后，又建了福建莆田南少林寺，安徽太平东少林寺，四川峨眉西少林寺，一可以鼓励民间习武成风，强民健身；二可以合各禅宗的武术流派于一体；三还可以让佛学补儒学之不足，以加强他的集权统治。所以从那时起，宋太祖就提倡由四个少林寺牵头，搞民间比武擂台赛。以每个少林寺所选出的擂台赛前三名，再合办一次综合性比赛，取各门派之长，切磋技艺，提高武术水平。蛋子僧是全国闻名的武林高手老前辈，自然成了由四个少林寺合办的综合比赛的裁判成员。蛋子僧那次在松林里乳夹拳头露了一手后，小金台为学得蛋子僧的真功夫，每天跟随众武僧勤学苦练。蛋子僧看在眼里记在心中，暗暗为自己收了小金台这好徒弟而高兴。

宋嘉祐四年(1059)，河南嵩山少林寺要举办综合武术大赛了，蛋子僧决定要带金台一起前往观摩，金台高兴得连续几个晚上睡不着觉。这时金台已十六岁，虽已长得像个标准的七尺男子汉，但由于过于勤奋练功，营养跟不上体力消耗，脸色蜡黄，唯有肩阔腰细，臂膀粗壮结实。蛋子僧见金台的眼圈都凹进去了，问他这几天为何会这般消瘦？金台如实地向蛋子僧师傅解释是因为要去少林寺观摩武术大赛高兴得晚上睡不着觉。蛋子僧把金台叫进卧室，自己打坐，要金台好好睡觉，明日动身起程。在蛋子僧的吩咐下，金台躺下不久，就沉睡了。

第二天，师徒俩离开了法惠禅寺，一路昼行夜宿，来到了河南嵩山少林寺。这种由四个少林寺中选拔出来的高手进行比武的武术大赛，格外引人观摩。其中一位来自安徽太平东少林寺的黑汉力大无比，技压群雄。比赛结束，按照惯例，这位黑汉留在嵩山少林寺作为压台，凡有不服他是赢者的，都可以去与他比试。蛋子僧要回法惠禅寺前，把金台托付给嵩山少林寺方丈照顾，让金台留在少林寺习武练拳。蛋子僧吩咐金台在少林寺必须刻苦习武，每一周年去与黑汉交手一次，三年之内，必须能打败这名压台黑汉，打不败黑汉则不能回义乌见他。金台按照蛋子僧吩咐，留在了河南嵩山少林寺，而蛋子僧则回到了法惠禅寺。

（七）

在双林寺，流传着一个傅大士成佛之初云黄山一带经常出现山上老虎下山来叼人的故事。傅大士根据佛祖因果定律贯通三世的佛经典故，他知道要让自己的因果论得到广大信佛者的理解和相信，就必须拿出实际行动来给大家看。于是，他把剩余的冷饭拿到山上去喂老虎，老虎吃了傅大士所喂的冷饭后，被傅大士驯服得再也不叼人了。傅大士每次喂虎多余的冷饭米粒，硬化成了一颗颗五颜六色的“虎饭石”。后人从山上寻来“虎饭石”，一颗颗钻孔串线制成项链、手链等装饰物，成了义乌塔山一带的特产，一直流传至今。

也许是洋滩市金庄金沛然夫妇前世所积阴德的回报，当年被老虎叼走的金立，竟奇迹般地在虎穴里吸虎奶活了下来。过了一年余，金立三四岁时，虎奶没了，就以被老虎拖来的山鸡野麂之类小动物为食，与小虎仔们一起争食。时间一长，小金立也与野兽一样，全身长毛，跟随母虎，出没山林，练出了一套上蹿下跳，奔跑如飞的本领。

蛋子僧从嵩山少林寺一人归来。法惠禅寺的众武僧问：“金台师弟呢?”蛋子僧说：“没有比较，怎知长短？我把他留在少林寺习武了。”众武僧都为金台能拜上蛋子僧这么好的师傅而羡慕不已。

一日凌晨，蛋子僧在一片松林内的岩石上坐禅修炼，一阵啸风吹过，一只猛虎从他背后扑来，蛋子僧侧身一闪，伸出指头一点，口喊一声“这”，老虎“唔”的一声短啸，立即摔倒在地不动了。蛋子僧见老虎后面跟着一个人不像人，虎不像虎的毛团团，他捏指一算，就知道这毛团团就是当年金沛然被老虎叼走的儿子，名唤金立。蛋子僧把这毛团团带回法惠禅寺，众寺僧都纷纷围上来看。金立自被老虎叼走，跟随老虎在深山老林里生活了十六七年，从来没有见过有这么多人围着看他的场面，既胆怯畏惧，又兽性发作。蛋子僧只好暂时把他关入自己的房间，生怕发生金立伤人或被众僧伤害的事来。

周围村庄里的百姓听说法惠禅寺的蛋子僧打死了一只老虎，活捉了一只像人样子的小虎仔，都纷纷来法惠禅寺看热闹。蛋子僧把金立锁在房中，又将卧室外墙的门锁了，大家看不到金立，就一窝蜂似的跑到松树林里去看被他打倒的老虎。一些胆子大一点的村民还拿来了绳索、扁担，把倒在地上的老虎四脚捆绑结实，准备抬回村里剥虎皮，吃虎肉。蛋子僧见后，双手合十大呼：“使不得，使不得。此虎未曾伤人性命，反而养育了金庄金沛然的儿子，善有善报，万万杀不得，杀不得。”大家问蛋子僧："老虎已死，弃之岂不可惜？"蛋子僧念了一声"阿弥陀佛"后说："此虎未死，刚才仅受了我的点穴功昏过去的，再过几个时辰即会复活。"刚才还神气十足，要抬"死虎"回村的这一帮人，一听说老虎未死，过几个时辰就要复活后，丢下了绳索、扁担都掉头跑了，留下了蛋子僧一人。蛋子僧给老虎松了绳索，拿了扁担，朝着躺在松林里的老虎，念了几句"阿弥陀佛，善有善报"后，回到了法惠禅寺。过了一段时间，老虎复活后也回到深山老林去了。

金立毕竟是人身兽性，兽身人性的混合体，经过了蛋子僧一段时间的调教，就将其野性收服。蛋子僧因势利导地以金立善攀登跳跃之长，授其轻身功法、龙腾虎跃之武功法术和能够与人说话的本领。一日，大雨滂沱，金立在天井中淋雨，怎么唤他也不应。蛋子僧借着闪电之光，猛击了一下金立，金立全身感到麻痛，慌忙跑到蛋子僧面前，抱住蛋子僧的腿直发抖，蛋子僧问他为什么发抖，金立说："不知道为什么只见天空一亮，全身就麻痛。"蛋子僧说："这叫被雷电击中。"金立问："为什么雷这么厉害？""这是因为你不听师傅我的话，叫你回来，你偏要站在雨中。"正在这时，突然又是一下闪电，蛋子僧随着闪电光用手指轻轻地在金立头上一点，金立差一点头痛得昏死过去。金立复苏后，问蛋子僧："师傅，我已逃到你身边了，雷电为什么还要击我头顶？"蛋子僧说："同样是因为你不听话，幸好你跑得快，这叫五雷击顶。"金立连忙跪地向师傅求救："方才二雷打我，我已痛得难受极了，师傅救我，别让那另外三个雷再打我了。"蛋子僧对金立说："这可以，只要你对天发誓，从今以后听师傅的话，五位雷公就会原谅你的。"金立果真立在天井上，朝天发了誓。从今后，他若野性发作，蛋子僧只要呼一声"五雷击顶"，金立就会驯服得如绵羊一般。

在以后的日子里，蛋子僧一边教金立习武，一边又教金立做人，告诉他自己将其从母虎身边收下山来，授其本领，希望其能剪强除霸，扶弱济贫，不偷不盗。同时还给他讲了幼时被母虎叼上山后，其父母金沛然夫妇为失去他而痛哭得死去活来的事。后来金沛然夫妇收养了他的弟弟金台，金沛然夫妇死后，自己收金台当徒儿，今在少林寺习武练功。今后他要听弟弟金台的话，不能持武伤人，上要为朝廷出力，下要为百姓解忧。蛋子僧有意恐吓金立，自己已教金台五雷击顶法术，如果他不听话，金台同样会用五雷打他的。一提起五雷击顶，金立就怕得全身发抖，连声向蛋子僧承诺，今后一定听金台的话。

自从松林里的母虎复活回山后，就再也没有下山叼人叼百姓家中的鸡鸭猪狗等禽畜了。洋滩市金庄东面的这座大山，原名叫东干山，金庄的村民，为了纪念这只母虎叼走金立，用虎奶养育了金立的故事，后来在东干山的山顶，建造了一座纪念这只母虎的山大王殿，东干山也就从此更名为山王殿尖。蛋子僧驯服金立的故事，迄今已近千年，可是，这座大山叫山王殿尖的称呼至今未变。

（八）

金台在少林寺习武练功，非常刻苦勤奋。他遵循蛋子僧师命，每年主动去与那位压台的擂台主黑汉比试一次，连续两年都败在黑汉手下。他十分想念师傅蛋子僧，但他曾答应蛋子僧不打赢黑汉不见师傅。第三年他更发奋习武练功，长进非常快。因为蛋子僧规定每一年与黑汉比武的时间是在金秋十月，可是第三年的中秋过后，嵩山少林寺里的这位黑汉被一名京城里的大官请下山后，再也没有回少林寺了。到了十月也不见黑汉回少林寺，金台思念蛋子僧师傅心切，就离开了少林寺打算回到法惠禅寺。

金台昼行夜宿，一路风尘仆仆地赶回法惠禅寺。进了法惠禅寺，金台熟门熟路地推门，刚迈入蛋子僧师傅房内，见金立全身毛茸茸的，人不像人，兽不像兽地伸开五爪趴在桌子上抓着师傅碗中的斋饭吃。金台大喝一声："何来怪物，找打！"岂知金立跳下桌边的凳子，便与金台对打起来。如果以拳对拳、脚对脚，金立根本不是金台的对手。可是跑跳起来，金立一下子绕到了金台背后一拳，一下子又跑到金台前面一抓，金台反而成了金立的手下败将。金台与金立，从蛋子僧的屋内打到了屋外，惊动了整个法惠禅寺的寺僧。有的高呼："金台，那是你的兄长金立！"也有的大叫："金立，住手，他是你的弟弟金台啊！"金台与金立正对打得起劲，哪里听得清众僧混杂的叫唤声。也有比较冷静的寺僧在叫："快去松林里喊蛋子僧师傅回来！""蛋子僧师傅在松林里练功，谁快去喊他快些回来啊。"

蛋子僧师傅闻报，立即赶回法惠禅寺，跳入金台与金立当中，双方才停住对打，各自双手合十，齐唤："师傅。"蛋子僧一手抓着金台，一手牵着金立，走回自己的房中，对金立说："他是我经常与你讲的，在少林寺习武练功会五雷击顶的弟弟金台。"金立做了个鬼脸说："少林寺习武练功，功夫也只不过如此。刚才他与我对打，为什么不用五雷击顶功夫？"有些藐视金台起来。蛋子僧厉声喝道："他在少林寺练的就是雷电功夫，这雷电功夫可不能随便乱用。你再不听话，他可就听师傅的吩咐，对你试试五雷……"金立一听到金台在少林寺学的是雷电功夫，就已经全身发麻发抖了，若师傅允许金台在他身上试试五雷击顶，他更是全身颤抖了。金台听不懂蛋子僧对金立所说的话的意思，蛋子僧对金立喝声道："还不快快向金台弟弟赔不是！"金立不好意思地向金台躬身一揖："刚才不知是金台弟弟，冒犯了，请原谅。"金台还礼说："不知者不为罪。"蛋子僧吩咐金立去为金台端洗脚水，蛋子僧向金台介绍了金立是你哥哥一事的前因后果，并说金立最怕用"五雷击顶"吓他，这是制服他一时野性发作的有效办法。从此金台与金立便兄弟相称，和睦相处。

金台向蛋子僧汇报了前两年与少林寺黑汉比武失败，今年因他从中秋出走数月未归，未能与他比武才回法惠禅寺来的原因后，蛋子僧带金台来到了松树林中。

蛋子僧对金台说:“你未与黑汉第三次比武，今天可否陪师傅一起练练?”金台抱拳躬身说了声:“师傅手下留情。”双方便对练起来。一个是在师傅面前尽显自己所学的本领，一个是以出拳出招测试徒儿的武术功底。蛋子僧经过几个回合后，脸上露出了满意的笑容，突然双脚朝地一蹬，飞身在空中打了一个翻身，双脚往那棵大松树的横枝丫上一钩一吸，身子倒挂，双手平展头一昂对着地下的金台笑着说:“师傅在此，徒儿来呀。”金台抬头望，大叫:“好一个金钟倒挂!”金台知道，这就是蛋子僧名震天下的“倒挂金钟”绝招！以前他听人说过，但从未看到师傅练过，今天一见，果然大开眼界。金台想跳上松树试试师傅倒挂金钟的威力如何。金台施展轻功跳飞起来与蛋子僧倒着对练，哪知道蛋子僧双脚在横着的松树枝干上倒走如履平地。金台十分叹服蛋子僧的天下第一奇功“倒挂金钟”，而蛋子僧见时机已熟，决意传授给金台。

经过蛋子僧的悉心传授，金台花了两年时间，终于练成了这套“倒挂金钟”术。

这日，金台去洋滩市，见了墙上贴着征召天下豪杰上京城打黑风擂台的皇诏后，就揭下了皇榜，回到法惠禅寺，向蛋子僧汇报了他要上京打黑风擂台，为国出力一事。蛋子僧师傅十分赞同金台的义举，吩咐金立一同前往京城协助金台打擂。

（九）

金台与金立来到皇城御教场，只见擂台前贴着一张“打擂须知”，其中第一条写着，“凡来打擂台，务须到招贤馆登记”。原来这招贤馆是澹台伟所设，名为登记打擂者姓名、年龄、哪里人氏、出自哪一位名师，等等，进行一般化的调查，实际上是将来自名山名师的高手，请进相府先与御教师比试后再做安排，过不了御教师关的，免得去擂台上白白送死，超过御教师的，澹台伟就劝你别去打擂，先给你一个官当当，留作日后篡夺皇位之用。不愿为虎作伥者，则报请皇上御批后，安排打擂日期、场次上擂台打擂。凡御批过的武士打擂，宋英宗必带文武官员前往观看。在过御教师测试关时，澹台伟必然在隐秘处安排黑风偷窥，以便黑风早知道来者是谁，有什么特长，属哪一门派。此黑风便是几年前在少林寺当过压台的那位黑汉，当年他得了四个少林寺选手选拔擂台赛的冠军，当了两年的压台拳王后，经常与国内不服他当压台拳王的各门派高手比赛，对于三年前的全国武术高手了如指掌，一看便知。自从他被澹台伟从少林寺请下山后，接受了澹台伟重金的聘用，被送到西夏国深造。三年后，经过西夏国的特殊培训后，黑汉取名黑风，冒充西夏国武士来大宋京城摆擂。对于那些名不见经传的民间武士，不需经过御教师测试，即可安排日期、场次上台打擂。

当金台与金立来到招贤馆后。按规矩，只得一个人一个人进入旁边的小屋内进行登记。未轮到的，坐在客厅等候。旗排兵(服务员)先叫金台进入小屋登记，金台说自己是四川峨眉乾元山八宝莲珠洞蛋子僧的徒儿，浙江义乌佛堂人后，正坐在旁边的澹台伟不觉心中一震。因为蛋子僧是个名震江湖怀有绝招的武林老前辈，名师出高徒，来者不可小看，于是决定安排金台三天后先到御教场与御教师测试，再做具体安排。第二个轮到金立进入小屋登记。问金立哪里人氏，今年几岁，师傅是谁……金立一句也答不上来，哑巴似的，只知道用手用脚比画着，他要上台打擂。因为金立随母虎从小生活在深山野林，才经过蛋子僧两三年时间的调教，怎能懂得民间方言、官场礼数？接待金立的旗排兵好像看出了金立的短处，唤了一名义乌籍的兵将前来当他翻译，这才勉强弄清了他叫金立，师傅是个和尚，今年二十三岁。接待金立的官不耐烦了，心想这种脸上眉眼不分全身长毛的人，还要来打黑风擂台，分明是白白来送死。于是在金立的名字边上打了个记号，决定将金立临时安排为补缺打擂名额，安排到指定的客栈里，什么时候轮到，就临时通知他打擂。

在御教场上，御教师测试着金台的武功，金台三下五除二，便通过了御教师的关。因为金台是蛋子僧的徒弟，澹台伟这一天与黑风一起在隐秘处偷看金台与御教师比赛。金台一上场，黑风马上认出了金台乃是自己手下没有取胜过的败将，对身边的澹台伟说，他是嵩山少林寺的俗家弟子，不是蛋子僧的弟子，称金台是冒牌货。当澹台伟看到金台三下两下就打败了御教师后，就提醒黑风不可藐视金台，黑风仍不在意地说："放心吧，金台占不了我的便宜。"

因为金台赢了御教师，按规定随陈公公到金殿见御驾。宋英宗对金台说："朕见你英姿焕发，暂赏你四品冠带，准你前去打擂，你务须全力拼搏，打下此擂，寡人定按诏书重加封赏。"金台抱拳向英宗说："谢恩，领旨。"然后回到了客栈。

黑风擂台的打擂暗中由澹台伟一手操纵。擂台开台已有七十多天，黑风大开杀戒，许多上台打擂者非死即伤。经皇上御批被黑风打死的武士，由官方出上等棺材收尸，出资运回武士原籍安葬；未经御批被黑风打死的无名之辈，装入下等棺木，有家属随行的，由死者家属自己负责运回故里，没有家属随行的，就近葬于京城野郊。澹台伟一看招贤馆中的登记表后，觉得金立所登记的内容滑稽可笑，一个连自己师傅都只知道是个和尚的人，分明是想前来碰碰运气的人，赢了，拿赏钱发财，输了反正命不值钱，白白送死也无所谓。当他问了金台想当官还是想打擂后，金台白了澹台伟一眼调头就走。澹台伟讨了个没趣，知道黑风认识金台后，就将金台送去御批打擂。宋英宗御批金台时，因见呈报的登记簿上写着金台是怀有天下绝技的蛋子僧的徒弟，预计一定与黑风有一番龙虎恶斗，所以决定要前往观看金台与黑风打擂。澹台伟为了鼓舞黑风的斗志，有意把金立与金台安排在同一天比武打擂。上半天是金立，下半天是金台，因为他听说了金立是金台的兄长，让黑风灭了金立，可在金台面前摆摆威风，灭灭金台的斗志。黑风一天要打两场擂台赛，是他摆擂以来从未有过的。

打擂这一天，听说金立、金台兄弟俩同一天要与黑风打擂，前来观看的人特别多。擂台较量，宋太祖赵匡胤定下规矩，不但生死不究，而且擂台的形式可由台主自定。但对擂台上所设的规定，必须得先由台主示范一遍，使上台打擂者心中有数，即暗示打擂者，够条件和能耐的，上台打擂；望而却步者，可别上台送死。今天，黑风的对手是金立与金台。金立，一个无名小辈，黑风根本不看在眼里，金台虽曾是自己几年前的手下败将，可是士别三年应当刮目相看，在战略上可以藐视，在战术上可不能掉以轻心。因此，黑风今天摆的是摇竹擂台，即在擂台中间离地二丈高挂一根碗口般粗细的毛竹，毛竹两头各用绳索吊在上面，打擂人可站在毛竹上对打，也可从毛竹上向下打或从下面向上面站立在毛竹上的人打。毛竹在空中摇来晃去，人站上去中间向下弯曲，毛竹上的人脚一用力，毛竹的弹性可将人弹到空中。摆这种擂台的台主，需要相当的轻功，具备双脚站在毛竹上有如着地入定一样平衡的功底。黑风吸取了偷袭打死开台第一人靖山王呼延雄俊引起看客和宋朝官员不满的教训，后来摆擂，凭借自己深厚的武术功底，今天摆燕子擂台，明天摆蛤蟆擂台，不断变换花样，嬉弄上台打擂者，乘机击败对手。今天的这个摇竹擂台，是他专门为金台设计摆设的，根据他以前几次跟金台交手的经验，金台的轻功比自己好，但着地对打，力气没有自己大，所以用摇竹擂台击败金台，心里较有把握。

时近卯时，三声锣响，黑风在擂台的毛竹上跳上跳下演示完毕，大呼“金立小儿上台送死”。金立“呼”地一纵跳上了擂台，使出他跟随母虎在深山老林中捕食时纵高窜低，奔跑如飞的本领，一会蹿上毛竹荡秋千，一会在黑风面前戏弄，一会儿又纵到黑风身后打上几拳。黑风被金立转得晕头转向，急得哇哇哇大叫。按擂台规矩，比赛时间一到，以收台锣声的最后一响为准，不分胜负打成平手，台主为败。可是金立一听锣声响了，以为是台主败了，所以收台锣声未停，他就马上跳下了擂台，自以为得胜了。台下人都纷纷为金立在收台的锣声未停就跳下擂台错过了得胜的机会而感到可惜。金立下了擂台才弄清楚了只要自己能拖延时间，等锣声停了以后裁判才能判他为胜时，他又马上重新跳上擂台要求再打过。因为黑风下午还要迎战金台，不予理睬，气得金立只得“呀呀呀”一个人在台上乱喊乱叫。

时过午时三刻，宋英宗全副銮驾出动，文武大臣相随，来到了御教场看金台与黑风打擂。

黑风上午被金立戏弄了半天，幸亏金立不懂规定提前下了擂台而侥幸取胜，心中无限沮丧与懊恼。以平手失败者，虽然还可以安排下一次重复打擂，但金立能与自己打个平手，是远远出乎黑风所始料的。

三声锣响，金台跳上了擂台，黑风先发制人，纵上毛竹，当金台来到毛竹下面时，黑风马上纵身跳下，举起铁拳，借着由上跳下之势朝着金台头顶猛击过来，金台一招“虾公倒遁”避过，黑风跳下毛竹着地与金台对打，金台纵身跳上毛竹，黑风想趁金台在毛竹上未站稳就来个“白鹤升天”，从下而上直取金台下身，金台一个“倒挂金钟”绝招，脚尖钩住毛竹，全身倒立挂着，挥起拳头，对准纵身向上而来的黑风，当头挥拳一砸，黑风连“啊”也没叫一声，脑袋开花，脑浆四溅，一命归西。台下响起了雷鸣般的掌声。金立蹿上擂台，埋怨金台打死了黑风，使他失去了一次能够打赢黑风的机会。

金台一拳击败黑风，台下“好啊”“好啊”欢呼声铺天盖地。人们郁积在胸中七十多天之闷气，一冲而出。“天下拳王”之名呼声不断。

宋英宗在擂台对面的龙台上看得真切。金台的那一拳，打出了国威。哈密西上台收拾黑风尸体，擂台主持告知哈密西，西夏国必须年年进贡，岁岁来朝，不得再藐视大宋。

（十）

宋英宗加封金台为皇城殿上御教师，封官高一级。金台谢过龙恩，即刻奉旨回家祭祖。官船沿着运河南下，金台吩咐随从旗牌，撤去所有旗幡、匾额以及“肃静”“回避”等虎头执事牌，出了汴梁，改乘民船。金台这样做的目的，是免得惊动沿途两岸官员和百姓。

金台坐在船中沉思，仅仅打败了一个黑风，自己竟如此荣归，因而更是坚定了要将华夏武术发扬光大的决心。他更想到自己患难落魄江湖时，是蛋子僧救了他，教了他拳脚真功夫。他也想到了幼时分手的刘四、赵哥，不知他们现在何处……

金台由大运河转入钱塘江，过桐庐、富春江逆水而上，过兰溪、金华到了义乌洋滩埠后，他本想和蛋子僧师傅欢聚畅谈，遗憾蛋子僧师傅已与自己缘尽而云游外地去了。于是他就把宋英宗所赏的十万两御银全部捐助给了法惠禅寺和双林寺。双林寺用金台所赠的御银，扩建了一千两百多间僧舍。金台在洋滩市的南街尽头造了一座金台石桥，桥南建了一座金台串心凉亭。因金台受宋英宗封赐是逢官高一级的皇城殿上御教师，所以后来凡来洋滩市或路过洋滩码头的文官到此必须下轿，武官到此必须下马。凉亭与石桥毁于二十世纪八十年代，至今在义乌市江东街道洋滩村南，这座石桥与串心凉亭的遗迹犹存可辨。

据1987年版《义乌县志》第五百九十九页记载：“宋英宗治平二年(1065)赐‘宝林禅寺’匾额。”传说就是为表彰当年金台打擂奇功所赐，今北京有一条金台街，同样是为纪念金台后来带出了高徒周侗、徒孙岳飞等抗金英雄而命名。

后来，金台在义乌找到了当年失散的刘四与赵哥后，替他们在京城里各找了一份差事。

口述者：贾祯淑。

记录时间：1978 年 5 月。

记录地点：佛堂镇燕里村。

四、蒋门神　走山东[①]

先人云：人之初，性本善。其意是：当人最初呱呱坠地来到人间时，本性都是好的，但随着年龄的增长和环境的影响，会逐渐形成不同的性格。笔者以马戏团里的毒蛇猛兽为例：驯兽师能叫眼镜蛇随着悠扬的乐曲声翩翩起舞，更能叫有“山大王”之称的老虎，背驮山羊，老虎平日的威风荡然无存，在驯兽师面前变得乖乖听话。由此可见，毒蛇猛兽的凶狠并非是它们的本性，是环境逼使它们只有凶狠，才能在大自然中得以生存。这就是与“胜者为王，败者为寇”一样的道理。人有驯服毒蛇猛兽，变凶狠为善良的能力；同样又能为了自己的个人利益得失，变得六亲不认，反目成仇，演变出比毒蛇猛兽还不如的禽兽般的恶性。就如蒋门神这个人，在佛堂民间的传说故事中，并不是《武松演义》小说中所记载的那种恶霸。

（一）

据浙江文艺出版社 1983 年版的《武松演义》第一百七十页载：蒋门神，姓蒋名忠，浙江金华府义乌县佛堂镇人。其实在北宋时期，义乌县境内并没有佛堂镇地名。因为那时候的佛堂，仅是双林寺周围方圆十里的地域名称，这是有据可依的历史事实。

据资料记载，《水浒传》是根据民间口头说书艺人的记录稿整理成书的，所以有“评话水浒”与“文学水浒”两种版本。《武松演义》是由原杭州大学副教授刘操南先生根据“评话水浒”中的“武十回”创作编写而成的。

《武松演义》称蒋忠是“浙江金华府义乌县佛堂镇人”，这是刘操南先生根据蒋忠是义乌县佛堂人改写为佛堂镇人的细加工。若以此为依据称北宋时期已有义乌县佛堂镇，这就以讹传讹了。

然而，明万历（1573－1620）以前的“评话水浒”中所记载的蒋忠是义乌县佛堂人，这就说明了在创作“评话水浒”时，把北宋时期的蒋忠这个人物，原籍定在义乌县佛堂地域内，可以看出佛堂的地名，在北宋时期就已经拥有相当的知名度。至于《武松演义》小说的作者刘操南先生，把蒋忠是佛堂人升格为佛堂镇人，这就不得不使笔者对佛堂与佛堂镇地名的历史演变过程，加以一番必要的考证。

---

① 此文原载 2001 年 10 月 12 日《义乌日报》第 7 版，部分内容经删改。

根据现属义乌市南部的徐江镇、佛堂镇、赤岸镇农村中残存的各个姓氏五十年以前纂修的旧宗谱中普遍记载：五十多年前(中华人民共和国成立以前，本文写于2001年)，以双林寺为中心，方圆十里内的百姓，均称呼自己为佛堂人。义乌市现存最早的明万历年间的《义乌县志》第十五页卷之二《方舆考·乡隅》篇目中，当时义乌县境内十六个市的名称中记载：洋滩市，去县南十五里，属廿三都；双林市，去县南三十里，属廿四都；光明市，去县南三十五里，属廿五都；野墅市，去县南三十五里，属廿五都；赤岸市，去县南四十里，属廿七都；倍磊市，去县南四十里，属廿七都。在当时义乌县南这六个市中，并没有"佛堂市"的记载。在万历《义乌县志》同一页内的义乌县"街"的记载中，义乌县南也仅有廿五都的赤岸街、野墅(野市)街，廿七都的倍磊街，而没有"佛堂街"。据考证，那时候距义乌县南三十里的双林市，即是今佛堂镇北的石柱埠下强一带(后称为佛堂上市)；县南三十五里的光明市即今佛堂镇的田心村；县南三十五里的野墅市，是出县南，过洋滩市、双林寺，经过现在的塔山乡小六石村方向走的雅治街村。明崇祯十三年(1640)、清康熙三十一年(1692)、清雍正五年(1727)所编纂的《义乌县志》，对义乌境内所设的十六个市、街，基本上没有什么变动。由此可见：从明万历至清雍正的一百六十多年间，应该说，佛堂的市、街都尚未出名，更不存在"佛堂镇"的地名。所以，刘操南先生把佛堂这个地域名称，写成"佛堂镇"，缺乏历史依据。

据笔者考证，"佛堂镇"的称谓最早出现在佛堂镇塔山乡《义乌丁氏宗谱》中，乾隆四十年(1775)五月，由东阳郭会勤撰写的《丁尚庆行状传记》中称"佛堂为四方贸易会集之镇，舶樯如猬，每遇市期，肩摩踵错，济渡者舟不能容，公捐厚资，慨然为众人先造浮桥为永久利赖焉"。佛堂镇王蒲潭村的《义乌凤林王氏宗谱》内乾隆四十二年(1777)隆冬季殿元撰写的《王荆山翁传记》内也有类似记载："佛堂市镇南北往来，中隔长江之险，人患病涉，惟翁倡率义举，会纠莲理募捐桥梁。"所以，佛堂称镇应该说是从清乾隆二十五年(1760)建万善浮桥的时候开始的。清嘉庆七年(1802)编纂的《义乌县志》卷一《乡隅》篇载：佛堂镇，县南。佛堂市：上市廿四都，下市廿五都。可以推测佛堂镇的廿四都上市由双林市改称，廿五都下市由光明市所迁，中间隔以浮桥为界。当时称为佛堂镇廿五都下市的鹅卵石砌成的旧街道、木结构店面排门屋的旧式市井面貌现在依然存在，下市村的村民也基本上都是先前称光明市的田心村王姓后裔，所以说下市村是由田心村迁址到此，有据可依。

根据民间道情、花鼓曲艺故事中的传说，当年由蒋门神开凿的长方形约有十亩水面大小的东池水塘，至今仍是周围农户取水灌溉种菜的水源。根据传说，蒋门神并不像是《武松演义》中所说的那样是个恶霸，那是"评话水浒"的"武十回"中，评话艺人为了突出武松而贬低蒋门神的艺术描写。这就是本文开头笔者分析的"胜者为王，败者为寇"的人如同禽兽本性的体现。

（二）

蒋门神究竟是何方人氏，为何来双林市经商开店已无从查考。传说蒋门神姓蒋名忠，是个铁匠，有一身好手艺，打制铁锁尤其出名，凡他打制的铁锁，非他自己所配制的钥匙根本无法打开，人们美称蒋忠的铁锁为门神，蒋门神由此得名。

传说中的蒋门神疾恶如仇、秉性刚直，爱打抱不平，而且十分乐于兴办公益事业，是深受百姓爱戴和敬仰的人。

现佛堂镇北的公路大桥称伏虎桥，因为北宋时期，这里有一座叫伏虎岭的小山而得名。伏虎岭的北面是一条石牛小溪，溪的北面就是铁炉山。石牛溪的溪水由石牛山上岩缝中多如牛毛的泉眼中的泉水汇聚而成，清澈、甘甜，喝了能使人皮肤白里透红，常葆青春。下强村成了双林市后，原来穿村而过的石牛溪成了双林市市民百姓的饮用水源。石牛溪从伏虎岭与铁炉山的峡谷中流出汇入义乌江。由于义乌江经常要发大水，浑浊的洪水倒流入石牛溪，双林市的市民百姓难以饮用导致水荒发生，虽然南朝梁普通元年(520)，达摩来此弘扬佛法时，为免石牛溪水被义乌江洪水污染，用禅杖在下强殿前凿了一口仗地井，可是一旦义乌江的洪水倒流入石牛溪，到达摩仗地井来取水的人就会排成长队。洪水不但污染了饮用水，而且还入侵百姓住户家中，淹没低洼农田，直接影响了双林市民的生活与生产。佛堂王蒲潭《凤林蒲潭王氏宗谱》内就有先祖秉操，先迁居下强，后移居到稽亭的文字记载，在稽亭村中至今仍保留着一口当年凤林王氏移居稽亭后所凿的“凤林井”。蒋门神定居双林市后，他做的第一件事就是带领民众在伏虎岭与铁炉山之间，建一座拦水闸坝治水。

蒋门神生得五大三粗，膀大、肩宽、腰圆，讲话声如洪钟，力大无穷。建这座拦水闸坝，需要相当的资金，蒋门神首先向双林市内的富商富户筹措募款，号召有钱出钱，无钱出力。他自己带头倾资，鸠工庀材先干起来。蒋门神的身体力行感动了双林市的商贾市民纷纷解囊相助。规模宏大的石牛溪拦水闸坝建成后，既拦住了义乌江洪水的入侵，又提高了石牛溪在双林市内的水位。蒋门神利用双林市东一口足有十亩大的长方形的水塘，进行清淤和堤坎修整后，引石牛溪水储入大水塘内，作为双林市市民常年取水饮用的大水池，由于这口大水池位于双林市东，所以称为东池。如今下强村、双林市、伏虎岭、铁炉山的旧貌已随着历史的变迁而不复存在，但这口长方形的东池却依然存在。东池四周的残砖碎瓦，纵横墙脚的基石，仿佛每天都在默默地诉说着千百年前这里曾经有过的喧闹和繁华。

蒋门神募建的石牛溪拦水闸坝，遇洪水时可放下闸门，拦住洪水，防止洪水倒灌；遇到天旱时，又可闸住石牛溪水，使原来大片的低洼地变成了旱涝保收的良田。那时候，双林寺有和尚、尼姑三千余人，每天经双林市前往双林寺拜佛的善男信女不计其数。而这些香客,一旦从义乌江离船上岸,为了虔诚礼佛,也就与和尚一样要忌荤腥,吃素斋,所以蔬菜供应十分紧张。双林市民就利用石牛溪水,发展蔬菜生产,供应双林寺和双林市场的需求,蔬菜生产要比粮食生产周期短、效益高,因此市民与菜农们纷纷称颂蒋门神募建石牛溪拦水闸坝的功德。

但是,蒋门神起初募捐筹款建拦水闸坝时,采用的是富户多出点,穷人少出点的"均贫富"方式。双林市的种菜农户富起来后,原来多出钱建拦水闸坝的富户产生了嫉妒心,有的甚至出现拿了菜农的蔬菜少付钱或不付钱,还要骂菜农"不知好歹"一类的话的情况。这话传到了蒋门神耳朵后,蒋门神就出面,非要那些贪小欺农的富户向菜农赔礼道歉不可。富户们畏于蒋门神牛高马大的体魄、力大无穷的拳脚与声如洪钟的吆喝声,口服心不服地当面依了蒋门神,背后却设计起拿蒋门神出气报复的阴谋来。

一日,义乌县衙库银被盗,双林市的富户就乘机收买县官,以库房的门锁只有蒋门神能打开为理由,怀疑是蒋门神所盗而抓他入狱。双林市民得知蒋门神被抓后,纷纷联名向县衙担保蒋门神不会偷盗。县官因缺乏证据,只得把蒋门神放了。不久,宋徽宗为了大规模修建皇宫、花园,专门派人到江南搜罗奇花异石,并在杭州设立了"造作局"与"应奉局",把从各州县搜罗到的花石用船运到京城,每十船组成一纲,称"花石纲"。只要发现或听见谁家有观赏价值的一石一木一花,官兵就会闯入谁家,贴上黄纸封条,指为御前贡品,不从者以抗旨论处。双林寺云黄山上"虎饭石"晶莹剔透,县官为了讨好上司,又添油加醋地描述"虎饭石"是当年傅大士成佛前,用饭喂虎,剩饭化石,是稀世之宝,并有意以"藏宝不交"的罪名,抓走了双林市上曾受蒋门神保护,挨过富户欺凌的菜农。蒋门神知道县官抓这些菜农的目的是杀鸡给猴看,于是,他每天想办法要去救这几位被抓的菜农。

这天,蒋门神正坐在家门口发愣,一位相师模样的人来到蒋门神面前,朝着蒋门神上下前后看了一遍又一遍。蒋门神喝了一句:"有什么好看的!"相师一本正经地附到蒋门神耳边说:"我从天台山一路寻龙脉到此,在你脚下龙脉不见了,却看到你周身上下豪光四发,当今世道不平,你若举兵造反必成。"蒋门神说:"何以见得我周身发光?"相师说:"不具慧眼,见不着龙脉的人怎能见到你身上的光呢?若不信,你将打铁锁的榔头,掷到双林市东路口的大路塘里,榔头柄会浮出水面,你相信我的话是真;若不会浮,说明你时机尚未成熟。"蒋门神不知是计,便半信半疑地拿着榔头跟着相师来到大路塘边,向水塘中心掷去。在这口大路塘内,双林市富户事先以养鱼防偷为名,向塘中央投放了许多树枝,蒋门神的榔头,正好丢在水中的树枝上,榔头柄浮出了水面,蒋门神见了,相信了被富户请来专门诈骗蒋门神的"相师"的话。蒋门神想,既然要造反,首先要到县衙劫狱,救出被县官抓去的那几位菜农。蒋门神在"相师"的诱骗下,择了个黄道吉日,准备起兵劫狱。县官得知情报后,马上请来了朝廷官兵，以蒋门神谋反的罪名进行抓捕。情急之中，蒋门神为了保命，只得逃往外地，远走他乡。

蒋门神出走后，石牛溪上的拦水闸坝失去了专人管理。双林市的富户想以此闸坝向百姓敲诈钱财。双林市民盛怒之下，用土填埋了拦水闸坝，填平了双林市内的石牛溪。在石牛溪上游的稽亭村边，将石牛溪向北改道引入赵朱村东的牙塘，再环赵朱村北，流入义乌江。从此，原双林市内由蒋门神去淤泥、修堤坎开凿成有水面十亩大小的东池与蒋门神掷过榔头的大路塘，就成了市民们取水饮用、浇菜的水源，至今犹在，旧貌未变。

（三）

蒋门神有个妹妹，远嫁山东孟州府衙内一位官差，于是蒋门神来到了妹妹家栖身。孟州人习武成风，闲时，蒋门神就在街上打卖街拳，挣些零花钱。一位叫施达的官人见蒋门神拳脚功夫出众，便硬要拉蒋门神到就近酒馆吃酒，要请蒋门神当他的保镖。酒桌上，蒋门神了解到施达有个弟弟叫施恩，与其妹夫同在孟州府衙中当差。施达从小学文，生性懦弱，在附近快活林开设一家酒馆。因赊账的人太多，所欠出去的酒饭账款收不回来，小店几乎到了快要关门的地步。施恩从小学武，会几下拳脚功夫，但自己在衙门当差，不可能天天回家帮助哥哥去催讨酒饭钱，所以施达请蒋门神为保镖是假，想请蒋门神帮他催款要债是真。蒋门神心想反正自己在妹妹家闲着没事，既然施达请他，使自己有了落脚就业的地方也就答应了。于是，施达仗着蒋门神的拳脚功夫，催收账款十分顺利，很快使自己濒临倒闭的快活林酒馆起死回生。施达还腾出了快活林边上的一幢房屋，帮助蒋门神在此设馆收徒。由于蒋门神的拳术高明，前来他拳馆里拜师学艺者与日俱增，施达酒馆的生意也越来越好。

可是，施达乐极生悲，突然暴病身亡。施恩想霸占他哥哥施达的酒馆财产，提出要赶走嫂子由他来继承兄长的遗产。施达与夫人未曾生育，施夫人拒绝小叔施恩想继承施达遗产的要求，施恩便动手要强行赶嫂嫂出门。

蒋门神见状，教训了施恩一顿。施恩自知不是蒋门神的对手，于是诬陷蒋门神与其嫂嫂通奸，谋财害命，杀死了哥哥施达。蒋门神在妹夫、妹妹的周旋照顾下，经孟州府尹仵作验尸证明，施达并非蒋门神所杀。施恩为了抢夺哥哥施达的遗产未成，一直对蒋门神怀恨在心。施夫人为了仍在快活林开酒馆，就一直聘用蒋门神当店中保镖。蒋门神忠于职守，施恩奈何嫂嫂不得。

后来，因为武松杀嫂后，被刺配充军到孟州，施恩收买了武松到快活林找蒋门神打斗。论拳术，比力气，蒋门神都不在武松之下，由于施恩请武松打蒋门神是有备而来，且人多势众，蒋门神应战时不知底细，所以最后蒋门神败在了武松手下。

其实,蒋门神与武松的打斗,他们都是各为其主。正如海南出版社 1998 年 2 月出版的《水浒传》内胡适 1921 年 6 月 21 日写的《水浒传考证》中,提到"最重要的一点是元朝的梁山泊强盗渐渐变成了'仁义'的英雄"。因此,武松是《水浒传》中步军五虎将之一,他代表的是"仁义";反之,蒋门神也就成了"蛮横"的反面人物。

这也就是本文开头所述"胜者为王,败者为寇"的道理。但蒋门神流传在佛堂的故事,可以还蒋门神一个清白的名誉。

口述者:贾祯银。

记录时间:1978 年 5 月。

记录地点:佛堂镇燕里村。

五、唐伯虎在佛堂的传说

唐伯虎是明代杰出的诗人和书画家,据有关资料记载,他并没有像小说里所说的那样有过十美团圆的风流韵事,也没有像《三笑》故事中所说的那样,为追求华府的丫鬟秋香而卖身为奴的经历。这些为人们群众津津乐道的传说,均是后人根据唐伯虎不拘泥礼法的性格,口头文学创作整理而成的。例如,尽管有关资料中明确记载了唐伯虎的独养女嫁给了他的好友王宠的儿子王龙冈,可是在佛堂镇流传于茶馆酒肆里的口头文学中也有唐伯虎曾以画为媒,与佛堂有位叫蒋翁的人结成儿女亲家的趣事。也正因为这点关系,还流传着一些与唐伯虎传奇文学截然不同的民间故事。

(一)唐女出嫁画为媒

传说早在明代以前,现在佛堂镇北的小江滩至石柱埠一带有个叫下强的村庄。那时候,正是双林寺在全国十大古刹中名列第八的兴盛时期,外地来双林寺烧香拜佛的香客,过钱塘江、溯婺江,大都从水路而来,且均在下强上岸,经双林大道,穿稽亭村进双林寺朝拜佛像,所以下强也就成了五步一店、十步一楼、商肆林立的江边码头。下强的旅馆、宿店里,几乎每家都在上厅或正堂上备了一个佛龛,佛龛内放着一具木雕或泥塑的傅大士化身的弥勒佛像,以便香客上岸进店时,烧香朝拜之用。因此,凡放有佛像的厅堂也就被称为佛堂,下强的江码头也就被人称为双林市的佛堂埠。

在佛堂埠有位叫蒋翁的人,对古代的字画很有研究。明弘治年间(1488—1505),被称为江南才子的唐伯虎科场失意,在会试中蒙受了不白之冤后,为了调节心情,他像司马迁那样进行了一次足迹遍及江苏、安徽、江西、湖北、湖南、福建、浙江七省，历时十多个月的千里旅游，饱览了祖国的名山大川，为后来的书画创作积累了丰富的素材。当他过扬州、登庐山、看洞庭，帆随湘转，望衡九面，见到了衡岳七十二峰中的回雁峰后，回头入福建，进武夷，游雁荡到了浙中的佛堂埠，漫长的旅程使他身边川资殆尽。他见佛堂埠每天进双林寺的香客如潮，于是就在江边码头铺开笔墨纸砚，当众由香客命题作画，边画边卖起来。由于唐伯虎的画栩栩如生，笔笔有神，画价多少不嫌，由受画香客随画赠送，不多时，向唐伯虎求画者就络绎不绝，挤得唐伯虎在画摊上无法作画了。这时，正在看唐伯虎作画入了迷的蒋翁见了这般情景，他就帮助唐伯虎整理画摊，并挽留唐伯虎到他家食宿了几天，还陪同唐伯虎去双林寺瞻仰了巍峨的佛像和宏伟的寺院，临别前又送给唐伯虎一笔川资。当蒋翁送唐伯虎上船握手道别时，唐伯虎觉得自己与蒋翁素昧平生，就能受到蒋翁如此的盛情款待，总想拿点什么回赠给蒋翁，聊表纪念。可是唐伯虎摸了随身所带的行李，除了笔墨纸砚文房四宝以外，什么也没有。于是，唐伯虎只得将一张包墨砚的宣纸取下，送给了蒋翁。蒋翁把这张染有墨色的宣纸拿回家后，铺在桌面上一看，发现还是唐伯虎那天在江边码头作画卖时用来蘸墨浓淡试笔时用的那张宣纸，上面横横直直画满了焦、浓、重、淡、清五种墨色。蒋翁凝视了许久，猜测着唐伯虎送他这么张试笔用的宣纸的意图，最后还是百思不得其解。

蒋翁留宿唐伯虎后，在与唐伯虎谈话中了解到了唐伯虎坎坷的经历，回想到唐伯虎到佛堂埠时，为筹川资街头卖画的情景，突然眼前一亮，手拍大腿，脱口而出："助人解难，如雪中送炭。"唐伯虎送的这张试笔宣纸中的焦、浓、重、淡、清五种墨色，不正是一块块木炭整个燃烧过程的真实写照吗！寓意深刻，真是千金难求啊！于是，蒋翁就对这张唐伯虎的试笔宣纸进行了精心的装裱。遗憾的是，由于唐伯虎是在匆忙离别时赠给蒋翁的，所以这张画上没有留下唐伯虎的题词和署名落款，这也就成了蒋翁的一块心病。

十多年后，蒋翁要为儿子找一个称心如意的媳妇。一日，蒋翁在江边码头茶店中听到了一件怪事，说苏州的才子唐伯虎要以画为媒，为自己的独养女儿找婆家。言者无心，听者有意，蒋翁想这真是无巧不成书，他决定带上已装裱好的唐伯虎的炭画去苏州一趟，这样既可为儿子向唐伯虎的千金求亲，又可请唐伯虎在炭画中题款署名。

不日，蒋翁来到了苏州桃花坞的桃花庵唐伯虎家，唐伯虎与蒋翁久别重逢，盛情款待，酒过三巡后，乘着酒兴，蒋翁问唐伯虎可有以画为媒嫁女之事，唐伯虎答道："确有这般打算。"蒋翁追问道："以画为媒选婿，怎么个选法？"唐伯虎说："草堂内挂有数帧手画，能选出一幅，讲出我的画意者中也。"此时，蒋翁拿出了随身带来经他装裱的试笔宣纸，双手递给唐伯虎，唐伯虎铺开画轴，问蒋这乃何意？蒋翁笑答："唐兄炭画入神，憾无题款，劳驾大笔挥就。"唐伯虎听后，哈哈大笑说："知我者，蒋翁也，蒋翁雪中送炭之情，没齿不忘，中也，中也。”于是唐伯虎在这帧炭画中题了“唐炭”的落款，并也就应允了蒋翁代子向他求千金的婚事。

明正德年间(1506—1521)，唐伯虎之女从苏州嫁到了佛堂埠蒋翁家，所有的嫁妆不过是两只随身所带的木板箱子。蒋翁夫人原以为从苏州到佛堂，旅途遥远，嫁妆运送不方便，媳妇既然是江南才子唐伯虎的名门千金，两只箱子内装的定是价值连城的金银首饰。三天喜宴过后，她要媳妇打开箱子看看，发现箱子里装的尽是一幅幅唐伯虎的字画。蒋翁夫人是个鼠目寸光的妇道人家，看到名门千金的嫁妆仅是几张不值钱的字画，非常失望，于是就经常无事找事，奚落媳妇。当唐女见婆婆没日没夜地嫌自己的嫁妆不值钱，并经常为此事与蒋翁争吵不休后，一气之下，打开箱子，抓起字画就撕。蒋翁闻讯，慌忙不顾公公不能进媳妇房间的风俗，一头闯进唐女的房间，抢出了还没有被唐女撕掉的仅存的两幅画轴。此时蒋翁夫人也随后赶到，伸手去夺蒋翁刚从唐女箱中抢出的两幅画轴说：“这种画有何用，让她撕，让她撕！”这时的蒋翁只知道与夫人夺画，而正在气头上的唐女反而冷静了下来，她从容地走到了蒋翁夫妇面前，轻轻地叫了一声公公、婆婆后说：“我父亲的画，有用没用可以请公公把那轴我父亲的亲笔炭画拿来试试便知。”于是蒋翁立即去拿来了那轴炭画，唐女打开画轴，铺在桌上，然后抓了一把被她撕碎的画轴纸片散在炭画上面，只见一时火光四溅，画轴纸片立即烧成灰烬。蒋翁夫人见画如此神奇，捶胸顿足，懊悔莫及，从此一改常态，待媳妇唐女如掌上明珠。传说蒋翁从媳妇箱中抢出来的两幅画轴，其中一幅是一个太阳，另一幅是一只老鹰。每年割稻时，如遇到晴天，只要把唐伯虎的老鹰画轴往晒场边一挂，晒场上就不用人看管，鸡鸭鹅甚至天上的麻雀也不会去偷吃晒场上的谷子。如遇到阴雨天，只要把太阳画轴往堆放稻谷的仓房内一挂，稻谷就会与晒在晒场上一样，很快就会干燥。后来，当蒋翁接到唐伯虎仙逝的丧报后，蒋翁夫人马上安排了风光的丧礼，要媳妇回家治丧后，多带些唐伯虎的字画回来。这时，唐女痛哭着对婆婆说：“我父亲为了我的两箱嫁妆，花费了一身的心血，苏州远离佛堂，来去需一月有余，再说，人死不能复生，我父亲的画再也得不到了。”蒋翁夫人一听媳妇的话，一时悔恨交加，也就一命呜呼了。

唐伯虎死后不久的明嘉靖年间(1522—1566)，义乌经常暴雨成灾，洪水倒灌入巷，佛堂埠的下强村被冲毁。至今在佛堂镇北的小江滩至石柱埠一带，还留有当年被洪水冲毁的下强村的瓦砾与墙脚石的遗迹，在佛堂镇的老年前辈口中，也还流传着许多有关唐伯虎的故事。

(二)三妻三娶笑三次(“三笑”故事的虚虚实实)

戏剧《三笑》，说的是唐伯虎与好友祝枝山外出春游，路上艳遇华府丫鬟秋香，唐伯虎为了十美团圆，与祝枝山计议后，化名华安，卖身华府为奴。华安因教华府公子读书，颇受华太师重视，愿在丫鬟中由华安自选一名为妻，以表对华安的奖赏。在一群钗环叮当的众丫鬟用深情目光望着华安待选的情况下，华安将一件信物塞在秋香的手中，实现了他十美团圆愿望的故事。后来经考证，《三笑》故事纯系由文人墨客根据唐伯虎不拘礼法、放荡不羁性格而创作的文学作品。据说《三笑》故事中的女主角秋香，是成化年间(1465—1487)南京的一名妓女，她的年龄至少比唐伯虎小三十岁，在华察(华太师原型)中进士的时候，唐伯虎已去世三四年了，等华察入阁称太师时，唐伯虎的尸骨都早变泥了，那还怎么能进华府去教华察的儿子读书呢？当然，文学作品并非某个人真实的生活写照。在佛堂也曾流传着一个唐伯虎三笑的故事，在这个故事里，并没有艳遇秋香的情节，而是以“人生有三喜，升学、生儿、拜天地”的佛堂俗语为主线创作的民间口头文学。如要知佛堂流传的唐伯虎三笑故事，这就得从唐伯虎的身世和他一生讨三个老婆的故事谈起。

传说唐伯虎的父亲叫唐广德，是在苏州开一爿小饮食店的老板。由于唐广德目不识丁，而一些地痞泼辣，经常来店里吃了馄饨点心后，说一声“记账”，不付钱就走，唐广德根本不能拿他们怎么样，尽管饮食店的生意很好，但由于欠账白吃的人多，每年积余甚微，因此唐广德发誓，无论怎样，也要让儿子读书识字。成化六年(1470)唐伯虎出生后，为了威震家风，唐广德给他取名寅，字伯虎，希望他今后读书成才，当官以改变自己低微的社会地位，光宗耀祖。

唐伯虎到了读书的年纪后，唐广德不惜重金聘请了一位私塾教师到家里，专门教唐伯虎读书练字，并谆谆教诲儿子要以学业为重，日后才能出人头地。小唐伯虎不但长得秀气，天赋很好，对长辈也很孝顺，读书也很勤奋。“万般皆下品，唯有读书高”的思想从小就灌入了唐伯虎的心田。由于关在家中读书，唐伯虎长到十三岁，连附近的街巷都不认识。他从小就练成了一目十行，过目不忘的读书真功夫，不但四书五经倒背如流，还通读了《唐诗》《宋词》《史记》等古典名著，十六岁那年参加秀才考试，童髫中科第一，成了名扬苏州的读书神童。十九岁那年，唐伯虎娶了第一个老婆，第二年生了一个胖儿子，唐伯虎也为自己的学业有成、妻子贤惠、儿子得意而经常在睡梦中笑醒，这就是唐伯虎的一笑。然而好景不长，在一次麻疹病中，孩子不幸夭折，唐伯虎二十五岁那年，爱妻徐氏不幸病故，唐伯虎在悼词中曾写了“抚景念畴昔，肝裂魂飘扬”，可见他对爱妻的感情之深。

唐伯虎是个热衷于功名富贵的人，他并没有因为失子丧妻而倒下，在料理完妻子的丧事后，又埋头于书房，读起书来。他的读书好友祝枝山、文徵明、张灵等人也经常到他家里来交流读书经验，使他的学问日见长进。正当他以读书求功名为追求的时候，父母又先后离开了人间，亲人的接连离世使他精神上受到了沉重的打击，接二连三的丧事又花去了不少钱财，本来就靠父亲唐广德做饮食小店收入维持家用的唐家,经济已到了相当困苦的地步,加上唐伯虎自幼得父亲"埋头苦读书,不闻窗外事"的教训以致不善经营,他家的经济情况一天不如一天,到了"芜秽日积,门户衰废,柴车索带,遂及褴褛"的地步。但是每当他饥寒交迫,挑灯苦读的时候,他始终没有忘记父亲临终前拉着他的手说的一句话:"孩子要记住,爸爸是个不识字的生意人,招人看不起,人家白吃白拿了我的东西,因不会记账,也就是说没法子向人索要。你读书用功爸很高兴,爸真想亲眼看到你能金榜题名啊!可是老天不给我寿,我已等不到那一天,有朝一日你实现了我的遗愿,别忘了待你衣锦还乡的时候,来到爸爸的坟前祭奠一番,让我在九泉之下瞑目啊……"父亲遗言,是强大的精神动力,一次次使唐伯虎忘记了饥寒而苦读到深夜。二十九岁那年,在好友们的资助下,唐伯虎坐船到南京参加乡试,三场下来高中第一名,主持考场的考官看了唐伯虎的试卷后,脱口称之为奇文,并且逢人便说:"真想不到江南会有这样的文豪才子。"从此,唐伯虎的名声大振。南京刺史大人见唐伯虎才华超群,前途无量,今后定有享不尽的荣华富贵,很快就将爱女冯氏嫁给了唐伯虎。唐伯虎尝到了读书苦尽甘来的味道,新婚之夜,好友祝枝山、文徵明等人纷纷前来祝贺,唐伯虎整天笑得合不拢嘴,这为第二笑。

唐伯虎中解元,娶了个宦门闺秀冯氏为妻后,一改家贫如洗的旧貌,同时也改变了他寒灯伴读的读书环境,第二年就踏上了进京会考的征途。与他同行的一位书生名叫徐经,一年前在南京乡试前,徐经听说苏州神童唐伯虎也来赶考,于是有意前去与唐伯虎结拜兄弟,并请唐伯虎做了一篇范文,结果两人都中了举人。这次赴京会试前,徐经用重金贿赂,买得试题后,又故伎重演告诉给了唐伯虎。唐伯虎是南京第一名解元,自然招人显眼,主动和他打招呼请他喝茶饮酒的人很多。一次有个姓木的书生盛情邀请唐伯虎赴宴,酒后唐伯虎无意中把徐经告诉他的试题内容讲了出来。后来张榜,唐伯虎又考中了头名状元,而这名姓木的书生落第了。出于嫉妒之心,木姓书生向考场的主考官揭发了唐伯虎考卷有诈的事。结果,主考官在将同时考中的徐经与唐伯虎两人的考卷拿来进行核对,果然答案内容大同小异,结果天子震怒,将两人召捕入狱,查明真相后,徐经革去功名,废为庶人;唐伯虎也因为助徐经科场作弊而被罚往浙江为吏,原想依附唐伯虎荣华富贵的第二个老婆冯氏眼见唐伯虎功名无望,同时也认为唐伯虎的会试之案有损她这位宦门闺秀的名声,因此她与唐伯虎大吵大闹了几场后,就携家中的钱财回娘家去了。唐伯虎看透了冯氏的势利心理,后来也就把她休掉了。

自赴京会试被贬为浙江小吏以后,唐伯虎心中很是不服气,上面几次来催他到浙江去做小吏,可是唐伯虎无论如何也无法忍受这样不公平的安排。这时祝枝山和文徵明等好友或写信或登门,劝唐伯虎以忍为上,先去浙江,如果误过了吏部给他的期限又要治罪的。可是唐伯虎说什么也不去浙江当小吏。他说:"士可杀,不可辱。”见唐伯虎如此坚决，在祝枝山、文徵明的帮助下，婉转地写了一封书信和送了些银子给浙江巡抚，为唐伯虎辞去了官职，才算了结了此事。

赴京会试酿成的案子使一些不明真相的人对唐伯虎产生了误解，过去那些原来就嫉妒唐伯虎才能与名声的人，自然趁机兴风作浪，诬蔑他这位苏州读书神童也只不过是个考场作弊的伪君子，甚至以前口口声声称崇拜他的人也把他视若路人。唐伯虎向来是个十分高傲的人，怎能忍受这样不堪的凌辱，这沉重的打击，使唐伯虎大病一场。这场大病也彻底改变了他以前想以读书求功名的思想。从此，他经常一人坐在家中发呆，或来到父亲的坟前流泪痛诉：“父亲大人，不是我唐伯虎不才不争气，是我命不该读书成才啊！你如在九泉之下有知，原谅我这个不孝之子吧！”那些与唐伯虎知心的旧交，见到唐伯虎这样消沉颓丧的样子都很担心，经常来唐伯虎家，劝他想开些。一日，唐伯虎的启蒙教师与好友王宠二人买了些酒菜来到唐伯虎家，三人边吃边谈心。王宠说：“唐兄，战场上能以成败论英雄，因为那是明刀明枪的拼杀，但考场上不能以成败论英雄，因为有句‘不愿文章中天下，但愿文章中考官’的古训啊！再说，历史上有多少像李白、杜甫这样的才子，他们都没有状元及第，而且终生没有享受过富贵。像李白这样出口成诗的诗圣，不也曾蒙冤被流放边陲吗？但他们的名字都长留于天地之间，唐兄，你的才华我们最了解，仕途上虽然一再受挫，但你的丹青书画及诗文，我们断定必然可以成为千古传诵的不朽之作。”说到这里，启蒙老师打开了随身带来的一幅《陶谷赠词图》给唐伯虎看，画中讲的是北宋年间，有位叫陶谷的大臣出使到南唐国，为了显示自己的高雅，甚至在国王面前也出言不逊。南唐国的大臣们见了他都很不服气，于是命一名宫女扮作娼妓，晚上前往陶谷下榻的宾馆，与表面上一副君子相的陶谷去鬼混。第二天大臣们把意图告诉给国王后，由国王设宴请陶谷赴宴，陶谷当初自以为国王有惧于他，正在他洋洋得意时，一位大臣一挥手，那名与陶谷鬼混过的宫女马上手捧酒壶坐到了陶谷身边为他斟酒。陶谷认出了这位宫女，自知中计，顿时面红耳赤，无地自容，一副伪君子的丑相暴露无遗。唐伯虎看了此画后，忍不住为画中的艺术与故事的内容而拍案叫绝。（后来也有人说此画是唐伯虎听了故事后作的）在这位启蒙老师的引荐下，唐伯虎就拜周臣为师，开始了读书卖画的生涯。

由于唐伯虎聪颖勤奋，他画的山水、仕女、花卉图几乎达到了与周臣老师比肩的地步，再加上唐伯虎卖画并不以衣冠取人，也从不计较酬金，因此苏州的文人雅士甚至京城各地的达官显宦也纷纷托人前来买画。生意日见兴隆，来不及时，唐伯虎只好请周臣代笔，好在师生画风同出一格，一般人是无法看出来的。周臣见学生唐伯虎的画已远远超过了自己，为了鼓励唐伯虎取得更大的成就，他四处奔波，最后为唐伯虎介绍了一个知书达理、十分贤惠的沈氏姑娘作为唐伯虎第三个老婆。成婚后唐伯虎与沈夫人十分恩爱，任劳任怨的沈夫人成了唐伯虎后期艺术创作的好帮手。唐伯虎也逢人便要笑着夸奖沈夫人一番，这就是唐伯虎的三笑。唐伯虎有一首感怀诗是这样写的：

不炼金丹不坐禅，饥来吃饭倦来眠。
生涯画笔兼诗笔，踪迹花边与柳边。
镜里形骸春共老，灯前夫妇月同圆。
万场快乐千场醉，世上闲人地上仙。

他在嘉靖二年(1523)十二月初二临终前有一首绝笔诗：

生在阳间有散场，死归地府也何妨？
阳间地府俱相似，只当漂流在异乡。

你看，从唐伯虎的诗句中，可窥其一生，是多么潇洒和浪漫！

(三)九美图化险为夷

传说唐伯虎是个好色的风流才子，他一生中娶过九个老婆，平时不但嗜酒如命，一旦醉酒，他还要涉足青楼携妓狂欢。到了晚年，他回首往事，深感青楼妓女虽擅于卖弄风情，但毕竟不过只是一时的满足，而不能终身相随，每顿茶饭伺候于你。要想有一个温暖的家庭，还得靠明媒正娶的老婆体贴与关怀。出于这种涉足青楼而有负于老婆之心，他为自己的九个老婆，用既美化又不失真容的笔法，画了九幅仕女图，后人称这九幅仕女图为九美图。

还有一种说法，唐伯虎的好友张灵羡慕唐伯虎的老婆个个聪颖漂亮，托唐伯虎帮忙物色一个漂亮的女子作为追求的对象。于是，每当唐伯虎外出路上看到了漂亮的小姐，回家后就凭他过目不忘的好记性，把他所看到的漂亮小姐画成一幅仕女图。为了作弄张灵，他一连画了九幅仕女图，一起送到张灵家，由张灵选择。这九幅仕女图中的小姐，个个画得十分漂亮精致，使张灵爱不释手。当张灵指着一幅幅仕女图问唐伯虎这是谁家小姐，家住哪里时，唐伯虎只是摇头说："路遇小姐，素昧平生，怎能冒昧问清每位小姐的家住哪里，姓什么，年方多少呢？"唐伯虎有理有节的答复使张灵无言对答。从此后，张灵每天看着唐伯虎画的九美图出神，不久就得了相思病，卧床不起。唐伯虎知道后，深为自己的作弄使张灵染上单相思而内疚。他想解铃还须系铃人，要想治好张灵的病，就得真心实意地为张灵做一次媒。一日，唐伯虎得知江西南昌才貌双全的崔莹来苏州游玩了，于是，唐伯虎就约张灵去登虎山，在唐伯虎的精心安排下，张灵与崔莹两人一见钟情，当即互赠信物定下终身。可是当崔莹回到江西南昌后，正遇上正德皇帝选美，南昌宁王朱宸濠为了博取皇上的信任，将崔莹送入了宫。当张灵得知此消息后，深为自己没有艳福而感伤，再次卧床不起，而且病情日益加重，不久就离开了人世。后来，宁王叛乱失败，正德皇帝因崔莹是叛王朱宸濠所贡，将崔莹发还原籍。崔莹回到南昌后，见父母都已被宁王害死，于是她孤身一人来到苏州想与张灵完婚。当崔莹得知张灵已因她而死，于是她呼喊着张灵的名字，来到了张灵的墓前，自缢在了墓前的一棵树上。唐伯虎得知后，追悔是自己害死了张灵与崔莹，含泪将崔莹合葬在张灵墓穴中。每逢清明佳节，唐伯虎总要来到张灵与崔莹墓前祭扫，以表对张灵与崔莹的哀思。

但是，在佛堂一带，也流传着一个唐伯虎画九美图使自己死里逃生的故事。

明正德年间，唐伯虎已四十多岁了。自从那次赴京会试使自己仕途美梦破灭后，他投师周臣，改变了读书求功名的念头而专心于读书卖画。在沈夫人的协助下，家中经济好转，不久生了女儿取名唐女，一家三口和和睦睦。哪知道，这只是表象，其实，唐伯虎的心中一直以来都没有平静过。他认为自己少年得志，十六岁考取秀才，号称苏州读书神童，青年时代所有的理想抱负，都因那场赴京会试被贬而化为了泡影，但是他在"学成文武艺，货于帝王家"的封建伦理道德支配下，却始终没有忘记寻求机会，重返仕途，去实现他父亲临终前要他衣锦还乡，去坟前祭奠一番的遗愿。

一天，唐伯虎上街，只见城门边人头攒动，他挤入人群一看，见城门上贴着一张江西宁王府的招贤书。招贤书上说朱宸濠是个十分爱才的藩王，最近还建了一座阳春院，邀请天下的才子去阳春院写诗作画。唐伯虎看了招贤书后心想，只要得到宁王的赏识，会试之冤就能平反，以前失去的一切就能失而复得。这张招贤书似乎让唐伯虎看到了人生的一线希望。

招贤书使唐伯虎高兴得彻夜不能安睡。溶溶的月色从窗户泻入他的书斋，唐伯虎躺在床上，看见月光，使他想起了李白"床前明月光，疑是地上霜"的诗句，同时想起了李白晚年，由于误入了永王李璘府，结果受到牵连被流放边陲的悲惨结局。于是唐伯虎突然猜疑，宁王的招贤书会不会另有不可告人的阴谋呢？俗语说"人到中年万事休"，坎坷的人生，也磨炼出了唐伯虎办事要三思的习惯。想到这些，唐伯虎再也躺不住了，他一骨碌从床上起身，来到好友文徵明家敲门。文徵明见唐伯虎深夜来访，急忙热情接待。当文徵明得知唐伯虎想去南昌宁王府招贤应聘而又不敢去的矛盾心理后，文徵明十分诚恳地说："你自从那年蒙受会试不白之冤后，我也为你感到愤愤不平。现在机会来了，如果去南昌宁王府，果真能得到朱宸濠的赏识那你平反的事就不成问题了。"唐伯虎听到这里，不禁心中一动说："这些我不是没有想到啊，可是，当今朝中钩心斗角，宁王天下招贤，会不会与唐朝永王李璘那样另有阴谋呢？想到这些，我有些害怕呀！"文徵明深思后说："唐兄，你老成多了，古人训:良禽择木而栖。宁王朱宸濠的上辈朱权是个很有学问的人,他一生中写了很多书,《通鉴博编》《史断》《侍谱》都是他的著作。如果朱宸濠不像他的上辈那样是真心招贤而另有阴谋,那你只要小心谨慎一些早早地设法脱身不就成了。”唐伯虎觉得文徵明的话很有道理,于是他就来到了南昌宁王府。

听说唐伯虎来了,宁王朱宸濠十分高兴,马上设宴接风款待,并将唐伯虎安置在新建的阳春书院中一个环境十分优雅的东侧房里。

阳春书院内亭台楼阁,曲桥假山,独具匠心,建得十分富丽。在西侧厢房里,住着两个道士打扮的人,一个叫李月,一个叫李日。据说他俩是对孪生兄弟,从小入山修炼,炼成后云游天下。因为他俩随着风水龙脉,追龙到了南昌,见宁王府上有天子气,所以想在此落脚。朱宸濠闻后大悦,立刻将他俩招贤入府。

李月、李日看到东厢房住进了一个叫唐伯虎的江南才子,一心想试试唐伯虎的真才实学。于是他俩去请唐伯虎登山作诗饮酒。李月、李日备了些酒菜,与唐伯虎登上了一座假山,李月对唐伯虎说:“听说你是个能诗会画的江南才子,今天我们兄弟请你喝酒,想考考你。”唐伯虎与李月、李日初次见面,心里觉得好笑,就说:“我写诗有个习惯,不喝酒就没有诗兴,没有诗兴就写不出诗来。”李日一举手中的酒壶说:“只要你能写诗,壶内的酒让你喝个够。”唐伯虎马上去夺李日手中的酒壶说:“好说,好说。”李日牢牢抓住酒壶说:“慢来慢来,你喝一杯,写一下,免得我们的酒被你骗去。”唐伯虎说:“可以,可以。”于是李月铺开了笔墨纸砚,李日为唐伯虎斟满了一杯酒。唐伯虎举笔正想在宣纸上写字,突然又放下笔说:“没喝酒写不出诗。”于是唐伯虎先喝了一杯后在纸上写了“一上”两个字,喝了第二杯,又写了“又一上”三个字。李月、李日气得暴跳如雷大声叫着说:“这算什么诗!”唐伯虎说:“我不是有言在先,不喝酒没有诗兴,没有诗兴就写不出诗吗?我这‘一上又一上’五个字正是我诗的开头,如果我将这首诗写成,这壶酒全归我喝怎么样?”李日说:“如果写不成怎么办?”唐伯虎说:“写不成我愿听凭你们处置!”李月说:“你也是宁王招贤入府的人,我们要不得你怎么样,如果喝了酒,诗仍写不成,两手着地爬下去怎么样?”唐伯虎见时机已成熟,忙答:“好!大丈夫一言既出,驷马难追。”于是挥笔在纸上写成了一首七绝:“一上一上又一上,一上上到高山上。举头红日白云低,四海五湖皆在望。”写完,他将笔一挥,拿了酒壶便一人自斟自饮起来,李月李日两人只能四目对望,眼看着唐伯虎喝酒吃菜。自此以后,李月李日对唐伯虎佩服得五体投地,事事听从唐伯虎,几乎成了唐伯虎的侍从。但唐伯虎看到宁王府连李月李日这样的蠢材都当作贤士招入府内,认为自己与这样的蠢材相处在一起,实在有贬于人格。

又一日,唐伯虎去南昌街上,只见一个衣衫破烂的妇女身穿孝服,哭得极其凄惨。据旁人介绍,这位妇女家的田地被人占了,房屋被人烧了,丈夫也被人杀了。

唐伯虎听了说："那她为什么不去告状？"一位老翁慌忙用手捂住唐伯虎的嘴，把唐伯虎拉到一个偏僻的巷口说："我看你这个书生是外地人。你有所不知，他家的田地、房屋是被宁王府造阳春书院时霸占去的。她的丈夫去县衙告状，县衙有慑于宁王府淫威，随便把她的丈夫判了个死罪杀了。后来听说有钦差大臣来到这里，责怪了县衙不该判这个女人的丈夫死罪，哪知道这位钦差大臣被宁王请到府里赴宴后，回住处睡觉时就七孔流血死了。宁王在朝中有靠山谁敢得罪啊！"唐伯虎听到这些后，深觉得宁王外表看道貌岸然，想不到竟是这样一个杀人、放火、霸田、夺产的魔王，他觉得自己如果再在宁王府里住下去定有不测。但是宁王为什么要天下招贤呢？为了弄清这个问题，唐伯虎决心利用李月、李日两个不学无术的糊涂虫来解开这个谜题。

从此以后，唐伯虎有意识地经常请李月、李日喝酒，并趁着酒兴，用挑逗的方法把话题一次次引到宁王身上，刺探宁王天下招贤的用心。有一次，李月、李日烂醉如泥后，唐伯虎说："你俩得道成仙，被宁王招贤入府，你们看宁王的前程如何？"李日自以为是，口齿不清地说了起来："唐兄，我对你实说了吧！我们兄弟俩看了一辈子风水，追龙脉一直追到了南昌，见宁王府上瑞气冲天，我们料定宁王就是真正的龙种，今后的天下定是我们宁王的。"这时李月抢着说："宁王已和我们讲好了，事成以后，要么与我们兄弟平分天下，要么让我们兄弟俩当个什么亲王，让我们两人有享不尽的荣华富贵。到那时，包括你唐伯虎在内，都成了开国元勋了！"

听了李日、李月的酒后胡言，唐伯虎彻底认清了宁王朱宸濠天下招贤的祸心，阳春书院也根本不是什么讲学治学的地方，而是一个彻彻底底为朱宸濠企图谋逆积聚力量的是非之地。于是唐伯虎惊恐地想："要赶快离开才是。"可是自己是主动应招来投奔宁王的，说不出具体的理由就擅自离开，势必要引起朱宸濠的怀疑而遭不测。于是，唐伯虎想：只要慢慢地让朱宸濠看不起自己的才能，再找理由脱离虎口。从此，唐伯虎摆出了狂士的风度，整天没日没夜地喝酒，像一个十足的酒囊饭袋。

有一次，李月、李日又来到伯虎住室喝酒，酒后李月李日对唐伯虎说："宁王得天下后，我们就可以享福了，到那时，我们选怎么样的女子当夫人才称心如意，还得请你唐兄做主选美啊！"唐伯虎一听此话，觉得机会来了，于是他画了九幅十分精致的仕女图送给了李氏兄弟。李月、李日自从得到了这套九美图后，逢人便夸唐伯虎能诗会画，不愧为天下奇才。这消息传到了朱宸濠的耳朵里，朱宸濠命李月、李日将九美图献上，让他欣赏，朱宸濠一看，就被九美图所吸引住了，马上招见唐伯虎，问唐伯虎为什么只画九美图而不画十美图。唐伯虎胸有成竹地说："九美图中的仕女，乃是只有帝王才配的楷模。"朱宸濠听后说："听说你唐伯虎是个风流才子，想必你家内也定是个绝世佳人吧！"唐伯虎听后忙说："非也，非也。"朱宸濠命唐伯虎将妻子的容貌画出来看看。于是唐伯虎为了早日离开虎口，就挥笔在纸上画了个大脚女郎，并在画边题上了一首打油诗："碧桃花树下，大脚黑婆娘。未说铜钱起，先铺芦席床。三杯浑白酒，几句话衷肠。何时归故里，和她笑一场。"朱宸濠一见此画和此诗，见唐伯虎的老婆面容虽俊，可是个大脚婆娘，在那买牛买双角，买人（女人）买双脚的封建社会里，视娶三寸金莲的小脚女人为上乘，视娶大脚女人为妻的人为社会上的卑贱者。这件事引起了朱宸濠对唐伯虎的反感，于是，朱宸濠气得直摇头说："人家都说唐伯虎是个贤士，我看他的老婆是个大脚黑婆娘，只不过是个徒有虚名的狂生罢了。既然他想回故里和大脚黑婆娘笑一场，那就打发他滚吧。"

就这样，唐伯虎用画九美图之计，使自己逃离了南昌宁王府，为避免宁王朱宸濠的再次纠缠，回到苏州后，全家迁居到了远离苏州市的偏僻的桃花村隐居。

再说唐伯虎从南昌回到苏州五年后，朱宸濠果然起兵谋反，结果全军覆灭，最后当了俘虏被杀了头。如果唐伯虎当初没有一个清醒的头脑，觉察出宁王招贤的目的是在为叛逆做准备的话，那后果真是不堪设想。

口述者：贾祯银。

记录时间：1978 年 5 月。

记录地点：佛堂镇燕里村。

六、朱丹溪传奇

朱丹溪（1281—1358），名震亨，字彦修，义南赤岸人。传说赤岸原名蒲墟村，南朝时朱幼之女出嫁，其嫁妆红车辉映溪岸，蒲墟村故又名"丹溪""赤岸"。元朝朱震亨成为名医后，人们尊称他为"丹溪先生"或"丹溪翁"，不过后人还是习惯称他为"朱丹溪"。

朱氏家族，世代为儒。元至元十八年（1281）十一月二十八朱震亨出生后，从小便耳闻目睹，受到了其祖父辈均以孝闻名乡里的良好家庭环境的熏陶。他的堂曾祖朱杓精医学、重医德，著有《本草千金方》《卫生普济方》等医书；他的堂祖父朱叔麒，宋咸淳进士，晚年精于医道。这些均对朱丹溪后来创导滋阴学说，创立丹溪学派，与刘完素、张从正、李杲一起被誉为"金元四大医家"产生了重大影响。

朱丹溪的童年是在宋末元初兵祸连绵、生灵涂炭中度过的。他九岁那年（1289）三月，义乌被台州的杨震龙军攻破，朱丹溪家被洗劫一空。后又因受朝廷一起冤案牵连，其时，朱丹溪的父亲正患病卧床，幸得姑母多方营救才免遭杀身之祸。丹溪十三岁那年（1293），父亲病故，丹溪的母亲虽然带养着丹溪及其两个弟弟，生活极其困苦，但母亲“艰勤悲悴”，一直把要教育儿子成材放在第一位。有一次，丹溪的弟弟因不懂事，误拾了邻居家的一只鸡蛋，母亲发现后，含泪对他的弟弟“笞而责还之”。丹溪十分体贴母亲这种“打在儿身，痛在娘心”的教育，他“自幼好学，日记千言”，勤奋苦读，以告慰母亲，受到了长辈们的器重。

元大德四年（1300），朱丹溪二十岁，时任双林乡蜀山里里正。时年百姓农禾遇灾歉收，他就擅自为百姓减免苛捐杂税。郡守责问丹溪：“此非常法，君不爱头乎？”丹溪笑答：“守为官，头固当惜，民不当爱也。此害将毒子孙。必欲多及，民愿倍输吾产当之。”

丹溪三十岁那年，著名理学家朱熹的四传弟子许谦在八华山讲学，他想辞去里正前往求学，可是慈母病重，无法抽身，从此他就立志学医，决心要把母亲的病治好。经过五年不耻下问的刻苦努力，他不但治好了母亲的病，而且在日积月累的实践中打下了扎实的医学基础。

后来由于朱丹溪分心于对医学的钻研，结果连续两次科考落第。他的老师许谦对他说：“吾卧病久，非精于医者不能以起之。子聪明异常人，其肯游艺于医乎？”朱丹溪在许谦老师的鼓励下，决心放弃仕途，专心从医。

朱丹溪初入医道就十分注重对病例医案的收集、积累、分析、研究。他联想起自己的父亲死于“内伤”，伯父死于“瞀闷”，叔父死于“鼻衄”，少弟死于“腿疾”，妻子死于“积痰”……“为之依归”，这都是“心胆摧裂，痛不可追”的“用药之误也”。他从四十五岁起，“但闻某处有名医”，就不远千里“便往拜而问之”。他的足迹踏遍了吴中（苏州）、南徐（镇江）、建业（南京）、宛陵（宣城）等地。当他得知曾得宋理宗恩宠的御医罗知悌隐居在杭州的消息后，虽遭到罗知悌“蒙叱骂者五七次”“十往返不能通”闭门拒客的冷遇，但是最后还是以无论刮风下雨，连续三个多月“日拱立于其门”的精神感动了罗知悌，成了罗知悌唯一的弟子。“每日有病者来，罗知悌‘必令其诊视脉状回禀’，罗但卧听，口授用某药治某病……”在罗知悌既有理论又有实践的谆谆教诲下，朱丹溪的医术得到了飞跃式的进步。在后来三十多年的从医生涯中，朱丹溪留下了许许多多为人治病、济世救民的感人故事。

朱丹溪六十七岁那年，应张翼等众多弟子的再三恳求，首撰《格致余论》专著。以“相火论”“阳有余阴不足论”为内容，创立了“阳常有余，阴常不足”的论点，强调保护阴气的重要性，确立“滋阴降火”的治则，为倡导滋阴学说打下了牢固的基础。后来他撰著了《局方发挥》《本草衍义补遗》《伤寒论辩》《外科精要发挥》等经典传世医书。

元至正十八年（1358）六月二十四，丹溪“夏行归来”，病辞，终年七十八岁，人们莫不洒泪哀恸。其弟子将丹溪葬于故里（今义南东朱）郭头庵。

1980 年，东朱乡民自筹资金，在郭头庵兴建了一个占地近百亩的“朱丹溪陵园”。令人惊奇的是,若有病者,在朱丹溪塑像前跪拜焚香求签,庙祝按签号施药,凡所得的中草药必然会对症,决不会错。不信?你可前往试试。

口述兼提供参考资料者:陈良仁中医师。

记录时间:1978 年夏。

记录地点:佛堂镇。

七、王槐始建蜀墅塘

环溪,源出八保山上阵岭,东经平望、下端,至新屋,受阳酒泉之水,折往北流。经上、下八石,流入蜀墅塘。

蜀墅塘是义乌最早而且最大的水利工程之一。据清嘉庆《义乌县志》卷二记载:宋淳熙十一年(1184),宋学士翰林公王槐(1099—1196)致仕(退休)归里,回到了今田心乡后塘村。一日,他外出郊游见村南有一地四山环绕,诸水所汇,令他印象深刻。

岁丙午(1186)大旱,禾苗枯死,居民饥苦,王槐就拿出家中的积蓄赈灾济民。他幡然惊悟:何不在村南山区建一储水深塘,以利民众蓄水抗旱?从此,他就倡导大家有钱出钱,有力出力,誓建南山水库。

这时有一位老道仙人从永康方向来,看见王槐带领民众筑堤建坝后,对王槐说:“此蜀地山也,堤由此而坚,因名山曰‘飞来’,塘曰蜀墅。”意思是这座山是从四川飞来的,称为蜀山,在这蜀山边上建堤筑塘储水,宜名叫作“蜀墅塘”。这位老道仙人说完后就走了。于是王槐按照这位老道仙人的指点,在东至蜀山西至飞来山筑成大坝,建成了周长三千六百步,合山之水七十二流,溉田三万余亩,泽被十余里的蜀墅塘,故后人称王槐为塘神。

元至正四年(1344)夏,水暴涨而堤坏,田遂不稔。朱震亨(朱丹溪)悯农之告病也,遂尽召有田之民,履其亩而使之输其力,以为众倡,用土石修复。

清康熙五十五年(1716)仲夏,塘堤冲塌,由知县发银督修加固。

1949 年中华人民共和国成立后,灌区农民多次加固加高堤坝,在以神话故事“四川飞来山”称呼的蜀山旁边建成的蜀墅塘水库灌区,真正成了有天府之称的“四川米粮仓”,使神话变成了现实。

口述人:王良昌。

记录时间:1985 年 10 月。

记录地点:佛堂镇后塘村。

参考资料：

后塘村《蜀墅王氏宗谱》。

八、塘下洋奸忠二金

环溪水向北流，出蜀墅塘水库是塘下洋村庄，塘下洋由宋末元初的金涓，又名青村，在此繁衍子孙。在金涓的后裔中，清朝出过一奸一忠两名朝臣。

（一）奸臣名叫金元龙

明末，朝廷腐败加上旱涝相继，飞蝗遍地，自然灾害不断，民不聊生，许多地方的农民迫于饥寒，纷纷揭竿起义。明朝政府为了维护统治地位，赐封塘下洋的金元龙为京城总兵。1644 年三月李闯王起义军攻下北京西北门户居庸关后，太监曹化淳开彰义门迎降，外城遂破。

身为北京京城总兵的金元龙没有对开门迎降的太监曹化淳进行镇压，而是选择了坐视不管。崇祯皇帝在宫中鸣钟召集百官，竟无一人应召，崇祯皇帝大呼“金大哥救驾”，金元龙拥兵自重，熟视无睹。崇祯在四面楚歌的窘境中，只得爬上万寿山（今北京的景山，又称煤山），在一棵老槐树上上吊自尽。金元龙从此被人称为皇帝有危按兵不救的奸臣，受人唾骂，遗臭万年。

传说，这就是塘下洋村不准上演“崇祯皇帝逼上煤山”古装戏曲和金元龙在塘下洋金氏宗谱中被削除其名、他在塘下洋“千柱落地”故居至今仅存屋基之“谜”的原因。

（二）忠臣名叫金光

传说塘下洋村金氏第十一世金光，字公绚，号天烛，别号留须子平，官任清康熙初年藩内院掌司。

康熙帝（1654—1722）八岁登基即位后，顺治帝遗诏鳌拜为辅国大臣，但是鳌拜十分专横。一次，十四岁的康熙没有按照鳌拜的主张处死苏克萨哈，鳌拜竟要挥拳打康熙。年轻的康熙对鳌拜这种臣凌驾于帝王之上的气焰十分痛恨。十六岁那年，他就设计除掉了鳌拜，掌握了朝政大权。

当时，清廷的八旗兵力布防在北方。平西王吴三桂在云南、贵州，平南王尚可喜在广东，靖南王耿精忠在福建，割据了南方地区。台湾的明将郑成功之子郑经经常以金门、马祖二岛为跳板，到大陆东南沿海扰民。北方的噶尔丹更是有恃无恐地侵吞蒙古草原上的各个部落。康熙当权理政后，就下定决心要平藩、平台、平噶尔丹，实现统一。

金光的官职是藩内院掌司,掌管着朝廷对吴三桂、尚可喜、耿精忠三位藩王的政治、军事、财经的大权。为了拉拢金光,平南王尚可喜就招金光的长子金以桐为郡马,把自己十七岁的爱女尚郡主许配给才十六岁的金以桐为妻,金光与尚可喜做起了儿女亲家。

以吴三桂为首的江南三藩误认为康熙刚刚除掉鳌拜,北方的噶尔丹不断地并吞其他部落,台湾的郑经又不断侵扰东南沿海,必穷于应付,妄想趁此机会以长江为界搞反清割据。金光知道这一消息后,耐心地对尚可喜说,康熙是个精明能干的圣君,小小年纪就能设计除掉鳌拜,完全可以利用国家的力量,把你们三藩分割开来,重拳出击,各个灭之。他虽为满族的爱新觉罗裔孙,但没有种族观念,用人不分满汉,而且重视研习汉史文化,为自己所用,具有统一中国的胆略和雄才。但吴三桂为了一个小小的名妓陈圆圆,竟然放弃对山海关的镇守,引清兵入关,是个重女色不重江山的明朝旧臣。他占据了云南、贵州,养精蓄锐,伺机独立称王,若与其联盟,等于寄人篱下,不如依然在大清称臣,留住忠义名声,以防被后人唾骂,若江南三藩搞藩镇割据与国家抗衡,其结果势必落个鸡蛋碰石头的结局。

尚可喜在金光的一再劝说下,康熙十二年(1673),终于决定以自己年老多病为由,上书乞归辽东老家,安度晚年。因尚郡主以王姑的身份下嫁到金以桐故里浙江义乌塘下洋,尚可喜就拨款在塘下洋建造了王姑居宅;托嘱亲家金光辅佐尚可喜之子尚之信,在广东继承平南王王位。

朝廷准许了尚可喜乞归辽东老家的请求。吴三桂自持手握云、贵重兵,假情假意地也"上书乞归",自料朝廷不敢答应。哪知道,康熙却下特诏"从其所请",使吴三桂弄巧成拙。当朝廷派员南下催促时,吴三桂竟杀了朝廷派来催促他撤藩的大臣,于 1673 年十一月公开自称"奉旨总统天下水陆大帅兴明讨虏大将军",打出了反清复明的旗帜,并势如破竹地攻下了湖南、四川,接着福建的藩王耿精忠也起兵响应,攻下了南昌。

尚之信起初在金光的奉劝下还按兵不动,后来禁不住吴三桂、耿精忠"当千日臣不如当一天君"的诱惑,也主张起兵谋反。金光受尚可喜的重托,一再力劝尚之信不可鲁莽,但在吴三桂与耿精忠的挑唆下,尚之信竟然杀害了金光,加入了吴三桂割据江南的反清复明的行列。

1678 年三月二十,吴三桂冒着大风大雨,登上衡山新筑的神坛,草草祭天行礼,当了皇帝,国号"大周",改衡州为定天府。同年八月,六十七岁的吴三桂暴病归天,十月由吴三桂的孙子吴世藩继位。此时,康熙大胆起用汉臣周培公平藩。

1681 年十月,清兵攻入昆明,吴世藩服毒自杀,尚之信与耿精忠也相继被处死,持续八年的三藩之乱被清廷彻底扑灭。由于金光早将金以桐与王姑尚郡主安排回塘下洋定居,而未因尚之信叛乱遭诛杀三族的牵连。在周培公清理尚之信抄

1	2
3	4
5	6
7	

戏说陶朱公（1）

1.“沈太和”百年中药店遗址。
2.“寿春堂”百年中药店遗址（现改名为“保庆堂”）。
3.原“寿春堂”的诊室（现为义乌第二医院为民诊疗的中医诊室）。
4.“吴德兴”布店的旧址（现已成为佛堂供销社承包经营商店的店面屋）。
5.“吴德兴”布店的墙界石。
6.“寿春堂”中药店的墙界石。
7.佛堂镇小学生勤工俭学养母猪。

戏说陶朱公（2）

1.国务院大奖状。
2.朱和墉（1930—2008）。
3.全镇人民在新市基敲铁矿石。
4.江边洗铁砂。
5.佛堂镇小学师生支援炼钢一。
6.佛堂镇小学师生支援炼钢二。

1 2
3
4
5 6

近代佛堂人（1）

1.儒商吴茂棋（1890—1973）。
2.吴茂棋十八间大院外景。
3.吴茂棋十八间大院内景。
4.王伯天（1899—1980）。
5.王伯天故居大门。
6.王伯天故居“水竹里”。

1 | 2
3
4 | 5 | 6

近代佛堂人（2）

1	2	3
4		
5	6	

1.抗日三英之一傅亦僧（1885—1952）。
2.抗日三英之一何芸生（1894—1943）。
3.抗日三英之一朱升铨（1898—1951）。
4.陈邦兴故居一。
5.陈邦兴故居二。
6.丁章寿故居。

第九章　戏说陶朱公

商人聚居佛堂镇，个个成了梦中人。
灵活处世学商圣，春夏秋冬万事成。

一、陶朱公其人

陶朱公是个怎样的人？或许佛堂古镇旧时的商人会告诉你，他是个能够教人“怎样才能生存和发展”的“人之楷模”。

陶朱公究竟是怎样一个人？佛堂古镇的古人会明确地告诉你：他的真名叫范蠡，距今两千五百多年前的春秋战国时期人，越王勾践拜他为大夫，在义乌北端与诸暨交界的勾乘山上，现在仍有古代遗存的勾乘祠与范蠡庙。

陶朱公究竟有何能耐，如此值得佛堂人崇拜？这就得从佛堂妇孺皆知的“逃诛公”的民间故事说起。

范蠡，字少伯，出生于楚国宛（今河南南阳），精通韬略，足智多谋。公元前494年吴王夫差大破越军，越王勾践及其大夫范蠡等三百余人被掳去吴国服役三年。越王勾践三年期满回国后，范蠡一方面教越王“卧薪尝胆”，别忘失国为奴之苦，另一方面与良臣文种等人齐心协力，整顿内政，发展生产，节约财政开支，富国强兵。经过十年励精图治，越国逐渐由弱变强，立志雪耻，蓄势待发。由此可见，范蠡是个名副其实的治国良臣。

公元前484年，吴王夫差趁齐景公驾崩，齐国政局动摇之机，发兵伐齐获胜，范蠡马上劝越王勾践亲率群臣，带上大批珍贵礼品，入吴祝贺，以麻痹吴王。接着，范蠡又设计收买吴国宰辅伯嚭，趁吴国大将伍子胥出使齐国之机，向吴王诬告伍子胥有“私通”齐国之嫌，吴王大怒，赐给伍子胥一把镂剑，令其自杀。一心忠君的伍子胥临死前对吴王说：“我死后，请把我的一双眼珠挖出来挂到城东的门上，让我用这双眼睛看见越国最后灭吴国吧！”两年后，吴王夫差挥师北上，与晋、鲁争霸黄池（今河南封丘）时，范蠡抓住时机，率精兵偷袭，吞并了吴国，并乘胜北渡淮水，成就了霸业。此时的范蠡，可谓是一名善用兵法的军中奇才。

越王勾践会盟齐、晋、宋、鲁等诸侯国，称霸中原后，功高盖世的范蠡深知勾践的为人“可与履患（只可共同患难），难以处安（不可共享安乐）”，所以他以越王勾践的相貌如“长颈鸟喙”为由，写信劝文种说：“飞鸟尽，良弓藏；狡兔死，走狗烹。”“子若不去（你如不愿与我一起逃离越国），将害于子（越王终有一天会杀了你的）。”文种对范蠡的忠告将信将疑，就称病不上朝。越王勾践听说文种“装病”不上朝，认为这是文种对他的“不忠”！于是就赐文种一把宝剑，让他自尽。文种这时才仰天长叹：“悔不听范蠡的话，正是不食善言，祸由自取啊！”然后自杀身亡。因为这件事，后人称范蠡“料事如神”。

范蠡逃离越国来到齐国后更名改姓，与儿子在海边辛勤耕耘，治产经商，几年后就积下数十万的资产。齐王听说他是个能人，要拜他为相。范蠡喟然叹曰：“居家聚千金，居官则至相卿，着实是布衣百姓所能成就的顶峰了。但久享尊名，并非祥兆。”于是送还金印，尽将财产分给知友、乡党，自己携带重宝“轻舟浮海以行”。传说他隐居到了一个叫“陶地”的地方，改名为“陶朱公”。后人说他是怕自己成为出头的椽木，因为出头的椽木每天必须经受风吹、雨淋、太阳晒而烂得快。范蠡韬光养晦的目的是为了逃避越王、齐王对他不辞而别的追杀，陶朱公也便成了“逃诛公”。

陶朱公弃官“逃诛”后，依旧是个拿得起、放得下的人。他以财富作为生存的手段，但不将财富作为生存的目的。当财富成为他生存的条件时，他能够取之而不疑；当财富成为他的累赘时，他能弃之而不惜。在取舍之间游刃有余，执与不执随心所欲，表现出超脱于世俗的气度与智慧。他主张商品流通、平抑物价、贸易致富；他身体力行，饲养五畜，“十九年之中，三致千金”，总结出了一套经营管理的方法，写成一本《致富奇书》；他提出“物价贵贱随供求关系变化”之理论，开认识价值规律之先；他总结出了“经商十八忌”，成为后来每一位商人要想经商致富的经营管理之十八准则。

(1)生意要勤快，切勿懒惰，懒惰则百事废；
(2)价格要明订，切勿含糊，含糊则争执多；
(3)用度要节俭，切勿奢华，奢华则钱财竭；
(4)赊欠要识人，切勿滥出，滥出则血本亏；
(5)货物需面验，切勿滥入，滥入则质价减；
(6)出入要谨慎，切勿潦草，潦草则错讹多；
(7)用人要方正，切勿歪斜，歪斜则托付难；
(8)优劣要细分，切勿混淆，混淆则耗用大；
(9)货物要修整，切勿散漫，散漫则查点难；
(10)期货要约定，切勿马虎，马虎则失信用；

(11)买卖要随时，切勿拖延，拖延则失良机；
(12)钱财要明慎，切勿糊涂，糊涂则弊窦生；
(13)临事要尽责，切勿妄托，妄托则受害大；
(14)账目要稽查，切勿懈怠，懈怠则资本滞；
(15)接纳要谦和，切勿暴躁，暴躁则交易踠；
(16)主心要安静，切勿妄动，妄动则误事多；
(17)工作要细致，切勿粗糙，粗糙则出劣品；
(18)说话要规矩，切勿浮躁，浮躁则失事多。

司马迁曾高度评价范蠡的经营之道，认为他随时逐利，适应市场，灵活经营。尤其是范蠡重视“积蓄”之理，说明他在经商活动中，能注意根据天时变化和生产规律来指导自己的决策。在丰年时收进粮食，纳入储备，以供水旱灾荒年时售出。同时，根据市场供求关系来判断商品价格涨落行情。他总结出“论其有余不足，则知贵贱”的规律，进行“贵出如粪土”“贱取如珠玉”的经营，只有“财币欲其引如流水”，才能做到“腐败而食之货勿留”。因此，范蠡被尊为“商界圣星”，民间许多商人敬范蠡为“经商之神”。佛堂商人，更是以其为标杆。

二、"逃诛公"后传

佛堂古镇上的人，历来视陶朱公为楷模。据1936年版《凤林蒲潭王氏宗谱》载：乾隆二十四年(1759)，族人王佳悦“善理家事，克勤克俭，尝务阛阓，业有陶朱之知。权之母，司出入，铢积寸累，渐致殷富”。可见佛堂人早已将陶朱公赖以生存和发展的“经商十八忌”，当成了发家致富(“权之母”)的座右铭。

他们发生在1949年前的“商战”，迄今仍旧是古镇居民茶余饭后的美谈。

即使在之后提倡“兴无灭资”的年代里，佛堂古镇商人的后裔，还是像陶朱公那样适应“为了生存和发展”的环境，创造了许多近代“逃诛公”后传式的民间故事。

(一)没有硝烟的商战

商战也被称为“商海诡诈”。可是佛堂镇的“陶朱公”并不依靠歪门邪道赚钱，他们的聪明之处，在于讲究“不涸泽而渔，不焚林而猎”。他们学商圣陶朱公经商，总是视“顾客为上帝”。在想赚顾客腰包里钱的时候，他们想的不是一次就掏尽顾客的钱包，而是有意给你一点优惠的甜头，希望你在相信他们的诚意后，下次再来当“回头客”“长主顾”。在这方面，二十世纪三四十年代发生在旧佛堂镇内的“棉布商”与“药业商”之间的商战实例，颇能让人拍案叫绝！

1. 布商之战

商家经商开店，为的是赚钱；顾客选购商品，货色要好，价格要便宜，为的是省钱。这是不分国籍和地区，天下人所公认的道理。

在佛堂古镇，人们以商人是“按质论价，公平买卖”，还是“以次充好，欺行霸市”，来衡量商人是善还是恶，是好还是坏，是否体现商德；把顾客想买到经济实惠的商品，货比三家的选购方式，比作一杆衡量商家是“诚”还是“奸”的“秤”。这就是为什么佛堂镇的商贸经济在民国年间能够一直遥遥领先，位居于整个义乌县榜首，进行比商德之争的奥妙所在。

二十世纪三四十年代，在佛堂古镇的一条直街上，光经营布匹绸缎的布店就有十六七家之多。其中最早由徽商所开的隆泰兴布店，道光年间被佛堂镇的毛家购买后，成了后来与徽商开设的吴德兴、汪德兴、隆瑞兴这“三兴”布店竞争的强劲对手，其中尤以吴德兴与隆泰兴的竞争方式为最。

那时候，吴德兴布店，采用薄利多销，批发、零售兼营的方式经营。佛堂镇附近的赤岸、倍磊、毛店、江湾、义亭、上溪等市镇的布店，都到吴德兴布店来批发去零售。由于吴德兴布店资金雄厚，因此，它不但可以对信用较好的零售商进行少量的赊账、垫本，凭折取货，到清明、中秋、冬至三个时节清账，而且还向客户公开自己的进货价、批发价，从中赚取多少利润等信息，以诚待客，广交朋友。例如一匹棉哔叽布，进货价六块五，批发价六块八，其中所赚的三毛钱还包括了运杂费和人工费。即使向你公开自己是从杭州或其他地方的进货渠道与地点，也会使你感到以自己拿大本钱去进以十四为一件的货，不如到吴德兴来自己想要几匹就批几匹，各种花色品种都搭一点的“小批发”更划算。

零售方面，每当顾客来购买洋布，量好顾客所需的尺寸后，总还要增放一段后再剪下。尤其是印花哔叽，当你去买时，他总要事先告诉你：印花哔叽布出厂时，因为布厂里为了平整布匹，进行过一道磨拉工序，所以缩水性较大。告诉你布买回去后先洗一下，缩缩水后再做衣裤，以免顾客因缩水而造成不够尺寸，或成衣太紧身等现象的发生。据当年在佛堂经营过布店的退休老人介绍，那时候，一些布店都效仿吴德兴，对顾客进行“放尺”。这种布量好尺寸后，再放一段剪下的“放尺数”，始终都掌握在每匹布进货时都有的“余头数”之中，所以布店也不会吃亏。

1940 年，隆泰兴从宣布破产的裕盛钱庄里抵债进了一大批肥皂。善于经营的老板毛祥荣，为了与同行竞争生意，在十月初十庙会的前两天，采用了买一元钱的布送一块肥皂的“买一送一”方式进行促销。

吴德兴见状，马上做出反应。实行全部布料一律以九折的价格进行优惠促销，硬把生意抢了回来。光是棉哔叽，吴德兴在十月初十前后三天的庙会期间，就一下子卖掉了一百多匹。吴德兴这种让利百分之十，几乎已经到了无利可图的程度。但是，从此吴德兴布店名声远扬。吴德兴布店以这种让利的竞争手段，抢来了许多坚信“要买布，到吴德兴”的回头客。在这种变“头回客”为“回头客”的竞争中，诸如不愿亏本的隆瑞兴一类布店，自知不是对手，后来就改行去办袜厂、布厂了。

1942年，日军侵占佛堂镇后，放火烧掉了佛堂中街五百多间店屋。吴德兴布店不但店屋被烧，而且寄存出去的布匹后来也几乎散失殆尽，抗战胜利后的生意做得十分艰苦。1955年，新中国开始实行公私合营、棉布统购统销的计划经济管理。包括吴德兴在内的佛堂十多家布店，加入了新成立的佛堂供销社。

2. 药商之战

在佛堂古镇商战中，佛堂药业行的绍宁商人与本地商人竞争，比起徽州商人与佛堂商人的布店竞争，更为激烈。

佛堂的药商，最早的是宁波的药商魏立盛，他在清朝乾嘉时期就来佛堂开设了魏立盛真记大药店。民国二年(1913)，魏立盛真记将合并到稠城镇魏立盛东记时，在佛堂镇开太和堂的中药商号老板沈春华裔孙沈献麟，以同乡的关系买下了魏立盛真记在佛堂的店铺、设备，并接受了十多名原来在魏立盛真记里打工的伙计。为了扩大营业，改原太和堂药商号为老太和，与新起名的沈太和号同时并存，招徕顾客。

此时，佛堂镇稽亭村的丁氏子孙丁必伦，办事颇有心计。他中学毕业后，去兰溪一家药行当学徒，粗通医方后回到佛堂自立门户，1925年前后在佛堂当时最繁华的盐埠头老街开设了寿春堂药店，他年轻气盛，目的就是直追沈太和，大有一霸佛堂商埠之志。民国二十六年(1937)，时年三十七岁的丁必伦，在佛堂镇小坟头建造了一座住宅，接着又在盐埠头买了三间店面屋，改建成前店后场(药物加工场)的建筑，他是当时在佛堂商界中为数不多的中学毕业生，凭着中学掌握的文化知识建立了盐埠头寿春堂的中药配方零售部、人参田七部、片饮加工部和中成药炮制工场。扩大营业后，生意十分兴隆，形成了完全要与沈太和平分秋色之势。

民国三十七年(1948)五月，佛堂国药业同业公会第一届改选职员会上，四十八岁的丁必伦当选为同业公会的理事长。沈献麟的次子沈寿依、三子沈寿涌退居理事。寿春堂真正成了佛堂药业商界青出于蓝胜于蓝的后起之秀。

不甘示弱的沈太和店主托人从杭州种德堂里弄来了一本炮制中成药的秘册，并用高薪请来了制药师傅，特意从外地买来几头梅花鹿，招摇过市后，饲养在沈太和药房天井边的铁笼内，为了取得轰动效应，他四处张贴广告，吸引顾客，择日牵着全身洗刷一净的梅花鹿，披红挂彩地穿过佛堂古镇的直街，来到新市基广场，牵上搭好的高架，祭告天地后，用粗绳勒杀，清除粪便，当众配以二三十味中药材，放入锅中熬煮成胶，晒干研成粉末，和以蜂蜜，公开制成货真价实的“全鹿丸”。沈太和用这种当众炮制“全鹿丸”的广告宣传，赢得了顾客的一致认可，生意大为好转。一时间，佛堂各药房为取信于病人，卖药讲究货真价实、童叟无欺，成了一种风气。

寿春堂采用了不许伪药、劣药上柜，也不能用其他药代替缺味的经营方式。

沈太和马上采用了不怕麻烦，按药方中所开的中药名称、数量，先一一包成小包，再包成大包，以便顾客可按药方检查中药的成分与数量的方式，与寿春堂开展竞争。

寿春堂用重礼聘请当时在义乌享有“德泽仙看过毛病，死也甘心”盛名的内科名医郑德泽，来寿春堂坐堂开方。

沈太和也马上在自己药房的排门上，开一个小窗，以备有人夜间抓药。即使是买一分钱两帖的膏药，夜半敲门也必然开窗接待。而且为自己订了一条规矩，只要病人药方上需用人参、羚羊、犀角、牛黄、熊胆等名贵药材，假如贫家药资不够，只要请一位佛堂熟人担保，一律准许赊欠。即使眼见无力偿还的，也以救人为要紧，来者不拒，有求必应。后来，沈太和开“小窗”夜间经营的方式，其他商店纷纷效仿，形成了佛堂商店夜间可以“敲门买卖”的惠民风气。

这种种本地药商与绍宁药商间没有硝烟“火并”，得益的自然是消费者。同时也招来了许多金华、东阳、永康等地慕名而至的求医者、求药者。

据民国二十八年(1939)《义乌县管辖境内药商清册》记载，义乌境内药店，稠城七家，佛堂十家；据民国三十五年(1946)《浙江工商年鉴》记载，义乌金融业，稠城仅一家，佛堂有三家。

从中足以看出，在二十世纪前半叶(1949 年以前)，佛堂的商贸业、金融业，位居于县府所在地稠城镇之上。以下附三份当年的统计表。

表一　义乌县管辖境内药商清册(部分)

民国二十八年十一月

店　号	药　商	年龄	住　址	资本总额	开设地点	备　注
养正济号	陈祥发	45	南门 31 号	500 元	南门 31 号	
回春堂	黄庆明	73	县前街 46 号	200 元	县前 46 号	
魏立盛东记	魏性昌	40	县前街 63 号	2000 元	县前街 63 号	宁波人
毛天德	毛钟源	42	南门 27 号	2000 元	朱店街 29 号	
天德寿	王同升	41	八岭坑	200 元	朱店街 37 号	
从善堂	陈雪涛	59	西门 49 号	800 元	西街 10 号	兼营西药
养正堂	陈大发	58	西门 37 号	250 元	西街 37 号	

续　表

店　号	药　商	年龄	住　址	资本总额	开设地点	备　注
沈太和堂	沈寿涌	30	佛堂上街	2000 元		
保庆堂	丁雪如	40	佛堂中街	200 元		
仁泽医院	吴建华	33	佛堂中街	80 元		西药
吉庆堂	丁　壁	65	佛堂横街	200 元		
寿春堂	丁必伦	39	佛堂横街	2000 元		
种德堂	何永华	60	佛堂横街	400 元		
沈太和分号	沈南峰	43	佛堂下街	300 元		
太和堂	沈寿依	34	佛堂中街	300 元		
存德药局	孙伯仁	48	佛堂上塘街	60 元		绍兴人
征生药房	孙记文	25	佛堂上塘街	100 元		(西药)绍兴人

（民国浙江省政府卫生处制）

表二　浙江各县市金融概况调查(义乌部分)

民国三十五年

金融机构名称	浙江地方银行义乌办事处	浙江地方银行佛堂分理处	源昌成记银庄	裕盛钱庄
负责人	鲍祖俊	朱瑞槐	毛协恭	张和顺
地址	西街 43 号	佛堂盐水塘站 1 号	佛堂中街	佛堂中街
设立时间	民国二十八年七月	民国二十九年九月	民国十二年	民国十年
成立成式	总处调拨	总处调拨	10000000	20000000
业务	银行及代公库	银行业务	存放汇兑	存放汇兑
复业时间	民国三十四年十一月十六日复业	民国三十五年四月复业	民国三十五年六月复业	民国三十五年十月复业

（载于民国三十五年《浙江工商年鉴》）

表三　佛堂镇国药业资金调查表

单位：万元

商号	负责人	从业人员		1951 年重估财产			1952 年底盘存			营业总额	
		资方	劳方	净值	固定资金	流动资金	净值	固定资金	流动资金	1951 年	1952 年
丁寿春	丁必伦	2	7	17378	10346	7032	19198	10356	8842	9863	13478
沈协和	沈寿涌	1	6	10615	2376	7879	12069	2863	9206	9498	12753
恒昌	陈钦诚	1	1	786	121	665	441	121	320	6257	4291

续 表

商号	负责人	从业人员		1951 年重估财产			1952 年底盘存			营业总额	
		资方	劳方	净值	固定资金	流动资金	净值	固定资金	流动资金	1951 年	1952 年
何种德	何芝蓉	2	2	2406	1780	626	2354	1779	574	3448	3524
张乾亨	张乾亨	2	2	2840	932	2116	3127	951	2176	2218	2253
丁吉庆	丁吉庆	3	1	2855	1946	908	2872	1946	1102	1773	1857
陈大生	陈作霖	2	1	1525	940	834	1529	859	634	1632	1394
王四德	王正洪	1	2	682	466	216	653	466	461	2473	2249
同德堂	朱玉麒	2	1	712	216	496	490	215	275	858	862
傅存善堂								416			
沈太和	沈寿依	1	7	6297	1081	5216	5572	960	4612	7608	8802
合计		18	30	46096	20564	25988	48721	20516	28212	45628	55463

*1 万元旧币相当于新币 1 元。

（佛堂商会资料）

据创办于清末的佛堂商会统计，新中国成立前，佛堂镇的商业门类齐全，三百六十行，应有尽有。一个仅仅几千人口的佛堂镇旧城区，小摊小贩不算，就有四百六十六家各种店号的商店，辐射东阳、武义、永康、浦江、稠城、金华北乡等周边县市乡镇，甚至遥远的新昌、嵊县、昌化、於潜等地的商人也前来佛堂批发食盐、日用百货。使佛堂古镇繁荣、兴旺的原因中最重要的一条就是佛堂人聪明、豁达，以及人性化的“以德为邻”的经营之道。

由于后来铁路、公路运输的发展，取代了使佛堂镇称雄了几个世纪的基础——水上运输，加上日寇入侵后，日军对佛堂的几次敌机轰炸和烧掠，大伤了佛堂古镇的元气。新中国成立后，由于实行社会主义计划经济，许多商品都需凭票供应，商业重点开始向义乌县城转移。

（二）梦想成真

1949 年中华人民共和国的诞生，“把旧世界打个落花流水”。中国共产党领导人民推翻了帝国主义、封建主义、官僚资本主义三座大山，开始走前人没有走过的路，做前人没有做过的事。

笔者从浙江省档案馆内，辑录到了一份 1952 年 12 月由华东军政委员会主编的《浙江省农村调查》中的《义乌县佛堂镇农村调查》材料。这份调查的卷首语是：“佛堂镇为义乌县的第一大镇。每逢该镇市日，赶市者最繁盛时，不下一万五千余人。”联系 1991 年由上海书店出版的《浙江省名镇志》第六百二十七页对佛堂镇“解放前，茶馆酒肆、钱庄当店、田料百货的殷户商贾多达四百余家”和“商品销售超过一般镇市。仅佛堂镇提供的税收，就要占当时义乌各集镇总和的一半”的记载，充分说明了佛堂镇在1949年5月8日解放前，是义乌县内位居第一的商贸重镇。

这份《义乌县佛堂镇农村调查》材料称：全镇农民总数为八千六百三十六人，占总人口的百分之七十六点九八。全镇总劳动力（包括手工业、店员、小贩）有四千五百五十五人，占总人口的百分之四十点六，而农业劳动力为三千九百一十个（包括整劳动力二千零十四个，半劳动力一千八百九十六个），占总劳动力的百分之八十五点八四。虽然从事农业劳动的人数很多，但多不是纯粹农民。因当地人多地少，每个农业全劳动力（以二点五个劳动力折成一个全劳力计，共有农业全劳动力两千九百六十二个），平均仅有耕地三点零三亩，如以一般每一全劳动力可耕地六亩计，则劳动力剩余将近一半。因此一般农民又多兼事其他职业，以解决其剩余劳动力的出路。

由此可见，在被称为八千六百三十六个农民当中，只有百分之十多一点是依靠土地的“纯粹农民”，将近百分之九十以上的属“不是纯粹农民”的商民。他们的祖先，从外地移居到佛堂古镇的目的，就是想到这里谋求生存和发展。

中国共产党领导人民闹革命，就是要与占有土地和大量财产的地主进行抗争。经过了艰苦卓绝的战斗，最终实现了中国共产党要将劳苦的人民大众，由历史的客体变为历史的主体的目的。

因此，这百分之九十的劳动人民，分到了田地与房屋，得到了共产党给他们带来的幸福和实惠，使大部分佛堂的小商人，几乎都成了梦想经商致富故事中的主人翁，“梦想成真”般地变成了有房屋、有土地的新中国新农民。

（三）创造奇迹

随着国家对工商业的社会主义改造，根据各地实际情况，对商品制度实行了计划分配。从此，佛堂镇历来位居义乌县内第一的商业重点，开始向县府所在地稠城镇转移，使佛堂古镇由原来的商业重镇，变成一个以农业为主的一般乡镇。

可是佛堂镇内由大多数小商人变成“新农民”的人依旧没有变。也就是说，“陶朱公式商人”所特有的“灵气”没有变。正是由于这种只有佛堂人独具的“陶朱公式的灵气”，佛堂镇人才能在以后合作化、公社化等各个政治变革运动中，永远站在先进的“舞台”上，扮演着重要的角色。

佛堂镇的人口来源极其复杂多样，历来有“百人百姓”之说。1985年在收集佛堂镇史资料时，对此做了一个专项的调查统计。结果是全镇（旧城区内）一万两千七百三十八人，有一百三十一个姓氏。其中王姓四千零八十九人，占总人口的百分之三十二点一。镇内曾建有王、丁、张、毛、叶、李、郑等不到十个宗族祠堂。如果按旧社会以有宗族祠堂的姓氏称为“本地人”的话。那么佛堂镇就有百分之九十以上姓氏的人是“外地人”。据调查，在佛堂镇旧城区“本地人”中，又以最早宋朝迁入、人口又最多的王姓为最。其他的“本地人”，基本上都是从外地来此地做生意，赚了钱，买了地，建了房，生根落籍建祠堂的。所以百分之九十以上姓氏的“外地人”，他们来佛堂经商或从事商贸行当服务行业的目的，无非也是为了赚钱谋生。当这些人赚了钱，供生活自给有余后，他们也会想买地，想建房，这是一条人所共识的途径。使他们想不到的是，共产党解放了佛堂镇后，他们竟然可以得到梦寐以求的想买而又无钱买的房屋和土地，一下子可以真正地成为佛堂镇上的“本地人”了。

因此，他们在感激共产党的同时，也十分珍惜土改中所得到的房屋和土地。他们一方面都企盼着自己能够耕种土地，解决温饱问题，另一方面，为缺少必须具备的劳力、牛力、农具、种子、肥料等各种各样的生产资料而发愁。于是1952年、1953年中共中央连续发出了“互助合作”的指示，号召农民组织起来，走互助合作的道路，佛堂镇的人们就马上行动了起来。

经过党的教育和培养，一批原来佛堂镇上的小商人，很快就成了建立农业季节性和常年性互助组的骨干。他们带领种田缺这缺那的“困难户”，克服了当时历史条件下，一家一户单独生产所无法克服的一些困难，使生产得到了发展。不久，在互助组的基础上，中共中央又接二连三地下了文件，引导农民逐步试办农业生产合作社、初级社、高级社，走上了农业合作化的道路。

在农业合作化中，1955年佛堂镇农业高级社，为了体现各尽所能按劳分配的社会主义原则，首先创造性地搞起了“按田块、定路程、分等级、搞定额”的农活按件计酬的按劳分配方法，调动了人民群众争抢农活干，保质保量完成劳动任务的积极性。1957年，佛堂农业高级社的粮食亩产达到了八百零九斤，超过了国家制定的“农业发展四十条纲要”中计划实现亩产八百斤的要求，成了义乌县农业战线上的先进标兵和县委试验田的基地，使佛堂从小商人变成的农民真正尝到了“听共产党的话，跟共产党走”不会有错的滋味。

实践证明，只要佛堂的小商人们能像陶朱公般全身心地投入，在建设社会主义合作化新农村中，他们把“农业”当成了自己以前轻车熟路的“商业”，把“田畈”当作自己以前从事小商、小贩时的“市场”，用他们勤快和吃苦耐劳的精神，同样可以发挥他们身上的那种善于经营的“陶朱公式的灵气”，创造出1957年让世人瞩目的全国农业首批粮食亩产超“纲要”的实打实的奇迹来。

（四）随机应变

为求生存，佛堂人能够很快地适应各种环境；为求粮食增收，更能够从一粒稻谷种子重二万分之一斤的精确度中去计算成本。这不能不说是佛堂由商民组合成的农民所独具的精算能力。

从1949年到1957年这八年中,中共中央继抗美援朝、镇压反革命、土地改革取得伟大胜利后,接着又开展了反贪污、反浪费、反官僚主义和反对行贿、反对偷税漏税、反对盗骗国家财产、反对偷工减料、反对盗窃国家经济情报的"三反五反",对农业、手工业、资本主义工商业实行社会主义改造;反对党内资产阶级思想,开展农业合作化运动等一系列的运动,狠抓了中国共产党干部队伍的建设工作。

1957年5月25日,毛主席提出了"中国共产党是全中国人民的领导核心,没有这样一个核心,社会主义事业就不能胜利"后,从7月份开始,开展了大鸣、大放、大字报、大辩论的整党整风运动。紧接着,又开展了声势浩大的"组织力量,反击右派分子猖狂进攻"运动。由于运动错误,一些对上级领导干部持有不同意见者(特别是反对意见的),均被定性为"右派分子",把他们列同于建国初期定性的"地主、富农、反革命"等阶级敌人,并称为"五类分子",成了交给人民群众监督劳动改造的"专政对象"。

1958年,是中国历史上空前绝后的一年。

1958年初,中共中央提出了要"鼓足干劲、力争上游、多快好省地建设社会主义"的总路线。全国很快掀起了要高举起这面"总路线"的红旗的高潮,为了加快实现共产主义的步伐,以佛堂镇粮食亩产在1957年已超过了农业发展纲要八百斤为基础,提出了1958年要实现粮食亩产一千五百斤的奋斗目标。

1958年6月21日,中共义乌县委以佛堂镇群众思想基础好的优势,由闻(国政)副书记主持,在佛堂镇新华戏院,连夜召开了佛堂镇农村生产队长,工厂、商业班组长以上三级干部参加的"端午节紧急会议"。并边开会,边行动,一直闹到了通宵,产生了两项"天方夜谭"式的会议成果:

(1)前半夜,为迎接共产主义到来,完成全镇"无文盲"的扫盲工作;

(2)后半夜起到次日天明,在几个小时内,用"一天等于二十年"的速度,粮食亩产从年初的一千五百斤,用矾红写在白墙壁上,连续二次刷新到了二千五百斤甚至到三千五百斤的标语记录。

会议结束后不久,义乌县委打电话到佛堂镇,查问佛堂公社为了夺高产,准备了多少土杂肥,镇委文书王井泉电话中回答:"约十万担。"结果,王文书马上在电话中受到了县委领导人一顿严厉的批评,指责佛堂"右倾""保守"。慑于对刚刚结束时1957年反右运动的恐惧,王文书灵机一动,只得在电话中,谎称在念土杂肥数字时少数了一个零,于是把已积土杂肥十万担谎报成了一百万担,这才使电话中县委领导的口气缓和下来说"这才差不多,这才差不多"。佛堂镇在电话中把十万担土杂肥浮夸成一百万担,说明了上级迫使下面搞虚报浮夸。

佛堂周边农村,为了与佛堂比、学、赶、超土杂肥的数字,都开始演起了"八仙过海，各显神通”自己骗自己的闹剧来。有的先把一座座坟墓上的草都削光，再将抽干水塘担上来的塘泥，涂包了这一座座坟墓的外表，充当供前来参观者“欣赏”的“土肥堆”；有的用乌柏刀，将半红半绿的乌柏树叶削下来，丢入田畈水塘内，两三天后，乌柏树叶开始发黑、腐烂、起水泡泡了。这种水塘又成了可以供前来参观者“欣赏”的“沤肥池”……

紧接着开始的“大跃进”，更是使佛堂“尔虞我诈”“自欺欺人”的荒唐闹剧，越演越烈。

1958年8月，《人民日报》上刊登了湖北省麻城粮食亩产超万斤的报道，并配有大姑娘坐在稻谷穗上（其实下面有木架的）的照片。不甘示弱的义乌县委，组织了人员马上赴麻城参观取经，回来要在“农民思想基础好”的佛堂农业高级社大面积推广麻城的先进经验。将已孕穗、扬花的晚稻拔出来，进行几丘拼成一丘的高产“试点”。

面对县委要在佛堂搞这样“试点”的压力，面对搞拼丘提高粮食亩产的虚伪的“先进经验”，面对拔移孕穗、扬花晚稻将要颗粒无收后果的实际，佛堂人开始将“迎合特殊顾客胃口”的“商人灵气”投入其中。佛堂人表面上答应可以“大面积推广晚稻移株、拼丘、夺高产的先进经验”，实地里仅在靠近公路边的七十多亩水稻田中，搞“拼丘的戏剧性活动”。以最招人显眼的赤佛公路边的前溪畈作为集中精力做做样子的“重点试验畈”。

前溪畈拼丘后的稻田，密不通风，拔移过的稻丛、稻叶由青变黄变黑，开始腐烂。缺乏科学头脑的抓试验干部说：这是“缺乏光照”造成的。于是，佛堂农民就在稻丛中装了电灯“增加光照”。干部说：这是“缺乏通风”的缘故。于是，佛堂农民又不遗余力地拿起麦秆扇子，向稻丛内扇风，以此增加“通风”……

突然间，义乌县委又传来了在玉米秆上，插上两三根牙签般的竹篾，称“打针”，说这是可以提高玉米产量的先进经验。佛堂的农民，马上用快刀砍碎用竹篾丝编织的“丝箩”，以极快的速度制成一大把一大把的“竹篾针”，插入一株株玉米秆上……

结果，拼丘、打针，不但没有使粮食增产，最后还造成了公路边前溪畈晚稻拼丘的“试验田”颗粒无收！幸好除了公路边的七十亩外，其他“大面积推广晚稻移株拼丘”的稻田，仅“插上过红旗”而未实施，不至于落到佛堂高级社一千多亩的晚稻产量“全军覆灭”之地。佛堂“农民”像陶朱公教越王“入吴贺胜”那样，用这个“狸猫换太子”的办法，保住了1959年大部分的农民粮食。

1958年8月27日，佛堂镇成立了义乌县第一个人民公社，实行“政社合一、工农商学兵五位一体”的制度。按照“一大二公”的要求，各个生产大队（行政村）把每家每户的锅灶拆掉，办起了公共食堂，实行“吃饭不要钱”，并按劳力强弱发工资的制度。组织上搞军事化编制,生产上大兵团作战。砍伐山林树木烧炭,拿铁锅、秤砣去大办钢铁……用难以挽回的沉重代价,使佛堂镇又成了许多数字很不切实际的先进单位。

(五)沉重代价

1. 代价一

1957年9月20日至10月9日,中共八届二次会议在北京召开,这次会议中毛主席不仅批评了社会主义建设反冒进的思想,同时也揭开了农业生产要"大跃进"的序幕。

同年11月,毛主席到莫斯科参加苏联十月革命胜利四十周年庆典。面对当时以苏联为首的社会主义与美国为首的资本主义两大阵营对立的形势,赫鲁晓夫贸然提出十五年后苏联可以超过美国的话题。毛泽东从英国共产党代表波立特那边了解到:英国再过十五年,钢产量可以从两千万吨增长到三千万吨的计划后,11月18日公开在各国共产党和工人党代表的会议上表示,中国十五年后可以超过英国。这又为1958年将要在中国开展"大跃进"运动,提出了政治纲领。

为了贯彻中共中央"以钢为纲"的方针,佛堂人民公社与全县二十二万人一起,掀起了称"钢铁元帅"的大办钢铁运动。

建造炼铁的高炉,需要大量的砖块。人们就像一窝蜂扑向坟山墓地,扒坟墓,取砖块。自家的祖坟被人扒了,自己也去扒人家的祖坟,弄得各个墓地骷髅白骨随处可见。炼铁炼钢需要燃料,因佛堂地区无煤可挖,人们就去砍大树,烧木炭。炼铁需要原料,一声令下,数千名青壮年就都涌向镇东三十里路外的"画坞坑"山上去挑铁矿石。城镇居民也发动起来,集中到佛堂新市基广场,用一家一户拿出来的小铁锤,进行将大块敲成小块的"敲铁矿石"大会战。中小学里的师生员工为了支援"钢铁元帅升帐",马上全部停课到义乌江边的沙滩上,以洗面盆当工具,用"浮选法"洗铁砂……仅仅在两三个月内,佛堂镇新市基附近一带,造起了炼铁的大"高炉"近百个、小高炉("酒坛炉")八百多个。由于所谓的"铁矿石"炼不出铁来,当时佛堂镇锅炉生产合作社里的职工,就把他们铸锅用的铁水,浇在被木炭火烧红的"矿石渣"上充当"钢水",敲锣打鼓地为"钢铁元帅升帐"放卫星。

11月,佛堂公社试行"吃饭不要钱",以自然村为单位兴办农村公共食堂,强行扒去了农户家中的灶台,将铁锅、汤罐丢入炼铁的高炉里"炼钢",强迫农民到公共食堂里集体吃饭,折腾得各个自然村都鸡飞狗跳,毛猪、山羊等畜牧归公,林木砍尽,耕地荒芜……是年冬种,为了继续搞粮食作物的多株密植高产,义乌县农技站强调每亩大小麦种子要播种一百三十至一百四十斤,第二年春播育秧又强调每亩大田要用四十斤稻谷种子的标准进行育秧。如此脱离实际的强迫命令瞎指挥,糟蹋了大量种子粮。

“人误地一季，地误人一年”，佛堂镇的农业生产，经1958年秋、冬到1959年春播如此一番瞎折腾，1959年的春、夏季，就开始出现粮食供应紧张的局面。佛堂人将要像治国良臣时期的陶朱公那样面临饥荒。

2. 代价二

1959年1月7日，佛堂人民公社钢铁厂停办后，交由佛堂锅炉生产合作社为基础筹建的义乌机械厂接管。

佛堂人民公社在强调无偿调拨公私财物，无偿调用农村劳动力和在农村公共食堂里实行吃饭平均主义的“一平二调”政策的支配下，一方面派出劳动力去支援建设岩口、长堰、深塘、姑塘四大水库，另一方面也从1958年底起进行勘测、筹划要建造佛堂人民公社范围内的枫坑、双林、红专、柏峰(当时未来得及，到1971年才正式动工)等大小水库。抽调了大批强壮劳动力到枫坑、双林、红专等水库工地上，以控制集体吃饭饭罐的方式，强迫劳动力大干苦干。

留守在村里的老弱病残幼劳动力，也要搞脱离实际的水稻插秧密植。大量的劳动力浪费，加上严重的缺肥和领导干部继续搞强迫命令瞎指挥的那一套，结果到1959年下半年，佛堂公社的各个农村公共食堂粮食供应严重不足。部分食堂里出现了每人每月仅能供应六斤粮食的窘况。百分之五十到六十的社员因吃不饱肚子，用野菜、草根、树皮充饥而面现菜色、全身浮肿。

从1959年底到1962年三年粮食困难期间，因饥荒造成了大量劳动力外流逃荒。由于当时的江西省粮食基础较好，江西省也便成了“流民们”的首选目的地。这时的“佛堂陶朱公”变成了春秋时的“逃诛公”。

(六)实事求是

佛堂农民，在高举“总路线”“大跃进”“人民公社”三面红旗的运动中，迸发出来只有“商人”独有的智慧和拼搏精神。在1958年12月，全国农业战线群英会上，获得了由中共中央国务院总理周恩来签发的全国“农业社会主义建设先进单位”大奖状的嘉奖。

1958年，全国性的“共产风、命令风、浮夸风、干部特殊化风、生产乱指挥风”这五风，造成了1959年春节就开始的粮食、禽蛋肉食、副食品、棉花布匹、石油燃料、日用小商品“供应紧张”的六紧张。

据2001年8月27日上海《解放日报》副报《报刊文摘》第三版《周恩来解决大饥荒问题纪实》一文报道：1959年初春，河北、山东、江苏、安徽等十五个省发生春荒……周恩来亲自给各省第一书记写信指出：“请你们……迅即核实情况，采取措施，调运粮食，以解除二千五百一十七万人缺粮的紧急危机”。浙江省委接到周总理的来信指示后，马上召开由全省六级书记参加的几千人会议。会议在省政协大会堂举行，中心议题是：如何解决面临的粮食、禽蛋肉食、副食品、棉花布匹、石油燃料、日用小商品“六个大紧张”的问题，并对如何继续抓好农业高产试验，增产粮食，以补饥荒，展开了大讨论。

因为佛堂人民公社的佛堂大队，是国务院嘉奖的全国社会主义建设先进单位，领导指定要原来在佛堂开过石灰店、亦农亦商出身的佛堂人民公社副社长朱和墉(1930—2008)同志去参加会议，并指定要在会上发言。当时年轻气盛，一直与农民一起参加集体劳动，一贯坚持实事求是的朱和墉，毫无拘束地在省政协大会堂义乌组分会场上讲了两个多小时。他联系实际的发言语惊四座，使场内的与会者鸦雀无声。情绪激昂的朱和墉怎么也收不住，他如打开闸门的流水般滔滔不绝，就像当年的陶朱公一样，讲演起了自己的“经商十八忌”。他的发言内容大意是：

第一，现在省里为增产粮食，强调每亩要用四十斤稻谷种子，这是脱离实际的瞎指挥。因为一斤稻种有两万粒谷子，四十斤稻种，有八十万粒。按百分之八十出苗率计算，可出六十四万株秧苗。插秧按六寸乘四寸的密植计算，每亩可插二点四万垦秧苗，每垦秧苗达二十四到二十五株。实践证明，只有壮秧才能使水稻增产。成为壮秧，每株秧苗插入大田前，不但娘株粗壮，同时要是根部已经抽出两个壮芽的“三叉秧”，每垦插上八株“三叉秧”，同样可以达到每垦有二十四个有效株值的增产效果，这样四十斤一亩的稻种，就可以节省三分之二，每亩约十三斤就够了。

第二，建议省委立即改变这个每亩四十斤稻种的计划，如果每亩减少一斤稻谷种子，全省三千两百万亩水稻，就可节省粮食三千两百万斤，每亩节省十斤稻谷种子，全省就可以多出三亿二千万斤粮食，足以保证我们每天有米吃了。

第三，搞粮食万斤亩产试验田，应该小面积试验成功后再推广，不能再搞劳民伤财的大面积试验畈。

第四，以农业生产搞突击称为“放卫星”，结果社员白天在太阳下睡懒觉磨洋工，晚上“点灯”搞突击加油干。并将应收不收的乌柏烂在树头，许多粮食品种丢在田头，这是浪费。

除了这四点内容外，他还严肃批评了农业“大跃进”中搞“移苗并丘”创高产卫星的做法。他毫无畏惧地坦率直言：推行此做法的人如果知道未成熟的水稻移苗并丘，堆在一起，将造成霉烂绝收，此人有杀头之罪！

……

朱和墉在大会上讲了两个多钟头的真话、实话，喊出了农民的心声。但是参加会议的人几乎“都伸出了舌头”，个个为他如此直谏而手心里“捏出了一大把冷汗”。

结果，朱和墉回到佛堂镇后，等待他的是党内严重警告，免去公社副社长职务，下放到公社果牧场劳动！

朱和墉受处分后，他完全以一种佛堂商人“以诚相待”“无怨无悔”的心态，到佛堂公社果牧场既参加集体劳动又领导生产。1961 年冬，义乌县委宣布朱和墉平反，恢复原职。

（七）大饥荒中

据《解放日报》转载的《周恩来解决大饥荒问题纪实》一文报道：1960 年全国十六亿亩耕地，九亿亩受到不是涝就是旱的大灾。周恩来总理说：“这样大的灾荒，是我们开国十一年所未有的。”这一年，国家计划的粮食产量六千亿斤，实际只有两千八百七十亿斤。农村应付灾荒的能力已经达到了十分虚弱的程度。

报道中还说：为了解决全国人民的吃饭问题，周总理亲自组织领导“粮食调度总指挥部”，迅速进口了一千两百多辆汽车交粮食部使用，以解调运粮食的燃眉之急。经过周总理指派，外贸部长雷任民到香港求援，争取到了香港华润公司和中国银行等单位的支持，1961 年初，从加拿大进口的第一船粮食到达天津港。

面临着粮食供应的紧张，中央决定：要解决问题，根本的方针是“从城市压人口下乡”，原则是“人从哪里来，回到哪里去”。1961 年 6 月 16 日，《中央工作会议关于减少城镇人口和压缩城镇粮食销量的九条办法》很快就传达到了基层。从 1961 年到 1963 年，全国共精简职工一千九百四十万人，城镇人口减少两千六百多万人，吃商品粮的人口减少两千八百多万人，全国非农业人口口粮和食品工业粮食销量共减少一百三十八点四亿斤，稳定了全国大中城市的粮食供应。

在这场精简下放吃商品粮人回农村的运动中，佛堂镇的工厂、商店大量裁员。这些本来就不懂农事、不会参加农业劳动的人，回到农村后，为了生存，唯一的出路是重操旧业。他们与农村中在新中国成立前就从事过商业活动的农民为伍，形成了会做生意的做生意，不会做生意的“逃江西”去打工的热潮。所以，国家三年困难时期，在佛堂众多新旧商人“市场灵气”的作用下，只要有钱什么都能买到。换句话说，只要能赚到钱，什么生意都会有人做。

那时候，山区里的“红杆刺根”、柴叶“豆腐”，本来只能给猪吃的番薯藤、番薯叶，以及能够捕猎到的动物，等等，一句话，只要能供人吃的，都成了佛堂市场上的“商品”。

更有一些人操起了票证买卖、长途贩运等政府明令禁止的经商行为。他们从一个极端走向了另一个极端，佛堂镇自然成了投机倒把的重灾区。义乌县每次严打运动中，必然会有佛堂搞投机倒把的人被判处刑罚、投入监狱教育改造。

这真是：国家三年大困难，佛堂商贾冒风险；挣钱靠摆“米筛”摊，吃粮市基是“米缸”；农忙在队“抢工分”，农闲就向街上“钻”。明知违法还去干，“打”死终比饿死强。陶朱公，成典范，生存为了求发展。

但是，尽管一个接着一个的严打运动在佛堂镇的自由市场上限制票证买卖，但市场上依然人头攒动，粮食、油料、食盐、香烟、布匹、胶鞋、各种各样的搪瓷器皿、日用小商品，基本上依然应有尽有。

这些货源从哪里来，通过什么渠道进入佛堂自由市场，成了当时的一大谜团。

（八）投机案发

在1987年出版的《义乌县农业志》中，看不到有关佛堂公社养蜂场的历史记载，这是一个失误。因为它在佛堂镇的近代商贸史上，曾产生过举足轻重的作用。

佛堂镇的养蜂业，始于清朝。那时候，采用传统的土蜂圆桶饲养法，所取蜂蜜，以供中药房调制药物和自食为主。后发展意大利蜂种，俗称“洋蜂”。用“方箱”规模化地饲养“洋蜂”，应该说是由早年投笔从戎、后来担任黄埔军校第一区区长的何芸生先生开始的。

1927年，何芸生先生在北伐战争中知道了用蜜蜂生产的蜂蜡（俗称“黄蜡”）擦一下子弹的底部，子弹就不会因受潮而影响枪的射击。由于成了军需物资，蜂蜡就如同“黄金”一样值钱，价格随之飙升。

1936年何芸生在浙江省任泰顺县长期间，因不满蒋介石“攘外必先安内”的政策，挂冠归里，回佛堂镇芳山栽种了二十亩桃树，引进了用方箱饲养的意大利蜂种，办起了规模化的桃树林、养蜂场。他的蜂蜡一点也不卖，全部积蓄起来，他本人成了当时“有几担黄蜡就等于有几担黄金”的大富翁。同时，以他雄厚的经济实力，办起了土蜂与洋蜂（意大利蜂种）相结合的规模化养蜂场。

1942年日军侵占了佛堂镇后，何芸生与傅亦僧、朱升铨等人组织了名为“义南联防办事处”的抗日武装。他家里所储存的黄蜡，在与日寇的战斗中派上了大用场。由于叛徒告密，日军在汉奸的带领下，焚毁了他家的房屋与种有数千株桃树的桃园，把何芸生积累起来的几担黄蜡抢劫一空。后来他把残存的部分洋蜂箱，就近寄存到雅西傅亦僧家的仓储小屋里。

1949年新中国成立后，蜂产品被定为二类物资，由国家统购统销。佛堂镇的养蜂人，基本上都先后到雅西村，去买何芸生遗留的洋蜂箱，开始饲养洋蜂。

1958年，佛堂人民公社首先成立了义乌县第一个公社级的集体养蜂场。随着全县各地人民公社的先后成立，佛堂公社养蜂场又成了发展全县各地养蜂业的集体养蜂场、培训技术骨干的大本营，同时也成了倡议成立义乌国营渔蜂场与国营良种蜂场的发起单位。

1961年，国家粮食、经济大困难开始后，佛堂公社养蜂场首先根据国家允许养蜂人外出养蜂的优惠政策，开展在浙江省范围内的第一阶段流动养蜂活动。他们赶花季的线路安排是：从每年清明前后开始出门，到浙北嘉兴地区采草子花，5月前后回义乌采枣花，6月到兰溪采乌桕花，7月到慈溪采棉花，8月下旬回义乌采荞麦花，10月初开始越冬，次年初春开始繁殖。

1964年，国家粮食、经济好转后，佛堂公社养蜂场为了增产增收，开始去省外追花夺蜜，开始第二阶段的流动养蜂活动。他们运蜂赶花季的线路安排是：每年11月和12月出门到南方广东、广西、福建、云南，根据各地年前开油菜花时间的先后，一边采油菜花，一边繁殖蜂群；3月回到安徽采油菜花；4月和5月到苏北采邵子(一种绿肥作物)花；6月和7月到山东(部分赶回浙江慈溪)采棉花；8月到安徽采芝麻花；9月初回义乌采荞麦花；10月休整后，11月又出发，到外省的野外，风餐露宿过春节，生活极其艰苦。

“文化大革命”开始后，把社员在自留地上种菜卖，在家里养猪、羊、鸡、鸭都当成了资本主义尾巴来“割”了。打铁、做木工、做泥水匠、做竹篾的手工业者也成了“办地下工厂”“复辟资本主义”的重点打击对象，予以禁止。唯有养蜂业例外，可以自由到铁路、公路运输部门托运外出经营。因此，素来具有市场经济头脑的佛堂养蜂人，每次从外地回佛堂，都带回了他们外出所到之处的粮食、化肥、药材、日用小商品等特色货物、价格以及各地相互之间所存在的地区差价等信息。这些信息对佛堂人来说，都是可以利用农闲出门做生意的门路。于是，佛堂成了当时最活跃的自由市场基地。一些敢于“吃螃蟹的人”，也因此成了重点打击的“阶下囚”。

1968年7月，佛堂公社养蜂场的养蜂人，利用养蜂赶花季采蜜的“绿色”通道，“搞投机倒把”，“开办地下工厂”的“资本主义活动”终于东窗事发。

浙江慈溪紧靠东海沿线晒盐场，那时候，国家供应的食盐牌价是每斤一角三分八厘，而产盐区盐农售给国家统购的盐价是每斤五分钱。但是，为了防止盐农所产的食盐私售，规定必须由产盐生产队与国家收购单位，进行非现金结算收购，盐农只能按生产所记的“工分”，按分配拿到钱。

当佛堂蜂农在慈溪采完棉花蜜后，在将蜜蜂从慈溪火车站托运回佛堂采荞麦花前，每个蜂农都会腾出几只空的蜂箱来，装进了向盐农私下用现金低于国家收购价买来的食盐，夹在群蜂箱中，打算从火车上托运回来，到佛堂的自由市场上出售。其中有位姓贾的蜂农一只装有食盐的蜂箱被火车站装卸工不慎摔破，发现了蜂箱内所装的食盐，引起了慈溪火车站打击投机倒把办公室的注意，对佛堂养蜂场所有蜂箱进行了大检查。结果，被查出倒在火车站站台上的食盐，堆起来像“一座小山”一样。习惯于打交道的蜂场负责人盛某，马上提了几大瓶蜂蜜，向前来检查的有关人员去“变通”，“协商”解决办法。检查人员做出了处理：对已装入火车内的这位姓盛的蜂农的蜂箱免检，对其他被查出来已堆放在车站站台上的食盐，全部按国家收购价处理。佛堂蜂农不但没有受到经济损失，相反，三分一斤买来，五分一斤收购，从中还赚了一笔钱。

但是，佛堂公社蜂场的蜂农回佛堂后，因这位姓盛的蜂农不愿与大家分享他带回来的食盐，有人出于妒忌，向打击投机倒把单位告发了他带了几箱严禁私售的食盐进行贩卖的投机倒把行为。结果姓盛的、姓贾的等几位蜂农都以“投机倒把罪”，被判刑、教育改造或交当地群众管制、监督。另外一位姓叶的蜂农也被“拔出萝卜带出泥”，因为制作养蜂巢础、隔王板、取蜂王浆的移虫针等蜂具，以“办地下工厂罪”而被收监判刑、教育改造。从此，佛堂公社蜂场很快瓦解，大部分蜂农都到其他公社、大队的集体养蜂场，当师傅或搭股经营去了。

佛堂公社养蜂场投机倒把小团体的覆灭，也就是意味着对佛堂镇“文革”期间自由市场上各种商品来源途径的大暴露。从此分散到各地的佛堂养蜂师傅，都心有余悸，隐姓埋名，成了不敢轻易露面的“地下养蜂人”。义乌县人民政府也因此下了文件，硬性规定：社员养蜂，只能在不影响集体劳动和完成生产队基本劳动的情况下，在本大队范围内经营，不准弃农养蜂。

1978 年 12 月，中共十一届三中全会重申实事求是的思想路线，给佛堂镇走南闯北的养蜂人带来了第二个春天。以前因犯所谓“投机倒把”“资本主义罪”而判刑、教育改造的佛堂镇养蜂人，被宣布无罪、得到平反。是邓小平“发展才是硬道理”的富民政策，使“那个时期的‘逃诛公’，还原成了佛堂式的陶朱公”。

（九）怀念幸福

1969 年，佛堂公社人称“陶朱公”的朱和墉书记以干部坚持参加集体劳动，密切联系群众“火车头式”的好干部代表应邀上北京，参加周总理举办的国庆宴会。朱和墉住进了中南海，登上了天安门城楼，参加了新中国成立二十周年国庆观礼！

朱和墉从北京国庆二十周年观礼回来，并没有被荣誉所陶醉，相反视荣誉为鞭策。

他做的第一件事就是回到自己粮户所在的佛堂公社第四大队第一生产队里，召开每户一人参加的社员代表茶话会，把北京国庆宴会上发的一包“中华牌”香烟，赠给会抽烟的老社员每人一支。由于“僧多粥少”，一包“中华牌”香烟仅仅二十根，分完了他就自掏腰包，买来了当时商店里最高档的“西湖牌”香烟，继续分赠给会抽烟的社员代表每人一支。然后，从他家里拿来一大缸热气腾腾的茶水和一摞茶碗，每人分一碗；接着他眉飞色舞地讲起了这次赴京参加国庆观礼的见闻，与大家共同分享快乐和幸福。

此时，他向大家透露一个振奋人心的好消息：经上级领导派专家测量、规划、设计，已证实距佛堂镇南十公里将建可容两千两百万立方米水的柏峰水库，出水口可以比佛堂古镇的地平面高六十多米，水库里的水完全可以直接流到比佛堂镇最高点道院山尖还要高一倍多的地方。他动员大家要做好投工投劳建造柏峰水库的思想准备。

1970 年，柏峰水库正式动工。1972 年，大坝建成，不仅使赤岸、东朱、田心、佛堂、合作（部分乡村）、倍磊（部分乡村）、塔山（部分乡村）等公社的农田得到了自流灌溉，而且在二十世纪九十年代后，还成了这些受益范围内农村居民唯一的饮用水源。

接着，他又开始领导大家对佛堂镇范围内的义乌江两岸进行治理，对古镇东南方两千八百八十多米的排涝渠道进行疏通、开挖。俗语戏称“只要三年无水害，猫儿狗儿都有钱讨老婆”的佛堂古镇，终于根治了最怕旱涝灾害的千年顽疾。朱和墉成了佛堂镇上名副其实的现代“大禹式”人物。有关他的治水事迹，曾多次被省、地、县新闻媒体和《人民日报》《人民画报》专题报道。

1983 年底，一个天寒地冻的日子，时年已过五十的朱和墉见一水利工地上有一只潜水泵沉在水塘的污泥里，急需打捞上来，才能正常施工。平时滴酒不沾的他，毫不犹豫地去商店里买来一瓶烧酒，往嘴里灌上几口后就破冰跳入水塘。当他和大伙一起把沉在水塘底烂污泥中的水泵打捞上岸后，只见他脸色惨白、嘴唇发黑，全身筛糠一般地颤抖不止。人们马上给他换上干的衣服，送进医院救治，终因心脏受刺激过度，心律骤然下降而安装上了心脏起搏器。出院后，因身体原因，病退回家疗养。

1985 年，新中国成立以来第一部《义乌县志》编修工作开始，闲不住的朱和墉马上请了一名地方文史爱好者当助手，一方面上档案馆、图书馆搜集相关资料，另一方面向民间借阅各家姓氏宗谱查考历史记载。同时他利用自己广泛的人际关系，与助手一起向老年人采写各种回忆录。1988 年 4 月 22 日，整整花了三年时间，完成了二十多万字的《佛堂镇史资料》打印稿。内容分“历史沿革”“工商业”“农业”“城镇建设”“姓氏人物”“文化生活”及“其他”，共七篇四十五章，以厚今薄古的方式填补了佛堂古镇“纵”有一千五百年历史，“横”却无一文字资料传世的空白。

2008 年 12 月 28 日，朱和墉因心脏衰竭，与世长辞，享年七十九岁。当朱和墉去世的噩耗传出后，许多佛堂镇的百姓为之痛哭流涕。

近年来，每当清明、冬至一年二祭的上坟扫墓时节，朱和墉的墓前总会有许多自发前来吊唁的群众，为他敬献花束、花篮或挂纸。大家以不同的纪念方式，不约而同地怀念着这位群众心目中“陶朱公”式的好干部。

第十章　近代佛堂人

古镇商人正气扬，代出英才世上传。
沧海一粟举几例，义商之根见一斑。

一、慎可太公创业记

慎可太公（1709—1760），是田心环溪王氏第十七世传人。据《环溪王氏宗谱》记载：排行旅九百二十三，名讳尔瞻，字望尊，号慎可，寿五十一岁。

传说慎可太公为人处世敦实忠厚，创业史也富有传奇色彩。

（一）救书生

康熙末年，慎可因做火腿生意资金短缺，只能到景德镇担碗卖。途中突然下起大雨，慎可进一凉亭内避雨。只见凉亭角落有一书生暗自流泪，十分悲伤。慎可上前问其为何如此悲伤，书生答："上京赶考，路遇强盗，川资被劫。"慎可马上拿出准备去贩碗的本钱，劝书生别耽误考期，赶快上京赴考。书生感激不尽，定要慎可留下住址、姓名，以便日后报答。慎可不好意思地说："我经常到景德镇官窑里来担碗卖，做小生意的。"书生见慎可不肯告诉，遂拾起慎可的扁担，抄下了扁担中所写的"慎可"二字后，匆匆赶路而去。

（二）成官亲

这位书生得资助后，上京赶考，中了头名状元，为了报答慎可，状元郎打扮成一富商来到景德镇的官窑中打听做担碗小贩生意名叫慎可的人。景德镇的好几家官窑都只知道有这么一位名叫慎可的担碗小商，而不知道他的详细地址。于是，状元郎吩咐各家官窑，"若有叫慎可的人再来担碗，你们尽管把碗给他拿去就是，无论多少价款，概由我到年底时结清账目"，并交给各官窑一个自已的名帖。官窑的老板们见名帖上赫然写着京城御史官邸的门号与官名，都纷纷点头哈腰地连声说："是，是，是。"

（三）赊碗卖

当慎可再去景德镇担碗卖时，景德镇官窑老板一见慎可，就如遇上了财神爷一样的高兴，拼命盛情接待。慎可起初不知景德镇官窑的老板为什么会如此一反常态地殷勤款待，当他知道了有位京官会付他担碗卖的全部货款的事后，诚实、厚道的慎可太公想，反正自己做生意，本钱不嫌大，只要自己有无功不受禄的心就是了，他就索性要老板把官窑里一整窑碗都赊给他，再三说清楚碗的货款，年底自己会来结账的。

于是慎可将一窑景德镇赊账来的瓷碗运到了苏州卖，赚到了一大笔钱，到了年底，他把全部赊账的碗款，一分不少地付给景德镇官窑的老板。官窑老板把慎可太公这种守信用还清赊账款的事一五一十地写信告诉给了状元郎。

状元郎得知后，立即派人出京寻找慎可其人，以便谢恩。

（四）寻恩公

腌制贩卖火腿，是田心传统的生意。慎可自从景德镇官窑老板那里赊到整窑的碗担到苏州卖掉赚到一大笔钱后，决定用这笔钱做资本，回田心做腌火腿生意了。

受状元郎派遣出京寻找慎可的这位公差，先从景德镇官窑老板处打听到了慎可将整窑碗运到苏州卖的消息后，就寻到了苏州。当这位公差到苏州后，发现慎可已不在苏州卖碗了，经打听，得到他已经回到浙江义乌田心村的消息。这位公差就又从苏州寻到了田心村。由于慎可在苏州做过卖碗生意的事在田心从来未对别人讲过，所以这位公差找到慎可其人时，只见他身穿土布长衫，土气得很，根本不像一个阔商的样子。再说慎可是腌火腿的而不是卖碗的，使这位公差自己也怀疑是不是找错了人。于是，他想了一个办法，请义乌县衙的县太爷出面，把慎可“抓”去“关”入县衙中，天天以酒肉款待，弄得慎可丈二和尚摸不着头脑。

几日以后，这位公差与县太爷来“提审”慎可了。

问：“我们为什么要‘抓’你？”

慎可摇摇头说：“我没犯法，不知道呀？”

又问：“你坏事没做过，好事做过没有？”

于是慎可回忆起了自己曾经用担碗卖的钱，资助过一位上京赶考的书生的事。

这位公差听后立即跪到慎可面前：“敝人受状元郎之托寻找恩公，才出此下策，请恩公恕罪。”慎可扶起公差，还礼说：“没有什么，没有什么，快快请起。”接着公差代状元郎连本带利还给了慎可资助书生赴京赶考的那笔钱，又送了一份厚礼，并嘱咐义乌县太爷今后要好好照顾慎可经营火腿生意。

（五）慎可公祠

慎可得了状元郎的酬谢款后，马上在田心造了三幢至今尚存的屋。其中一幢十四间专门存放他做生意用的资金，叫“钱房”，一幢专门供子孙读书的“书堂”，还有一幢十四间“新屋”以供腌制火腿的师傅伙计居住。传说从此以后，慎可的腌火腿生意做得很大很大。每年冬至后，本地的鲜猪腿货源不够，就派人到东阳出高价收购。来田心慎可火腿行卖鲜猪腿的东阳人排起的队一直从田心村排到光明的大路上（约有三里多路长）。由于慎可太公收购鲜腿从不欠账，所以慎可火腿行生意越做越红火。他们的火腿在杭州、苏州都开有专卖店，为其子孙在苏州开设慎可火腿行打下了坚实的基础。

慎可太公致富后，以商养文。他生有华、有文、有郎、有麟、有体、有浩、有臣七个儿子。其长子有华（1725—1783），字封三。他根据“种田不如养猪，养猪不如腌火腿，腌火腿不如买卖火腿，当地买卖不如长途贩卖”的实践，总结出了“农不如工，工不如商，商不如贾，经营四方，赖以小康”的经营理念，使慎可火腿行成了田心村的首富。

嘉庆二十三年（1818），慎可太公的孙子辈共议建造慎可公祠大事，大家纷纷出资赞同。于道光四年（1824）动工，至道光九年（1829），绕以回廊，旁环复室，前后三进，置慎可公神位于上、七子神位于下的慎可公祠落成。第二进上首挂“敦厚堂”匾额一块，写“敦诗说礼，厚泽深仁”对联于左右。祠堂大门二柱上，刻写着“慎言慎行毋违厥祖，可大可小佑啟后人”对联一副，寓意是无论遇到大事小事，都得学习祖公慎言慎行地去做，只有这样，才可以得到祖公的英灵庇佑，把事情办成。

口述者：王维尚。

记录时间：1999 年 10 月。

记录地点：佛堂镇向阳路一号。

二、朱灌聪轶事

朱灌聪（1884—1941），是佛堂旧时商界的传奇人物，他毕业于上海法政大学，思想新潮，风流倜傥。虽早在 1941 年就已去世，可是有关他的轶闻逸事，在二十世纪五六十年代，仍在佛堂镇上广为流传。

“文革”初期“破四旧”时，一张床周围嵌有玻璃镜的雕花大床陈列在红卫兵“破四旧”的“战果展览馆”内展览，传说这张床是当年从朱灌聪家里没收出来的。也有说朱灌聪曾因吸食“乌烟（鸦片）”坐过牢；生性好色，曾娶妻七房；生活腐化堕落；朱灌聪曾为佛堂人做过许多好事等褒贬不一的传闻，一时成为佛堂人茶余饭后的谈资。

2004年第二期《义乌方志》上，刊载了《义乌日报》记者、《义乌市志》编辑徐亚萍撰写的《灌聪图书馆与灌聪其人》一文，其文所载的朱灌聪人和事，其中许多内容均同于民间口传，但为便于后人考证，笔者补漏拾遗于此，以飨读者。

(1)1931年12月4日，杭州—江山铁路铺轨到义亭车站后，当月开通火车。佛堂商会马上做出反映，一致推举头面人物朱灌聪着手筹建佛堂镇到义亭火车站的义乌第一条公路。朱灌聪受命后，马上请来专业测量队着手实施对佛堂镇—义亭火车站新建公路的设计和测量工作。发现沿途要经过数百家农户私有的山、塘、田、地后，他就投入大量精力，去找户主协商洽谈有关购买筑路的用地，化解一些刁蛮地主乘机敲竹杠的问题。前后经过四五年努力，到1937年公路建成时，朱灌聪因吸食乌烟东窗事发，身陷囹圄，因此朱灌聪尚未购买过汽车。

佛堂镇的第一辆汽车购买于抗日战争胜利后的1945年，是由丁瑞熊牵头合资购买的美国产"大道奇"商用运输汽车，请义亭王莲塘村的一位曾在国民党部队开过汽车的司机从事到义亭火车站提货营运工作。后因汽油供应不上，由丁瑞熊改成义乌第一辆用木炭当燃料的汽车。1951年土改后，这辆当时属于佛堂商会所有的汽车由义乌县人民政府征用。

(2)朱灌聪本人喜欢吹拉弹唱，其妻舅创办的剧团因入不敷出，无法经营后他接手了该剧团。众多演员对朱灌聪不计个人得失的行为深为感激，个个出力卖命，由朱灌聪重新组合的剧团被称为"新生剧团"。1937年，朱灌聪以佛堂商会名义，在佛堂绍兴会馆建造了一个里雨台(大戏台)，戏台前搭建了一个庞大的竹篾箬叶当屋顶的大戏篷，开始售票演出。是年，新生剧团去孝顺镇参加庙会斗台，技压群芳，遭人嫉妒，对方告发朱灌聪吸食乌烟而使其锒铛入狱，新生剧团后由江山婺剧团收编。

(3)北伐后期，孙传芳残部纪律涣散，沿途坑害百姓，抢掠民财，声名狼藉，金华城内已一片混乱。为保住佛堂镇繁荣而不受损，朱灌聪一面派人打听这支孙军残部的活动消息，一面积极召集佛堂商会各行业公会的头头商讨对策。当得知这支有两三百人的部队，出金华向佛堂方向袭来的消息后，朱灌聪马上筹集了一笔资金，备上酒肉，率队赶到倍磊埠头凉亭内迎候这支孙军残部的到来。这支部队里一位骑着高头大马的头领见状，觉得自己所到之处百姓都四处逃散，唯到这里反受如此盛情款待，于是下马问朱灌聪："为什么？"朱灌聪乘机塞给头领一个"大红包"，并对每一位部队将士酒肉款待的同时，发给每人五块银圆盘缠费，乞求众位官兵高抬贵手，不要进佛堂古镇。这支孙传芳残部被朱灌聪此举感动，最后决定就在倍磊埠头渡江，绕道北上。孙军残部因此未进过佛堂镇，使佛堂镇避免了一次大劫难。

1913年乃民国初期，佛堂尚无镇长之职，更无自卫团总组织。因此传说当时佛堂镇自卫团在镇内包围了孙传芳残部,缴械遣散之说有误。

(4)朱灌聪出任过两任佛堂商会会长。当时佛堂镇的商业盛于县城,其商会会长的权力相当于后来的镇长。1917年,朱灌聪首先请上海人在佛堂新码头(今江东路四十六号址)创办了华生电灯公司。因噪音使得佛堂地主毛祥炘一家人的生活不得安宁,朱灌聪就说电灯公司伤了佛堂地气龙脉而使电灯公司被迫停办。华生公司的发电设备由佛堂镇赵钦生买下,改称为祥生公司,但因赵不懂技术而无法发电使用。

1937年,丁瑞熊担任佛堂商会会长兼镇长后,凭自己与赵钦生是亲戚关系,把祥生公司闲置了数十年的发电机配上从杭州买来的一台"双飞轮"十八匹马力的柴油机,丁瑞熊自任经理,易址开办了义乌市第一家发电经营的电灯公司。

(5)朱灌聪不但是个商人,而且是个义乌范围内的文化名人。在还未有火车、汽车的二十世纪二三十年代,佛堂镇凭借义乌江的水上运输优势,使商业经济跃居义乌之首。他发现历史上最近的是清嘉庆七年(1802)续修的《义乌县志》,历经百余年后,原版的木刻活字本已存世甚少,于是在民国十九年(1930),成立私立佛堂灌聪图书馆,用石印的方式对该书进行翻印。全书共二十二卷,约四十九万字,用有光纸折页装订成十二册,每部以四百斤白米的价格进行公开销售。据说朱灌聪翻印的清嘉庆《义乌县志》因一般人买不起而滞销亏本,但他对传承义乌的历史起到了不可磨灭的积极作用。当时经他极力向国民党义乌县政府提出由政府出面主持、编修《义乌县志》的倡议后,《(民国)义乌县志》虽曾编成残稿,未予付梓,但其中也不能埋没朱灌聪曾为此而付出过的努力。对于朱灌聪的一生,佛堂镇民间贬褒参半,其功过自然由后人评说。

基于修志的资料来源:一是文字记载的"死资料",二是口碑传说的"活资料",三是具有传承历史价值的"实物资料"。笔者认为:搜集、抢救回忆录,保存流传在民间的传说,无疑是一种抢救稍纵即逝的历史云烟的一种手段,只有这样,才能为撰史人留有充分的筛选余地。此乃笔者撰写此文的宗旨。

三、儒商吴茂棋[①]

(一)

吴茂棋,1890年出生在江湾乡江南村一户世代为农的吴姓家中,兄弟五人,排行第四。他三岁那年,在江湾开小木店的三叔,因忧愁膝下无子女,一时卧病不起。

① 此文原载2002年第2期《义乌方志》,部分内容经删改。

茂棋父亲出于同胞之情，遂将三岁的吴茂棋过继给三弟为子。三叔高兴不已，康复后马上与妻子王凤仙谢过胞兄，将吴茂棋带到江湾小木店共同生活。吴茂棋自幼活泼可爱，三叔三婶对他爱如掌上明珠，决心要将他抚养成材。

吴茂棋七岁那年，三叔送他到江湾曲江王大宗祠蒙童馆读书，两年后，启蒙老师龚保学自知黔驴技穷，为了不耽误吴茂棋的前程，经三叔三婶同意，把吴茂棋推荐到当时颇有名气的张学成先生办的私塾里就读，每次考试，吴茂棋的成绩总是名列前茅。在张学成先生的私塾里读了四年后，吴茂棋却嫌弃起张学成老师只知教人唱读孔子的《论语》，不能教人解释文意。年仅十三岁的他，毅然离开了张学成老师，投奔到一位名叫商华三先生办的学校就读。商老师既教人对每个字义的注解分析，又教人对每个字的造句与应用，使吴茂棋的学问得到了很大的长进。他决心努力学习，走学而优则仕，靠读书而升官发财的儒家之道。

可是，1905 年清政府废除了科举制度，打碎了吴茂棋想十年寒窗、金榜题名的美梦。1906 年，十七岁的他经三叔托人保荐，到兰溪钜源钱土店里当学徒。钱土店相当于现在的农副产品杂货店，三年学徒的生活使他学会了如何利用季节与地区的差别，进行对时令商品贱买贵卖的经营手段和方式。

学徒期满后，吴茂棋本想回义乌独自开店经营，但他的勤快与诚实博得了业师(老板)的器重与挽留，当时钜源店中的账房先生去江西追讨账款，于是老板就安排吴茂棋到账房代理记账，使他又学会了一系列记账、核算和善察盈缩的经营管理方法。

1912 年，由于兰溪钜源钱土店涉嫌经营鸦片而被查封歇业，吴茂棋由三叔招回江湾，为他娶妻成家。

(二)

1910 年，佛堂镇商会成立不久，市场出现了一片兴旺发达的新气象。1912 年兰溪一家糖货店里有一百多件广东产“太古牌”白糖，运来佛堂委托吴茂棋代销。吴茂棋趁势离开了江湾三叔为他筹资开设不久的南货店，来到佛堂租了两间店面另外开起了一家南货店，并加入了佛堂商会。

佛堂商会以行业分类成立了各行业公会。由公会主持本行业商品的统一购销行情，实行公平竞争，使佛堂镇的商业兴旺繁荣达到了空前的鼎盛时期。在同业公会里，平易近人的吴茂棋很快与徐迪卿、张钦生结成了志趣相投的好朋友。吴茂棋对南北杂货熟门熟路的经营与娴熟的账房管理技能得到了同行张钦生与徐迪卿两位好友的赞赏，因此提议三人合资开一家南北货批发商店。由于徐迪卿、张钦生已在佛堂经商多年，积累了较雄厚的资金，掌握了向上海、宁波等地进货的渠道，而吴茂棋刚刚从兰溪学生意归来，其三叔在江湾所开的小木店向来是小本经营。吴茂棋是过继子，三叔三婶急于想抱孙子，所以，就马上为他张罗婚事。再说，三叔前不久为他筹资开设在江湾南货店中的资金，大部分是由三叔出面向人借来的，因此吴茂棋根本拿不出与徐迪卿、张钦生两位好友等量的资金参与合伙在佛堂开设南北货批发商店。可是徐、张二友出于朋友义气，决定委任吴茂棋为经理，允许吴茂棋以工代资。吴茂棋十分感激徐、张二友深厚的情义。

为求生意一帆风顺，所以取三人合伙开设的南北货批发店的商号为“同顺风”。吴茂棋认为“风”字有一阵吹过之嫌，提出改“风”为“丰”字。佛堂“同顺丰”商号由此产生。

（三）

1912年农历六月初一，同顺丰南北货批发商店正式开张营业，可惜事与愿违，其生意并没有做得与他们预想的那样“一帆风顺”。原因一是同顺丰开业之初的资金大部分是徐、张二友的，出于诚信，吴茂棋处处谨慎，凡店中进出货源，他都首先与徐、张协商后再做定夺，不敢擅自放手大胆使用由徐、张提供的合伙开店资金。二是由徐迪卿、张钦生两人从上海、宁波、杭州、金华、兰溪等地谋划组织来的货源，吴茂棋都要经过徐、张两人同意后才敢为了加速资金回笼周转，采用薄利多销、货比三家、以诚取信的经营手法来扩张同顺丰商号的知名度，批发、赊欠给义乌、东阳、浦江、永康、武义等地信誉比较好的零售商去经销。遗憾的是，赊出去的货款，成了给人垫资经营的本钱，一时无法全数收回，因此头一两年不仅没有多少盈余，反而还造成了许多呆账，直接影响了店内资金的周转。

徐、张二友出于对吴茂棋的信任，不但没有对吴茂棋横加指责，反而认定呆账不是死账，耐心地对吴茂棋进行安慰。果然不出所料，第三四年，吴茂棋很快就使同顺丰转亏为盈。同顺丰盈余的利润按三人平分做红利，而吴茂棋信守自己的诺言，以红利作为自己对同顺丰店中的资本投资，决不抽出来他用。又经过了几年的努力，吴茂棋用红利的垫资达到了与徐、张二友相等的数目后，他深深地舒了一口气，自己“借鸡下蛋”的合伙经商终于成功了。

（四）

当吴茂棋、徐迪卿、张钦生三人合开的同顺丰南北货批发店开到第九年（1921）的时候，由于徐、张两人在上海打开了义乌红糖的销路，生意做得十分顺手，当下半年新红糖上市的季节，他们把收购新糖当成了大宗生意来做。但是那时候运销到上海的红糖，主要走水上运输之路，先从佛堂下船，到杭州进入大运河才能转运到上海十六铺，来回一趟至少要一两个月，而堆放在仓库内的红糖，十分容易受潮、变质，因此，吴茂棋根据他掌握的红糖堆放时间长了不受潮也容易结块的特性，把散装的红糖都存放在一口口头号大缸内。在大缸内装放入红糖前，他先做一块圆形与缸内底部大小相等的厚木板，在厚木板的中间，穿一根长长的拇指般粗的棕绳，然后将长出缸外的棕绳，悬挂在大缸内圆心的位置。红糖倒入大缸后，因时间长而结块了，只要用一根粗的扛棍，扎牢悬露在缸上面的粗棕绳，将扛棍向上一抬，存放在缸底的那块圆形厚木板向上一动，结块的散装红糖马上会松散而容易取出销售。吴茂棋创造的这一红糖储存法，在1922年壬戌大水灾中保住了大量的库存红糖，免遭损失，后来凡经营红糖的商店纷纷前来取经、效仿。

民国十一年(1922)端午节一过，每天阴雨连绵，天气异常的闷热，偶然几声闷雷以后，地上成群结队的蚂蚁出洞，一直沿着屋柱往上爬。老鼠也顾不得佛堂街面上熙熙攘攘的人群和多管闲事的黄狗的追逐，满街到处乱窜乱跑。虽已是傍晚时分，鸡、鸭伸着脖颈在窝边来回踱步，迟迟不肯入舍……面对这一切怪现象，长期居住在佛堂镇义乌江边的居民凭着他们的生活经验，相互转告着——要发大水了！

6月15日入夜后，突然暴雨如注，街道水流成河。沉重的雨点打在屋顶的瓦片上，溅起的水沫从瓦缝里渗进，像早晨的浓雾一样弥漫在各家各户的楼房中。

大雨整整下了一夜。第二天是农历五月二十一，佛堂市日。天上的雨虽停了，但是佛堂镇西的义乌江已是洪涛滚滚。时至辰时(上午八时左右)，平日里该是红日当头的时候了，可是这一天的太阳还躲在深深的云层里。由于佛堂镇的四周已是一片汪洋，隔断了各条从农村到镇里来赶市的大路，街面上显得格外的清静。各家店铺里的伙计、掌柜、老板除了留着看店的外，都三五成群地来到江边看大水去了。

义乌江中的洪峰一个接着一个而来，涨水的速度惊人的快。

下午四时左右，西边的夕阳还是躲在云中不肯露面，可是把整个天空中厚厚的云层都照成了红棕色。上了年纪的老年人说："这是大水红。"正当佛堂人们都望着天上奇观异彩而议论纷纷的时候，江上的洪水进街了。洪水的大浪冲到哪里，大水就涨到哪里，只进不退。原来还在议论天上云彩的各家店铺里的老板、伙计、学徒们再也无心欣赏已冲到家门口来的洪水景观了。大家都不约而同地开始忙碌起来，把原来堆放在楼下地面上的商品、货物开始向高处转移。

位于佛堂镇浮桥头横街上的同顺丰南北货批发店店主吴茂棋最担心的是店里还有几十担上等红糖无法往楼上搬。因为他怕楼栅、楼板无法承受货物的重压。但是，如果照旧放在楼底下，一旦碰到洪水，红糖受潮就完蛋了。他急中生智，马上派人站入缸内的红糖上面，将装在大缸里的红糖用脚一缸一缸地踏实压紧。每口缸内的红糖装到离缸口十厘米左右后，再用油纸盖在缸内的红糖上面。因一时找不到能盖这么多口大缸的油纸，他就将一把把油纸雨伞拆去伞柄、伞骨，取其伞面使用，然后在每口装有红糖，盖有油纸的缸面上，盖上厚厚的一层麻袋后，再用拆去锅灶的灶台泥土、砖石倒在麻袋上面压紧捣实。这一场抢救红糖的忙活一直与不断上涨的洪水在抢时间进行。

紧接着，一连五天五次洪峰接踵而来，后来称为“壬戌年五江头大水”。

农历五月二十六，店里的洪水快要涨平到楼板了，有些人家已爬上了瓦背。店里装有红糖的大缸早已沉没在水中，过家的洪流，从大缸的顶上流过。

到了下午二时左右，洪水开始渐退。傍晚时分，一只只装有红糖的大缸，开始露出了水面……

据历史资料记载，这场“壬戌年五江头大水”由上游南江与北江五次特大山洪暴发造成。佛堂镇东的塔山乡钟村，漂走了房屋三百四十三间，溺死村民三十三人，灾后在村东立下一块大石碑，刻下了当年洪水的最高水位线。佛堂镇街上可行船，镇北的下强村被大水冲成平地。义乌县衙门前的最高水位达六十四点三三米，佛堂街面达六十点一七米，全县毁坏耕地二十余万亩。

灾后，吴茂棋藏在大缸内的红糖，除了缸口少部分受潮外，其余安然无恙。当时市场上的红糖价格成倍上涨，吴茂棋真是“因祸得福”，赚了一大笔“逃过洪水大难”红糖的钱。

其时人在上海做生意的徐迪卿、张钦生深深地被吴茂棋的遇险不乱、转危为安的智慧所感动，同时也为自己没有与吴茂棋共担洪灾风险而感到深深的内疚。民国十二年(1923)徐、张两人来信要拆股，并决定把他们两人原来投资在“同顺丰”的资金留下不抽回，无息垫资给吴茂棋一人经营。吴茂棋对徐、张两人的明义之举感激万千，立下字据，约定逐年如数抽还。原来由三人合资的同顺丰从此成了吴茂棋一人所有。

（五）

进入二十世纪二十年代末，吴茂棋已还清了徐迪卿、张钦生垫给他经营同顺丰南北货批发店的全部资金。民国十八年(1929)，佛堂中街黄克仁的黄培记红糖在杭州西湖博览会上荣获特等奖，义乌红糖名声大震。每到下半年新糖上市旺季，来自各地的客商云集，佛堂镇成了义乌红糖主要的集散地。在商贸来往中，吴茂棋与朱洪泰南货店的店主朱友铭、瑞祥泰的店主王宗海成了好朋友。

二十世纪三十年代的上海滩已成了十里洋场的大商埠。佛堂商会与上海商会挂上钩后，佛堂商人便把上海滩当成了自己经商的窗口。尤其是 1931 年 12 月 4 日，杭州的火车铺轻轨通到义亭站后，曾称雄了几个世纪的佛堂镇水上运输开始向快速、便捷的铁路运输转移。佛堂镇市场上流通的商品品种，由以往单纯的农副产品开始向五花八门的日用工业品发展。从杭州、上海方向来的洋布、洋油(煤油)、洋火、洋肥皂、洋面盆、洋铁罐等日用品成了佛堂市场上的新品种。更使吴茂棋得益的是随着商品包装带来的一张张旧报纸，不但开阔了眼界，而且不断满足了他一贯喜欢看书的读报欲。由于当时的佛堂邮局还没有开办报刊征订业务，他就委托经常出入于上海的王宗海、朱友铭两位好友，只要他们去上海，要么请他俩邮寄，要么请他们及时带回最近出刊的上海《申报》或其他报纸作为自己的精神食粮，以满足自己每日必须读报的嗜好。

二十世纪三十年代初某年，吴茂棋在一张报纸的角落发现了一则河北、山东一带，正当枣花盛开时节，遭到了一场百年未遇的暴风雨袭击的报道。吴茂棋顿时眼前一亮，在他的头脑里马上变成了“下半年红枣市场价格必然上扬”的商业信息。于是，他马上停止了自己店里红枣的零售，相反还向外借钱，开始向本地以及周边邻县乡镇市场上收购红枣，储而不卖。好友朱友铭、王宗海见吴茂棋不卖红枣，相反收购红枣就生疑地问他为什么，吴茂棋坦率直言地告诉他们自己对“下半年红枣必然紧俏”的行情分析。朱友铭、王宗海在佩服吴茂棋后，也效仿收购了一些红枣。

到了下半年，红枣价格果然暴涨，市场供应骤然紧张。传说那时候，金华八县只有佛堂的吴茂棋、朱友铭、王宗海三家南货店里有红枣出卖，就是中药里要加的几颗红枣，患者也只能到佛堂才能买去配药。吴茂棋、朱友铭、王宗海不但在这笔红枣生意中发了大财，而且佛堂的商人们都十分佩服他们能够抓住上半年收进，下半年卖出的神机妙算。从此，在佛堂镇“茂棋仙”“友铭仙”“弟弟仙(王宗海)”也就因为此事叫出了“名”。

也因为吴茂棋在报纸上得到信息发了“红枣财”的缘故，1936年，佛堂商会竟然也在上海《申报》中刊登了一则与上海商会联手推销义乌红糖的广告①，其全文摘引如下：

市商会再提倡国产义乌红糖

上海市商会为提倡国产义乌红糖事，昨函糖业公会云：

迳启者，本会前接义乌县佛堂镇商会函，请协助推销红糖，当于一月十六日函至贵会，请转嘱同业，提倡推销有案。

本会为明瞭该处糖市情形起见，并函致佛堂镇商会，请其将详细情形函告。

兹于本月二十五日，接该会复称：“查该项红糖，分为三种：一名‘顶青’，每百市斤约价洋九元；一名‘细青’，每百市斤约价洋八元；一名‘块青’，每百市斤约价洋七元。至关于经销事宜，可直接与敝会函商，邮政已通，运输由杭江铁路直达，亦甚便利”等语。

① 此广告原载中华民国25年(1936)2月27日《申报》第4张。

查该项红糖糖样，现时陈列于本会商品陈列所，贵同业如欲看货，可赴本所参观，或酌分若干，移送贵公会，亦无不可，统希核明示复，并尽力与同业接洽，以畅国糖销路为要。

（六）

二十世纪三十年代，吴茂棋既有了同顺丰全部的所有权，又有了充裕的经营活动资金，生意进入黄金时期。他充分利用各方面的有利因素，发挥自己接受新生事物快和商业头脑灵活、思维反应敏捷的优势，不但继续经营红白糖货、桂圆、荔枝、红枣等等南北干果，笋干、木耳、香菇等地产山货，而且成了佛堂镇上率先经营"美孚"洋油（煤油）、"卜内门"肥田粉（西德产化肥）、氯矾、烧碱（化工产品）、洋肥皂、洋火、洋面盆、洋铁罐等畅销的日用"洋货"批发代理商。在1961年12月吴茂棋一份亲笔撰写的自传中称：那时候同顺丰店内的利益，"经常以几倍速度增长"。至二十世纪三十年代末，他家中的资财、积蓄足够可买"千石田"的程度，即使"建造十座十八间木结构二层楼大屋，皆用不尽"。

（七）

佛堂古商好儒。

商家为了子弟读书，早在清光绪三十二年（1906），就由几位商家合资，创办了义乌县内最早的私办学校之一稠南小学。清宣统二年（1910），佛堂商会成立后，办在佛堂上塘沿关王殿内的稠南小学由佛堂商会接管。凡参加佛堂商会的商家子弟皆可上学读书。1914年，关王殿被义亭王莲塘的王坞烟土匪焚毁后，稠南小学迁址到王蒲潭鼎五公祠内开课教学。

在1931年的一场洪水灾害中，佛堂商会会长赵欣生使仓储在船内的德国产狮马牌硫酸铵肥田粉幸免于难，但被德国厂商误认为已被洪水冲泡溶化了而没有被追究。会长赵欣生利用这些肥田粉销售后所得的"天财"，决定在佛堂上塘沿关王殿旧址重建稠南小学。消息一传开，四面八方前来承包建筑稠南小学的大小工匠纷至沓来，其中东阳王坎头南溪贾宅的木匠贾汝海还设计了一张中间为大天井，天井的周边为回廊，回廊的四角，各装一条木楼梯，通到二楼天井边的回廊上，楼上楼下共可容纳五百多个学生上课的十个教室和教师办公室、宿舍二层楼四合院形式的图纸送到了佛堂商会，使全体商会领导们拍案叫绝。于是会长赵欣生以贾汝海的设计图纸为蓝本，将稠南小学定格为坐东朝西，并在朝西校门内，集思广益地设计了南为公厕，北为伙房的一排平房，在连接平房与四合院教学楼中间，增添了花坛与宣传窗栏。

稠南小学由贾汝海承建。从1934年开始平基，到1936年建成气派大方、明亮宽敞的稠南小学木结构二层四合院教学楼，成为当时义乌县内一绝，每天来自各地的参观者门庭若市。

可是，在这座占地一千零八平方米的二层楼木结构稠南小学四合院内，由于贾汝海并没有采用佛堂民居建筑中普遍采用的木雕、砖雕和石雕工艺，引起了许多建筑业同行们出于妒忌心的窃窃私语，甚至有几位佛堂商会的成员也偏听了一些流言蜚语，诬说贾汝海在稠南小学建造中不用雕刻艺术是一种贪图利润的偷工减料。贾汝海以图纸为依据辩解说："学校是教书育人之地，有别于攀比阔气的私人住宅。"

1937 年，佛堂商会只得另请师傅在绍兴会馆南侧，建造了一个里雨台（戏台）。虽然这个里雨台（戏台）采用木雕、石刻、彩绘并用的艺术，但是，同样受到了个别建筑同行出于妒忌的种种蜚语。

1938 年，时任佛堂镇长兼商会长的赵欣生为了筹办召开佛堂镇十月初十物资交流大会，决定重新聘请贾汝海在里雨台（戏台）的背面建造一个新市基外雨台（戏台）。贾汝海师傅欣然接受了聘请，他吸取了建稠南小学遭同行非议的教训，专程到东阳南溪犁坑村，请来了当时被誉为"东阳木雕头把手"的蒋明伙师傅，为新市基外雨台（戏台）木雕、彩绘装饰献艺。由于新市基外雨台（戏台）集木雕、砖雕、石雕并用的工艺，飞檐翘角，精美非凡，又一次在佛堂镇引起轰动，以前曾经诬说贾汝海建稠南小学时，不懂木雕装饰的那些同行木匠，也对新市基外雨台（戏台）的建筑艺术佩服得五体投地。从此贾汝海在佛堂镇声名鹊起。

（八）

1939 年一次偶然的机会，吴茂棋购得佛堂镇大坟头毛家的一块约有三四亩大小的地，主张建造前后三幢十八间二层楼木结构大院，并请贾汝海主持修建。贾汝海师傅与吴茂棋慷慨直言："我做手艺有个规矩，'要名无利，要利难名，名利二字，决不并得'。"并决心要把吴茂棋委托的这三幢十八间大院建成他在佛堂的代表作。

可是，吴茂棋所购的三四亩地无论如何安排不下前后三幢十八间大院，也就无法满足吴茂棋的意愿。当贾汝海了解到吴茂棋之所以要建前后三幢十八间是为了体现自己一生中从读书到经商、从"借鸡下蛋、合伙经商"到现在家财万贯走出了如此三大步的经历，就向吴茂棋建议：改建三幢十八间为前后两幢。这两幢十八间，坐北朝南，后一幢十八间的上厅，建成当时佛堂镇上并不多见的一柱到顶的木结构三层楼。这样可以从前幢进后幢，后幢的上厅是三层楼，同样可以达到"更上一层楼""步步高升""连进三级"的效果。吴茂棋十分赞同贾汝海的设计。

吴茂棋的十八间大院，从民国二十九年（1940）开始平基建造，到民国三十一年（1942）春架桁结顶，完成了百分之七十的建筑工程。1941 年 3 月 21 日，日军飞机在佛堂老市基投下了一颗炸弹，炸死了一百二十多人；4 月 16 日，又有七架飞机对佛堂镇下街、中街进行了两次狂轰滥炸。为了减少敌机轰炸给佛堂镇造成人员伤亡，1942 年春，吴茂棋同意了佛堂商会想在他新建的十八间上厅的三层楼上安装一个“警报台”的要求，并由吴茂棋请贾汝海在新建十八间三层楼西侧，临时添造了一个第四层“手摇警报台”，让佛堂人民听到警报声，即可向外逃避敌机的轰炸。

1942 年 5 月日寇的铁蹄踏进了佛堂镇，吴茂棋从此弃家逃难外地三年。在建的十八间大院被迫停止施工。

（九）

佛堂镇被日军侵占后，吴茂棋携家老少，先带了一些细软财物弃家逃到塔山下亲戚丁作田家避难。5 月 21 日，日军在浮桥头放火，同顺丰店中一点未动的货物柜窗及仓储物资全部被焚烧殆尽。吴茂棋一家老少又从塔山下逃到石门坑，再由石门坑逃到黄山外甥家，整整在外逃难三年多。

1945 年 8 月，日军无条件投降后，吴茂棋回到佛堂，见原来货物满仓的同顺丰南北货批发店，已是一片废墟，满目疮痍。三年前逃难外出所带的细软钱财，也已经所剩无几，吴茂棋凑齐了家中所有的积蓄，打点行李，准备到上海一趟，看看有什么生意可做。

吴茂棋在上海大街上逗游了几天。

这日，他来到外滩，忽见有一个日本侨民打扮的人在外滩地摊上摆着一只纸板箱，纸板箱上面放着几支高丽参。吴茂棋拣起一只纸板箱上的高丽参，问：“怎么卖?”对方看样子听不懂中国话，一只手伸开五指，一只手伸出一个指头横了横。吴茂棋揣摩了一阵后，拿出一枚银圆放在纸板箱上。对方指了指银圆又伸出了五个指头，吴茂棋按其意思拿出了五块银圆。对方竟从纸板箱内拿出一杆秤，称了一市斤左右高丽参给吴茂棋。吴茂棋这才弄懂了对方的高丽参要卖五块银圆一市斤。他马上要对方将纸板箱内的高丽参全部称一下，总共有多少分量。结果，吴茂棋用三百块银圆买下了这个日本侨民总共六十市斤的高丽参。

高丽参就是中药房中被称为大补品的人参。他以用大秤的“斤”的价格买来，拿回佛堂镇后，用小秤的“钱”的价格卖出，仅此六十斤高丽参，使吴茂棋又发了大财。

吴茂棋发财后，他第一件事就想请贾汝海为他重建同顺丰店屋和续建十八间大院。遗憾的是，原来人高马大的贾汝海已在 1944 年病故了，时年仅四十九岁。再一打听，技高一筹的木雕师傅蒋明伙也已被日寇杀害了。吴茂棋只得去请其他师傅。可是后来的师傅手艺，根本无法与贾汝海、蒋明伙他们相提并论，加上同时受重建同顺丰店屋资金的限制，吴茂棋只得取消了原来再建前幢十八间的计划，用剩余的木料，仅在新建十八间前面的两侧，各建了三间二层楼的便屋，把原打算再建前幢十八间的屋基，用围墙筑成一个大园子。

为了表达自己的心迹，吴茂棋在这幢坐北朝南的十八间龙虎门上首分别镌刻了“与德为邻”和“含华佩秀”两块立意深远的石匾，充分体现了儒商吴茂棋具有道德修养的个性。

（十）

吴茂棋重建的同顺丰南北货批发店开业两年后的1949年，佛堂镇解放了。以中共义乌县县长红仕、韩涛为代表的筹备土改工作队，借住入吴茂棋新建的十八间中一年左右。在这一年中，吴茂棋与红仕、韩涛领导的工作队，同吃同住拉家常，吴茂棋知道马上要进行声势浩大的土地改革运动的形势和政策。

由于吴茂棋能认清形势，被土改工作队一直誉为佛堂镇的“开明”人士。所以在新中国成立后的历次政治运动中，吴茂棋都能安然无恙地过关。

1973年正月，八十四岁高龄的吴茂棋与世长辞。在能够泰然处世的经历中，他代表了佛堂古镇内众多古商类似的人生之路。

参考资料：

[1] 1961年12月吴茂棋自传遗作。
[2] 1987年佛堂镇史资料。
[3] 佛堂古镇办公室陈运泉的《以德为邻》。
[4] 笔者采访资料。

四、王伯天[①]

王铨屏，字伯天，1899年11月14日出生在义乌佛堂王蒲潭水竹里，生前曾任国民党上海中国农民银行行长。他痛恨腐败、堕落，崇尚光明、正直、进步。1949年5月27日上海市解放前后，他为保护银行财产，在中共接管上海市农民银行工作中，做出了重大的贡献。1980年11月16日在北京病逝，终年八十二岁。当时香港报纸报道了他去世的噩耗，他的知名度，由此可见一斑。骨灰送回故居，葬于佛堂芳山。

王伯天早年就读于佛堂镇稠南小学，后从金华师范学校毕业，考入杭州法政学

① 此文原载2002年2月由中国文史出版社出版的《义乌名人录》及2004年第4期《义乌方志》，部分内容经删改。

校经济专业，毕业后分配在汉口中央银行当办事员。1925年至1928年，先后在济南、蚌埠、青岛、山东省中央银行做助理员。1928年至1934年调任徐州、济南、洛阳办事处当主任。当时军阀混战，转移调动频繁，他管理财物，认真负责。在洛阳一次战乱中，银行人员全部逃离，只有他舍弃个人的所有物品，抢出银行一箱现金和一箱重要单据逃出洛阳。这些单据和现金，在办新点时起到了重要作用。由于他精通业务，一心为公，不计个人得失，深得上司器重，多次委以重任。

1934年中国农民银行成立，王伯天调任南京农民银行第一分行经理（行长）。1936年又调任汉口农民银行经理（行长）。抗日战争爆发，农民银行撤至重庆。他先后担任农民银行总行专员、秘书等职，往返于香港、重庆之间。1940年调他创办农民银行信托处并任处长。1944年又派他创办中国农业保险公司并任总经理。当时中国粮食公司连年亏损，粮食部借调王伯天去中国粮食公司任总经理，兼中国粮食购储委员会主任委员。他上任一年，扭亏为盈，成绩斐然。

1945年抗日战争胜利，农民银行总部由重庆迁回南京。传说，王伯天家居简朴，房间内的床架、桌、凳都是向银行借用的，令蒋介石刮目相看。后来，经蒋介石了解，凡王伯天所到之处，都留下了一个办事勤奋、工作廉洁、生活俭朴的美名，在《陈布雷回忆录》一书中，还留有对农民银行行长王伯天“两袖清风”的描写。因此蒋介石很欣赏他。于是，他当时未随总部去南京，暂留重庆处理信托处、保险公司等事务。1946年7月调任上海中国农民银行经理（行长），直至解放。

1946年至1949年期间，上海政治、经济十分复杂混乱。由于王伯天精通金融管理，上海农民银行的业务蒸蒸日上。当时他发财的机会很多，仅仅由他主管浮动的粮食股票市值就有百分之二，如果他想趁机大捞一把，完全是轻而易举的一件小事。但他洁身自爱，不贪不占，也不参与派别活动，并坚持在上海农民银行不成立国民党支部。他的这一行为，深得同行及职工们称赞。

上海解放前夕，上级领导多次动员他去台湾，并许诺承担全家去台的一切费用。他不为所动，而是嘱咐家人、子女各自坚持工作岗位，迎接解放的到来。

那时候，中共上海地下党多次夜间在他办公室留信，希望他不要离开上海，并把农民银行的财产保留下来。他很认真地对待，再三吩咐员工不要打扫他的办公室，一切由他自理。当他得知有两位上海农民银行的职员在杭州被捕的消息后，就连夜赶到杭州，将两人保出。此两人后来是接收上海农民银行的军代表。上海农民银行的副经理罗俊（中共党员）得知还有两位同志仍有可能被捕的消息后，又急请王伯天帮忙，王伯天马上派自己的汽车将两人送出上海。

1949年4月26日，上海农民银行“奉财政部命令，将总管理处迁穗”。据《中共上海党史资料》记载，其时上海四行二局六大金融机构代总经理赵葆全要离沪时，遭到了“互助会”王永年、夏赓杰等委员的阻止。双方坚持半个多小时后，经上海经理(行长)王伯天和处级人员周纪耀等调解,由赵葆全出具了“保证全部在沪资金和物资留下”的亲笔文字依据后,才得以离沪。但赵到广州后,仍凭财政部的力量把农民银行存在中央银行的外汇调走,而只有王伯天经管的农民银行库存现金和信托部保管下的粮食、棉花等物资,安全无恙地保留下来。5 月 27 日上海全市解放,农民银行所保留的财产移交给了中共接管。

上海解放后,王伯天在中国人民解放军军代表办公室工作,任四行清理处主任,办理农民银行及四行金库的清理移交工作。传说王伯天因工作出色,当时受到了陈毅市长的接见和表扬。1956 年清理移交工作结束后,调上海行政干校学习。

王伯天生有四子五女。由于他对每个子女都进行诚实、勤奋、奉献作为立身之本的教育,九个子女个个成材。他们不但都受到了国家的高等教育,基本上都拿到了国家的高级职称,而且人人都在不同的工作岗位上做出了相当的成绩。例如:长子王希先,是中国人民解放军广州空军司令部的技术干部(现已转业,离休)。次子王希文 1950 年参加抗美援朝,在战场上多次为伤病员献血,由于当时医疗条件过于简陋,不幸被白血病病毒感染,经国家长期医疗,于 1971 年在辽宁省病故。三女王佩芳是教授级高工,中共十三大代表、北京市海淀区第七届人大代表,是新中国培养的第一代电影胶卷洗印专家,精通英语,参加过国际性专业会议,发表过专业著作。其他几位也个个成绩出色,每人都有一个用文化知识为祖国建设服务的感人故事。

五、南联抗日风云录

南联,全称为“义乌南区乡镇联防办事处”。它是义乌沦陷时期活动在佛堂镇一带的地方抗日武装组织。它受当时流亡在永康塘西的国民党义乌县政府委任,由第二届国会议员傅亦僧当主任,辞职回乡的国民党军官朱升铨、何芸生分别当副主任和自卫组长(大队长)。从 1942 年 6 月在佛堂镇南白鹊寺宣布成立,到 1946 年 3 月宣告解散,历时三年零九个月,对日伪敌人开展了多次可歌可泣、英勇悲壮的战斗,为佛堂镇一带的抗日卫乡,写下了一页光辉的篇章。

(一)

日军侵占义乌县前的 1941 年 4 月 17 日(农历三月二十一)上午九时,一架日军飞机在佛堂镇上空盘旋飞行后,对准佛堂镇前来赶市的人口最稠密的老市基猪市,投下了一枚炸弹,当场炸死结集在市场上做买卖的一百二十多人,炸伤无数,血流成河。

同年 5 月 11 日(农历四月十六),又有七架日军飞机对佛堂镇老市基、下街、中街的街道、店面进行了二次狂轰滥炸。炸毁店面、民房数百间，使原来商贸兴旺的佛堂镇变成一片废墟，佛堂镇市场因此冷落萧条。

1942年5月，日军采用穿插、分割、多路交叉的方式大举进犯浙东。许多佛堂镇的居民、群众闻讯后纷纷弃家向镇南山区逃避，想不到狡诈的日军偏偏从东阳、永康、武义方向翻山，朝北向佛堂镇方向进军，因此与逃难群众迎头相遇，日军大开杀戒，难以计数的难民死于日军的枪口屠刀之下。

佛堂镇沦陷后，日军对早已垂涎的镇东塔山萤石矿进行大肆掠夺开采，强抓佛堂群众修筑佛堂到塔山矿区、佛堂到义亭火车站运输萤石的公路。由于公路穿双林寺而过，因此炸毁了双林寺由傅大士建于一千四百多年前南梁时期的一座白杨古塔（又称：砖塔或泥封塔）。

5月21日，为了开辟萤石矿在佛堂镇的储运场，日军放火烧了佛堂镇西旗杆脚村六十多户村民的房屋。

6月初，连降几天暴雨，山洪暴发。一场仅次于壬戌年的特大洪水把被日寇烧得遍地焦土的旗杆脚村冲刷得片瓦无存，成为一片黄沙滩。洪水期间，有许多村民逃进渡船内求生，惨无人道的日军把满载难民的渡船当枪靶开枪射击，造成渡船在洪涛中翻船，淹死十一人。

洪水过后，日寇以佛堂镇道院山上的联社为据点，强抓民夫在周围的塔山、蜀山、十字岗等十多处居高点和交通要道修筑炮台，以便与据点遥相呼应。民工稍有怠慢，即遭到日军的鞭打或放狼狗咬。每当日寇从炮台外出扫荡，乡村群众闻风而逃，许多来不及外逃的妇女惨遭日军强奸、轮奸与杀害。

日寇为了能够在佛堂镇达到长治久安的统治，收罗了一小撮地痞流氓，组成了汉奸维持会。由于义乌沦陷后的国民党义乌县政府曾迁往山盆村，日军在佛堂维持会长丁良贤带领下，包围了山盆村，放火烧了三天三夜，烧毁了全村六百多户村民的房子，烧死烧伤多人。佛堂镇一带的乡镇人民群众惶惶不可终日，纷纷指望在当地颇有名气的傅亦僧先生出来主持抗日卫乡。

傅亦僧先生不负众望，多次召集义南一些乡长、镇长召开会议，征求大家意见，提出："日本鬼子打到家门口了，我们怎么办？"大家异口同声地回答："我们不要当汉奸，保卫家园，抗日卫乡。"

傅亦僧先生应允了大家的要求，开始着手组织抗日自卫队。

（二）

傅亦僧（1885—1952），字梦豪，侠生，号佛庵。佛堂镇雅西村人，早年追随孙中山，1905年东渡日本留学，1913年当选为第二届国会议员。1914年重渡日本攻读法学，1916年5月受孙中山派遣回上海帮助陈其美，反对袁世凯，陈被袁杀害后，又第三次到日本留学。1918 年从日本政法大学毕业回国后，即当孙中山的助手。1923 年因受贿选曹锟失意，1925 年 3 月 12 日，孙中山在北京逝世后，傅亦僧又遭人排挤。于是，他回乡经商行医，对乡村贫病者经常解囊相助，因此在佛堂镇一带享有较高的声誉。

傅亦僧有两个志同道合的好友。

一个叫朱升铨(1898—1951)，字子选，号衡丞，赤岸镇东朱村人。他是 1924 年黄埔军校第一期学员，由于英勇善战，北伐军收复浙江后，任江山县县长。1931 年"九一八"事变后，因不满蒋介石"攘外必先安内"政策，辞职归里。后应何芸生邀请出任了几年泰顺县秘书长之职。他眼看日军铁蹄蹂躏，国土沦丧，1939 年秋再次辞职回家，在东朱创办垦殖公司，开山造林。

另一个好友名叫何芸生(1894—1943)，字萼，号荣旺，佛堂镇人。自幼受到父亲轻武丧国应当投笔从戎的教育，因此他于 1913 年赴杭州学法政，后即转入省陆军教育团学军事。1923 年赴广东陆军学校深造。次年国民党创办黄埔军官学校时，即担任黄埔军校第一区区队长，第一期教导二团三营少校营长。1927 年，北伐军光复浙江后，任遂安县县长。1928 年调任军事委员会浙赣铁路军车管理上校主任暨国府警卫军第二师副官处长、四十五师二〇七团团长。1929 年 5 月，率队到北京迎接孙中山灵柩安放到南京中山陵，因成绩显著，得到国民党上层领导赏识。1936 年奉令出任泰顺县县长，后来因为不满"枪口对内""攘外必先安内"的政策，至 1940 年干脆辞职回家，在佛堂镇芳山垦荒栽桃数千株，息隐林泉，过起了田园生活。

傅亦僧先生拿定了抗日卫乡的主意后，就决定请朱升铨、何芸生出山，共图抗日大计。

1942 年 6 月，"义乌南区乡镇联防办事处"在何芸生桃园南侧的白鹊寺成立，由傅亦僧任主任、朱升铨任副主任、何芸生任自卫组长、赵钦生任经济组长、王樟有任总务组长。何芸生首先筹集当年傅亦僧准备参加北伐时在雅西村组织过的"别动队"的步枪三支、手枪三支，以及维护佛堂地方治安的步枪十支、冲锋枪一支、左轮手枪一支等武器，武装了自卫队，并加用"鸟枪"和"洋油箱内炸鞭炮"虚张声势。何芸生率领二十多人在江边防守，打退了日寇 6 月下旬对佛堂的袭击。困于武器过于简陋，在战斗中牺牲了三名战士。后来由于汉奸告密，日寇焚毁了何芸生家的房屋和他亲手垦殖的二十来亩桃园。面对日寇对他的打击报复，何芸生不但没有因此而气馁，反而更加英勇地驰骋战场，与日寇开展了你死我活的斗争。这时，迁往永康塘西的国民党义乌县长章松年给南联武装委以"义乌县国民兵团自卫第一大队"的番号，何芸生任大队长。

1942 年秋，"南联"扩大了编制，武器、弹药严重缺乏。何芸生得知在黄埔军校时认识的仙居籍学生王云沛当上了浙江省保安处长，就日夜兼程赶到云和找王云沛求援。王云沛看在与何芸生是师生关系之情分上，终于答应出面帮助何芸生向碧湖附近的大港头兵工厂提出用破坏日军铁路运输所得的钢轨经加工变成武器、弹药的要求。经济组长赵钦生马上出面向佛堂商会组织筹款配合，因此购得仿造捷克轻机枪六挺、快慢机十二支、七九步枪一批及子弹多箱。同时，他们派内线充当日伪维持会人员，用“引蛇出洞”的方法，组织了“江湾百级踏步”与“新屋田畈浮排形”等几场较大的战役，打死打伤不少敌人，缴获了大量的武器，加强了南联的武器装备，壮大了南联抗日武装队伍。

11 月间，经过严密监控和策划，由大队附王刚带领精明、强悍的两名助手和四名战士埋伏在田心村北的穿心亭，活捉了曾闻名于上海滩的流氓、作恶多端的佛堂镇敌伪维持会长丁良贤，继而铲除了佛堂镇附近一带的敌伪耳目。

12 月 28 日，何芸生派四名战士潜入赤岸日军据点，将无恶不作的汉奸王龙勒死，狠狠地打击了佛堂一带据点、炮楼上日军嚣张的气焰。

（三）

1942 年 7 月，日寇为了瓦解消灭南联武装抗日队伍，先是叫义乌伪县长、汉奸傅屏候出面收买傅亦僧，傅屏候遭到傅亦僧拒绝后，即挑唆日军派汉奸傅正福带头包围了佛堂镇雅西村傅亦僧的家，企图“恭请”傅亦僧放弃南联抗日武装。在突围中，傅亦僧越窗时跌断腿骨，由保镖丁新灿将其隐藏到稻草蓬内，避过了日伪军的搜捕。

第二天，日军强迫一百多名民工动用十多辆卡车，花了三天时间，把当时誉为义南首富的傅亦僧及其亲属的财物掠夺一空。此后，日军一旦有傅亦僧回雅西村的消息就立即前往搜捕。其时，傅亦僧每天随身带着一包氰化钾毒药，并对部下说“若我被擒，我宁可服毒拒捕成仁”，他这种宁死不屈的精神，极大地鼓舞了南联战士们奋勇杀敌的斗志。

当共产党领导的义西联防办事处（西联）主任吴山民得知此事后，当即写信派人慰问，并将傅亦僧接到西区治疗两个多月。在这两个多月的接触中，增加了傅亦僧对西联受共产党领导的抗日情况的了解，从而为后来几年南联与西联相互配合共同抗日的军事行动奠定了良好的基础。

1943 年 5 月 13 日，何芸生召集各中队长到倍磊开会，部署军事行动。汉奸苗长生从叛徒王龙（中队长）口中得知此情报后，马上向佛堂据点的日军报告。日军为了把南联的骨干一网打尽，立即命令赤岸、三丫塘据点的日军出兵埋伏。下午二时，何芸生正准备开会，哨兵发现多路敌人正在包围过来，马上鸣枪示警。何芸生组织大家突围时，不幸腿部中弹倒地，他一边开枪掩护其他同志突围，一边撕毁会议文件。当子弹即将用尽,敌人高喊“活捉有赏”时,何芸生为了不当俘虏,用最后一颗子弹自杀,时年四十九岁。

在何芸生当大队长不到一年的时间里,先后组织了十多次截击日寇下乡进村烧杀的战斗,斩获了日军官兵四十多人。当何芸生抗日牺牲的消息传开后,佛堂的人民群众无不为之哀悼,为了保护何芸生的遗体,由南联战士秘密暂厝永康县乡村。

1944 年 6 月 26 日,国民政府明令褒扬何芸生,以彰忠烈。褒扬命令,全文如下:“中华民国三十三年(1944)六月廿六国民政府命令:行政院呈准军管会函,为前年敌扰浙东,义乌沦陷,有在乡军人何芸生联合乡兵奋起抗战,去年五月敌包围,不甘作俘,自戮成仁,转请褒扬。”“查何芸生激于义愤,捍卫地方,与敌寇抗拒,经时卒,以身殉,良堪悯悼,应于命令褒扬,以彰忠烈。国民政府。”

日寇投降后的 1946 年春,义乌县政府在当地群众的纷纷要求下,为了缅怀何芸生,运回暂厝于永康县的何芸生棺材,在佛堂镇老市基设灵堂公祭三天,佛堂商会及其各家商店老板、群众纷纷前往灵前烧香祭拜吊唁,后葬于后阳村鹅毛山,并用南联抗战时破坏了公路、桥梁,使日军无法外运的萤石矿在卖出后所得的钱在佛堂镇道院山的道院门前右侧,建筑了一座为纪念何芸生等南联抗日阵亡战士的忠烈祠(后人简称为联社),以示纪念。

1945 年 10 月国民党首都禁卫司令俞济时奉命为何芸生家属送上特别抚恤金以做慰问。

1946 年 9 月 30 日(八月初八)俞济时撰写了《何芸生先生传》,载入何芸生祖籍义亭镇何店村《柯山何氏宗谱》内。

(四)

南联大队长何芸生壮烈牺牲后,给南联的建设、发展和壮大造成了巨大的损失。为了统一思想、整肃军纪、提高部队的战斗力,南联副主任朱升铨临危受命,毅然接替何芸生大队长的职务,并蓄起胡须对大家发誓说:“我从今蓄胡明志!与大家生死与共,抗日到底!”他一方面把队伍集中起来,带到永康塘西进行休整,另一方面派出得力干将,进行调查取证,在查清了欲想取代何芸生大队长职务的叛徒王龙叛国投敌、滥杀无辜、破坏南联名声的罪行后,将他绳之以法。接着又经多方侦查,派一中队战士乔装成民夫,混进日寇赤岸据点,设计处决了汉奸苗长生、周海云,稳定了南联部队的军心,沉重地打击了日寇嚣张的气焰。

日寇为了报复朱升铨,到东朱村放火烧掉了他家的房屋,枪杀了他的长子朱作才,活埋了他的妻舅,毁坏了他经过了多年努力才办起来的东朱垦殖公司……

可是日寇血腥的残暴并没有动摇朱升铨抗日救亡的决心。

1943年夏末秋初，经过周密侦查，朱升铨派胆大心细的民工罗正彩混入日寇开采的云黄山萤石矿区内“卧底”。罗正彩争取到了几位民工的支持，又以小恩小惠诱得日军的信任，在摸清了日本人组建的“佛堂萤石公司”内部情况后，于1944年9月下旬一个倾盆大雨的夜晚，乘一名护矿日军头目外出之机，南联部队与矿上民工里应外合，冒雨行动，一举俘获了全部八名护矿日军与一名汉奸（佛堂萤石公司总经理）邵宝棠，并缴获一大批枪支弹药，彻底摧毁了在日寇碉堡支持下掠夺萤石矿的“佛堂萤石公司”。当时，南联战士把俘虏连夜押解到缙云，时在缙云养伤的傅亦僧用日语对俘虏进行审问，后交给第二战区司令部接管，使南联从中掌握了许多日军的机密。汉奸邵宝棠在云和被枪决。

1944年底，朱升铨又派一名机智勇敢的战士，在溪西桥头炸毁了日军运输军用物资的一辆卡车，炸死了两名押车的日军。这辆被炸军车上所装载的一些军大衣成了南联战士们御寒过冬的战利品。

1945年初，傅亦僧、朱升铨领导下的南联抗日游击部队与西联战士联手作战，一起在浙赣铁路线上埋地雷，炸毁了一辆日军机车。每当日寇向西联扫荡，西联就向南联驻地撤退，日寇向南联扫荡，南联又到西联驻地隐蔽起来。西联与南联的相互配合，有力地钳制了日寇的侵略行动，拖住了敌寇的后腿，配合了抗日战争最后阶段的大反攻。

同年8月，日寇投降后，蒋介石发动了内战。国民党政府下令要南联去围剿西联，傅亦僧与朱升铨接到命令后马上商量对策。朱升铨说：“我们同仇敌忾打日本鬼子，流血牺牲，在所不辞，西联与我们不仅同是中国人，而且并肩杀敌，亲如兄弟。要我们枪口对内，我们不能这样做！”于是，连夜把行军路线派人向西联密告，避免了一场南联与西联不应该发生的流血事件。

从9月下旬开始，一部分西联的抗日战士随“新四军”浙东游击纵队北辙，一部分由吴琅寿领导留在义西地区，与中共金华地区工委书记应飞联系上后，暂时转移到永康活动，1946年10月建成金华地区武工队，开展了开辟地方新区的斗争。

1946年3月，由傅亦僧当主任、朱升铨当副主任兼大队长的南联，一部分编入国民党义乌县中队，另一部分遣散回家，于是，抗日南联宣告解散。

六、大浪淘沙见沉浮[①]

1945年抗战胜利后，国民党浙江省委曾对省内各县抗战成果进行了一次通报。其中义乌县歼灭日寇的人数位居全省第一。国民党行政院曾给傅亦僧送来一

① 此文原载2002年第1期《义乌方志》，部分内容经删改。

块匾额，上书“亮节清风”四个大字，以示对傅亦僧坚决抗日的民族精神的表彰。朱升铨当选为义乌县副议长、省候补参议员。

1948年，中共党员朱恒卿创办东朱中心小学地下联络站，得到了朱升铨的大力支持，次年4月，朱恒卿不幸被捕，朱升铨闻讯后，立即以自己的身份向当局疏通关系，千方百计营救朱恒卿出狱且获成功。

1949年，解放军横渡长江，解放全中国的隆隆炮声传到了义乌。在中共义南负责人朱育茂的努力下，由原南联改编驻佛堂的三中队中队长王刚和中队副冯廉率领全部人起义。

三中队4月7日起义前，王刚经中共组织批准，决定派人先干掉佛堂镇的地头蛇（土匪）施瑞，施瑞在佛堂镇金宅弄胸部被击中一枪，逃往杭州治伤。

三中队起义后，给了义乌南区反动势力一个沉重的打击。国民党义乌县政府派县自卫一中队来佛堂镇古当店的楼上驻防，楼下驻有交警中队一部。4月18日夜，三中队通过内线，首先解决了楼下的交警中队，缴获了大量的武器弹药（各种枪支共二十多支）。楼上的一中队拒不投降，进行顽抗，除了防守在佛堂镇浮桥头的一个班脱逃外，其余一中队人员全部被歼灭。4月下旬，三中队起义官兵编入佛堂区中队，在毛店附近又歼灭了国民党二〇三师的一个排。

5月8日佛堂镇解放后，人民政府将施瑞从杭州抓回，9月间召开万人公审会后，押赴刑场，实行枪决，大长了人民群众的志气，大灭了敌人的威风。

但是，也有一小撮原南联的战士与国民党兵痞、地痞、流氓串通一气，用当年南联的名义，上山为匪，昼伏夜出疯狂地进行破坏捣乱活动。

1950年5月12日晚上，土匪中队长何麻利、施樟菊杀害了塔山乡六石村农会干部朱友原、朱文炎、朱文智。10月26日，又杀害了倍磊村石匠陈小龙、东界桥头村村民朱塘富。匪首吴模也趁机杀害了徐村乡毛店村的农会主任毛东牛和妻子陈海英、解放军某部班长于本正、合作乡梅树叶村农会自卫队长贾贞伟等等。

这些匪帮每到一地，都以当年“南联游击队”自诩，给原来为抗日救国立下汗马功劳的“义乌南区乡镇联防办事处”抹黑，造成了极坏的影响，于是新成立的中共义乌县人民政府痛下决心，提出“不肃清土匪不土改”的口号。

时在上海参加工作的朱升铨听到家乡虽然解放，但有原南联部属的县中队内一小部分武装人员上山为匪，扰乱地方治安，阻碍土改工作的消息后，心急如焚。他鼓励自己在中学读书的三个子女报名参加中国人民解放军，毅然放弃留在上海大城市工作的机会，回乡规劝曾经是自己南联部下的人改邪归正。他一方面与政府商议收服坚持与人民为敌的武装人员的方案，另一方面给他熟悉的人员家属写信劝告，向他们宣传中国共产党的方针、政策，动员自己的亲人向政府登记自首，走自新之路，这收到了良好的效果。

但是，小部分匪徒自知与人民为敌的罪孽深重，潜入深山、负隅顽抗，中国人民解放军三〇九团的区中队，在人民群众的配合下，于1950年12月30日，终于把匪首吴模、王何金、何麻利、施樟菊等人击毙在塔山乡摇石里的泥洞中。

因为“几颗鼠屎祸害了一锅米粥”，有些不知详细情况的干部、群众出于对以南联名义为非作歹土匪的愤恨，把担任过多年国民党军官、抗日南联副主任、南联大队长等职务的朱升铨等同于国民党官僚士绅看待而横加指责，甚至把借南联为名的土匪罪名也加到了朱升铨的头上。难以与大家解释清楚南联不等于土匪的朱升铨，终于在1951年5月24日晚上吞服了大量的安眠药与世长辞。原抗日南联的主任傅亦僧也因为同样的原因逃亡到了北京。

在北京市1951年清理逃亡地主运动中，傅亦僧在北京被收审。傅亦僧在狱中写的一份自传，经北京市人民政府调查核实后，得到了释放处理。傅亦僧于1952年在北京病故，享年六十七岁。

参考文献：

[1] 义乌县志编纂委员会. 义乌县志[M]. 杭州：浙江人民出版社，1987.
[2] 骆立胜，义乌名人丛书编纂委员会. 义乌名人传[M]. 北京：中国文史出版社，2001.
[3] 王刚. 记南联[M]//政协义乌县委员会秘书处. 义乌文史资料：第1辑，1984.
[4] 义乌市政协文史资料委员会. 义乌文史资料：第10辑[M]，2001.
[5] 1988年收集的“佛堂镇史”资料。
[6] 抗战时傅亦僧一直带在身边的、现已七十四岁的孙子傅震先生所写的回忆录。
[7] 1946年《柯山何氏宗谱》。
[8] 笔者采访资料。

七、能修钟表的盲眼商人陈邦兴

陈邦兴(1909—1988)，佛堂镇盐埠头人。十九岁那年，由于读书过于用功，读瞎了双眼，成了什么也看不见的盲人。但在后来六十多年的生活中，他依靠听觉、触觉不但成了生活的强者，而且干出了许多明眼人也不能干的奇事。

譬如，只要与你谈过几次话成了“熟人”后，凭你走路的脚步声、咳嗽声，他就能直接喊出你的名字来；他的触觉，更是发达得惊人，一个有八十多个零部件的坏时钟，他能用手摸着，全部拆下来并修理好；他依靠手摸，还能把出了毛病的留声机修好；他运用《周易》预测学，为人算命、占卦；他与妻子在土地改革中分来的田地里插过秧、收过稻；他办过棉花加工厂、蚊香制作厂。他的事迹在1958年登过报。他不但自己能提笔写字，而且还教妻子认字、写字，为她扫除了文盲。并在他二子三女的儿孙辈中，培养出了多个大学生和研究生。在培养子女成材的岁月里，双目失明的陈邦兴的言传身教起了很大的作用。

（一）

陈邦兴的祖籍，在佛堂镇西南二十里的葛仙村。清咸丰十年(1860)，陈邦兴之父陈国洪，与祖父一起，迁来佛堂镇盐埠头开“陈日新”酒店。1909年，陈邦兴出生后，其母缺奶，只好搭别人奶妈的“奶尾巴”喂养，得别名“搭弟”。

幼童时，陈邦兴就读于佛堂镇稠南小学。十二岁(1921)那年的农历十二月，邻居家失火，殃及他家。这场大火烧掉了半个盐埠头的店面。灾后断壁残垣，满目焦土。紧接着1922年，一场百年不遇的“五江头”特大洪水，把整个盐埠头的火灾废墟，冲刷得寸木不留。为求生路，十三岁的陈邦兴只得辍学，在亲友的帮助下，被介绍到兰溪“同益和”山货店里当学徒。

同益和的店老板姓周，原籍绍兴，儒商出身，家中藏书甚丰。周老板五十岁那年的上半年，未曾生育的前妻病亡，下半年续娶了一个比他小三十岁的黄花闺女，第二年生下了一个比陈邦兴小一岁的男孩，名唤周文贤。由于周老板年老体衰，又忙于做生意，对爱子文贤照顾不过来，加上自己对“老来得子”的小文贤又过分的溺爱，使十多岁的小文贤养成不爱读书，整天喜欢到兰江边玩耍的坏习惯。这让一心望子成龙的周老板伤透了脑筋。

自从陈邦兴来到他的店里当学徒后，周老板见陈邦兴不但年轻懂事，而且办事勤快，尤其是一空闲下来，陈邦兴就将一张张用来包装商品的废书纸，爱不释手地读得入神。一次偶然的机会，周老板发现陈邦兴还能写一手工整、漂亮的毛笔字。由于周老板与陈邦兴爱读书、爱写字的志趣相投，马上对陈邦兴产生了爱惜之情，决定让陈邦兴当他儿子周文贤的伴读。这可给一心想读书的陈邦兴带来了一个天赐的良机。陈邦兴为了感谢周老板对他的厚爱，每天起早摸黑，争取时间，先把自己每天要扫地、擦柜台、为老板倒尿壶、洗水烟筒等分内的事情干完后，再认真地陪着小文贤去上学读书，以自己的童心与文贤的童心相连，很快改变了小文贤讨厌读书的坏习惯，学业得到了长进。

陈邦兴三年学徒期满后，周文贤也考上了金华中学。周老板为了感谢陈邦兴，在他十六岁的下半年就让他当上了同益和山货店里的账房先生。由于陈邦兴诚心、细心，把同益和店中收进、付出的账目记得准确、清楚，不但成了周老板的得力助手，而且成了可以进周老板书房的知己。陈邦兴对周老板的藏书，无论四书五经、诸子百家、天文地理、周易八卦什么内容的书他都百看不厌。吴老板见陈邦兴如此嗜书如命，也有意经常在自己的书架上增添一些新书，供陈邦兴翻读。周老板与陈邦兴以书为缘结下了深厚的师徒之情。

陈邦兴每天利用晚上时间，在油灯下看书。那时候照明没有电灯，在装有柏子油的碟子上放上灯草，点亮照明。周老板为了陈邦兴看书时增加光亮度，有意在柏子油灯上点燃两根灯草。而懂事的陈邦兴只要老板能把书借给他看，多次拒绝了老板让他点两根灯草看书的好意，坚持点一根灯草。

陈邦兴终因视力疲劳过度而染眼疾，回家医治无效，致使双目失明，是年十九岁。

（二）

陈邦兴读书读瞎了双眼后，并没有因读书而感到后悔。每当家中的父母为他的今后生活担忧时，尽管陈邦兴心里有欲哭无泪的痛苦，但懂事的他反而总是奉劝父母几句"这是我命中注定的"一类安慰的话。

陈邦兴在佛堂有一位好友，名叫黄克仁(1867—1942)，是个清末秀才，在佛堂镇中街开有多家店铺。由于他经常去兰溪进货，认识了在兰溪当学徒的陈邦兴。后来，黄克仁人不去兰溪，只要托江上撑交通船的船老板带上一封便信，陈邦兴就能照单在兰溪帮助黄克仁采办商品，又请船老板带回佛堂交给黄克仁。黄克仁与陈邦兴尽管年龄相差三四十岁，但是相互信任，两个人结下了兄弟般的情谊。当陈邦兴成了盲人后，黄克仁经常请陈邦兴到他家坐坐，鼓励陈邦兴振作起精神来，应当树立起"天生我材必有用"的人生观，并一再表示"只要你陈邦兴需要我帮助什么，我黄克仁决不托故推辞"。

黄克仁在佛堂镇是个有头有脸的人物，他是佛堂商会 1911 年成立时的创办人之一，其时正是在任的佛堂商会会长。他为人和善，乐于济贫施舍，在佛堂镇内有口皆碑。那时候，只要黄克仁开口，在佛堂镇几乎没有办不到的事。陈邦兴有了黄克仁这样的人物做靠山，哪里还有过不去的火焰山。

但是，现在陈邦兴的两只眼睛什么也看不见了，他必须面对这个现实。二十岁，正当人生起步的年龄，今后的路还很长，所以他只能从盲人从事的行业中，去寻找一条适合自己生存的路。好在他在眼睛未瞎前，读过许多书。凭着记忆中识字的优势，在短处中找长处。他十分自信：自己是个"后天盲人"，无论如何，要比人家从娘胎里生出来就从未见过一线光明的"先天盲人"强！

在那时，适合盲人从事的行业仅有两种：一是说唱卖艺，在茶馆酒店里逗人取乐，得以施舍。另一种是依靠给人算命、占卦赚钱。于是，他想到了他读过的《周易》《八卦》《梅花易数》……这些书历来都是先人用来算卦的经典，我何不运用这些历代帝王都必读的书本知识，去学给人算命、占卦呢？

他把自己的想法，告诉了黄克仁。

（三）

二十世纪二三十年代的佛堂镇，可谓是一个闻名于全国的商贸集镇。在1910年的浙江省地图中，十分显眼的“佛堂镇”三个字，位于浙江中部的轴心位置。外埠邮政信函，只要写上“浙江佛堂镇××店（号）”即可送达。镇子虽小，可是三百六十行，行行俱全，商贸十分发达。义乌江边码头仓储的各种货物，辐射义乌周边的东阳、永康、武义、金华、浦江、诸暨等县市乡镇。各条街巷人声喧闹，来往宾客，三教九流，鱼龙混杂。

在那时候，佛堂镇市面上的商人，可分为“坐商”与“行商”两种。其中“坐商”，指的是店老板“坐”在店中，等顾客上门来求购商品。据佛堂商会资料记载，那时候镇内就有各种商号（店号）四百余家。“行商”，指的是没有商号、店号，依靠小本经营的小摊或手提、肩挑、送货上门沿街叫卖的小商人。如果以社会阶层来分，“坐商”属于上等人，“行商”属于下等人。因为“行商”的流动性大，为了赚钱，带有相当的欺骗性和隐秘性，“无商不奸”一词，基本上就源于这里。所以从事“行商”的，也被称为“走江湖”。

“江湖有个诀，不与妻子说，若与妻子说，饭都没得吃”。这几句顺口溜，就是“走江湖”人经营谋生的诀窍。意思是：这个诀窍万一被妻子知道了，无意中告诉了人家，岂不打破了自己的饭碗！所以这个“诀”，就是只有他们同行的人，才能听得懂的江湖行话。这种江湖行话，江湖上称为“春典”（也叫“切口”）。

“行商”除了摆流动小摊、小贩的外，还包括算命、相面、占卦、练武卖艺、变戏法以及梨园戏班、行医卖药等等。他们各行都有自己的规矩和活动地盘，如果你未经地盘（也称“山头”）上“老大”的允许，擅自经营，轻则受同行排挤，赶出地盘；重则因为你“抢”了他们的生意而遭到莫名其妙的挨打与敲诈。如果你是圈外人，但是只要你懂江湖行话（春典），懂江湖规矩，遵守江湖公德，哪怕你是个没有拜过师的，江湖上也会承认你的资格，这种人称为“海清”。它与一无所知的门外汉“空子”，有完全的区别。如果你是“海清”，每到生疏的地盘做生意，同行不但不会藐视你，还会给你一宿二餐的款待，帮助你赚到了盘缠再离开。如果你是“空子”，同行就马上因为你无规无矩地到地盘上抢生意而遭到驱逐与打击。这就是所谓的江湖行帮的规矩与江湖义气的体现。

江湖诸技，用江湖行话“春典”来讲，又分为“巾、皮、利、卦”四个门类。“巾行”，基本上分算命、相面、卜卦一类，形式上有摊地、挂墙、花样、散走等。他们当中，采用特定的手段，要达到目的的称“道”，要依靠技巧的称“术”，完全靠恐吓或欺骗的叫“破”。“皮行”，指的是行医卖药；“利行”，指的是变戏法；“卦行”，指的是梨园、练武、卖艺的。但在这些江湖行当中，也蕴藏着一些科学的内容，比如用现代的话说，

“巾行”从事的是“周易预测”“心理咨询”，“皮行”是现在医院、药店的前身，“利行”是现在的魔术杂技团，“卦行”指的是武术、保安与从事戏剧的文艺团体。

黄克仁这个商会会长，不但自己开有多家店号，而且精通江湖“春典”，可称得上佛堂的“老大”。陈邦兴想找个师傅，学算命、占卦，黄克仁马上答应并愿为陈邦兴要“遁入江湖”拜师学艺当引路人。

可是，江湖上算命的“巾行”，以各种方式称呼的“春典”就有几十种，例如明亮眼人算命又分称：用鸟叼牌算命曰追子巾，量手算命曰量巾，测字算命曰小黑，庙内或租屋住算命曰卦张，单在庙内挂张的又曰阴地，铺设在地上撮字算命的又曰砚地等。而这些明眼人算命的，他们一般都依靠《周易》《八卦》中预测学的文化知识，结合求算者的要求与对求算者的察言观色侃侃而言。盲人算命，江湖中的“春典”也多种多样：敲小铜盘的散走曰湾巾，弹弦子算命曰柳条巾，拉胡琴算命曰夹丝巾，坐立在门首算命曰抢巾，走茶馆算命曰踏青，摸骨算命曰代子巾等。面对如此众多复杂的算命方式，黄克仁问陈邦兴选择哪一种。

陈邦兴经过反复推敲，他一方面深信自己读过许多书，即使眼睛瞎了，字在脑子记着，看不见照样能写，别人读字，自己也还能听得懂，所以他就直言不讳地对黄克仁要求，能不能请明眼的占卦人与盲眼的算命人两位师傅，都让自己接触一下，以便自己取长补短。

黄克仁同意了帮助陈邦兴去请明眼人与盲人两位师傅的要求。

（四）

俗话说“隔行如隔山”。按照江湖惯例：陈邦兴要想拜师学艺，必须得摆过酒席，得到一名有较大影响的前辈引荐，才能承认你是某位师傅的徒弟。现在有黄克仁出面帮助，陈邦兴拜师就容易多了。

其实，占卦、算命，都是利用“甲、乙、丙、丁、戊、己、庚、辛、壬、癸”十天干，与“子、丑、寅、卯、辰、巳、午、未、申、酉、戌、亥”十二地支的阴阳、五行、方位、四季的相互化合，相生相克，以及由天干地支互配成的六十甲子的轮回运算，根据年、月、日、时辰的四柱（八字），排出你的星座、属相、财运、命运等等。所不同的是，算命一般是盲人，占卦是明眼人。由于盲人又有弱视者与全瞎者之分，有先天盲人与后天盲人之别，所以，盲人学算命，靠的是师傅的口授与死记硬背，许多智商低的盲人是无法学会的。

但是，黄克仁完全知道陈邦兴是个高智商的后天盲人，他也完全相信，陈邦兴不但能学会，而且完全可以成为算命行业中的高手。所以，为了成全陈邦兴，黄克仁通过他的社会地位、社会关系，聘请佛堂市面上几位德高望重的占卦、算命行家里手，为陈邦兴摆了一桌隆重的“拜师宴”。这几位算命占卦的行家，看在黄克仁的面子上，也乐意地收下陈邦兴这位不寻常的徒弟。

首先，由占卦师傅耐心细致地向陈邦兴介绍了《周易》中的八卦与由八卦衍生的六十四卦的爻辞与卦象，以及对六十四卦的圆图排列、方阵排列、圆中布方排列等卦位的安排。由于陈邦兴通读过《周易》，经师傅一点拨就懂。用时间起卦，以农历纪年的地支，子年为一数，丑为二数，直至亥年为十二数；加上农历正月为一数，直至十二月为十二数；初一为一数，直至三十日为三十数。以上年、月、日相加共几数，以八除之，余数作为上卦；以子时为一数，直至亥时为十二数，将年、月、日、时辰共几数，以八除之余数为下卦。其年、月、日、时辰之总数，用六除之，余数作动爻之数的八卦运算方法，师傅皆进行耐心的传授。陈邦兴很快就学会了这种数学游戏式的占卦术。

可是，陈邦兴毕竟是盲人，除了上述用年、月、日、时辰起卦外，对来人要求方位起卦，按铜钱起卦等等，尤其是还需要对来人察言观色一类，他就无能为力了。

盲人算命，主要是通过求算者所报的出生年、月、日、时辰，根据天干、地支排列的“四柱八字”，来推断此人的一生经历以及吉凶祸福。他的算法，基本上与上述按年、月、日、时辰数学游戏式占卦的方法相同，所不同的是占卦的结果是一次性的，比如财运就是财运，婚姻就是婚姻。而算命，那要从你出生开始，到你的享年寿终为止，对一生中各个年龄段时间内的财运、婚姻、孝服、子女进行综合性的评述。其中的诀窍，就是必须学会一套“摸簧”探底的本领。

所谓“摸簧”，就是瞎子有意与你讲一些模棱两可，似雾似云一类的套话，试探、挑逗你开口，使你无意中露出你心中喜、怒、哀、乐的事。这种试探性的挑逗语，江湖上称作“开条赋”。这种“条赋”，是半文半白的赞美词，要出口成章，讲究“快”，咬字有意含糊，一旦对方听不明白，向你发问，这就说明与发问的求算人有关，来“簧”了。这种放之四海而皆准的“条赋”，你背得越多，本钱就越大。如果算命先生对“条赋”能灵活运用，随机应变，这在江湖的“春典”中叫“法”。没有资本，再会经营也做不成生意，光有资本不会经营也赚不到钱。这就是“条赋”与“法”的关系。一旦用这种“开条赋”的方法，抓住了你的把柄，就要直言快语，顺着你的思路，重复你的话意，讲出你的心思，这就说明你被他“算”准、“算”对了。

另一种“摸簧”的办法是，算命瞎子走街串巷时，偶尔听到女人的哭诉声，他就会放慢脚步，细听“哭诉语”，分析出“哭”的原因。然后，若似无事地进入她家，有意借“歇歇脚”的机会，用他随身所带的“弦子”（也叫“三弦”的一种乐器），弹一个曲子用动听的乐曲声吸引你的注意力，让你请他“算命”。话题自然也就回绕着你的“哭诉语”展开。

还有一种“摸簧”，就是由替瞎子领路的小孩，把他看到门上贴着白纸条的，肯定是死了人；贴有红双喜字的，肯定是婚娶一类的信息，用他们或讲暗语，或拉衣角等特有的联系方式，提供给算命瞎子，然后想办法找上门，用套话去套求"算命"者。若是死了人的"孝服"，瞎子就讲些死者"阳寿满"，命中注定难逃"死关"，使求算者减轻悲伤一类的话；若是娶了新媳妇的"喜"事，瞎子又会讲些"良缘相配"，来年"生男成龙，生女成凤"，将来靠儿女赚钱，老来享儿女的福一类奉承话等等。"摸簧"的方式多种多样，全凭算命瞎子临场即兴创作发挥。这些就是陈邦兴必须要学会"算命"的"生意经"。作为师傅，只能传授一些他亲身经历的经验，带你入门入路，至于后来你怎样去实践，这还需要你自己的悟性去摸索。

（五）

陈邦兴经过黄克仁帮他请来占卦、算命的两位师傅的传授，不但很快掌握了江湖秘诀，而且他运用盲眼前所读过的《周易》《八卦》很快就掌握了要从事占卦、算命行业的基本技巧。

佛堂镇有句俗语，称"近殿欺佛"，意思是同样拜"佛"，离家远的比较"灵"。原因很简单，离家近的佛殿，你知道他的"底细"，甚至亲眼见过殿中的佛像，是先用木架，后用稻草捆绑成型，再用烂泥涂塑而成的全过程，使你对这么个泥塑佛像的"灵验"产生怀疑。出于这个原因，陈邦兴初学成算命、占卦，在黄克仁的安排下，决定先到离佛堂镇三十里外的孝顺、低田、金华县界方向去试做生意。

起初，陈邦兴根据师傅的传授，以找人"练口"为主，对象尽找些农村闲着没事做的家庭妇女，给她们讲些使她们听了心里舒畅的好听话，有意花时间与她们扯谈、逗笑取乐，既达到了这些妇女消遣的目的，或多或少地挣到一点糊口钱。最主要的还使自己逐渐摸到了这些人爱听什么，爱讲什么，为什么喜欢求人算命的心理特征。

接着，经过总结与提炼，把握了"小要捧、少要激、老要骂"的规律。

因为小孩子没有人生经历，多说几句好话，让大人开心，对小孩子以后会怎么样的预测，可以大胆地吹"捧"。例如：要他教儿女从小爱读书就说"书山有路勤为径，读书做官耀门庭"，要他教儿女学手艺就说"从小学得手艺成，便有三分财主命"。至于小孩的后来到底是读书还是学手艺，这要看小孩父母的能力和安排了。对于这种以后小孩会怎么样的事，仅仅是向小孩的父母提个建议而已，反正一时找不到验证。

青少年人幻想多，但又怕受挫折，用"激"的办法，逼他"露簧"交底。针对具体情况，以扬善戒恶的方式加以开导，教其凡事以善为本。即使这个青少年今后遇上了什么值得后悔的事，心里还会感到"当时该听算命先生的话"才对。

对于老年人要"骂"，这种"骂"实际上是一种"褒扬"。"骂"他一生劳碌命，"骂"他有福不会享，"骂"他好心没有好报，"骂"他老不死，还要继续操劳多少年。这种

"骂话",是一种对老人一生勤劳善良的歌颂与称赞,是说他长寿无忌的祝福,这样的"骂",你越"骂",老年人会越觉得你对他了解而开心。

其实,陈邦兴学算命,完全是为了自己生存而已,是一种实在出于无奈的选择。可是陈邦兴一贯坚持自己为人正派、办事诚信的原则,决不利用算命搞些封建迷信、装神弄鬼的歪门邪道,乘机欺诈捞钱。即使在他"摸簧"时,知道对方遇上了"麻烦事",他也从不幸灾乐祸地向对方施用违心的趁机"哄吓",而是真心实意地向对方分析原因,总结经验教训,开导他如何正心做人,使对方通过他的算命,从心里得到宽慰,或从埋怨、发怒的情绪中得到了理智与清醒,或从消极与悲观中找到了希望与生活的勇气。因此陈邦兴这个瞎子算命,真可谓是"出淤泥而不染"。许多找他算命的人,从他的劝人做人的道理中得到了启发,并在后来的生活中,也验证了他算命时所讲的话的准确性。于是,陈邦兴,算命算得准,名气大了,称呼他为"搭弟仙"的人也就越来越多了。

(六)

1940年,日本侵略军的飞机在兰溪丢下了炸弹,十九岁的傅海妹从兰溪逃难,全家都来到了佛堂镇,租住在佛堂新屋里一户人家的房子里"避难"。

傅海妹,出生在义乌县畈田朱村。从小因家里穷,被卖到兰溪当童养媳。她在兰溪的养父,原为义乌赤岸乔亭村人,姓冯,在兰溪开办香烟公司的兄弟家里当帮工。他生有四个儿子,年龄都比傅海妹小。所以傅海妹到养父家后,童养媳佣人的生活,把她磨炼得干活勤快又利索。

老冯一家七八个人来到佛堂后,因一时找不到合适的工作,生活一天比一天困难。他在佛堂茶店里认识了黄克仁后,经常得到乐善好施的黄克仁的帮助,对黄克仁产生了由衷的感激之情。但是,靠黄克仁一时一事的帮助,并不能完全解决老冯一家人的生活问题。

有一日,老冯与黄克仁谈起了想卖掉童养媳傅海妹的事,黄克仁劝老冯说:"已把傅海妹养成十九岁的大姑娘了,不容易,尽量另外想办法,别卖童养媳。"老冯说:"反正儿子的年龄比海妹小,傅海妹人又长得漂亮能干,多卖点钱,可以补贴家用,渡过难关。"黄克仁见老冯要卖童养媳的主意已定,也就不再多劝,就说了一句:"如你真要卖,我会帮助找一个好人家的。"老冯一再表示:"拜托,拜托。"其实,黄克仁所说的"好人家",指的就是"搭弟仙"。

自从黄克仁帮助陈邦兴拜师学算命,陈邦兴十分争气,没几年就成了远近闻名的"搭弟仙",黄克仁从心里佩服"搭弟仙"的聪明与"神奇"。"搭弟仙"学会了算命挣钱后,也从心底里对黄克仁怀有感激之情,经常买点时令水果,来到黄克仁家,表示谢意。1940年,"搭弟仙"已三十一岁了,黄克仁几次想为他介绍一个姑娘当老婆，都没有成功，现在老冯要卖童养媳傅海妹了，他决心要成全“搭弟仙”陈邦兴的这桩婚事。

一个如花似玉的十九岁姑娘，要嫁给比自己大十二岁的算命瞎子当老婆，无论如何也无法让傅海妹接受。但是旧社会的婚姻，就是父母做主，媒妁之言。尤其是穷苦出身当童养媳的女人，本身就如同任意买卖的商品一样，根本没有任何可以让你自由做主的余地。在黄克仁的周旋撮合下，傅海妹就这样嫁给了“搭弟仙”。好在善解人意的“搭弟仙”，用他的善良热忱与执着的爱，很快就用自己温良的热心，烫慰了傅海妹这颗经受创伤的心。在生活中，“搭弟仙”陈邦兴处处发挥出来的聪明、善良与智慧，每时每刻在增添着傅海妹对“搭弟仙”的理解与真爱。第二年，傅海妹就为“搭弟仙”生下了一个胖男孩。“搭弟仙”学算命的成功，他首先认为是兰溪同益和店老板给他看了那么多的书。书本知识是他的良师益友，因此，为了祝愿儿子今后能得到更多的书本知识，他就为儿子取名为“陈良益”。

（七）

1942 年 5 月，日军侵占了佛堂镇后，“搭弟仙”与傅海妹带着刚满周岁的小良益，逃到了二十多里路外的东朱乡留仓村避难。由于日军经常要进村抓人、放火烧房子，为避不测，他们三人又只得与留仓村民们一起，逃进深山老林里露宿。由于山上蚊子多，把小良益细嫩的皮肤叮咬得满身都生起了疮疖，痛得小良益“哇哇”直哭。一起逃进深山里的村民们，怕小良益的哭声会引来进山搜捕的日军，谁也不喜欢与傅海妹住在一起。“搭弟仙”为了挣钱给他们母子俩买吃的食物和给小良益医治蚊虫疮疖的药，天天冒着生命危险摸出深山“找人”算命挣钱。

那时候，大家的生活都不好过，很少有人请他算命，钱很难挣，就是找个为“搭弟仙”出门算命领路的人也很困难。所以，在那人生地不熟的山区，“搭弟仙”只能自己一个人，高一脚，低一脚地每天早上从山里摸出来，傍晚又摸回到傅海妹母子俩躲身的山里去。时间长了，自然引起了人们的好奇。在那明眼人也容易迷路的山区，一个瞎子竟能进出自如，就连在一起生活的傅海妹，开始时，还为“搭弟仙”晚上找不回来而着急，日子久了，也就对他一定能找回来增强了信心。当傅海妹问及“为什么能摸出去，又摸回来”时，“搭弟仙”说：“我心里有个摸得着的‘指南针’，可以依靠听风声、流水声、鸟叫声辨认你居住在山里的地方；可以依靠摸树皮、摸草叶，凡是朝南的，阳光充足、树皮厚、草叶长来辨别方向；还可以依靠每条山岗，山岔中草木、树叶、山花所散发出来不同的气味的嗅觉，来判断你们母子所在地的方位。当我能听到你们母子俩的声音，喊一下你的名字，你答应了我的呼喊声，我不就找到你们了吗。”同时逃难到山区的村民认识了这个“搭弟仙”后，很快就从以前有意避开傅海妹母子俩转变成了因为“搭弟仙”的关系，经常主动地来找他们母子俩为伴，目的是想请“搭弟仙”能为他们算算命，听一听“搭弟仙”每天从山外带进山里来的新鲜事。“搭弟仙”为了鼓舞大家的信心，经常说些“鬼子的日子不长了”，山外的村民如何与日寇开展斗争的故事给大家听。有了“搭弟仙”，进山逃难的难民就对傅海妹母子俩倍加关心。

虽然在日军侵华的大难中，挣钱很困难，但是，“搭弟仙”一家人与乡亲们相处得很好。1943 年，傅海妹在逃难中为“搭弟仙”生下了大女儿。

1945 年，抗战胜利，日本无条件投降了，妻子又为他生出了第二个女儿。1949 年全国解放了，妻子再为他生出了第三个女儿。

（八）

1950 年下半年土地改革，“搭弟仙”一家已有六口人，分到了位于佛堂镇小江滩的约三亩田与地，这可把他乐坏了。

因为房屋和土地是最大的不动产。赚了钱，买房屋、买土地，是每个商人孜孜不倦，一生奋斗的目标。所以那时候，衡量一个人的富与贫，首先以你有多少房地产作为标准。一家人靠“搭弟仙”算命赚钱过日子，已经是够超负荷的了。如果要想积蓄钱财，买田买地，这是“搭弟仙”连做梦也不敢奢想的事。

可是，新中国刚成立，头一件大事就给自己分来了田地，这真是要比凭空从天上掉下馅饼来还要让人高兴。“搭弟仙”从妻子傅海妹手中，接过由人民政府颁发的土地证，摊在桌面上，用双手在土地证上摸了一遍又一遍，问妻子：“我们的田地在什么地方？”

傅海妹答：“听说在小江滩，田地的边上，插有你陈邦兴名字的牌子。”

“它东、南、西、北的四靠是谁家的田地？”“搭弟仙”又问。

傅海妹答：“听说土地证上都有写着。”

“你陪我到我们的田地里去看看。”“搭弟仙”央求着妻子傅海妹。

“我又不识字，陪你到了小江滩，也找不到写有你名字的田地啊！”

“搭弟仙”听了妻子的答话，真正感觉到了自己眼盲看不见字、妻子文盲看不懂字的苦楚。

“听说我们和平村办了教你们不识字的人，能读书识字的扫盲夜校班，你应该到夜校里去读书识字了。”“搭弟仙”向傅海妹提出了建议。

傅海妹说：“这么一家人的煮茶烧饭，缝补浆洗都已够我忙了，我是一个妇道人家，怎么有时间、有记性去读书写字呢？”

“能，一定能，时间靠人争取、安排，明天你去打听一下，读夜校要交多少钱？”“搭弟仙”动员妻子去上夜校扫盲读书班。

“我早已听说了，夜校扫盲班，读书不要钱，每天晚上去上课就是了。”傅海妹对着丈夫说。

“共产党真好，”“搭弟仙”动情地说，“分给了我田地，又教人读书不要钱，你无论如何要抓紧时间，去扫盲班读书，千万别错过这个机会。”

于是傅海妹就去上了夜校。

有一天，她也抓住一点家闲时间，翻开扫盲课本读起来：“共产党，领导穷人闹翻身，工人农民是一家人……”

在房间里的“搭弟仙”，听到了室外傅海妹琅琅的读书声，他摸出纸和笔，用手摸着，记下了“共产党，领导穷人闹翻身，工人农民是一家人……”的课本内容。然后将室外的傅海妹叫进房间，把他摸着听写的课本内容给她看“是不是这样的?”傅海妹惊奇地发现，与自己相伴了十多年的瞎子丈夫，竟能摸着写字！她激动得双眼热泪翻滚欲滴。从此开始，一空下来，“搭弟仙”就教妻子翻开扫盲夜校课本读书、写字，直到速成小学毕业。

儿子、女儿都已到上学读书的年龄了，人家都说“搭弟仙”的儿子、女儿，可以当他出门算命的领路人了。可是“搭弟仙”无论如何也不肯让儿子、女儿当自己的领路人。他说“万般皆下品，唯有读书高”。上学读书，是培养儿女成材唯一的希望。自己再苦、再累也不能耽误了儿子、女儿上学读书的大事。他决心要改行。他打算与妻子一起，在自己的田地里，依靠种田、种地来培养儿子、女儿上学读书。他暗暗地下决心，要用自己的血肉之躯，去铺平儿子、女儿走读书成材之路。

从来没有种过田地的“搭弟仙”与妻子傅海妹，学着人家的播种与收割，在他们土改分来的约三亩田地里干起了农活。当初他们以为只要播下种子，适当除草施肥，即会有粮食收获的，可是一当到实际去做时，才知原来干农活也并不是一件容易的事。尤其是双目失明的“搭弟仙”，除了能做一些可以凭手摸着做的农活，如蹲着身子摸着割麦、割稻，在固定的位置上打麦、打稻、拔秧等等一些现成的活外，其他如播种、除草、施肥就必须由明眼的傅海妹来做。可是，已育有四个儿女的傅海妹的体力，毕竟不能与男人相比。例如，田地需要施肥了，大半担人粪尿由“搭弟仙”在肩上挑着，再由傅海妹牵着他手上的摸路棒才能挑着走。由于“搭弟仙”看不见路面，高一脚，低一脚地挑着肥桶担到田畈时，“搭弟仙”与傅海妹两人，早已被肥桶担里的人粪尿溅得全身都是。当傅海妹将肥桶里的肥施完后，又牵着“搭弟仙”回家取肥，回去施肥。往往明眼人自挑自施，半天能走四个来回，但“搭弟仙”夫妻俩挑半担肥，就要忙上整整半天了。这种一个明眼人要顶过“搭弟仙”夫妻俩四倍的劳动效率，完全可以想象到，“搭弟仙”瞎子种田，吃足了苦头！

“搭弟仙”夫妻俩在自己的田地里种了一年，有些农活后来不得不请人帮忙。箩筐、地簟、稻桶等等农具又少不了要向人借用。到了年底，一经盘算，依靠种田地，根本无法供养儿子、女儿上学读书。当时，二女儿已五六岁，长得比一般同龄儿童高大,“搭弟仙”实在没有办法继续种田地,只得忍痛要二女儿当自己出门算命的领路人,重新做起了走村串户去给人算命的行当。

有一次,雷雨过后,“搭弟仙”与二女儿父女俩,从后阳村算命回家。吴溪江上季村小木桥的两头都已被洪水包围了,父女俩只得卷起裤脚,打算涉水过桥。父女俩刚刚涉水到桥头,小木桥的一块木板被大水冲走了,领路的二女儿一脚踏空,“搭弟仙”一把紧紧地抓住了女儿的手臂,两人同时跌落滔滔大水的吴溪江中。灵活的“搭弟仙”在顺水漂流时,另一只手丢掉了一把算命用的“弦子”,抓住了一根树枝。与此同时,慌乱中的二女儿,也同时抓住了同一株杨树的树枝。两人同心合力,靠近了这棵已被大水包围的杨树,然后高声地呼喊:“救命啊,救命啊!”

几位村民听到了求救声,赶来把“搭弟仙”父女俩救上了岸,并将他们送回了家。

这次“搭弟仙”父女俩遇险,不但在大水中丢失了用了二十多年的一把“弦子”,而且二女儿由于惊吓,一连几天发高烧,大病了一场。

(九)

1953年,为父亲当出门算命领路人的二女儿,也到了该上小学的年龄了,“搭弟仙”下决心再也不出门算命了。他认为自己前半生从事算命行业二十多年来,实在是一种为了生存的需要,无奈选择了这个“下下策”。而今,新中国成立了,世道变了,自己已是一个有了儿子、女儿的父亲了,只有培养儿女上学读书,成为建设新中国的栋梁之材,才是决定自己后半生的路该怎样走的“上上策”。于是,他积极响应国家破除迷信的号召,在佛堂镇竹园村的“乐善堂”内,组织了佛堂镇范围内的数名算命瞎子,向政府请愿,请求政府出面,组织起来,集体改行,做些力所能及的事。但因政府无力解决,“搭弟仙”只得自行解决,决定改行做手工活。

当他听到温州有一种弹棉花的机器卖时,他就决心要学用机器弹棉花的事情。他请朋友帮忙,从温州买来了一台当时在佛堂镇还是第一台的弹棉花机器。可是这机器运到佛堂镇是散装的,他可从来没有看见过这机器是什么模样的,他就一个人摸着,拆开每个包装的零部件,用手将一个个零部件摸了几天后,在他脑子里形成了一台弹棉花机器的轮廓,弄懂了这台弹棉花机的结构原理和操作方法后,他就自己一个人拼装机器。结果,这台弹棉花机器竟然被他用手摸了三天三夜之后,终于拼装成功了!

可是,农民拿来加工的,是从棉花地里采摘来的籽棉,于是,“搭弟仙”又马上动脑筋,请木匠按他的设计要求,试制成功了佛堂镇上第一架籽棉加工成皮棉的轧籽机。当时“搭弟仙”的轧籽、弹花一条龙生产的棉花加工场,在佛堂镇上是独一无二的。于是,他就与妻子不分日夜地给农民加工弹棉花,后来又发展成用纱网制作棉被胎。

第二年开春，天气回暖后，加工棉花的生意开始清淡了起来。“搭弟仙”又开始动起了制作蚊香的脑筋。他先用薄薄的棉絮纸裁成一米长，四厘米宽的长条，用一根一米多长，一点五厘米宽的竹篾条当模具，将棉絮条，用红色或绿色的糨糊，糊成袋子，然后用漏斗插入袋口，按比例用香粉、锯木细末加雄黄配制成的蚊香料，用一根绕了细铁丝的细竹条从漏斗中灌入纸袋内，然后用一个滚筒，将装有蚊香料的袋子有彩色糨糊的面朝上，并排排列在木板上，然后将圆柱形的蚊香压扁后，最后将一条条扁蚊香卷成一圈圈外圆直径约十厘米左右的彩色蚊香。既美观，又卫生实用，由于价格低廉，使用方便，驱蚊效果极佳，投放市场后，成了受农村居民追捧的抢手货。“搭弟仙”就这样，利用冬弹棉花，夏制蚊香所赚的钱，供应儿子、女儿的读书费用与家用生活开支，走上了一条依靠手工业养家糊口的路。

1955 年，佛堂镇成立了手工业合作社，“搭弟仙”与傅海妹都参加了这个集体组织，成了合作社的骨干社员。为了发展生产，手工业合作社新增加了几台加工棉花的轧籽机与弹花机，蚊香生产也增加了生产人员，开始了规模化的生产。“搭弟仙”夫妻俩成了专门修理棉花加工机械的检修技术人员和蚊香制作的技术质量管理员。

1955 年 10 月 1 日国庆节，为了庆祝佛堂镇走上了社会主义集体化的道路，佛堂镇的商业、手工业社，各个集体单位联合起来，由佛堂镇人民政府牵头，举办了一次全镇灯展比赛。“搭弟仙”用竹篾扎了一个手脚能伸能踢的孙悟空，身上的毛是用纸剪成排须，进行裱糊；又制作了一只有一双“大钳子”，能开能合的大螃蟹的竹篾架子。由傅海妹根据“搭弟仙”的吩咐，在竹篾架上裱糊了竹宣纸，画上了水彩颜色，里面可以点蜡烛，烛光透过填过颜色的竹宣纸照出来，十分形象、生动、活泼。“搭弟仙”的孙悟空，代表了人间的正气；在大螃蟹的背壳上，写上“看你横行到几时”，是指责美帝国主义侵朝战争失败的时髦标语。结果以立意深刻，形象逼真而轰动了整个佛堂镇，获得了全镇灯展的优秀奖。当年傅海妹又生下了第五胎男婴。

“搭弟仙”积极投入到本技术革新热潮中，对佛堂镇的手工业向半机械化、机械化迈进，做出了显著的贡献，1957 年他被评为技术革新能手，他的事迹，1958 年登上了当时的《浙江日报》。

（十）

“搭弟仙”十分关心儿子、女儿的功课。1953 年，大儿子陈良益考上大成中学初中部后，各科成绩都是优秀，唯有物理课的成绩与其他科目相比，高中见低。

“搭弟仙”发现后，为了提高儿子对物理的兴趣，有一天把儿子良益叫到跟前，让他把家里的一只已坏了的旧时钟拆装一遍。十四五岁的陈良益看了看，生怕拆掉装不回去而不敢动手。“搭弟仙”就对儿子说：“你不敢动手，我动给你看。”他用手摸着，把一只时钟，八十多个零件，一个一个地拆下来，按顺序排列在桌面上，然后又按顺序一个一个地装回去，绞紧发条后时钟“滴答，滴答”地仍然能走。然后意味深长地对儿子陈良益说：“物理就是一种事物的原理，就像这只时钟，弄懂了它的结构和每个零件的位置和作用，拆装修理就不难。”后来，搭弟仙又把一台邻居家坏了的手摇留声机要过来，修好了。他给儿子讲解起手摇留声机里面有一根时钟里的“发条”，它这根钢发条，用手摇柄卷紧后，发条松开来的弹性，使留声机转起来，唱针根据唱片上的纹路走动，使唱针尖与唱片纹路上的声波发生摩擦，发出刻录进唱片里去的唱声发音，通过传声器供人欣赏的原理来。

“搭弟仙”用这种独特的言传身教的方式，激发了儿子陈良益要认真读好书的决心。1956 年，陈良益以优异的成绩考入了金华一中读高中。1959 年又以高分考入了浙江大学光学系，毕业后成了中国研究两弹一星成功上天使用的光测仪器的科研骨干，并取得了十多项科研成果，1989 年被聘为中国科学院研究员，1995 年聘为博士生导师，多次赴美国、日本、英国参加国际科研会议与访问、考察，成了一位十分出名的享受国务院特殊津贴的国家科研人才。

“搭弟仙”的大女儿高中毕业于大成中学，由于她是大成中学增设高中后的第一届高中毕业生，学校里的师生对如何填写志愿都没有经验，因此由于志愿填写不当，高考时她没有被录取。时隔一年，“搭弟仙”极力鼓励大女儿再次参加高考。于是，“搭弟仙”一边安排她到自己所在的厂里打工，一边复习功课。1963 年，大女儿终于考上了杭州大学的五年制数学系，现在成了一名中学高级教师。二女儿与三女儿及小儿子中学毕业时，正遇上了“文化大革命”，于是分配了工作，或成了上山下乡的知青，到农村去插队落户，接受贫下中农再教育。

当时插队到赤岸镇的三女儿，不但才貌双全，而且天生一副好歌喉，样板戏中的李铁梅、阿庆嫂、小常宝的唱段，每每在文艺晚会登台表演中，使台下掌声、喝彩声连续不断。当时的义乌水泥厂、义乌邮电局、义乌化肥厂等许多单位，都前往她下放所在的赤岸镇，指名要抽调她到他们厂里当文艺宣传骨干。可是“搭弟仙”知道后，每次都把女儿叫回家中，鼓励她安下心来，多复习复习功课，将来有了机会，再去参加考试，继续上学读书，教导她要走读书成材之路。1973 年，三女儿终于圆了进金华师范专科学校的读书梦，现在成了一名小学高级教师。

如今在“搭弟仙”的儿孙中，共有十个大学毕业生，其中四个研究生，使“搭弟仙”期盼儿孙读书成材的梦想成真。

（十一）

“搭弟仙”，眼睛瞎，心里亮，用他的聪明才智，为社会创造了难以计数的经济效益。

二十世纪七十年代初，史无前例的“文化大革命”进入了后期阶段，在物质生活尚未进入富裕的时候，各样品种的毛线成为老百姓争购的热销商品。可是毛线衣、毛线裤，穿着柔软、保暖、舒服，最大的缺点是容易磨损和被虫蛀出一个个的破洞，一件毛线衣，有时只能穿两年。拆下重新编织，一段段的毛线，丢之可惜，接起来编织又困难。于是，“搭弟仙”动起了使旧毛线翻新的脑筋，他首先收集了一些五颜六色的毛线段，放进经他改造的弹棉花机中，弹成絮状，然后他试制成了一种用脚踏、用手指拧拉的纺线机，把毛线絮先纺成单线，再把几根单线组合成粗细如新毛线一样的复合毛线。他创造的这种旧毛线翻新的纺线车与工艺，很快在社会上得到了推广。

那时候，正是提倡农业学大寨的高潮，计划经济使农村中出现了大量的剩余劳动力。在“搭弟仙”的倡导下，由佛堂镇手工业合作社组合成“杂制社”，由于社会的发展，以前弹棉花，做蚊香，制作油布伞、油纸伞，做竹篾、做木工等手工业从业者的生意开始清淡，逼使他们要改行创业，寻找新出路了。

一次偶然的机会，“搭弟仙”听到粮管所里收购装运粮食用的麻袋，破了又补，补了又用，新麻袋的价格昂贵，旧麻袋重复使用又紧张的消息，他就向领导提出了创办麻袋厂的建议。编织麻袋需要大量的麻纺线，“搭弟仙”讲，萧山、慈溪一带是重点的络麻产区，我们可以派采购员前去采购络麻，到温州去买一台弹麻机来当样品，仿制多台弹麻机，把络麻弹成絮，分发到农村。利用农村家庭妇女一类剩余劳动力，用旧毛线翻新的纺线车加工成麻线，然后回收麻线，编织成麻袋。

“搭弟仙”的建议和一整套创办麻袋编织厂的思路，马上引起了厂领导的重视，并付诸实施。一个由佛堂杂制社改造为由络麻加工成麻袋一条龙生产的麻织厂的计划实现后，使百分之八十以上佛堂镇及其周边农村的村民，都成了为麻纺厂加工纺麻线的加工户，佛堂麻纺厂的创建，不但解放了原杂制社愁生活出路的思想，而且带动发挥农村剩余劳动力，搞起了纺麻线副业，每年可以增加经济收入达数十万元以上。

（十二）

喜爱读书读报，关心国家大事，这历来是“搭弟仙”的一大习惯。“搭弟仙”退休后，他每天的第一件大事，就是将女儿为他订阅的一份《参考消息》报纸读完。瞎子读报，自有他的一种独特方法。

“搭弟仙”的邻居中，有一位叫徐建福的有文化且年龄又与他相仿的退休老人，二人相处得十分默契、融洽。“搭弟仙”每天一拿到报纸，就必须要到徐建福的家中，请徐建福老人，戴起老花眼镜，把报纸从头到尾念给他听。不要说报纸中的每篇文章，就是连中缝的广告，也不能漏掉不读。

徐建福老人起初为“搭弟仙”读报，觉得乏味、枯燥。可是每当读完报后，“搭弟仙”马上要对报纸中的内容，做一番有趣味的评说，徐建福老人，既从为“搭弟仙”读报中直接知道了报纸中的内容，更从“搭弟仙”见解独到的评报中，找到了一些乐趣，久而久之，假如某一天“搭弟仙”不去他家请他读报，徐建福老人反而不安起来，就会主动地找到“搭弟仙”家去问：“今天为什么不来了？”

1972年，美国尼克松访华前夕，报纸上披露了尼克松的顾问基辛格博士来华的消息。那时候，广播喇叭中还可以经常听到称美国为“美帝国主义是只纸老虎”一类的宣传话。读报后，“搭弟仙”对徐建福老人说：“中美关系要改变了，我们称美国是帝国主义纸老虎的日子不长了。”一席议论，把徐建福吓得面如土色，连忙制止说：“瞎子别瞎说！”

可是“搭弟仙”听后，却十分自信地说：“徐老兄，不要怕，我们可以打赌，中美关系改变后，对你以前不公正的处理，马上可改过来，你信不信？一个不提倡阶级斗争，讲究实事求是的社会，在我们这一代老人中，还能看得见的。”

“搭弟仙”在二十世纪七十年代初期讲这种话，当时听到他这样讲的人，没有一个不认为是他瞎子在瞎说。可是，大家都知道，“搭弟仙”一贯以来从未讲过空话、大话，人们对他的料事如神，没有一个不佩服的。所以大家都怀着一种好奇的心理，等待着未来社会的发展，对“搭弟仙”这个预言进行验证。

1979年，党的十一届三中全会中公布了邓小平提出的“实践是检验真理的唯一标准”问题的大讨论，“搭弟仙”，确实在他的有生之年，不但从心里看到了改革开放的好年华，而且还过上了改革开放后十个年头的好日子。

当1988年6月30日，八十岁高龄的“搭弟仙”含笑九泉以后，留给人们的是许多对他一生奇事不断的怀念、议论和神乎其神的种种传说。

（十三）

“搭弟仙”传奇的一生，在佛堂镇人们的心目中留下了难以忘怀的深刻印象，他为人正派、处事诚信，超凡的毅力、脱俗的观念，更让他的子女们成为做人的楷模。下面辑录的是由其子女们共同撰写的《陈邦兴墓志铭》。

陈邦兴墓志铭

（家父）陈邦兴（1909—1988），少年酷爱习文，聪颖过人，无奈家境贫寒，十余岁即离家在三尺柜台苦当学徒，闲暇之隙博览群书，废寝忘食。风华年少，厄染眼疾，贫病交加，不治致盲，时值一十九岁。而立之年，幸娶淑女傅氏海妹为妻，相依为命，含辛茹苦，育子女五人，唯视培养子女成材为己任。斗转星移，所受苦罄竹难书。其神则天地感动，其志则后人敬仰。

得益于严父慈母言传身教，子女均学有所长，各有理想事业和幸福家庭，恩泽普及孙辈，多得高等教育，父母在世，儿孙善待，侍奉左右，已觉天伦之乐。儿孙驰骋天下，事业有成，个个出息，倍感欣慰。

让后人铭记为开拓新生活而付出艰辛卓绝的先辈们吧！

全体儿孙辈立

八、躺在床上赶鸭群的风瘫商人丁章寿[①]

在义乌县佛堂镇江边的一间瓦房里，曾躺着一个四十二年来没有起过一次身的瘫痪人。他名叫丁章寿，头大如斗，四肢细短，身长不足八十厘米，体重不到四十斤。或许你会感到奇怪，像他这样连吃饭都需要人家一口一口喂的人，怎么还能不悲观厌世？

他自己却并没有感到人生无味。他还不安于依赖集体来养活自己。他用集体对他的资助和自己依然活跃的大脑，搞起了家庭副业，走上了致富的道路，拆掉了低矮的茅屋，盖起了新瓦房，装上了电灯，安起了广播喇叭，还有一笔积蓄存入银行，确实成了一个生活的强者。笔者怀着好奇的心情，在二十年前走访了丁章寿。

1942年，十一岁的丁章寿在日寇侵华逃难途中，左脚不幸被石头划破，伤口溃烂久久不愈，后来病情恶化，使他全身瘫痪，从此卧床不起。十六岁丧母后，一直靠父亲抚养。

1956年，他父亲去世。这对一日三餐全仗父亲一口一口喂着吃的丁章寿来讲，该是多么大的打击！就在他绝望的时候，社会主义大家庭里的乡亲们伸出了温暖的援手，今天东邻送饭来，明天西舍烧菜来。

俗话说得好，思想懒汉无法门，生活强者自有路。丁章寿整日躺在床上，思想却很活络，他总在想法子。

二十世纪七十年代农业学大寨时，他所在的佛堂公社第九生产大队为了照顾他的生活，把一个六十多岁的五保老人王桂泉安排与他同住。生产队给了他五保户的待遇。由于他做每件事都得出钱请人帮助才能完成，为了减轻集体的负担，就与王桂泉老人商量，趁老人还能走动的时候，两人合作搞起了家庭副业。于是他向生产队预支了几个月的生活费，养起了十多只鸡，把卖鸡蛋得的钱，又买来三十多只鸭子，很快地使自己与王桂泉老人的生活得到了改善。后来他们又把多余的钱

① 此文原载1981年11月13日《浙江日报》第4版，部分内容经删改。

用于发展再生产，经过几年的苦心经营，他们的鸭群发展到了七十多只。

鸭子多了，王桂泉老人却失去了劳动能力。正在丁章寿犯愁的时候，附近生产队的一位中年农民乐意帮助他放鸭子。别看丁章寿躺在床上不能动弹，可他利用自己的感觉器官比养鸭子的人更能掌握鸭子的特性和下蛋的规律。有一天清晨，他的助手从鸭巢里拣出了五十个鸭蛋，丁章寿告诉他，巢里还有六个蛋没有拣出来。这位助手仔细一寻找，果然鸭粪堆里还有六个鸭蛋。这是怎么一回事呢？

原来，自从饲养鸭群以来，每天傍晚听到自己的鸭群回家时，丁章寿就目不转睛地注视着每只进门的鸭子，仔细观察它们的动态，判断当晚该有几只鸭子下蛋。

他原住的是一间低矮的茅草房，生产队里每年都得派人为他加盖稻草。为了减轻集体的负担、减少社员们的麻烦，他用自己一点一点积蓄起来的钱托人买来了杉木、石灰和砖瓦，在社员们的帮助下，把茅屋改建成了瓦房，还装上了电灯和广播喇叭。

安装了广播喇叭可是丁章寿平生最大的乐事，他天天能听到国家大事、歌曲和戏剧。他的眼界开阔了，寂寞的环境也改变了。

1980 年，当他从广播里听到了解放思想，放宽政策的消息后，他的思想更加活跃了。他想，近年来随着生产的发展，人民生活水平的不断提高，建房子的人越来越多，如果利用佛堂江丰富的黄沙资源开办一个黄沙厂，是一件既方便群众，又是有利可得的事。他的想法很快得到社员的支持。于是就邀人到几百里路外的衢州市乌溪江水库买来了一只四吨木船，同四个年轻力壮的农民合伙创办了佛堂镇上第一个在江滩取沙、捞沙卖钱的黄沙厂。他与伙伴们签订了按劳计酬的捞沙合同，明确分工，四个社员做外勤，每天撑着船到江中捞沙，丁章寿在床上筹划，当起了黄沙厂的“经理”。

他们采取薄利多销的办法，把黄沙厂越办越兴旺。

丁章寿的钱多了，有人劝他请个人来照顾自己的生活。可是，丁章寿却还是和过去一样，过着节俭的生活。他把多余的钱全部存入银行。他说：“我应该饮水思源，前几年，生产队里保证我的生活，逢年过节还给我送肉送鱼送新衣裳。现在我能挣点钱，哪能忘本！应该把富日子当穷日子过。现在国家建设需要资金，我要把余钱存入银行。将来我死以后，还可将这笔钱送给生产队，以报答多年来干部社员们对我的照顾和关怀。”

丁章寿于 1984 年 8 月上旬病逝，享年五十三岁。当时留有包括房屋在内计二千元左右的遗产，实现了他生前要把遗产送给生产队的愿望。全生产队社员都为他戴孝，并举行了一个简单的安葬仪式。

九、"走江湖"商人毛亦炳的故事[①]

毛亦炳(1920—1983)是佛堂古镇"江湖"上精通"巾、皮、利、挂"行话隐语的高手，原籍义乌南乡山区，因家穷，十岁到佛堂黄培记杂货店当学徒。其师傅黄老板可称得上是镇子上的"才子"，不但琴棋书画样样在行，而且江湖上"巾、皮、利、挂"行当中数千条的"春典"也能倒背如流，青年时曾在上海滩青红帮里混饭吃。

所谓"青红帮"，"青帮"指的是为清朝官府运送粮的"安清帮"；"红帮"也叫"洪帮"，指的是当年崇拜太平军首领洪秀全的上海"小刀会"反清秘密组织。清朝灭亡后，"安清"和"反清"都失去了目标，"清""洪"合流，成了中国黑社会的主要势力。"洪门"在当年反清时他们处于"地下工作"状态，曾利用"走江湖"作为掩护。

宣统二年(1910)佛堂商会成立后，发达的义乌江上运输使佛堂镇的商贸经济开始逐步腾飞。五十来岁的黄老板看中了佛堂这块宝地，离开了上海的"山头"，"告老还乡"回到佛堂占地为营，成了佛堂镇上的"土地(爷)"。凡外地"走江湖"的来到佛堂地盘，都必须首先拜见黄老板自报"海清"(表示能自觉遵守江湖规矩)。为讨好黄老板，主动协助黄老板出面，对"空子"(不懂江湖规矩的人)进行"党同伐异"，以此提高与增强黄老板的"威信"。在佛堂镇尚未正式成为义乌县行政乡镇编制时期，据说黄老板还担任过相当于后来佛堂镇镇长之职的佛堂商会会长。

传说黄老板收徒弟有三个条件：第一，必须是八到十二岁的学龄儿童；第二，聪明、灵活、记性好；第三，忠厚、诚实、讲信用。达到这三个条件，凡经黄老板目测合格后，试用三个月，三个月试用期满决定去留。留下的收为徒弟，淘汰的给你白吃白住三个月。在这三个月中，白天为黄老板的杂货店开门、扫地、擦柜台、倒尿壶，什么活都干，空闲下来教你打算盘，晚上教你读书、写毛笔字。读书的课本是黄老板自己编写的，仅仅"甲乙丙丁戊己庚辛壬癸"十个"天干"字，与"子丑寅卯辰巳午未申酉戌亥"十二个"地支"，总共二十二个单字。但是，经过黄老板的教学后，在三个月内，学徒必须学会珠算中的加、减、乘、除与由天干、地支相互轮回搭配成的六十甲子才能合格留用，学不会的则被淘汰。

当年十岁的毛亦炳是淘汰了八个学徒后唯一达到黄老板条件留用的一个。接下来的三年徒弟生涯中，黄老板还要经常将铜板或银圆"遗"放在柜台上或散落在地板上，测试其拾到后是否交给老板；有时黄老板表面上有意帮助你(学徒)解决一些困难，在你或你家中的父母兄弟遇到危难时，借给你钱、物。但你所借的钱物到

① 本文系作者对毛亦炳本人生前采访资料，与义乌市档案馆记载的毛亦炳当时因"诈骗罪"，被法院"判刑"的档案内容基本相符。本文提到的人名均为化名，胡乱"对号入座"者，后果自负。

期后，黄老板有意假装“忘”了，不催你归还，测试你是否自觉归还的“信用”程度。黄老板认为，一个十多岁的青少年，聪明、灵活、记性好，加上诚实信用，有这三个月的试用期，加上三年的学徒期，已经足够可以考察出是否具备这“先天”的睿智了。只有这种聪明通达、眼光深远的人，才配当他在江湖上名誉的继承人。因此，毛亦炳是黄老板在众多学徒中，成了三年学徒期满后，唯一能留在身边的中意人。此后，凡黄老板每次出山调停“巾、皮、利、挂”中的纠纷或授徒或主持、惩罚叛逆者，都带毛亦炳到场。年轻的毛亦炳自然成了佛堂镇上“走江湖”行当中的人红人。

二十世纪四十年代，黄老板仙逝后，因为黄老板的几个儿子只能继承父亲留下的遗产，但是没有具备父亲挑选学徒必须经过三个月的试用期、三年学徒期的“先天”睿智，所以毛亦炳自然成了佛堂镇上“走江湖”的掌门人。

可是，运气不济。1941 年农历四月二十一，日军飞机在佛堂镇老市基猪市丢下一枚炸弹，炸死一百二十多人，伤者无数。接着义乌县内的抗日烽烟四起，到 1945 年 8 月日本侵略军无条件投降的四五年中，佛堂镇上市场萧条，民不聊生。佛堂镇的新市基由于荒芜，牛筋草都长了一人多高。毛亦炳的本事再大也没用，只能得过且过混日子。

1945 年 8 月抗战胜利后，曾经繁荣的佛堂镇市场逐步得到了恢复。毛亦炳如鱼得水，又活跃起来了。二十五岁的他开始娶妻生儿育女，成家立业。经过了几年努力，在佛堂街面上购置了房产与几亩良田。

(一)异乡相见

有两位青年人在江西某县城的市场上挂起了一块写着“中草药名医世家”的红布招牌，地摊上摆满了一大堆中草药。其中摆在地上的一只盛满清水的大碗内漂浮一红一黄两点东西。其中一位卖药的青年人，用一根小木棒，不停地敲打碗边，那漂浮在碗内水面上的红、黄两色漂浮物就会飞快地转动起来。眼看漂浮物即将固定在水面上，他又敲一下碗边，红、黄两色漂浮物又转动起来了。站着的那位卖药的青年人不停地对着观众大声呼喊:“快来看、快来看，神奇的‘水上跑马’!”“水上跑马”声果然吸引来了一大群围观的人。这时，呼喊观看的这个青年人用生硬中带有义乌口音的“普通话”开始讲演起他“祖传中草药，能治百种病”的广告来，不停地动员围观着的人“这中草药是我们自己到深山里采来的，新鲜的，我家是世代祖传的中医，要治病的药有，要补身子的也有;价钱便宜，只要你们中间有谁想买，我们价钱好商量……”

已经在人群中看了好长时间“水上跑马”的毛亦炳听了这位卖药青年一阵蹩脚的广告词后，“扑哧”一下差点笑出了鼻涕来，有意装着因后面的人挤来，一脚踢翻了那碗表演“水上跑马”的水。结果与这两位卖药的青年人发生了争吵。其中一个青年人对毛亦炳说："这水上会跑的东西被你打翻了，要你赔，要你赔。"并用手抓住了毛亦炳的衣裳不放。

"怎么赔法？你放开我的衣裳，我买你的药总可以了吧？"毛亦炳一边掰开青年人的手，一边接着说，"让我仔细看看，你这里有没有我要买的药。"毛亦炳装出一副似懂非懂的表情，用纯正的江西方言与这两位卖药的青年人争吵，原来围观"水上跑马"的那些人，一下子变成了看他们双方争吵热闹的人。

这时，毛亦炳有意用手捅了一下卖药的年轻人，然后突然用纯正的义乌佛堂方言，对这两位年轻卖药人说："对勿住(对不起)，对勿住(对不起)。"两位年轻人正为毛亦炳会讲佛堂方言感到奇怪时，毛亦炳又用脚有意踩了一位卖药年轻人的脚背，顺便又送上一句"勿要响，勿要响"(佛堂方言"不要喊，不要叫出声"的意思)。然后毛亦炳再用纯正的江西方言向围观的人群讲："这草药摊上，确实有真货、真药吗？让我来仔细看看。"毛亦炳一边说，一边有意在草药摊上翻弄了一阵子，他顺手拿了一根棍棒样子的药材，一头朝被他踢翻了已经流到地上低洼处的那碗水里蘸了又蘸，见水洼被这根棍棒样子的药材吸干了，他用嘴在这根棍棒的另一头一吹，蘸过水的那一头马上被吹出了水泡泡来。不少围观的人好奇地问毛亦炳这是什么。

毛亦炳用江西方言对着众多江西民众，像是当起了这两位卖药义乌人的翻译一样介绍起这个草药地摊上排列着的各种中草药来："这是一种舒筋活血的好药，人身上的血受阻不流通了，用这种药煎服，受阻的血就流通了，所以叫'木通'。治疗喂奶的女人乳汁不通，男人的小便短赤特别灵验。""这是'金钱草'，是治疗男人小便次数多而痛叫热淋病的好药。""这是'麻黄'，煎服后能发汗、利尿，是专门治疗水肿、浮肿病的好药，还有这'垂盆草''凤尾草'等。"经毛亦炳一阵用江西方言添油加醋的介绍，许多围观的人都问起毛亦炳来，这摊上能治肝病的药有吗，能治腰痛(肾病)的药有吗，毛亦炳自己一方面佯装在这个草药地摊上寻找"买回去"要为自己亲戚朋友治病的"药"，一方面暗地里帮助这两位义乌卖药青年推销，结果没过多少时间，在毛亦炳这位"媒子"的作用下，一会儿工夫，这两位青年就卖了七八十元钱。

毛亦炳挑选了一大捆"草药"后，连声当众说："这些药，都是真货。"然后递给这两位青年，"算算看，要多少钱？"一算要一百多元，毛亦炳故意用江西腔的普通话说："我身边钱不够，你们跟我到家里取钱去吗？"两位义乌青年人遂收了地摊，跟着这位由毛亦炳假装的"江西老表"走了。

走到一个偏僻的地方，见无旁人了，毛亦炳把这一大捆"草药"还给两位青年，然后用义乌佛堂镇的方言问：

"侬啦(你们)两个齐(是)不齐(是)佛堂人？"

两位青年惊奇地说："侬拉哈(怎样)晓德(得)？"

“穷(我)是佛堂人,还听不出来?”毛亦炳两眼直视着两位卖药青年,真是异乡见同乡,乡语话音格外亲。

“侬啦在哪里和‘靠窑’(住的旅馆在哪里)?”毛亦炳用“春典”问这两位青年。

“侬(你)是‘海青’? 穷啦(我们)还以为侬(你)是江西的‘空子’呢!”两位青年也用“春典”在与毛亦炳谈话,并把毛亦炳带到了自己落脚的一家私人“旅馆”中。

“这里‘地不平’(生意难做),侬啦为核尼(为什么)还不‘卷地’(换个码头)?”毛亦炳再用“春典”问这两位异乡相遇的佛堂卖药人,意思是“这里的生意不好做,为什么还在这里住着”。

“穷啦(我们)在等一位‘港客’(江湖高手),该(他)上庐山去了。”两位青年答。

这时,旅店老板敲门走了进来。为了不“露相”(暴露,江湖隐语),两位青年马上与店老板“亲窑主”(套近乎)起来。然后递给老板两张五元币说:隔壁那位教授的房间,你照旧再留几天,房钱我们替他付给你。

老板接过十元钱,高兴地说:“可以、可以,要开水,你们自己来拿。”说着出去了。

两位佛堂卖药人所说的“港客”“教授”,其实是一位戴眼镜的金华人,他叫“老郭”。

(二)“老鼠”与“猫”

毛亦炳是位高智商的人,在外地流浪的十多年中,凭着他的社会经验,走南闯北,他的足迹几乎踏遍了除了台湾、香港和澳门以外的全国所有的省与自治区。凡他所到之处,第一,凭他的天赋与智慧,尽量去听懂各地的方言,并模仿口音,学上几句;第二,了解那些地方的风土人情;第三,摸清那些地方的乡土特产。用他自己的话说,这三样东西是他的处世立身之本。只要三样东西掌握了,到什么地方都不愁没饭吃。因为他比喻自己已成了一只在家乡要人人喊打、无处藏身的老鼠。只有逃出“鼠窝”,凭着老鼠什么都会吃的“杂食”性,才能苟且偷生。

因此,在各地的流窜生活经历练就了他在那种高压政治环境中几种赖以“野外”生存的本领。一是只要你拿给他盖有圆形公章的纸,他就能仿造出几乎可以乱真的公章来。但他有一个原则,凡仿造的公章只供自己一人投店住宿的介绍信证明之类用途,绝不为他人伪造公章去作奸犯科。二是只要有火车、汽车客票卖的车站,他乘车从来不要花钱买票,原因是毛亦炳能把自己装扮成一个谁听了谁都害怕的麻风病人。

二十世纪六十年代,是传染率极高的麻风病暴发期。为了人民健康,全国各地都建立了麻风病防治站点。一旦发现麻风病人,马上送进当地的防治站点,进行强制性免费隔离治疗。一时间,麻风病成了人们谈虎色变的恐怖病。

毛亦炳五官端正而秀美，四肢健壮而灵活，一米五六中等身材，谈吐话音圆正而不失斯文。可是，他一旦装起麻风病人来，鼻歪嘴斜，手臂僵直，五指像鸡爪似的弯向腕部，再加上剃掉眉毛，走起路来，两脚一高一低，在他破衣烂衫行头的装扮下，即使舞台上的名丑，与他相比也得逊色几分。谁见了这副怪模样的"麻风病人"，都会因怕传染上而避让他。因此毛亦炳就抓住了人们这点心理，无论到哪里，乘车都不要买票的。

如果火车乘务员阻止他上车，他就会用"颤抖"着的"鸡爪疯"的手，从衣袋里摸出一张盖有"麻风病防治站"公章的证明（或介绍信），用接近于当地的方言说自己是某某地方人（报上一个当地村名），自己的麻风病已经初步治愈，现已免去了隔离治疗，不会再传染他人了。其实，他出具的证明（或介绍信）是自己写的，公章也是伪造的。他伪造公章的方法很多，一种是花钱向印刷厂里买单个的铅字拼凑；一种是拿到一枚正式的公章印样后，下面垫上一张纸，用针尖照着上面的样印密密麻麻地戳孔，取下面这张垫着戳有上面印样孔的那张纸当油印模，用红色印泥当油墨油印；还有一种是将白纸涂上蜡后，盖在印有公章的纸条上面，用指甲摩擦，因白纸上涂有白蜡，能印出一个反章来，然后将反章翻印在证明或介绍信上。尽管这些伪造的假公章明显粗糙、拙劣，仔细观察，破绽百出，可是出自这种证明自己是"麻风病人"之手的假证明、假公章，有谁会去辨别真伪？即使在没有座位，人头拥挤的车厢里，谁见了这种麻风病人都会害怕。加上染有这种麻风病的毛亦炳有"自知之明"，即使车厢里有座位他都不去坐，而是可怜兮兮地蜷缩到两节车厢的连接处，往往都还会引起旁人的同情而得到一些"施舍"的零钱、水果、零食。毛亦炳装麻风病人的目的很明确，仅仅只是为了免费乘车。到了站，下了车，毛亦炳的"麻风病"就会立马痊愈。

二十世纪五十年代正是毛亦炳"三十而立"，亟需要赚钱养妻、培育子女上学读书成材，担当起一个家庭中顶梁柱的时候，他的妻子已为他生两儿两女四个孩子。土地改革、合作化、集体化对于家庭成分是"贫下中农"的人民大众来说，土地从无到有，种田大家会帮是一件天上能掉下馅饼来的好日子。可是对于出身不好的毛亦炳来说，强大的政治空气几乎压得他喘不过气来。所以他只能离家出走，冒充乞丐周游各地。但他十分明白，违法乱纪、危害社会、危害人民、作奸犯科、触犯刑律的事是条电线杆上的高压线，绝对不能去碰；否则，他就会引火烧身而自取灭亡。

那时候，他那贤淑能干的妻子以一手裁缝的好手艺一人承担了养儿育女的重担。不过每当学校里新学期将近开学期间，她会在早晨开门的时候，偶然地在家门内捡到一个"钱包"。其实她完全知道，这是在当地不能露面的毛亦炳回家来过了。这钱是他要妻子培养儿女上学用的。毛亦炳如此像老鼠一般昼伏夜出地送钱回家，而又不能与家人团聚的日子，与其说自己"三十而立"，不如说其"三十而栗"！

老郭，是位二十世纪五十年代的大学生，大学毕业后分配在公安部门从事刑侦破案工作。那年月，像毛亦炳这样的“老鼠”社会上可以说比较多。可是，有些人由于本事不真，往往都会成为危害社会、危害人民的抓捕打击对象。这些作奸犯科走江湖的人基本上都是从事江湖行业中被称为“下三流”的偷、盗、拐、骗行业。而这些下三流的江湖行业又自有他们自己的行话隐语。例如盗人钱包的“扒手”，春典中被称为“高买”或“歇生意”，吃饭叫“上坑”，喝酒叫“上火”，戒酒叫“灭火”，骗钱叫“开票”，被人识破了叫“露腥”，寻找同伙的叫“采购员”，拜师叫“进香”，拜过帅的同行叫“仁义海”等。因此从事刑侦破案公安工作的老郭正是江湖上像毛亦炳这类“老鼠”的克星——“猫”。猫要抓到老鼠，就必须掌握老鼠的生活规律。因为工作上的需要，老郭与“老鼠”接触多了，他对江湖中的行话隐语也就积累多了，加上老郭的敬业精神，时间长了，老郭成了干“猫”的事业中精通行话隐语的江湖中人。

可是，秉性刚直的老郭，眼睛里容不下一粒沙子，因为敢讲敢说，丢掉了原来在公安机关工作的铁饭碗，凭着他当公安时所掌握的江湖行话隐语，也加入了“逃江西”的民流。

老郭，原来的“猫”，也变成了为求生存而昼伏夜出的“老鼠”，成了一名自学成才的江湖行当中的人。

（三）老郭

老郭随民流来到江西，凭着他在公安机关工作时，经常与江湖中人打交道积累的经验，搞起了专门卖草药“挑草汉”的营生。

他卖草药的方式与众不同。不知道他从哪里搞来一本图文并茂的中草药书，把书摆在草药摊前，然后用石灰粉在地上画了一个大圆圈，请观众站在圆圈线外。接着又用石灰粉在地上写了一行十分漂亮的“介绍江西土产，名贵中药材”石灰字，然后指着书内的图案和文字，向顾客有条有理地介绍。譬如，仅根可入药的柴胡。他就在摊上摆一株连根带叶的柴胡，然后对观众介绍：“这叫柴胡，你们江西山上都有。可是，这柴胡，仅仅这根，晒干、切片后才能当药治病。请看这书上明写着它的‘性味归经’：苦、辛、微寒，归肝、胆经。其意思是，我们常说的‘酸、甜、苦、辣、盐’五种味道，医学上称的‘酸、甘、苦、辛、咸’五行。其中的‘甘’就是‘甜’的味道，‘辛’就是‘辣’的味道，‘咸’就是‘盐’的味道，酸味与苦味，我就不介绍了。所以这柴胡根的切片，你可以随便尝一尝，是不是有点苦与辣的味。”为了取信于民，老郭一边说，一边会递上一片柴胡干切片，送到你嘴边，叫你咬一口，尝一尝，验证他说的对不对。

“‘微寒’的意思是，柴胡在阴阳中属‘阴’。阴阳学说是我们中国祖先发明的。全世界任何动物、植物都生活在这个有阴阳之分的地球上。阴就是我们平常所说的黑夜中的月亮，阳就是白天的太阳，阳是天、阴是地，阳代表热、阴代表寒，阳代表男、阴代表女，等等。所以这种微寒，指的就是稍微有点寒，比方：热的人容易生口疮，道理就是阳在外；寒的人容易流‘清水’，‘清水’就是胃酸泛到口中吐出来，道理就是阴在内。‘归肝、归经’，指的是归属于可医肝的病，妇女月经不调引起的病……

“我上面介绍的对不对，你们可看这书上写的‘功效主治’。”老郭“呶”了一声，又指着书上说：“第一种叫‘透表退热’。因为柴胡微寒，服用后就可以给你透过表面起退热作用；第二种叫‘疏肝解郁’。因为柴胡‘归肝’，就可治你的肝病。‘郁’字，就是愁闷、忧愁所引起的病。俗话说‘心肝宝贝’，可见心与肝是人体中最重要的，心里想的东西，会反映到肝里去，这就是我们常说的心与肝是紧密相连的。你心里有忧愁，肝里就发病。肝里一发病，你就感到胸闷、腹胀对不对？第三种是‘升举阳气’，我前面讲了，柴胡是属微寒的，寒就是阴，一个人阴阳失调了，麻烦也就来了，男人传宗接代的阳具有毛病了，不要说不能传宗接代了，就连你年轻的老婆也要与你闹离婚。女人的阴阳失调了，对不起，人的中气下陷，内脏下垂，造成子宫下垂，大便后脱肛（流大肠头）等等毛病。所以说柴胡能治这么多人的病，你们说好不好？

“为了大家都能认识柴胡，我如果仅仅拿这些树根、柴根向你介绍，你相信了柴胡是好药也是白搭。现在我连根带叶拿来了给你看，你一定会说，这种柴胡，我们山区多的是。听了我的介绍，你自己到山上掘些来，照我的说法取根、晒干、切片，煎起来吃了，自己的毛病自己会医了，多方便。但是我要向你提醒最重要的一句话：是药三分毒！千万不能这样去做，你这样去做是要出人命的！到时候你来找我打官司，我可以在法庭上有依有据地说：我介绍过柴胡是好药，但我可没有叫你自己去掘来盲目当药吃。

“你们看，这书上有白纸黑字明明白白地写着：治‘透表退热’毛病的，除了柴胡是主药外，还要加黄芩、半夏等药同用；治‘疏肝解郁’毛病的，还要加当归、白芍、香附等药同用；治‘升举阳气’毛病的，应当加黄芪、党参、升麻等配伍才能用。能治这三种毛病的柴胡与要配在一起才能治病的药，我这里都有，家里有生这种病的人，都可以到我这里买点回去试试看，家里没有病人的，我也可以送你们一张药方，有病治病，无病防病。我摊上的这些药，你们江西山上到处都有，你们也可以根据我给你介绍的药方，自己去掘些回家备用。

“因我这个人从小读书出身，从浙江到江西来，为的是我家上有八十岁老爷老娘，下有小男、小女一大家八九口人要填饱肚子。你们江西山上的药，我浙江人掘来卖钱，是一种无本生意，只要你们随便给我一点掘药的力气钱就行……”

老郭有依有据的一番对柴胡单味中草药的介绍，加上对柴胡入药医理方面的演示，每一次都让许多人心服口服。在他遁迹江湖“挑草汉”时，如遇到了长时间阴雨，不能“点篷”卖药，他还会租间沿街的门面屋，干起坐堂门诊的“四平”来，极像一位有医疗专业技能的江湖郎中。

（四）小傅与小王

前面介绍在江西某县城市场上，得毛亦炳帮助卖草药的两位义乌佛堂镇的青年人，年纪稍大一点的叫小傅，另一名叫小王，都未满二十岁。他们的父辈在1949年前是从事江湖上靠“点武篷”卖膏药的“涂汉”。1951年参加佛堂镇上的土地改革，一夜之间就分到了从佛堂镇地主家中没收出来的房屋与田地，过上了梦寐以求的日子。曾经有几年“安分守己”的春种秋收，享受过农家乐的田园生活。

在那期间，他们把过去在江湖上练武卖艺的把式当作祖传的强身健体方式，利用农闲时间传授给了自己的儿孙辈。尤其是几个由国家或集体组织的马戏团、杂技团来佛堂镇上演出后，外行的看热闹，内行的看门道。其中有些节目是他们自己过去练武卖艺时也会耍弄的，出于羡慕这些演出团体在戏剧院里让观众买票进场的经营方式，于是也就更加专注于传授自己儿子来。因此，在父辈们的言传身教下，从初生牛犊般的少年时代起，小傅和小王也就从他们的父辈身上学到了耍弄棍、棒、刀、枪的技巧和拳术、武术、翻跟斗等“点武篷”需要表演的一类技能。另外在父辈们的日常谈话中耳濡目染，也就懂得了从事江湖上“利、挂”方面的一些行话隐语。

可是，他们来到江西后，身无分文，又禁不住一日三餐无定时的煎熬，他们来到城市，点起了极容易引来围观者们喝彩叫好的“武篷”，在远离父辈的他乡异域，学着父辈们曾经干过的“涂汉”行当，卖起了自制的跌打损伤膏药来。想不到初出茅庐，“报清口”（介绍膏药的广告语）过不了关，加上城市里犯跌打损伤病痛的人又不多，往往是在卖膏药时就“炸篷”或“散桩”（人散）了。“栓桩”不成，人气一散，生意不成功，一场武术点篷徒劳收场。后来索性在人多的闹市区干起了练武卖艺，向观众讨赏钱的“贱活”。

可是，因为他们只知道自己卖力气不懂得给人留下悬念的表演吊人胃口，所以他们想依靠练武卖艺讨赏钱同样赚不到钱。

正当他们初闯江湖败北想打退堂鼓回浙江义乌过依靠双手在人均不到半亩地的泥土中刨食过穷日子的时候，他们遇上了戴着一副眼镜，人称“教授”的老郭。

前面所讲的老郭用石灰粉在地上画圆圈，写漂亮的石灰字引来围观的人，这是“点文篷”；按照中草药书本，讲解柴胡的药效与医药疗病知识，引得围观的人侧耳恭听，这是“栓桩”；接着讲柴胡还要与黄芪、茯苓、香附等等中药配伍治病卖药，是在欲擒故纵的“抓典”。听说老郭是大学生，看看老郭戴着眼镜一副斯文的样子，后来又听到有人叫他“教授”，小傅与小王就认定了这位“教授”是个肚子里有真才实学“走江湖”的“海清”。于是，当老郭卖药收场后，小傅与小王就一直尾随着老郭，来到了他投宿的旅社，向老郭拜师学艺。

其实，老郭早就看过了小傅、小王“点武篷”练武卖艺讨赏钱的表演，曾有一时为这两位小伙子空有一身“点武篷”的武艺、功夫，实际讨不到多少围观者赏钱而产生过悯怜同情之心。现在这两个人找上门来了，为了试探这两人，突然递过去“你们为什么只‘下肯’（讨赏钱），不‘挑汉’（不卖药）？”两句江湖春典。

“我们只是‘涂汉’（卖膏药的），所以‘栽了’。”老郭听了小傅低声下气的答话，又问一句：“你们不是‘空子’？”“我们乏‘术’（没本事），前来求‘相’（请教）。”小傅与小王一齐下跪在“教授”面前，“教授”心想，这两位年轻人诚意可嘉，于是说了声：“试试吧，你们明天上午来我这里再说。”

小傅与小王见“教授”答应了，高兴而去。

第二天一大早，小傅与小王买了大饼、油条、豆浆就来到“教授”住处，想去孝敬“教授”。正想敲门，“吱”的一声，“教授”开门迎面拿着牙刷、毛巾出来洗脸。

早餐毕，“教授”用一块黄布在手背上擦了几下，然后拿起一把水果刀，用已经浸湿的药棉往刀口擦了一下，将刀口往手背上一划，只见“教授”的手背上刀划处，马上出现了一条鲜红的“血痕”。

“怎么了？怎么了？”小傅、小王都为教授的行为感到不解而几乎叫喊起来。只见“教授”不慌不忙地用一种白色的粉末往“伤口”上敷了一些，接着用一张纸片往刀痕处一贴，然后坐下来对小傅、小王说，我们今天就去做专卖这种止血“刀口药”的生意。

“你手背都划出血了，怎么做？”小王问。

“教授”说了声：“你看。”马上从手背上揭剥下这张止血纸，“教授”手背上不要说血痕没有了，甚至连一点疤痕都没留下。然后对小傅、小王说：“这是一种在江湖上叫‘小红袍’的戏法，等一下，你们点了‘武篷’后，靠这个‘栓桩’卖药。”

他们三人来到市场旁边的一块开阔地，先由小傅、小王既打前空翻、后空翻的跟头，又要大刀与棍棒对打，几下子就点起了一个里三层外三层围观看客的武篷。

见人气差不多了，小王按照“教授”的安排，用一块黄布在大腿上擦了擦后，一把经过药水“消毒”过的西瓜刀，往自己大腿上一砍，只见大腿上马上出现一道鲜血淋漓的刀痕，小傅马上用一些“药粉”敷在小王的刀痕上，盖上一张纸片，然后用纱布裹扎在小王大腿的刀痕上。小王佯装腿痛，一瘸一拐地走下场。接着由“教授”出面介绍，刚才小傅为小王敷到大腿刀痕上的是自己“祖传了几代的金创刀口药”。用“闲时办，急时用”的理念成功地卖完了他们事先准备的许多包“刀口药”。这种价廉物美的刀口药，虽然卖不到多少钱，但“教授”吊住了小傅与小王跟随他的胃口，当上了能够帮助自己“点篷”卖药，只管吃住，没有工钱的帮手和保镖。

小傅与小王几次想问“教授”为什么先用黄布擦皮肤，然后用药水消毒刀口，就能划出血痕来？到了场子上人散后，小王回到宿店，解去扎“伤口”的纱布后，自己大腿上一点疤痕都没有。不过小傅与小王的父辈是走江湖出身的，平时听父辈们谈话中知道就算拜上了师傅，也只能是帮助师傅做生意，在做生意过程中逐步了解江湖上某一行当的底细。真正要学的东西，不是靠师傅教出来的，而是靠自己悟出来的。要悟出其中的“门子”（门道）来，没有相当的耐心与机会，有的人即使跟随师傅三年，也将会是一无所获。因此，小傅与小王几次想向教授请教这金创刀口药的“秘密”，又都因怕教授埋怨自己不懂江湖规矩而欲言又止。使小傅与小王不解的是，这种点武篷，卖金创刀口药的生意，“教授”带他们仅仅做了几回后，就再也不做了。

小傅与小王跟随“教授”时间长久了，自然学到了许多什么草药治什么病的本领。但是，“教授”就是事事处处都留一手“卖关子”，小傅与小王几乎成了“出不了师”的徒弟。

毛亦炳听了小傅与小王的一番陈述后，他想，这位“教授”，莫非是他？

为了与已去庐山的“教授”回来见面，毛亦炳与小傅、小王一起在宿店里住下来了。

（五）“小红袍”“大红袍”

“小红袍”“大红袍”，是江湖上行医、卖药、气功、武术等等行业中欺骗性最大的一种绝招。它近乎魔法与幻术之间，神秘性极强。为了不让人看出其中的破绽，不宜在同一地方多场次的表演，只能采取打一枪换一个地方的形式进行。因为表演这种“小红袍”“大红袍”的目的一般是在遇到了经济困难时，临时骗一把钱就“卷地”（换码头），免得人家看你吹破了牛皮，找上门来算账。

毛亦炳怀疑的“他”，指的就是教授老郭。理由是毛亦炳早就听说了老郭已离开他当“猫”的公安机关，下海走江湖当“老鼠”的传闻。其实，毛亦炳与老郭认识，就是因为老郭“破”了毛亦炳“小红袍”“大红袍”的“门子”。

毛亦炳的两儿两女已经处在需要上学读书的年龄段。平时他自己走江湖，“周游列国”，钱走到哪里赚到哪里，也用到哪里，不需要多少积余。再说即使有点积蓄，为怕暴露自己行踪，到邮局里向家中寄钱也不方便，更何况自己来往途中，经常装“麻风病人”免费乘车，过着“乞丐”般的生活。但每当到了新学期临近的时候，他就要想尽办法去赚点钱，趁着黑夜溜回佛堂，把钱“塞”进家的门缝内，以供子女上学读书应急之用。这段时间，毛亦炳就会在义乌的周边小市镇或山区农村内采用“小红袍”“大红袍”的方式弄钱。

有一次，毛亦炳装成气功师，收天地阴阳之气在手掌上，在远离病人二十厘米左右处发功，为人治病。他发功前，先用一只手，伸进病人的衣内，接触皮肤摸穴位。摸准了穴位，开始发功。然后病人的衣服，对准发过功的穴位喷一口“清水”，只见穴位处的皮肤上马上就会像有血一样红起来。旁边看者无不拍手称奇。另外还有一种气功加扎银针治病。毛亦炳对病人穴位发了一阵“气功”，然后用浸湿的药棉擦了擦银针，对准穴位扎入病人皮肤中，只见银针刚入皮肤，针脚边就会冒出“气泡”来，气功师毛亦炳指着“气泡”，叫旁人都来看“这是从病人身上用银针抽出来的‘毒气’。”从而赢得旁观者的啧啧称奇声与喝彩声。

毛亦炳气功治病的生意很好。在很短时间内一传十，十传百。某某地方“来了一位了不起的治病气功师”的消息不胫而走。消息传到了当时在公安部门从事刑侦工作的老郭耳朵里后，老郭认为天下哪有如此本领了得的治病气功师。他穿着便衣，混入村民中看了几场毛亦炳的气功治病的表演后，凭着他那双鹰一般亮的双眼，当场发现了毛亦炳手伸入病人衣内，去摸病人穴位时，手心中攥着一个极不容易被人发现的小黄布包。为了弄清这黄布包是何种“门子”，他有意等在边上，等毛亦炳收场后，把毛亦炳“请”进了刑警队，从毛亦炳身上搜出了几天做生意积攒起来的全部现金积蓄和那个小黄布包。拆开小黄布包一看，包的是一种黄色的粉末。毛亦炳气功师的“相”就这样被老郭“破”了。

在老郭软硬兼施的“逼供”下，毛亦炳知道自己“老鼠”碰上“猫”了，已在劫难逃……

出乎意料的是，老郭突然用几句江湖“春典”与毛亦炳交谈起来。毛亦炳为了求老郭放他一马，如实交代了小黄布包内的药粉是一种名叫姜黄的药末，喷上去的“清水”是一种稀释的碱水，姜黄遇到碱水，立即变成像血一样鲜红。银针上擦的消毒用药棉，浸湿药棉的不是酒精，而是会发泡的过氧化氢。

毛亦炳如数坦白交代后，老郭信守诺言，从宽处理。在毛亦炳答应不再用“气功治病”后，归还了毛亦炳当时被搜出来的钱和假装气功师用的道具，把他放了。这就是老郭在毛亦炳处学到了用“小红袍”治病的经过。

因为毛亦炳每年都要回家塞钱供养子女上学读书。他走江湖的生涯，绝不会因为在老郭手上“栽”了小红袍的“门子”而真的洗手不干。

第二年，毛亦炳又在异地装扮成了一位能治疑难杂症的神医，在偏僻的山区、农村被传成了神话。

毛亦炳身背一只医疗箱在偏僻的山区、农村中穿街走巷，见到了气色比较好，服装穿着讲究一点的人，他就会突然面对面地站在你眼前，目不转睛地看着你的面部。当被看者问他为什么要这样看他时，他会轻轻地告诉你：“请你今后辣椒、生姜不要吃。”

如果对方不搭理，毛亦炳的话等于白说。但一般人受到这样的“关怀”后，总会觉得奇怪地问一声“为什么”？

得到对方这样“为什么”的反问，毛亦炳心想“飞抓”（找到了就范的对象）可能会成功了。他就对被他“飞抓”到的人说：“我家是三代祖传中医，从你气色上我可以看出你身上有一种暗症。这种暗症，有的人可能终身不发，但从你的面部特征上可以看出，很可能要发作。辣椒、生姜的辣味很容易诱发这种暗症，这种病初发时，可以让你一时昏倒，不省人事，但过了一两个小时之后，马上就会恢复如初，像没昏倒以前一样的健康。但过了一段时间又会复发，连发几次后，就无药可救了。正因为这种病的发病率不高，所以往往不能引起医院里医生的重视，造成医生认为是心脏病而误诊，结果，医一个，死一个。死掉了，医院里出具的死亡证明书上填写的还是‘因心脏病死亡’几个字。有这种病的人太可怕了。你要是不信，我可试验给你看。”

毛亦炳一边说，一边抓过被他“飞抓”者的手，从他肩上背的药箱中，用双手“摸”出了一个酒精瓶，然后用手掌轻轻地在被“飞抓”者的手背上用酒精药棉擦了一下，作为“消毒”后，用没有拿过酒精药棉的另外那只手的四个指头，按到用酒精消毒过的被“飞抓”者的手背上一放，毛亦炳闭上双眼，翕动嘴唇默念了一阵后，就会在被“飞抓”者的手背上，出现四道鲜红的手印来。“这说明有病，没有这种暗症的人，是不会显出红手印的。”

笔者前面已讲述，这是江湖上的“小红袍”，消毒的不是酒精，是碱水。另外按在被“飞抓”者手背上的四个指头，在他双手伸进药箱里“摸”酒精瓶的时候，已在箱子里摸了一把姜黄粉。这样的试验，一百个人被“飞抓”到后，一百个人都会相信自己确实有病。向毛亦炳这位神医求助治疗的人，马上就会成为被“飞抓”到了的“正点”。

这时，毛亦炳顺水推舟说：“你身上的暗症病若不抓紧医一下，日后就麻烦了。到了这一步，毛亦炳还会说，我今天碰到了你是你运气来了，你是否可以带我到你家里，我可以免费对你进行进一步检查。”

当被“飞抓”的“正点”把毛亦炳带到家里后，毛亦炳让“正点”坐在凳子上，用手翻了翻“正点”的眼皮，看了看手表，煞有其事地用手指掐算了一下，然后说：“现在几点钟，属什么时辰，你身上使你有暗症的血已经流到了你的手臂上（或肩头上或其他某部位上）了。”然后叫“正点”撩起衣袖，在“正点”手臂上（或其他部位上）吮吸起来，每吸一口，就能吐出一口“鲜血”。连续吸出三四口后，“正点”的手臂皮不破，不感到一点痛，但被“吸”出来的“鲜血”从毛亦炳的口中吐在地上了，毛亦炳连声说：“你这血太腥气了！快给我倒杯白开水来漱漱口。”毛亦炳漱口完毕后说：“我可以保证在一年内你身上的这种暗症不会发作了。但过一年后就无效了。”并说：“我这种吸血检查是一种祖上秘传的内气功。发功查病，我虽然很伤神气，但是为了治病救人，我可以不收费。但要治这种病的药成本太高，免费赠送，我的经济能力实在担负不起，一粒药丸中，单单麝香、蛇胆、天鹅蛋黄就要上百元的成本。”说到了这一步，“正点”只要有钱，总肯拿出来买他的药。

可是不凑巧的是这位“正点”身边没有多少钱，只能叫家人为毛亦炳这位“神医”泡茶烧点心接待一下，“正点”要买药治病，自己出去向人借钱了。

“正点”出门，正好遇见了来到这个村子上当社会主义思想教育工作队队长的老郭，当老郭听了“正点”的一翻绘声绘色地介绍“神医”为他手背上查病，手臂上吸血查病的过程后，老郭心想“手背上出现红色指头血印？”就问“正点”：“神医是否在你手背上先擦一下湿的棉花？”

“正点”回答：“对的、对的，神医说那是消毒的酒精棉花。”

老郭马上想起了一年前毛亦炳向他交待并结具悔过，不再重犯用“小红袍”骗人的事。可是今天这位村民，被“神医”在手臂上吸出几口鲜血来，这可是闻所未闻的新鲜奇事。老郭一边答应借钱给这位村民，一边请这位村民把自己带到了家中，想看看这位“神医”究竟是怎样一个人。

老郭在村民的陪同下，一进家门，只见神医正埋头伏在桌子上吃由“正点”家人烧好的点心面条。老郭一看眼熟，“毛亦炳”一声脱口而出。毛亦炳口中含着一口面条，抬头一看，真是冤家路窄！喉咙上塞着的面条，一下子把毛亦炳的脸闷得通红。过了好一会把喉咙里的面条吞落肚后，才结结巴巴地低下头，对老郭说：“怎么又会碰上你？！”

在一年前，老郭审理毛亦炳用“小红袍”骗人的案件时，听了毛亦炳自己因为出身不好，才有家不能回，一直在外流浪的身世交代后，出于对毛亦炳的同情才发善心放毛亦炳走的。因为老郭自己也有类似于毛亦炳身世的难言之隐。

老郭原籍金华县农村，因家穷，读不起书，父亲才把他送给嫁到杭州城里后不会生育的姑姑当义子，由姑姑供他读书上大学的。可是土地改革时，姑姑家出身不好，自己大学毕业后，虽然读书成绩全优，但还是被分配到了下面县一级公安局里当一名普通刑侦警察。同样是因为自己家庭出身不好，在单位里要受人歧视，工作干得再出色，年终评先进工作者也没有他的份。

现在，第二次在农村见到了这位曾经被自己同情过的毛亦炳。好在这见面的地点，不像一年前是在刑警队那样的单位里。当他见毛亦炳的脸，被口中的面条噎得通红，结结巴巴地说话时，为了缓和紧张的气氛，老郭有意叫毛亦炳“别急、别急、慢慢地说”。

领着老郭到家里的这位“正点”见状后，奇怪地问老郭：“你们认识？”

毛亦炳马上嬉皮笑脸地抢着回答：“我们不但认识，还是老朋友呢，老郭，你说是吗?”老郭却面无表情地点了点头。

“你怎么会在这里的?”毛亦炳故意向老郭试探着问。

“正点”马上抢着回答:“他是我们村子里的社教工作队队长。”

“噢……”毛亦炳刚想开口说话,老郭拍了拍毛亦炳的肩膀说:“你跟我来一下。”

“对不起,郭队长,他的药,我都还没有买下呢。”“正点”向老郭央求着说。

“你快给他。”老郭叫毛亦炳赶快拿药。

毛亦炳从药箱里拿出一个瓶子,倒出几粒药丸递到“正点”的手中。

“多少钱?”“正点”问毛亦炳。

“既然大家都是朋友,算了,就算我送给你吧。”毛亦炳慷慨了起来。只有毛亦炳心知肚明,这种让人吃不好,也吃不坏的自制药丸,天晓得值多少成本费。

可是,忠厚老实的“正点”一定要付钱,毛亦炳也就说:“你不要去向人家借了,你有多少付多少算了。”

“正点”翻遍衣、裤口袋,只有十多元零钱,毛亦炳一把抓了钱说:“这些够了,这些够了。”这位“正点”自己还认为这下子可捡到了一个大便宜。

老郭把毛亦炳带到了自己借住在农民家里的房间内,关好房门后,问毛亦炳:“你又出来了,怎么回事?”

毛亦炳哭丧着脸说:“没办法呀,家里小孩要读书,近来听说家里老婆又因劳累过度生了一场大病,我不能不出来啊!”

“刚才听那位村民说,你从他手臂上吸出了血,怎么回事?”老郭一手按着自己的背部,面露一丝痛苦地问毛亦炳。

“怎么了,你背上生什么了?”善于察言观色的毛亦炳反问起老郭来。

“别管我,你先把我问你的讲清楚。”老郭用刚才按在自己背部的那只手一指毛亦炳,情不自禁地又“哎唷”了一声。

“你背上长疔了,让我看看。”毛亦炳马上撩起老郭背部衣服一看,“这种背脊疔,我可以叫你一分钟停痛。”

“我这里可没有什么‘点’让你抓的。”老郭对毛亦炳说。

“耳听为虚,眼见为实,我试给你看。”毛亦炳转身到药箱里去找银针。同时,从箱子里顺手拿出一本已经发黄的封面上写着民国二十五年(1937)重刊《刺疗捷法》的书,翻了一下,对着书上的图,在老郭背脊疔下部的第一节与第三节脊骨处,扎入了两根银针。

说也奇怪,老郭背脊疔真的就不痛了。老郭就好奇地问毛亦炳:“你真的会治病?”

“这还会有假,我是照这本书上写的、画的给你治的。”毛亦炳一边说着一边把

《刺疔捷法》递给老郭看。老郭翻看了这本书后说："难怪说'没有金刚钻，难揽瓷器活'了。"老郭问毛亦炳："这宝贝书哪里来的？""是祖传的。"毛亦炳恭维地回答了老郭的问话。

毛亦炳如实详细地向老郭介绍了自己闯江湖，学会了中医郎中的望闻问切、汤头歌诀和丸散膏丹，对不同病症不同疗法的心得、经验、体会，同时还向老郭如实地坦白了刚才自己把那位村民当成"正点""飞抓"时，口中含有大黄苏打片，经口水溶解后吐出来的溶液，鲜红如血，让人受骗上当。这就是江湖上秘而不传的用"大红袍"向人骗钱的全部行骗过程。

这次，老郭不但没有批评责怪毛亦炳用"大红袍"骗人的错误行径，相反的还与毛亦炳交上了朋友，请毛亦炳吃了饭后，把毛亦炳送出了村。

（六）沸油锅里捞钱

上面"异乡相见"故事中所讲的小傅与小王摆在草药摊上引人围观"点篷"用的"水上跑马"那碗水被毛亦炳有意推翻倒地后，小傅和小王当时确实有点心痛那能在碗中水面上旋转"跑马"的漂浮物。但毛亦炳用"木通"吸水吹泡泡的技艺与纯正的江西方言，帮助他俩卖了几十元草药，后来毛亦炳有意用在江西谁也听不懂的义乌佛堂镇方言沟通，使他俩在异域他乡见到了同乡熟人，双方关系一下子融洽，好到无话不谈了。

"我刚翻倒你的那碗'水上跑马'的水时，我看你们俩的表情，好像真要我赔你多少钱的样子，够凶的，我差点被你们吓倒。"毛亦炳故意向小傅与小王挑逗。

"你不知道，'教授'离开我们去庐山前，仅交给我们二十包'水上跑马'的东西，讲好最多十天半个月回来，我们一天用一包'水上跑马'去'点篷'，今天是第十八天了，还不见他回来，能不急吗？今天刚开始'点篷'，'水上跑马'就被你弄翻了，白白丢了一包，再过两天，剩下的两包用完了，就是'教授'留给我们的草药还有，我们也做不成生意了，我们能不叫你赔吗？"小王好像还在抱怨毛亦炳当时手脚有些粗鲁。

"你们是怎样与'教授''联穴'（合作）到一起的？"毛亦炳问小王。小王一五一十地把他们来到江西后穷途潦倒，干起了"点武篷"卖膏药的"涂汉"，可是过不了"报清口"的关，又干起练武卖艺讨赏钱的活，后来见"教授"的"文篷""报清口"都非常来钱，他摊上摆的这些草药，大部分是向山区农民收购来的，有小部分是自己上山采集不要钱买的，于是，我们就跟上了他，想从中学他做"草汉"。

小王话刚一停，小傅马上接口说："哪知道，'教授'的'门子'真紧，连我们点'武篷'，他掺进来卖刀口药，这刀口药是哪些东西配成的都不告诉我们。可是，教授离开我们去庐山这几天真奇怪，还有几个那天向我们买过'刀口药'的回头客，说我们卖给他的'刀口药'真灵。我们那天仅卖五角钱一包的刀口药，现在我们眼睛闭起来瞎讲要卖"一元一包"了，他们都还要买。真不知道'教授'的'门子'会这么多，'关子'这么紧，连我们那天为什么刀没有接触皮肤，也会划出血水来的'门子'也不跟我们讲，这'水上跑马'的是什么东西也要等他回来才告诉我们。"

毛亦炳听了小傅、小王的一番陈述后，他当初怀疑"教授"就是老郭，但他现在却又不敢肯定是老郭了。因为在他与老郭坦白交代"小红袍"的两次过程中，他不见得老郭会像小傅、小王所说的"门子紧"得这么奸诈。假如当初老郭当"猫"时对他"严一点"，他毛亦炳也绝对不会与他老郭成为朋友。

毛亦炳为了取信于小傅与小王，并有意与这两位佛堂走江湖人的后代交朋友，以便可以利用他俩今后为自己办点到家里给妻子"塞钱"一类的事。于是对小傅与小王说："你们没有卖完的刀口药给我看看。"

小王递了一包给毛亦炳，毛亦炳一看，"扑哧"一声笑了起来："这就是药店里卖的'磺胺结晶'，一角钱一包，买来研成白色粉末后再掺上一大半不值钱的乌贼鱼骨粉增加数量。你们能卖五角一包，一元一包？"

毛亦炳又叫小傅把剩余的两包"水上跑马"漂浮物拿出来给他看，毛亦炳用手指头捏了捏后，对小傅与小王说：我告诉你们，山上野油菜籽，用热开水浸泡几个时辰后，用手掌有力地搓去外壳，然后放到小石臼上轻轻地敲扁就行了。因为野油菜的籽有油，放入碗中的水面上，一敲，碗震动后，野油菜籽中的油花就在水中散开来，就会带动野油菜籽在水面上跑动起来。还有一种办法是：将野油菜籽敲扁，浸在水中，待它在水中吐尽油花后晒干，分别染上不同的颜色，然后浸入到香樟树中提炼出来的樟脑里，用时取出几颗，放入清水碗中，浸过樟脑的野油菜籽，不用棒敲碗就能在水面上飞快地旋转起来的。

"老毛师傅你真行，那'教授'教我们的不伤皮肤，能见血痕是怎么回事呢？"颇有心计的小傅抓住机会又向毛亦炳请教。

"那叫'小红袍'，是江湖上不轻易传授的秘技。你们自己等教授回来再去问他吧。"毛亦炳只告诉了"小红袍"的名称，有意不告诉"小红袍"的秘密，以吊人胃口。

毛亦炳与小傅、小王又在这家私人旅馆中住了几天，眼看三个人身上的钱袋都要空了，还是不见"教授"回来。

一天晚上，看在小傅、小王都是同乡人的情分上，加上自己听了小傅、小王的介绍后也想见一见这位"教授"究竟是不是老郭。于是，毛亦炳带着小傅与小王，到了一个较大的村子里，点起了一盏雪亮雪亮的"煤气灯"，先由小傅与小王敲响铜锣，练武"点武篷"，引来了许多围观的人。然后由毛亦炳"栓桩"，表演了一场"油锅里取钱"的绝活。

只见毛亦炳在一堆柴火上面架起了一口油锅。他用勺子取了一瓢油锅内的油，泼向柴火，“轰”的一下，火焰突然向上一蹿，围观的人都相信了油锅里盛的确实是油不是水。然后毛亦炳对着观众说：“等到油锅里的油被火烧滚后，你们可以将身上的一分、两分、五分的硬币抛进油锅，我可以伸手到油锅里抓出来。不过，我们是送艺下乡的，等下我从油锅里抓出来的钱，是不还给向油锅内掷钱的人的，算是你们给我的工钱。你们同意不同意？如果同意，你们向油锅内掷的钱越多，我向油锅里抓钱的时间就越长，你们也可以看得越长久、越仔细。”毛亦炳话音刚落，就有人开始向油锅里掷钱了。

油锅里的油开始翻滚，冒起了一丝丝青烟。毛亦炳装模作样地做了一下气功师运气到手上的动作，把手伸入油锅内，将沉入锅底的硬币，几枚一把、几枚一把地摸抓出来后，放在铜锣上，又有意说，我的手再抓，就要烫伤了，然后，马上用他特效的烫伤药涂满手掌与手臂，再走到观众前，把他从油锅里摸抓出来的钱和伸进过油锅，已涂上了烫伤药的手，展示给观众看。接着向观众介绍，叫卖起他祖传几代的烫伤药来。

事后，毛亦炳把油锅里摸钱、取钱的奥秘告诉给了小傅与小王，其实，油锅里下面是醋，上面是油。醋与油的数量配比，油应多于醋。当锅内油开始滚动冒青烟时，是比油重而沉入锅底的醋受热汽化后，向上蒸发，这时锅内看似滚动、冒青烟，其实这时油锅内的油，温度正好不冷不热，手伸进去摸钱、取钱正好适合。柴火上面焚烧的火是用自己带去的木质较软的木柴烧的。表面上看，火势大，吸引人，原因是这种软木柴的外面浸洒过油，其实燃烧起来的火温度不高，要烧较长时间才会使锅底的醋产生汽化。只有这样，才能让众多的围观者信以为真。当锅内的油温开始发热时，就得马上停止，用“凡士林软膏”充当烫伤药涂到手上。这种所谓的“烫伤药”，其实仅仅是医院里用来调配药物用，成本低廉的“凡士林软膏”，就是现场如果来了一位真烫伤患者，涂上了凡士林软膏后，也会缓解因烫伤而紧绷的皮肤，能使真正烫伤者，感到一时的舒服。但是，凡士林软膏是治不了烫伤患者的伤的。毛亦炳用这种不能真治伤的软膏充当烫伤药，目的仅仅是为了赚钱。

在毛亦炳与小傅、小王等“教授”从庐山回来的日子里，以毛亦炳帮助小傅、小王卖草药和下乡“点篷”卖烫伤药赚来的钱，作为大家共同的生活费用。

（七）南昌之行

老郭上庐山，路上遇到了自己在大学里读书时的同班同学韩坡。韩坡现在在陕西省出版社里当编辑，这次他来庐山开会已有几天了。两人久别重逢，分外亲热，倾诉衷肠。

老郭诉说了自己因秉性刚正，被戴上“现行反革命”帽子，清除出公安队伍，判刑三年教育改造，他的妻子已带着儿子离婚改嫁，自己如今已妻离子散，孤身一人，落魄江湖，干起了“挑草汉”行医卖药的行当的遭遇。韩坡听完后，深为眼前这位在大学里德才兼备、曾风云一时的高才生的命运感到悲哀和惋惜。

韩坡告诉老郭，前几天他顺道去了南昌共大（江西共产主义劳动大学），见到了在那里当校务委员的张义。并说当年在大学同班有校花之称的樊爱娟一起被分配到江西共大后，与张义结了婚，他们有了一个女儿。但张义现在得了一种怪病，原来的一头黑发现在已稀疏脱落。人也有些浮胖，尽管樊爱娟对张义百般细心的照料，张义也经常住进医院诊治，但一向讲究仪表、人品的张义，从镜子上看到自己一天不如一天不像人样的枯黄憔悴的面容后，时不时地表现出一种厌世悲观、妄想轻生情绪……樊爱娟一见韩坡去看他们，再三拜托韩坡劝劝张义，动员张义鼓起与疾病抗争的勇气。

现在听说老郭已从事行医卖药的行当后，凭韩坡对老郭的了解，他深信老郭一定能成为一名在研究中草药方面有成就的良医。因此，他再三叫老郭抽时间去趟南昌，为张义早日治愈这种怪病出点力。

其实，当老郭听了韩坡对张义的情况介绍后，心里也为张义患病感到难过，因为他们三人曾是最要好的同学。当年老郭被分配到公安刑警队当刑警时，张义、韩坡他们还保持着相互书信往来，直到老郭被捕入狱后，才中断了联系。如今听韩坡这么一说，老郭虽然心知肚明自己不是专业郎中，遁入江湖“挑草汉”，纯粹是被生活所迫，但是，现在既然知道了张义被病魔如此折磨着的情形后，说什么也得去南昌一趟，看一看多年未见面的张义，以尽自己与他同窗之交的情分。

这天是星期天，老郭来到了张义宿舍，樊爱娟正好出门去菜市场上买菜去了。一位七八岁的小姑娘正扶着张义在家内的小院子里散步。小姑娘的脸蛋长得与当年在大学里读书时的樊爱娟一模一样，老郭一看便知道这是张义的女儿。

“这是你爸张义吗？”老郭问小姑娘。

“谁呀？”原来背部朝着老郭的张义慢慢地转过身来。“爸，是这位叔叔。”懂事的小姑娘指了指站在张义面前的老郭。

“我是郭军啊！张义你不认识我啦？”老郭一见面容憔悴而又略带浮肿的张义，果然与在庐山时韩坡所说的一样，眼前的张义，与大学毕业时一脸秀气的张义判若两人了。

几句寒暄之后，张义在女儿的搀扶下把老郭接进了他自己的家中，声泪俱下地把自己生不如死久治不愈的病痛告诉老郭。

由于一个诉得认真，一个听得认真，直到樊爱娟买菜回来，母女俩做好了中饭，来请老郭、张义一起吃饭时，老郭才见到了多年未见面的樊爱娟。

餐桌的四边，张义与老郭对坐，樊爱娟与女儿对坐。樊爱娟一边吃饭，一边向女儿介绍起老郭来。“这位郭军，你应该叫他伯伯才对，因为他比你爸大一岁，是我们在大学读书时全校的学习尖子，门门功课都在九十五分以上，那时候真叫人羡慕。人家给他取了个绰号，叫他‘老考’，意思就是只有他不怕考试，考与郭谐音，所以也就叫他为老郭了。”听着母亲的介绍，女儿笑着点了点头。

“别提了，别提了。那时候，你娘是朵漂亮的校花，又会唱，又爱跳，是班里的文娱委员；你爸是个标准的班干部，共青团书记，虽然是个男孩子，每天还都要梳梳头，扣好衣领上的风纪扣，那才叫人羡慕与佩服呢。”老郭也附和着对张义与樊爱娟的女儿介绍起他们在大学里同班的学习生活内容来。

“你怎么会寻到我家来的？”张义问老郭。

“噢，是作家韩坡告诉我你在这里的住址的。”老郭回答着说。

“作家？前几天来看爸爸的那位韩坡叔叔是作家？”张义的女儿放下了吃饭的饭碗，好奇地朝着樊爱娟问。

“对，就是那位韩叔叔。他爱写文章、小说，早在读大三时，就出版了他的一本中篇小说大地……什么……”老郭接过樊爱娟的话头说：“《大地春早》，是写农村合作化题材的。”

“哎，老郭，你现在哪里工作？这么多年哪里去了？”樊爱娟问老郭。

“别触人家霉头了，他现在当郎中了。”张义横了一眼樊爱娟说。

“你怎么知道的？”樊爱娟问张义。

“我们刚才饭前谈话中知道的。”张义显得有些不耐烦地回答。

樊爱娟一听到老郭现在当郎中了，两眼一亮说：“那我家张义的病你能治吗？”

“你把他的病历拿来给我看看。”

“那我马上到医院里去挂号，取病历。”樊爱娟一边说，一边就走出了家门。

老郭见樊爱娟为张义着急的样子，也就趁樊爱娟去医院时向张义了解起有关樊爱娟的事来：“现在樊爱娟在共大里做什么工作？”

张义说：“她原来在井冈山分校教书，学校里见我身体不好，最近把她调到南昌来了。具体工作，学校里还未落实分配，暂时在家里照顾我的生活。”

“你们共大是座怎样的学校？”老郭问。

张义答：“江西共产主义劳动大学，是由中国共产主义青年团中央直属办的学校。学校里采用勤工俭学的方式，帮助上学的青年在劳动实践中提高文化素质，以适应农村、工厂里需要有专业文化知识人才的工作需要……”

“勤工俭学，那不是靠自己劳动挣钱读书吗？”老郭惊奇地问。

“对，我们的教育目标就是要缩小工农差别、城乡差别、知识分子脑力劳动与工农民众的体力劳动差别，把年轻人培养成有知识、有文化、身体健康的社会主义劳动者。”张义像是向老郭宣传起党的教育方针来了。

“那读书还要不要钱?”老郭追问了一句。

“不要。”张义肯定地回答。

“我有两个朋友的儿子,你们能帮他们报名上学吗?”老郭又问了一句。

“听说,樊爱娟教的井冈山分校招生的名额还未满,可以去试试。”

“……”

张义与老郭的谈兴正浓,樊爱娟上气不接下气地从医院里把张义的病历取回来了。老郭翻开一看,只见病历诊断栏内写着“肾炎”,其他一些药名,写的是英文又不像英文的字母组合文字。老郭对张义说:“你看的是西医?”张义点了点头。

老郭叫张义张开口,伸出舌头让他看看。

只见张义齿如枯骨,舌体软弱,伸卷无力,转动不活。老郭又用手摸了一把张义的头发,手上马上粘有落发。再翻看张义耳郭,耳轮干枯焦黑……各种迹象都呈现出肾精亏损,气血虚极的病症。

老郭对张义与樊爱娟说:“近几年,我看了《金匮要略》《丹溪心法》以及介绍中医、中草药的《柳叶医话》《医方考》等等书籍。根据张义的病情,依我之见,你还是改西医为中医试试为好。怎么样?如果你们认为可以试试,我过两天后,马上回去,查找一下医书中的记载,再给你们送上药方。”

“只要能治好病,哪还能分什么中医、西医的。”张义、樊爱娟几乎异口同声地说。

(八)“虎鞭”

出于走江湖的本能,老郭每到一地,都要抽出时间在那里住上一两天,到市面上看看江湖生意的行情。所以他才对张义夫妇说在南昌要住两天再回去,帮助张义到医书中去查找治疗张义肾病药方的事。

这一天,他向张义借了一辆自行车,到南昌市内各个蔬菜市场转了一圈。因各地的蔬菜市场都是小市民人口最集中的地方,是从事各种江湖行当人的必到之地。这对已经涉足江湖“挑草汉”的老郭来说,已成为一种职业性的习惯。

可是,老郭十分惊奇地发现,几乎各个菜市场附近都有藏族群众打扮的人在卖藏药。这些藏族卖药人,基本上都戴着一顶藏帽,披着一身藏袍,腰间挂着一把藏族特有的小藏刀,脚上穿着一双高帮的藏靴。地摊上摆着一些自称是来自西藏的民间草药,让人奇怪的是,这些地摊上,都摆着一只带“爪子”的下半截“老虎脚”,一两根“虎鞭”。

地摊的正中,还有一只透明的玻璃纸袋,袋内套着一块从《人民日报》剪下来的报眉与一篇题目是《重视对藏医藏药的经验总结》的文章。

老郭在一位普通话讲得比较流利的卖药人的地摊前停住了,他想看一看推销藏药的“生意经”。只见这位卖药人信口开河地讲：“现在共产党的政策好，中央二报一刊(当时最具权威性的《人民日报》《解放军报》《红旗杂志》)都在宣传你们汉族人要向我们藏医藏药学习，你们要学，我们就把这经验讲给你们听。”

“我们西藏是高原，老虎多。人民政府为了保护我们的生命财产，都支持我们打老虎，为民除害，所以我们每个人身上都带着这么一把防身用的藏刀。”说到这里，卖药人会摆一摆他挂在身上的那把小刀，接着就介绍起他的“虎骨”“虎鞭”来。老郭奇怪地看了一眼，“这么一把小刀，也能防身杀虎？”老郭虽然疑窦丛生，但是还是耐下心来，继续听这位卖药人演讲。

“老虎全身都是宝，青藏高原的冬天，零下三十摄氏度的低温，一张虎皮身上一披，你里面只穿一件夏天的衬衫都不会冷；老虎的肉，不但味道好，而且吃了不会肚饥，吃饱了一顿，一连一个星期不吃饭，人都还照样有力气；老虎的骨头，你们汉族人用来浸药泡酒，你们这里商店里卖的‘虎骨木瓜酒’就是用从我们西藏收购来的虎骨浸泡的。不过我们卖药人有个规矩，老虎身上的任何宝贝你们汉族人来收购都可以卖，就是这根‘虎鞭’不卖！”

这时，卖药人会拿起他地摊上的一根“虎鞭”，递给周围看热闹的人用鼻子闻一闻，一股膻腥气味扑鼻而来。老郭闻了后，感觉到这股膻腥气，很像黄鼠狼身上的那股臭气。他想，老虎是生活在野外的食肉动物，野生的狼、鹿和野猪等动物，被猎民打死后，也都有这么一种气味。难道这卖药人在卖的“虎鞭”是真家伙？

接着，只见藏族卖药人剥去了“虎鞭”外面的一层毛皮，露出了“虎鞭”上一个个的倒刺一样的肉钉。他对大家说：“只有虎鞭上有这种倒刺，别的任何动物的鞭上都没有的。所以雄虎与雌虎交配时，雌虎很舒服。但是交配完事拔出来时，雌老虎会因为这些倒刺而很痛。所以，雌老虎这时会拼命地去咬雄老虎。雌老虎越去咬雄老虎，雄老虎要避让，所以就越拼命地朝着与雌老虎相反的方向用力地拔他自己的鞭。由于虎鞭是生长在屁股下面的，所以雌老虎只能咬到雄老虎的头；雄老虎反击，也要咬雌老虎的头；咬来咬去，两只老虎的头上就都会咬得血淋淋的。不信，你们如果到动物园去看老虎的时候，去拨一拨老虎头上的毛就知道了，没有一只交配过的老虎头上是不留下相互咬伤的伤疤的。”

这位卖“虎鞭”的藏族卖药人，真是简直把牛皮吹上了直升机！平时大家都会说“老虎的尾巴摸不得”。现在他竟然叫你到动物园看老虎时去摸一摸老虎的头，看一看老虎的头上是不是真的有相互咬伤的伤疤。这种牛皮当然信不信由你，就看你是不是有胆量去摸老虎的头了。

介绍了一阵老虎交配的过程后，卖药人开始介绍他的“虎鞭”了。他用刀切下一片“虎鞭”，然后拿出一瓶白酒，自己先用嘴呷了一口，皱了皱眉头，再给观众闻一闻，证明是普通的白酒后，倒出一小杯，然后将他切下的一小片“虎鞭”轻轻地在小酒杯的酒面上一蘸，只见从“虎鞭”上垂下一条红线，直通杯底，经久不散。

这时，这位卖药人就手捧这个小酒杯给每一位围观的人看了一遍后说：“这条红线就是老虎的精血！精就是血，血就是精。有精神的人，脸上就会发红，没有精神的病人，脸上少血，就只能是黄色。这就是我们中国人是黄种人的缘故。因为黄种人皮肤是黄的，少了红色的血，所以剩下的就只能是黄皮肤的黄色了。老虎的力气之所以大，就是因为它的这种精血盛，虎死了，虎鞭里的精血还不会散。你们说，这种虎鞭是不是宝贝？”

“你们汉族人有句话讲得很好，‘头痛医头，脚痛医脚’。所以用这种有老虎精血的虎鞭用来医治人的阳痿，百发百中，补人欠精血的毛病特别灵。不信你们可以闻一闻，这杯有虎鞭精血的酒有一股虎鞭的香气，让你闻一下，就会感到舒服。”

不少人嗅了嗅这一小杯酒后还真的点了点头，好像闻到了虎鞭的香气。

这时，有急性子的观众问这位卖药人，这种“虎鞭”怎么卖，多少钱一根，还是多少钱一两？

眼看生意送上门，卖药人故意不急于理睬。正如江湖经所说的：是生意，跑不了；不是生意，招不来，用江湖的行话说就是“‘正点’跑不掉，‘花点’招不来”。卖药人只用眼睛横一眼急性子要向他买“虎鞭”的人，自已接着说：“我这小杯有精血虎鞭的酒只能闻，不能喝。要喝，也只能带回家去自己喝。不是我小气不给大家尝尝，原因是这酒壮阳，现在这种天气，大家的裤子、衣裳穿得单薄，怕你喝了这种酒，马上出洋相。男人喝了，走不了几步，裤子前面就会像里面捅出一根棒棒一样的难看。女人喝了更不得了，胸前的两座小山峰就会起尖尖，脸蛋也会泛起两块红晕来。如果被老公在街上看见了，回家后就少不了要遭到老公的一顿打，骂你不正经，在大街上都还要想床上的事，是不是想叫老公戴绿帽子……

“你要问我怎么卖，多少钱一根？整根都被你买去了，人家没有了，这样不行，我们要提倡有福大家享，好的东西大家都分一点才对。多少钱一两？我没有秤，你给我二十元，我给你这么一段。钱少了，我从西藏来，还要回西藏去，没有钱买票，人家不给我乘车。你说对不对？”与其说这位卖药人在卖“虎鞭”，倒不如说他是在卖逗你开心取乐的谎言！怪不得他不用秤称了，因为谎言是不能用秤称的。

在那时候，一般一个月有三十元工资的工人就已经够让人羡慕了，要一下子从身上拿出二十元钱，买一段“虎鞭”的人，毕竟不多。这时候，买不起一段的人，就用五元钱或十元钱向他买四分之一段或二分之一段，不多一会，这位藏族卖药人就卖了几百元钱。

老郭正想掏钱也买一小段“虎鞭”试试，突然一个念头消除了要买“虎鞭”的想法。老郭想：“虎鞭”说白了就是雄性虎的生殖器，每一只雄虎仅有一根。可是老郭估算了一下，全南昌市有二十来个藏族卖药人在卖这种“虎鞭”“虎骨”，加起来至少也有五十来根“虎鞭”在出售。这样岂不有五十来只老虎被他们打死了，还都集中到这里来卖？这是根本不可能的事。

老郭好奇地问这位卖药人：“这老虎是哪里来的？”得到的回答说：“是自己打的。”老郭感到奇怪。他骑着自行车，跑了几个菜市场，问了几位卖“虎骨”“虎鞭”的藏族卖药人，回答众口一词，都说老虎是自己打的。这么多能打死老虎的卖药人，岂不成了一大群当代能打虎的活武松！而且他们打死的都是雄性虎，难道他们是专门拣雄性虎打的？再说，每个摊上的“虎鞭”至少有一两根，而每只老虎，不分雌雄都有四只脚爪，摊上却都仅有一只。天底下哪有这种“虎鞭”要比“虎爪”多的怪事呢？这其中肯定有诈！

可是，凡江湖上的买卖，靠的是“门道”（诀窍），自己与这些卖“虎鞭”“虎骨”的虽互不认识，但从江湖行当方面讲还是同行。同行之间，讲的是江湖义气，犯不着要去“露”他们的“腥”，坏人家的生意。

眼下，老郭既然已经答应樊爱娟要尽快回去翻书找药方为张义治病，也就不便在南昌久留，他把自行车还给张义后，就匆匆地离开南昌回来了。

（九）偷鸡贼拜师

老郭回到原先与小傅、小王一起投宿的旅店已是午夜三更以后。因为这家小旅店离火车站近，晚上下车投宿的人较多，所以店老板每到这个时候都会爬出被窝眯着惺忪的眼睛，到旅馆门口迎客。

老板一见去庐山多日的“教授”回来了，连忙上前去接过“教授”手上拎的那只旅行包，满脸堆笑地说：“教授，小傅、小王他们等你都等急了，怎么这样多天才回来？”

“我碰到一个熟人，一起去南昌住了几天。”“教授”随口回了一句。

“噢，你还是住原来那个房间。不过房间里多了一个人，听他自己说是你的朋友。”老板一边领着“教授”去开房门，一边对“教授”说。

“什么？我的朋友？是谁？”“教授”问旅店老板。

“好像是与毛主席同姓，姓毛的，他讲的土话与小傅、小王讲的一样，我不大听得懂。”老板站在房门外对“教授”说。

“教授”进房间后，老板放下“教授”的旅行包就走了。

房间里两张床面对面的铺着，中间有一张长方形的小桌子，平时，“教授”住的是包房，因为他晚上有看书的习惯，怕人吵，所以一般不喜欢另外人住进来与他同房间。老板走出房间时，一脚绊倒了一只铁皮做的垃圾畚箕，响声惊醒了睡在床上的毛亦炳。毛亦炳一骨碌从床上坐起来喊了一声“谁？”

“是你？”“是你？”毛亦炳与“教授”几乎同时伸出指头，指着对方，异口同声地问。

老友相见，话多情深，彻夜长谈。老郭与毛亦炳从半夜三更一直谈到第二天日上三竿，都还以为天没有亮。

睡在另一个房间里的小傅与小王第二天一早起来到户外晨练，不见平时喜欢在早晨打太极拳的毛亦炳。他俩与往日一样，一个拎着一个热水瓶，一个捧了一脸盆洗脸水，来到了毛亦炳房间外敲门，想孝敬毛亦炳。这时，老郭与毛亦炳才发现，他们两人过于热心谈话，竟然连天亮已有个把时辰了都不知道。

在这次长谈中，老郭从自己蒙冤入狱谈到了出狱后丢掉了公安局的铁饭碗，浪迹江湖当“挑草汉”。又从在这县城里遇到了小傅、小王讲到教他俩“点武篷”，卖刀口药，直至分手去庐山。再从庐山会见老同学韩坡，讲到经韩坡介绍，去南昌看张义、樊爱娟夫妇，发现张义患的是肾病，答应帮助张义找药方，进行中医治疗。更从他在南昌菜市场发现卖药人，谈到了藏族卖药人利用“虎骨”“虎鞭”“点篷”做生意，以及他对“虎鞭”多于“虎爪”这一奇怪现象的种种怀疑……

因在老郭当初与毛亦炳的相知相交中，老郭了解毛亦炳是位多才多艺的江湖好佬，因此他想在交谈中，试探一下毛亦炳，就问他知道不知道藏族卖药人卖“虎鞭”“虎骨”的事；这种“虎鞭”到底是真的还是假的，其中的“门子”又在哪里。长期的江湖生涯练就了毛亦炳能利用中医望闻问切的医疗手段，因病使用汤头歌诀、丸散膏丹为人治病的本领，所以老郭同时也想请毛亦炳出山，为自己的好友张义去诊治肾病。

毛亦炳认真地听完了老郭一系列的叙述后，突然问了一句：“你在南昌看到藏族卖药人地摊上的‘虎爪’有几指头的？”

“有四指。几乎每个摊上的虎爪都是四趾。”老郭肯定地说。

“难道‘飞机’在南昌了？”毛亦炳自言自语了一句。

“什么‘飞机’？我听不懂。”老郭不解地问。

“‘飞机’是一个我们金华人的绰号，真名叫蒋非志，是江湖上有名的‘高买(扒手)’。有一次我正点好篷，准备卖药，突然有一位想买我药的人高叫起来，自己的钱包被人扒走了，结果‘炸了篷’。后来我从其他朋友那里知道那天炸我篷的‘高买’就是这个蒋非志。因他偷到了东西跑得快，所以就把他的名字‘非志’叫成了‘飞机’。蒋非志知道了那天是他把我的‘篷’炸了，禁不住同行对他的威胁，主动到我旅馆里来向我赔礼道歉。他赔的‘礼’是他从老百姓家里偷来的一只鸡，还有声有色地介绍了他偷鸡的本领。

“‘飞机’说，人人都说‘偷鸡不成蚀把米’。其实，鸡不喜欢吃生硬的米粒，而是喜欢吃活蹦乱跳的活虫。因此，白天去偷鸡，你用米去诱鸡，有的鸡理都不来理你。凡会偷鸡的，用的不是米，而是用过去点柏子油灯时用的灯草芯，摘成像粪便上的白色爬虫一样一段一段，然后含到口中，用人口中的唾液浸湿后，用力一吐，白色灯草芯在地上就会弹几下，很像白色的虫子一样，无论在地上扒食的公鸡还是母鸡，见了都会拼命地来啄食。这时，鸡只顾捕‘虫’，不顾你会用网兜去兜鸡。鸡一旦被你兜进网兜，马上装入准备好的布袋中，鸡就连叫都不会叫了。

“如果晚上进入农家，到鸡舍里去捉鸡，你千万不能将去抓鸡的手从上向下去抓鸡背脊。那样去抓鸡背脊，鸡会用两只翅膀扑打起飞、鸣叫，让你抓不到它。你应该手背贴近地面，用手掌慢慢地从下而上去托鸡的肚皮，把鸡在手掌中托出鸡窝，这样抓鸡，鸡不会叫，没响声，保你能抓到鸡。

“那天，我对‘飞机’说，你偷来的鸡，我不要。可是‘飞机’说，鸡都已经煮熟了，酒也买来了。这是他向我赔罪来的，并向我再三赌天咒地地说，只要我收他‘挑草汉’，他从此再也不干‘高买’‘歇生意（偷东西技术不及扒手的窃贼）’了。他说干‘高买’‘歇生意’这种行当，不但让人瞧不起，人家怕失财，还会像避瘟神一样地回避你，而且一旦失手，遭到人家一顿毒打，真是够你受的。并说，如果他自己一下子被人打死了，那倒是死了个干净，家中的老婆还年轻，可以带着孩子去改嫁。但是，从小把自己养大当了一辈子寡妇的老娘可要为没人为他养老送终受苦了。他要上为已六七十岁年轻丧夫的老娘能安享晚年，下为妻子、儿子承担起养家糊口的责任来，现在听人家都说我是江湖中德高望重的‘相’，他决心从此痛改前非，真的不再当没出息的‘高买’‘歇生意’臭行当了，恳求我收他为徒，带他改行‘挑草汉’……当时‘飞机’上有老，下有小，发誓要为养家糊口负责任的一番说辞，我虽对他产生了恻隐之心，可是仅听他一面之词，叫我怎样去收他这么一个没根没底、萍水相逢的徒弟呢。所以我拒绝了‘飞机’第一次要拜我为师的要求。

“从此后，每当我外出‘点篷’，只要‘飞机’在场，其他的‘高买’‘歇生意’再也没有来‘炸’我的‘篷’了。

“有一天，我出门，见一群人在围观一个躺在地上的人，我挤进去一看，是‘飞机’。看他比我们初次见面时瘦了许多，听旁边围观的人讲，这人（飞机）好几天没有看到他吃东西了，肯定是饿晕过去了。我马上到附近买了一碗豆浆，在旁人的帮助下，给他灌下去好一段时间后，他才睁开了眼睛。看见是我，就一把抱住我的双脚哭着说他饿死也不去干‘高买’‘歇生意’了，求我收他‘挑草汉’。我一时被‘飞机’的诚意感动了。一次偶然的机会，我按江湖上拜师带徒的规矩，约‘飞机’一起回了一趟金华，并专程到‘飞机’的老家，亲眼看到了‘飞机’家中上有一位六七十岁的老娘，下有妻、子的家境后，为了帮助‘飞机’真正地从此改邪归正，这我才收了‘飞机’为徒弟。

“后来，我带着‘飞机’到湖北武汉‘挑草汉’，看见有个少数民族的人在卖‘虎骨’‘虎鞭’，生意很好。可是我一闻那‘虎鞭’，有一种发臭了的生牛肉的气味。

“于是我就去找来一副牛鞭，中间穿进一根筷子，晒干后剥去外皮，用空心的伞骨磨成一把马蹄形的小刀，自下而上在牛鞭的海绵体上均匀地向上戳成一根根肉刺。然后找来一只活的黄鼠狼，杀死后剥下黄鼠狼的皮毛，趁新鲜包裹在已经戳有倒刺的干牛鞭上。抽出干牛鞭中间的那根筷子后，塞进了一粒粒削得像筷子粗细圆柱形的竹黄。

“第二天，我们打扮成两名猎人，有意去向那位少数民族打扮卖‘虎骨’‘虎鞭’的人摊上去兜售‘虎鞭’。开口对这位少数民族打扮的人第一句话就是你这‘虎鞭’是假的，我这才是真的，不信你闻闻真‘虎鞭’的气味，看一看我这‘虎鞭’，用刀切成片，醮一下白酒，会有一股红色的精血沉入酒杯底里去。当然，我们去讲他的虎鞭是假的时候，是选择没有旁人在场的时候，我们不能去‘露’他的‘腥’。

“其实，沉入酒杯的那条称为精血的红线是我们塞进牛鞭海绵体中心的那种一碰到白酒，就会变红线沉入酒杯底的竹黄。结果那位少数民族把我们请到馆子里吃了一餐后，花了五百多元钱，把我们用牛鞭加工成的‘虎鞭’买去了。看他当时高兴的样子，还好像真的捡到了便宜货呢。

“其实，我们当时并没有为一根几元钱买来的牛鞭经过加工后卖了五百多元钱而高兴。我们真正高兴的是，我们又发现了可以卖‘虎鞭’‘虎骨’的门道。因为当我戳穿那位少数民族打扮的人的假戏后，我仔细地看了一遍他当时摆在地摊上的那只‘虎爪’。我发现，那只‘虎爪’是用黄牛的前腿下半截，去了牛蹄的牛骨做的，虎的爪子，是用黑色的牛角雕刻成的，包在虎爪上的虎毛是黄狗的皮毛。

“我们为了仿造这种用牛脚骨做的老虎爪脚，跑遍了几个大城市有老虎展览的动物园。一次，西安动物园里突然死了一只老虎，我们听到这消息后，马上赶到西安动物园去看死老虎。动物园里的人不让看，我们就一方面向他讲好话，另一方面买了两包当时市场上供应十分紧张的秦岭牌香烟送给他们。后来他们放我和‘飞机’进动物园看老虎了。哪知道，‘飞机’这人很贪玩，他没有与我一起看老虎，而是利用进了动物园的机会去看大象、河马、长颈鹿等其他动物了。而我一人蹲在那只死老虎前面，把老虎的前脚、后脚看了个够。我还把地上的死虎与笼中的活虎进行了一番对比。

“我发现，老虎的前足有五指，后足仅有四指。虎足灵活而有弹性。足指内有锐利的指甲，伸缩自如。行走时，足指分开，猎取猎物及咆哮时，其爪外露，这就是人们常说的老虎‘张牙舞爪’的动作。每指底部，都有椭圆形的一块肉垫。因此虎的爪和脚，应该说与人的手掌一样，分别由手骨连着掌骨与指骨构成。

“后来我根据老虎的后足，用黄牛的脚骨去了牛蹄后再用其他牛骨，仿造了掌骨与指骨；用黑牛角雕刻了四个又弯又长而且锋利的爪子；用胶水胶粘在一起后，外面包上了一层黄狗皮；下面用胶粘上了几块用雄鹅的顶冠作为椭圆形的肉垫，做成了一只有四指的后足，同时又用上面所讲的方法，做成了几根‘虎鞭’；再弄一些其他的中草药，当了几回卖假‘虎骨’假‘虎鞭’的‘挑草汉’。生意很不错。”

老郭听毛亦炳讲到这里，问了一句：“那你们后来怎样了呢？”

“我们赚了钱后，‘飞机’这只狗改不了吃粪的毛病。他误解了我们江湖上只能糊口谋生，不能梦想发大财的规矩。他有了钱，不是赌，就是嫖女人。有一次，他从赌场里逃了出来，刚刚逃回旅馆不久，一起被抓的赌徒供出了他所住的旅馆房间。

“那天我正在房中睡觉。原来逃回房间的‘飞机’，偷偷包好‘虎爪’‘虎骨’‘虎鞭’后，躲在床里一声不响。我还以为他出去赌钱没有回来呢。我听到有人敲门，起床去开门时，他突然从床里钻出来，抱起了他偷偷包好的那些东西，跳窗逃走了。来抓赌的公安以为我是参赌的‘飞机’，把我抓了去。

“在派出所里，我一再声明，我在睡觉，没有参赌。后来公安干警叫来被抓的赌徒辨认我不是‘飞机’，才把我放了。我与‘飞机’，也就从那时起，再也没有见面了。”

“那你凭什么认为现在南昌在卖虎骨的人可能是‘飞机’呢？”老郭不解地问。

“这很简单，我没有与他讲老虎的前足有五指，这是我对他有戒心。如果真像你所说，现在南昌摆在地摊上的‘虎爪’都是四指的话，我猜这事肯定与‘飞机’有关！”毛亦炳接着又说，“因为‘飞机’这人的懒脾气我知道，是个只能做照样画瓢的事，很少会去动脑筋。凭着他卖的‘虎鞭’切片，醮到白酒后能有红线下垂这一点，我猜是‘飞机’在卖假虎骨、假虎鞭不会有错。”

就在老郭和毛亦炳谈到这里的时候，小傅与小王端着热水瓶与洗脸水，敲门走进了房间。一看到已有二十多天不见的老郭突然与毛亦炳出现在同一个房间内，两人吃惊地叫了起来：“老郭？！”

（十）夜话长谈

老郭、毛亦炳与小傅、小王四个人吃过早餐后，毛亦炳对小傅、小王说：“我今天与老郭有事情要谈，今天我不叫你们，你们别进到我们房间里来。”小傅、小王应了一声“好”，就径自离开旅店出去了。

毛亦炳听了老郭一连串在南昌看到有人在卖“虎骨”“虎鞭”的事和这些藏族卖药人草药地摊上，摆的都是四指“虎爪”的事后，心里就一直没有平静过。

因为南昌是江西的省会所在地。虎的前足有五指后足仅四指这一发现是毛亦炳去西安动物园看虎后学来的。没有真正接触过老虎的人是根本不可能知道得这么具体的。用竹黄削成筷子般粗细的粒子，塞进干牛鞭海绵体内，谎称是虎鞭的精血这事也是凭自己小聪明搞出来的。除了“飞机”，没有第二人知道。用现代的话说：做这样的假虎爪与假虎鞭，是毛亦炳的知识产权专利。可是听老郭说，现在南昌已有二十来位藏族卖药人都在使用着自己的这种专利，岂不破了江湖的“路规”，坏了江湖的“码头”？这种违反江湖道德的做法，在江湖行当中是绝对不能容忍的。

因为，众所周知，老虎是国家保护的一级濒危保护动物之一。在省会城市里如此大张旗鼓地宣传捕杀老虎，国家绝对是不允许的。一旦有人向有关单位告发，被抓的人不得不“破相”，坦白交代所谓的“虎骨”是牛骨，所谓的“虎鞭”是牛鞭，这块地方就成了很长时间不能做生意的“腥地”了。如果被新闻媒体曝光了，一个城市里大部分人都知道了，这个城市也就成了“坏码头”。再说，如果是“飞机”，一下子带了这么二十来个徒弟在同一个码头做生意，难免会因为人的智商高低，形成有成功也有失败相互嫉妒、倾轧的局面。如果发生了相互之间抢地盘、争生意、争强好胜、打架斗殴的事，岂不乱了“路规”自找没趣。由此可见，江湖上的“路规”，既是一种职业道德，是一种对江湖人士的约束；同时也是一种职业保护的方法，或者是一种维护江湖行当长期生存的手段。

毛亦炳与老郭谈到了这里，他认为南昌市面上出现的“虎骨”“虎鞭”现象，无论是否真的是“飞机”在那里犯“路规”，他都得必须马上去一趟南昌，了解一下这种现象发生的缘由。

可是，毛亦炳知道老郭是个无师自通、自学成才的“江湖”，他又怎么也会妄自带上了小傅、小王两个徒弟，用江湖上秘传的“小红袍”去卖刀口药呢？老郭这样做，岂不也违犯了江湖“路规”？当初，老郭当公安时，自己出于万不得已才先后向老郭交代了“小红袍”“大红袍”的秘传。当初，老郭曾经向自己承诺过“绝不外传”，可是现在的老郭又怎么食言失信了呢？

毛亦炳真是为“飞机”而烦恼，为老郭而矛盾极了。但是在他决定去南昌前，必须首先得把自己与老郭之间的矛盾解决清楚。所以，为了不让小傅、小王知道，才决定支开了小傅、小王，自己要与老郭进行促膝长谈。

毛亦炳与老郭的话题，自然是从小傅、小王谈起。

“老郭，听小傅、小王说，你曾经用‘小红袍’带他俩去卖过刀口药，是真的吗？据说你的‘门子’够紧的，你告诉了他俩‘小红袍’的名称，而没有告诉他们是用碱水代替‘消毒药水’，用姜黄粉遇碱水变成‘血水’的配方？”毛亦炳问老郭。

“我怎么能告诉他们配方呢？‘小红袍’是一种虚假的把戏，绝对不能再传授给他们这一代人！但我用药店里买来的‘磺胺结晶’当祖传的刀口药，那是不会骗死人、害死人的。我答应过他们，等我庐山回来后，再告诉他们，‘磺胺结晶’在药店里有卖，可以让他们从中赚点钱。”老郭回答毛亦炳的问话。

“那么‘大红袍’你也没有跟他俩公开过？”毛亦炳又问。

“没有，绝对没有。‘大红袍’‘小红袍’当作戏法变，玩玩可以，传给下一代绝对不可以。我当初收他们俩人，是看他们俩武功底子好，但‘报清口’不行，不是走江湖的料。”老郭又回答毛亦炳的问话。

“照你这么说，你现在‘挑草汉’就不是骗人的了？”毛亦炳反问了一句后接着说，“我听了小傅、小王模仿你照书请客卖‘柴胡’草药，你那种照本宣读也能够称作是在‘点文篷’‘栓桩’‘挖典’的‘相’？你这是在夜郎自大。”

老郭有点听懂了毛亦炳是在指责自己违犯了江湖“路规”的意思。马上恭维着说：“老毛师傅，我下海走江湖后一直在到处打听你的下落，真心诚意要拜你为师。我想，我们曾经是朋友，只要找到你，你一定会收我为徒的。要不然，我也不会老是在江西这一带徘徊了。想不到今天在这里与你见面，这是你我的缘分。我完全知道‘江湖深似海’，有学不完的‘春典’和‘门子’，没有名师指点，是要碰壁的。我虽然将小傅、小王带在身边，但我们没有以师徒相称。我不配当他俩的师傅。我带他俩在身边的目的有两个：一是两个人武功底子好，可以当个助手，万一在江湖上遭人欺凌，可以让他们当我的保镖一样应付一下；二是我这次上庐山、去南昌，也想找机会帮小傅、小王找一条出路，像他们这样年轻的人，应该是读书、长知识才对。我听说江西的共产主义劳动大学要招的就是像小傅、小王这些新中国成立前后出生的年轻人，一边学文化，一边勤工俭学，毕业后可以由国家分配安排工作，找个铁饭碗……我知道，新中国成立前走江湖的人，都是些没本钱做大生意的人，为的是养家糊口，现在新中国成立了，时代不同了，他们不能和我们这代人一样混日子了……”

毛亦炳听了老郭的一番肺腑之言后也觉得老郭言之有理，问：“那你为他们找到了可以去江西共大读书的门路了吗？”

老郭说：“找是找到了，听张义与樊爱娟他们说，江西共大的井冈山分校还在招生。但是，我觉得帮助张义治病的事不落实，很难向樊爱娟开口求助，叫她来帮小傅、小王去井冈山分校读书。”

“那你能在药书中，找到治疗肾病的药方吗？”毛亦炳又问。

“我想能。但我对中药只知其名不识其物，怕有几味中药，药店里欠缺，药不齐，光有药方子也没用。”老郭老实巴巴地说。

“这好办，只要有药方，不愁抓不到药。”毛亦炳非常自信。

老郭从旅店老板那里，取回了一只拉链袋，袋内装的全是书。毛亦炳见了，打趣地说：“难怪人家都叫你教授了，这么多书带在身边，不嫌吃力？”老郭接腔说：“换码头又不带它，这是我的宝贝，是寄存在旅店老板这里的。”

老郭把一大沓书放在桌子上，找出了许多能治肾病的药方来，用哪个药方好呢？他举棋不定，一下子懵了。

还是毛亦炳来解了老郭的“危”。毛亦炳说：“人身上的毛病是多种多样的，要对症下药，就必须从望、闻、问、切入手，找出了病因，才能选用药方。你说张义齿如枯骨，舌体软弱，发疏易落，耳郭干枯焦黑，这仅仅是一种你所看到的望诊。听过他的讲话语音、看过痰涕与二便了吗，那叫闻诊；你问过了他的病因和病史了吗，那叫问诊；你切按过他沉、浮、虚、实的脉象了吗，那叫切诊。”

面对毛亦炳一连串的提问，老郭只是摇头。毛亦炳见后无奈地说：“看来，你对中医的‘四诊’都未入门竟敢夸下为他找药方的海口！像你这样行医、卖药，不出人命才怪。看来我还得陪你去一趟南昌，让我去看看你同学的肾病后再说吧，我的老郭——书呆子！”

（十一）君子之交

江湖上有一个带徒的规矩，未经再三考验，信其具有先天的睿智与为人的诚信之前是不会轻易收你为徒的。例如前面毛亦炳少年时代，向佛堂江湖老大黄老板拜师学艺的过程一样，毛亦炳是黄老板百里挑一的佛堂江湖文化的继承人。

毛亦炳一生中带过一个半徒弟。

其中称为半个的，就是前面饿死不再当“高买”“歇生意”的“飞机”。可是，在毛亦炳测试“飞机”够不够格当徒弟的过程中，发现“飞机”这个人的睿智还可以，但是懒惰、懒散，办事不循规蹈矩，是他致命的毛病。有一段时间，天气长期阴雨，“点篷”的生意不能做，毛亦炳曾经带着“飞机”在一个小镇上租了一间店面屋，坐堂门诊，干起了江湖上被称为“四平”的行医卖药行当。

毛亦炳教“飞机”诊病搭脉，是要求病人端坐后，把手腕的掌心朝上放在桌子上，手腕的高度与病人的心脏部位保持水平，病人的腕关节下垫一脉枕，然后用左手的食指、中指与无名指三个指头，去搭病人的左手腕部跳动的脉搏上。切诊把脉最短时间不得少于一分钟，以医生的三个指头与病人跳动的脉搏感应来确定病人的脉象。

每个人的脉象都有常脉与病脉之分。一般来说，常脉每分钟七十二至八十次为正常。但正常的脉也有以下三种特点：一是柔和有力之脉象，称为“有神”；二是脉象从容和缓，节律一致，称为“有胃”；三是尺脉沉取，应指有力，称为“有根”。

所谓“病脉”，它可分为浮脉、沉脉、迟脉、数脉、虚脉、实脉、洪脉、微脉、细脉、濡脉、滑脉、涩脉、弦脉、紧脉、芤脉、促脉、结脉和代脉十八大类，可以用来诊断病人患的是什么病。

有一次，一位漂亮的少妇前来搭脉诊病。“飞机”乘毛亦炳不在，用手搭脉时以这位少妇的脉象轻微为由，搭脉竟然搭到了这位少妇大腿根部的位置上去了。这种不正经的行为引起了一场轩然大波。少妇受辱后，回去跟丈夫一诉说，少妇的丈夫火冒三丈，马上到毛亦炳的店铺里来找“飞机”，痛骂毛亦炳带的徒弟不正经，师傅也不会是好货。结果闹得毛亦炳不得不马上“卷地（换码头）”而走。

后来经过“飞机”重演了几场声泪俱下决心痛改前非，像是当初向毛亦炳投师时“饿死不再当‘高买’‘歇生意’”一样的苦肉计后，毛亦炳误认为是正当青春年华的“飞机”一时抑制不住自己的年轻气盛，过不了那位漂亮少妇美人关，所以才一时性情冲动所致，也就原谅了他。但是，最后“飞机”还是偷盗了毛亦炳创作的“虎爪”“虎鞭”逃走了。所以“飞机”只能算是半个徒弟。

毛亦炳后来收过一个徒弟，这个徒弟就是老郭。

老郭自学成才遁入江湖后，他到处打听毛亦炳的行踪，长时间地徘徊在毛亦炳活动的范围之内，期望并相信终有一天能够会找到毛亦炳的。当他发现小傅与小王后，他知道了小傅与小王是过去佛堂古镇上从事过江湖行当传人的后代。他一方面佩服小傅、小王有一身可以“点武篷”的看家本领；另一方面他又为小傅与小王缺乏走江湖人随机应变的先天睿智，根本不具备“报清口”的天赋才能，对他俩不能真正在江湖上混饭吃感到遗憾。所以，他仅对他俩讲了“小红袍”的名称，而没有对他俩讲“小红袍”的配方，以此测试小傅与小王的先天睿智。可是，经过好长一段时间，小傅与小王还是解不开“小红袍”配方之“谜”，老郭为小傅与小王只是四肢发达，头脑简单感到失望。所以他产生了要为小傅、小王另找一条出路的想法。就是因为这个原因，老郭才以“去庐山”为名，暂时离开了小傅与小王。

因为，凡是二十世纪五十年代佛堂古镇上稍有名望的人，都知道有这样一桩真人真事：

在离佛堂古镇东三五里路的双林寺边，有一位“义乌盘石丁氏”第二十八世的老人，生于1907年，原在上海印钞厂工作。那时候的钞票，为了防伪，由赤、橙、黄、绿、青、兰、紫七种颜色套印，而各种颜色的配方，都由一位日本技术人员垄断着。这位日本人就凭这一技之长，狠敲上海印钞厂每月给他高薪。上海金融界拿他没有办法，后来指派混迹在上海青红帮中的这位具有惊人先天睿智的佛堂古镇丁姓人进到印钞厂去服侍这位日本人，目的是要学到这位日本人印钞用颜色的配方。起初，这位日本人处处设防，丁姓人很难得手。后来，丁姓人掌握了这位日本人的生活规律后，就逐步接近日本人的生活，每天为他洗衣、端茶、送饭，甚至打扫房间，什么活都干，尽量争取使这位日本人满意以致疏于防范。

这位日本人在调配印钞颜料时，总是把门关紧了再进行，每一次各种颜料搭配好后，才开门叫丁姓人到他的配料房里去打扫清洁。这位丁姓人就利用这机会，头一天进配料房时，就用配料的天平秤，把每种颜料的重量都称一遍，记下来；第二天进配料房时，他又将每种颜料称一遍，记下来。这样反复试称了一段时间后，他终于利用每次头一天的重量与第二天的重量减少的数字记录中，掌握了各种印钞用色颜料之间配比的规律，最后印出了与这位日本人颜料配色相同的钞票。

传说，就是因为这个原因，上海印钞厂炒了这位日本人的鱿鱼，也因为国民党的金融掌权人，利用了这个印钞配色的技术，因而大肆印钞票，最后导致了钞票过量印刷，造成了国民党在大陆后期钞票失控而币值直下，形成了农村市场上前几天卖了一头大水牛的钱，过几天仅能买回一头小猪仔的大贬值。

与君一夜话，胜读十年书。毛亦炳与老郭经过了一夜加一天的促膝长谈后，双方都消除了误解与戒心，尤其是在关于帮助小傅与小王，寻求送他们去江西共产主义劳动大学求学读书的问题上两人达成了一个君子之交的共识。

原因很简单，老郭要拜毛亦炳为师了。因为小傅与小王都同样缺少上述故事中这个丁姓人的睿智，跟在身边，有诸多的不方便。所以，毛亦炳与老郭决定“换码头”。去南昌后，先得把小傅、小王上共大读书的事落实好。

（十二）分别

这一天的晚餐，由刚从南昌回来的老郭请客，四个人一起到馆子里吃。餐桌上，根据与毛亦炳事先的约定，老郭没有把在南昌见到了藏族卖药人在卖“虎骨”“虎鞭”的事讲给小傅与小王听，而是大讲了一些他所见到的工农差别、城乡差别。他问小傅与小王：“你们说，当工人好还是当农民好？”

“当然当工人好，每月有工资发，衣食无忧。”“看病还有劳保。”小傅、小王每人各答了一句。

“那你们说，像你们这样的年轻人，读书好还是像现在这样跑江湖好？”毛亦炳也向小傅、小王问了一句。

“如果有钱读书，当然读书好。”小傅快人快语地回答。“你呢？”老郭问小王。

小王抓了抓头皮，低下头说：“我的爷（父亲）都已经死了，谁供我去读书啊？”

“现在有个地方，读书不要钱，而且有饭吃，你们去吗？”老郭神秘兮兮地问小傅与小王。

“天下哪有这种地方！如果有，我们一定去！”小傅拍了一下小王问：“对不对？”

老郭接着把去庐山，又去了南昌，见到了韩坡、张义、樊爱娟的事，告诉了小傅、小王，同时又向他俩介绍了一些关于江西共产主义劳动大学里搞勤工俭学的情况，以及明天大家一起“换码头”去南昌，想送他俩上共大的主张。小傅和小王像是遇到了再生父母一样，从心里表示出了对老郭的感激之情。

樊爱娟的娘家，就在南昌市城郊农村。张义与樊爱娟为了全身心地投入到教育工作中去，他俩的女儿出生断奶后就寄在郊外农村的外婆家中抚养，每星期天或樊爱娟从井冈山分校回南昌市共大本校开会、办事时，总是两人一起去看看女儿，以享合家团圆的天伦之乐。可是，张义病情加重后，学校里为照顾张义，把樊爱娟从井冈山分校调回到南昌本校工作了，所以一般都是星期六下午放假后，樊爱娟到娘家把女儿接到共大宿舍，一家三口共进晚餐，星期日下午，又由樊爱娟将女儿送回娘家，以免耽误女儿在娘家农村学校里读书上学。

老郭、毛亦炳与小傅、小王四个人来到了张义的家。这天是星期一，老郭敲开了张义的家门后，小傅与小王跟在老郭身后，刚要跨进张义家门时，走在后面的毛亦炳一伸手，把他俩一手一个拖住了，叫他们把脚上的鞋脱在门外，光着脚板进去。这时，小傅与小王才发现，张义家的地上铺的是擦得一尘不染的木地板。进了屋后，只见张义家的桌子、凳子虽然不多，可是除桌子上放着的书、报外，样样家具、家什摆得井井有条。小王向小傅伸了伸舌头，做了个鬼脸，意思是，知识分子的家，究竟与农民、工人的家不一样。所以，老郭与毛亦炳虽然与小傅、小王都一起相处过好长一段时间，但他们可从来没有见到小傅、小王像今天这样拘束得跟小姑娘似的。

当樊爱娟招待大家吃饭时，小傅与小王正在客厅正中的马、恩、列、斯、毛五位伟人像前看得入神。

"好了、好了，别看了，张师母叫你们过来吃饭。"毛亦炳向小傅、小王叫了一声。

六个人围着餐桌吃饭。突然，小傅问："教授，伟人与普通人有什么区别？"老郭横了一眼，示意小傅在张义家时别再乱叫自己"教授"的绰号。可是，张义听惯了平时共大学生对自己这么称呼，以为小傅是在问他，所以就接口说："其实伟人也是人，就是他们看问题与处理问题的方式与普通人不一样。"

"怎么个不一样法？"好奇的小王没大没小地问了一句。

张义放下了饭碗，用手帕擦了擦嘴后对小王说："你看见茶壶里的水开了，想到什么？""水开了，还能想到什么，装进热水瓶呀。"小王回答得自以为很有理。

"不！瓦特就是从茶壶里的水开了得到启发，发明创造出了火车头上的蒸汽机。"

张义又说："我再问你，如果是你坐在苹果树下，突然从树上掉下一个苹果正好砸到你头上，你怎么办？"一向快人快语的小傅马上接口说："成熟的苹果，才会从树上掉下来，砸到你的头，说明那是你的幸福来了。幸是运气，福是口福，没有幸福，天上怎么会掉下苹果，还送到你的嘴边来呢？"毛亦炳笑着对小傅说："你这人真是嘴馋。"

"不、不，不能说他嘴馋。他能想到掉下来的苹果，是成熟的，也是对的。不过这苹果砸了你的头，你还以为这是幸福，这倒使我想起了一句外国人的名言：认为自己最幸福的人，才是真正幸福的人。而认为自己最聪明的人，则往往是最愚蠢的人。但是你知道吗？牛顿对这个掉下来的苹果就不这么想，他由苹果砸痛了他的头，从中总结出了地心有吸引力的经典力学'万有引力定律'。"张义就这样顺水推舟地启发式地讲了瓦特与牛顿发明创造的故事。不但一下子缓和了小傅、小王在张义家原来有些受拘束的气氛，还回答了小傅"伟人与普通人有什么区别"的提问。

“嗳,这两个故事我们在中学读书时物理老师都给我们讲过,我们怎么就忘记了,想不起来了呢?”小傅想用手去搔头皮,坐在旁边的毛亦炳,一把抓住了小傅的手说:“注意卫生,人家饭桌上还摆着饭菜。”小傅不好意思得脸一下子涨得通红。

“没关系、没关系。这就是你上次说的那两个朋友的儿子吧”!张义问老郭。

“是的,樊爱娟能帮他们去井冈山分校吗?”老郭问张义。

“你们打算几时去井冈山?他们两人愿去吗?”樊爱娟一边收拾桌子上的碗筷,一边问老郭。

“张师母现在问你们想不想去井冈山共大分校读书。”老郭问小傅与小王。

“愿意!”小傅与小王异口同声地说。

“那好,我给你们写封介绍信,你们拿我的信,去那里找分校的教导主任报名。你们自己能去吗?”樊爱娟对小傅、小王说。

“能去!”

第二天,小傅与小王,拿着张师母樊爱娟写的介绍信,从此与老郭、毛亦炳分别,告别了走江湖卖艺的生涯,去井冈山共大分校读书了。

(十三)“开票”人

老郭与毛亦炳目送小傅与小王去井冈山的车开出了站。

在从车站回张义家的路上,毛亦炳带着老郭,一路上有意步行、绕道,一连找了几个菜市场,都不见了前几天老郭在这些地方,看见过有卖“虎骨”“虎鞭”的藏族卖药人了。老郭也奇怪起来,一连问了几位附近的小摊、小店里的人,那些曾经在这里卖“虎骨”“虎鞭”的人哪里去了?回答的人不是摇头就是说“不知道”。随行的毛亦炳感到有一种不祥之兆,叫老郭再多转几个菜市场找找,他不信全南昌市曾经有二十来个卖“虎骨”“虎鞭”的人会一下子人间蒸发掉了。一直寻到午饭过后,在一个菜场旁边卖姜葱的老太婆嘴中,才算打听到了消息。原来是卖“虎骨”的一位藏族卖药人与人打架,被叫到派出所里后,第二天就没再来摆卖“虎骨”的草药摊了。

他们又问为什么会打架的,老太婆说:“听说好像是那位卖药人,前一天晚上用一张十元钞票去买东西,营业员找给了他零钱,后来这位卖药人又说不买了,向营业员退还了那张十块头。第二天,卖‘虎骨’的人摊刚摆好,那位营业员就找到摊上来了说,昨天晚上,他退还营业员零钱时少了四块,后来两个人就吵起来了,那位卖药人很凶,还要拔刀伤人……”

“现在什么地方还有这种卖‘虎骨’的卖药人?你知道吗?”毛亦炳问这位老太婆。老太婆摇摇头说:“不知道。”

老郭与毛亦炳再找了几个菜市场,人家还是都说“不知道”。一直找到傍晚时分,在回张义家的路上毛亦炳对老郭说:“他们肯定因为‘开票’而‘砸锅’(出问题),

就‘换码头’了”。

“什么叫‘开票’?”老郭问毛亦炳。毛亦炳把老郭带到路边一个公园的石凳上坐下来说:“到张义家，你千万可别与我谈有关江湖上的事。你就称我是一名江湖郎中，介绍给张义夫妇就可以了。因为‘露相’在江湖上是大忌。‘开票’不属于江湖行当。如果‘飞机’把干‘开票’的人收为徒弟，那‘飞机’栽在‘开票’人的手里这是迟早要发生的事。因为干‘开票’那种骗钱的把戏，只能到陌生的地方做一次就走，如果去做第二次、第三次，准被人当贼抓起来。”

“那他骗钱的‘门子’在哪里呢?”老郭问毛亦炳。

“他骗钱的‘门子’，就如刚才卖姜葱的老太婆所说的一样，用一张十块头大钞(那时候，市场上还没有二十块、五十块、一百块的大钞票，十块钞票是面值最大的)，去小摊、小店里买仅仅几角几分钱的小商品，当营业员找给你九块多零钱后，他又突然把所买的东西与找他的一大把零钱还给营业员说:‘对不起，我不买了。’或说:‘小商品拿到身上不方便，我等一下再来买。’这时，一般营业员都会收回已经售给他的小商品与那一大把零钱，退还给他那张当时市场上流行也不多的十块头大钞票。干‘开票’人的‘门子’就在这一大把零钱中，已经从中偷偷地抽下了一张或几张一元头零票钱。如果碰到细心的营业员，要先当面点一下退回零钱的数字，‘开票’人就把他从中偷偷抽下的零票钱，在营业员数钱时，暗放在柜台上，反怪营业员匆忙漏拿了。如果碰到粗心一点的营业员，把那一大把钱丢进了放钱的抽屉里或盒子里，这把钱与抽屉或盒子里的钱混在一起就说不清了。可是那时候商店里每天都要对售出去的商品在账本上进行登记，晚上或下班换班前，都要点钱入账、对账。如果发现钱少了，营业员是要赔钱的，所以如果少了钱，营业员就会想起来，怀疑起是那位买了东西又退还的人，在退钱的时候，从中做了手脚的事情来的。刚才那位卖姜葱的老太婆讲，那位营业员少了四块钱。这干‘开票’的人的心也太狠了。一般营业员一天只能卖百把来块营业款，每月仅二十来块工资，他一下子就从中偷抽了四块钱，那肯定要来找这位卖药人算账、退钱。”

“其实这个营业员的素质也不行，当时发现少了钱，把这个卖药人当场抓牢就好了。”老郭不以为然地说了一句风凉话。

“你不知道，凡是干这种‘开票’行当的人，一般都会假扮成很有身份、很有钱的阔气人，目的是为了麻痹营业员。有时为了取信营业员，买了香烟，会抽出一支来递送给营业员吸。那时候的香烟都是凭票供应的，没有香烟票，有钱都买不到。递送一支香烟给你，多客气！抽烟的营业员还会对买烟送烟给你抽的人警惕吗？如果营业员是女的或不会抽烟的，他会将营业员找给他的钱，说是多找了一张一块头，递还给营业员再数一遍。其实这张一块头零票，是‘开票’人有意加塞到零钱内的。当营业员收回了这多找的一元钱后，买烟的‘开票’人，就会托故不买烟了，要求营业员退钱。在这种多找给他钱都不要的正派人面前，营业员还会怀疑是他从中在退烟、退零钱的过程中做手脚偷钱吗？”

从毛亦炳对“开票”人偷钱的秘闻中，老郭又长了一智。

（十四）为“教授”上课

老郭与毛亦炳回到张义家时已是天黑掌灯时分。张义问老郭怎么这么晚了才回来？老郭说，我与毛先生一起逛了逛南昌城。

晚餐后，老郭这才向张义夫妇介绍起这位与他已经在张义家住了一天一夜的毛先生来。

老郭说：“毛先生可以说是我们的长辈。他在年轻时，虽然没有上过学、读过书，可是他是在一个严师家中当学徒出身，他的师傅，开的虽是杂货店，但精通中医学，经常带毛先生到隔壁中药店里去，与中药店里坐堂的医师聊天，毛先生也就与药店里的小伙计们混得非常熟。他在师傅管教下，不但学会了读书，还能写一手漂亮的毛笔字。在长期与隔壁中药店的接触中，毛先生还在中药店里自学了读方抓药，坐堂门诊，成了我们老家一带几乎可以与坐堂医师齐名的中医郎中，当时连他的师傅都佩服他。我上次离开你家回江西的路上遇到了一位同乡，谈话间知道了毛先生也来江西了，所以在朋友的帮助下，我把他找来帮你看病来了。”

“你不是说，你近几年看了不少中医、中草药的书籍，能在这些中医书中找出能治张义肾病的药方子吗？”因为樊爱娟爱夫心切，加上本来与老郭又是同学关系，所以就这样毫无忌讳地直言问起老郭来。

“是的、是的，我是把这一袋医书、药书都带来了。”老郭指了指那只拉链袋后说：“我是找了，可是治疗肾病的药方子有好几个，我把这些方子都给这位毛先生看了，毛先生问起了你的病症、脉象、病因，属肾阳还是肾阴……”

“我是个半路出家卖草药的，他的问话，一下子使我变成了‘秀才遇上兵，有理说不清’的傻大个了。所以，他既然被我找来了，我相信，治好你家张义的病就有希望了，不过，我还是相信，他的肾病，改西医为中医好。”老郭谦逊地回答着樊爱娟的问话。

谈话间，毛亦炳向樊爱娟要了张义的病历，看着“肾炎”两字，摇了摇头说：“肾炎？”“医院里的医生就当肾炎治的？你这肾炎是从什么时候开始的？最早发病时，是哪里先发痛的？起病到现在多少时间了？小便次数多吗？量多吗？有耳鸣、听力减退等等现象发生吗？……”

毛亦炳既查看了张义的眼、耳、齿、舌，又用手指按了按张义发黄而又略带浮肿的皮肤，把了把张义手腕的脉象，向张义提出了一连串问题后，对张义夫妇说：“肾有‘生命之源’之称。肾主藏精，所以能促进生殖繁行，能促进血液生成；因肾藏精，精能化气，由肾精化生之气，称为肾气。肾精属阴，肾气属阳，阴属水，阳属火，所以肾又是一个人身体中的'水火之宅'。如果男人的肾阴阳失调了，就会发生遗精、阳痿、潮热盗汗等症；女人阴阳失调了，就有腰膝冷痛，宫冷不孕等毛病。肾也主藏水，肾的蒸腾汽化，将水液分别清浊，清者运于脏腑，浊者化为尿液下注于膀胱，经尿道排出体外。若肾的汽化失常，则对关门开合不利。开得少，小便的生成与排泄发生了障碍，可导致尿少，水肿等症；开得多，导致小便清长，尿频量多症。肾还主纳气，就是人从口中吸入的气经过肺的调节后，下归于肾。所以正常的呼吸运动是肺、肾两脏相互协调的结果。医学上叫作'肺为气之主，肾为肺之根'。如果肾气亏虚，就会根本不固。所以，肾病的发生，首先与一个人的生活环境、条件、方式等原因密切相关，不知道张教授能不能听得懂我这个土郎中的话，比如，你平时是否有潮热盗汗，阳痿早泄的现象？小便的次数是多还是少？是清还是浊？"

真想不到，一个貌不惊人、土里土气的毛亦炳，竟然对在大学里教书的张义、樊爱娟两位真教授与老郭这位民间称呼的假教授，上起肾病的病理知识课来了。而且毛亦炳通俗易懂的讲解，一语道破了天机。当着张义、樊爱娟的面，以询问病情的形式，一下子触痛了原来只有他们夫妻自己知道，属于他们两个人隐私范围内张义所患的遗精阳痿病！

樊爱娟听毛亦炳讲到这里，又急起了性子问："毛先生，那我家张义的病能治吗？"

毛亦炳从樊爱娟的脸色上，看懂了她问的是什么病。"别急、别急，还是先让我听听张教授最初是怎样得病的，病情后来怎么会加重的过程吧。"

张义说："我大学毕业后，被分派到煤炭部工作。1958 年"大跃进"炼钢铁、夺高产，我被调到煤矿第一线抓生产，与矿工一起下井，到挖煤现场去搞挖煤技术革新。我是一个平时很少参加体育锻炼的人，到了煤井下，成天泡在煤水里，潮湿的矿井生活使我患上了双膝疼痛的关节炎。为了积极上进，争取'火线'入党，我还是咬着牙关，忍着病痛继续下煤井。由于我们对挖煤工具进行了技术改造，我们煤井的产量一直跃居全矿前茅，几乎经常能听到广播喇叭上的表扬声，看到宣传公告栏上的表扬文章。为了那朵'大跃进'时代能挂到胸前的大红花，我们矿上的人都几乎把命也拼上了。就在那种大干快干拼命干中，我晕倒在煤井里……当我醒来发现自己躺在医院病床上的时候，医生就告诉我，我患上了肾炎……"

樊爱娟接过话说："那时候，我们的女儿刚刚出生不久，我抱着女儿，在医院里服侍老张，后来老张病愈出院后，刚好我们南昌要创办共产主义劳动大学，经我再三要求，老张才从煤矿调过来到南昌工作。可是，当时学校里对我有个条件，说张义调入南昌共大可以，你(指我)得调到共大分校去。当时我想，只要张义能离开煤矿，我什么都答应。从那时候起，我的女儿就寄托给我父母带养，我就离开了南昌，到井冈山去办分校了。”

“后来，我经常因肾病而到指定的医院住院治疗，不是打针，就是吃药，以为西医疗效快，所以看的都是西医。起初打针、吃药还有点灵，后来就逐步失灵了。医院里的医生讲，可能是我的免疫力有问题，药用多了，有抗药性了。”张义摇摇头，露出了有些无奈的表情。

“……”

听了张义夫妇的话后，毛亦炳向樊爱娟提出了一个建议：“能让我与老郭及你家张教授在一个房间里共同住几天吗？”

“这有什么不可以。”樊爱娟爽快地答应了。

经过了几天的共同生活，毛亦炳不但详尽地知道了张义患有严重阳痿遗精的毛病，而且指出了西医医生把张义气血两亏造成的肾虚当成了肾炎诊治是一种治标不治本的误诊。毛亦炳建议应该治标先固本，标本兼治，同时也是让老郭运用他自学的中医理论知识，进行一次临床实践。

于是毛亦炳提出：先由老郭陪同张义到中医院里请一位名望较高的中医师为张义诊治。每次在去医院前，先由毛亦炳手把手地教老郭为张义望、闻、问、切、开药方子。然后老郭陪同张义前往中医院请老中医诊治后开的药方，拿回家与老郭在毛亦炳指导下开出的药方相比较后，再去按方抓药。事实证明了毛亦炳对张义因气血两亏造成肾病诊断的正确性。有几次，老中医的药方与毛亦炳指导老郭开具的药方子，竟然能够达到大同小异的程度。张义、樊爱娟和老郭三位真假教授从心底里佩服毛亦炳这位江湖郎中的真才实学。

经过了中医的辨证施治，张义的肾病，日见好转。老郭也在毛亦炳手把手地指导中，边学习、边实践，学到了许多中医、中药的知识与实践经验。

（十五）“招子汉”与“オロ”

毛亦炳在教老郭对张义治疗肾病期间，一有空闲就骑着张义的自行车，到南昌市私人旅店里一家一家去打听那些曾经卖“虎骨”“虎鞭”人的下落。现在张义的病情已有所好转，他就留老郭在张义家，继续帮助张义治病康复，自己决定扩大范围，到郊区以外的小镇上继续寻找这帮人。因为他决心要弄明白在南昌卖“虎骨”“虎鞭”的那些藏族卖药人，究竟与“飞机”有否有关系。

有一天，他在一个小镇上看见两位年轻妇女在卖蛇胆眼药，并能帮人剥眼睛内的“白内障”，而且生意很好。毛亦炳挤进人群中看了好长一会儿时间，结果发现这两个女眼科医生所干的与自己当初教“飞机”干“招子汉”卖蛇胆眼药的手法一模一样。

只见一位双眼眼球发红的患者过来请这两位女眼科医生治疗。两位身穿白大褂、戴着大口罩的女医生请这位红眼病人坐在凳子上，往翻开的红眼眼皮上轻轻地敷了一些她们所售的蛇胆眼药粉，然后滴上几滴所谓的蒸馏水。过了一会，叫红眼人张开眼，结果红眼病已消除，眼睛真的不红了。女医生拿着一面小镜子叫红眼病人自己照着镜子看一看，红眼病人果然高兴地说："真的不红了！"围观的人也看得清清楚楚，原来的红眼现在真的不红了。其实整个治疗红眼过程中，只有毛亦炳看得最清楚，女医生向红眼病人眼上敷眼药粉时，根本只是做做样子的，她们手中的蛇胆眼药粉，根本没有敷到红眼人的眼睛中去。她们给红眼病人滴的"普通蒸馏水"，也根本不是"蒸馏水"，而是医院里有得卖的肾上腺素。这种肾上腺素有扩张血管的作用，滴进眼睛中，眼睛内的血管得到了扩张，原来眼球内网状毛细血管中的血一时收进眼血管内，表面上看去是好像红眼一下子就不红了，其实，过不了多长时间，血管内的血返回到网状毛细血管中，眼睛照样会红起来的。这个方法是江湖上"招子汉"卖蛇胆眼药惯用的手法，目的是推销蛇胆眼药粉。实际上这蛇胆眼药粉究竟是什么东西，只有他们自己知道。

过了一会，一位眼睛上有一小白点的农村老人也过来看病。这女眼科医生又叫他坐到凳子上，说马上可以将他眼睛中的小白点剥掉，并对围观的人说，这是一种眼科手术，请围观的人退后一步，站远点，围观的人碰到她的手，妨碍她工作是小事，手术刀、手术钳碰瞎了病人的眼睛是大事。

只见这位女眼科医生翻开了病人的眼皮，敷上了她的蛇胆眼药后，用一根筷子般粗细的玻璃棒，在这位老人的眼睛上面来回滚动。女医生还不停地问老人"痛不痛""舒服不舒服"，老人回答说不痛又舒服，这时，女眼科医生又为老人敷上了一些药。可是，敷上眼药后，这位老人直眨双眼。女医生叫这位老人紧闭双眼几分钟后，问老人眼中有没有冰凉的感觉，老人摇了摇头。女医生又翻开了这老人的眼睛，用镊子轻轻地一夹，只见一小块像黄豆壳大小的乳白色的薄膜被女医生的镊子从老人的眼睛里剥了出来。不但围观的人都为这位女医生的高超手术感到惊奇，就连这位老年病人，自己看后也连声说谢谢医生。

其实，又只有站在旁边看的毛亦炳一人知道其中的"门子"。女医生用筷子般粗细的玻璃棒在这位老年人眼球表面光滑地滑动时，老年人自然会感到有点舒服。女医生用猪的小肠，刮去肠衣外表的油后，成了可以用来灌制香肠用的肠衣，经过刮得越薄越好的再加工，剪成黄豆大小的圆形小块，用手捻紧晒干，制成了比芝麻还小的肠衣团。乘围观的人站得远，看不清楚，用玻璃棒滑眼球表面时，将肠衣团植入眼角中。女医生第二次为老人眼中敷的眼药，实际上就是掺有冰片的一种粉剂，敷入眼睛内后，冰片的作用会使人产生冰凉的感觉，使眼睛里冰凉得直眨眼，把眼泪水都眨出来，是这眼泪水，把隐藏在眼角上的肠衣团化开了。这时，用镊子把这化开的黄豆壳般大小的肠衣镊出来，就成了。

为了推销蛇胆眼药，延长表演时间，她们会说：凡眼睛发现模糊看不清的人，都长有这种妨碍人视力的“眼膜”，只要用她们的这蛇胆眼药，以前没有的，不会再生成；以前已经有的，多用几次眼药，你自己擦眼睛，有时候都能把这种“眼膜”擦掉。因为眼药把你的这种眼膜与眼球分开了，所以有时候，擦眼睛也能将这种不容易让人看得清楚的妨碍你眼睛视力的“膜”，在你自己都不知道的情况下擦掉。

当这两位眼科医生摘下大口罩时，毛亦炳发现其中一个中年妇女的嘴角上，长有一颗黑痣。

过了没几天，毛亦炳在另外一个小镇上，又发现了这两个卖眼药的“女医生”。这回她们不是卖眼药的“招子汉”，而是成了专卖无痛拔牙“离骨散”的“才口”牙医了。

只见她们的牙医摊子上放着一大堆各种大小血迹斑斑的牙齿。摊前挂着一块写着“无痛拔牙”四个醒目大字的大红横幅广告布。两个女牙医穿着白大褂，这时没戴大口罩，毛亦炳就凭其中一位女牙医嘴角上长着的那颗黑痣，认出了这两人就是前几天自己所看到的那两位卖眼药的“招子汉”。

这时，长黑痣的女人见摊前站满了人，就讲自己所卖的“离骨散”，不光能治牙痛病，把它涂在病牙上病牙还能不痛不痒地自动脱落。

奇怪！这种用“离骨散”治牙、拔牙的把戏，也是自己当年教给“飞机”的呀！怎么两个女人也知道呢？

当初毛亦炳教“飞机”用“离骨散”拔牙时，曾经口授“飞机”的几句江湖术语，在这两位女牙医口中一点也没改动。这不得不让毛亦炳对这两位女人是否与“飞机”有关系的疑问越来越大。

这两位女人招呼站在她们牙医摊前的人，开口的第一句话就是当年自己教“飞机”的“牙痛不是病，痛来要你命”“用我离骨散，病牙自脱落”。另外，只见这两位充当牙医的女人专门拉老年人看牙病，原因是老年人很可能本身就有几颗会松动的浮牙。如果她们发现有松动牙齿的老人，她俩就会拉老人坐下，为老人免费无痛拔牙，以便让老人当她们的“无痛拔牙模特儿”，为她们用“离骨散”拔牙时，当众做广告，推销她们所谓的“离骨散”是专治病牙的牙药。

有松动浮牙的老人，坐在她们的摊上，张开嘴，当她俩在病牙上涂“离骨散”时，就已经用镊子将已松动的病牙摇动了几下。借三次上药之际，在松动病牙被摇出后，有意弄破牙床出血，所以听到老人咳一声，就能把已经被她们摇出牙床的病牙，随着被弄破牙床的血，一起从嘴中吐出来。

当遇到不好对付的病牙时，眼看真要把它摇离开牙床不容易了，她们就会趁为你嘴中上药的机会，把一颗事先准备好的牙齿，放入你口内。然后弄破你的牙床出血，让你吐出来。这颗放进你嘴里的牙齿，也会让人错认为是被她们用“离骨散”拔除的病牙。老人口里松动的病牙多，到底是哪颗被拔下来，连他自己都搞不清楚，只有老人自己回家去照镜子数牙时，才会发现自己的牙齿并没有被拔除过。假如有的老人马上用手指伸进嘴里去摸牙齿，这时，卖“离骨散”的人就马上会制止，说你手不干净，会感染的，她还会用一团药棉塞进你嘴里，叫你将棉团咬紧，防止流血过多。目的是怕万一你手一摸，发现病牙还在，岂不当场“炸篷”！

有一位中年妇女牙痛求治，女牙医发现是半颗已破损的病牙。妇女问：“能拔吗？”“能！”女牙医连看都未看过就肯定地答应了。女牙医装模作样地为这位中年妇女涂了三四次“离骨散”，每一次都弄破牙床，让她吐出一口血，并说：“这颗断牙根子很深。”当你吐出第四口血时，随血吐出来的半颗断牙，其实与前面所述一样，是女牙医乘你不注意，塞进你嘴里去的。这时，为了把这位中年妇女当活广告，在涂“离骨散”时，女牙医就会一方面开始准备收拾牙摊，为随时“卷地（逃离现场）”做准备而在拖延时间，另一方面当这位中年妇女吐出最后一口伴随着被弄破了的牙床血的“断牙”时，女牙医就会叫她咬紧塞进你嘴里的那个药棉团，三个小时不能松口，更不能取下药棉，不然会大出血，有生命危险的。此时，女牙医还会送她两三包“离骨散”，叫她过三个小时取出药棉后，再用“离骨散”漱口。趁这机会，女牙医就会用这位要求拔除断牙的病人，大做卖“离骨散”牙药的推销生意。三个小时后，女牙医早已收摊“卷地”，不知去向了。

即使这位中年妇女回家发现口中的断牙依旧还在嘴里，一般人都会自认倒霉，因为好在自己并没有花一分钱，连漱口用的“离骨散”都是白送的。

一般来说，做“才口”生意的江湖牙医都是男人，可是面前这两位女牙医，不但会做医眼病的“招子汉”，而且连做“才口”牙医的条赋词语，推销“离骨散”牙药的手段，都与自己教给“飞机”的一模一样，毛亦炳越想越不对劲。

他决定暗地里跟随着这两位女牙医“卷地”“换码头”。他估计，“飞机”就在这两个女人的后面。

（十六）“露腥”

在江湖行当中，地位最高的上九流人物，其行话隐语被称为“大向”，因为只有“大向”，才具备能够随时应付各种危机问题的真才实学。中九流中能当师傅的称为“相”，没有资格带徒弟的只能被称为“汉”。

比如，我们现在电视中看到国家运动员参加体育竞技比赛时，如果突然扭伤了脚，马上就会有一个拎着药箱的保健医生上场，为这位受伤的运动员按摩几下或进行简单的治疗后运动员才能继续上场比赛。这位保健医生，在江湖上就被称为“大向”。

再比如，电视剧中的武打戏被打得口吐“鲜血”；被砍的，立即“鲜血淋漓”。其实，电视剧中的这位导演，也就相当于前面“小红袍、大红袍”故事中，出于无奈才告诉老郭“碱水和姜黄粉接触后能制成小红袍（假血水），大黄苏打片被唾液溶解后会产生大红袍（口吐假血浆）”的毛亦炳这样的江湖“相”士。而前面“小傅与小王”故事中，小傅与小王只知道“小红袍”是“腥（假的）”，但不知道“腥”在何处，所以小傅与小王在江湖中，仅能被称为“汉”。

所谓江湖中的下九流，指的是生活在社会上最底层的，从事一些被人看不起的服务性行业和以损人利己为目的的小人。也就是被人称为卑贱、下流的人。他们虽然与上九流、中九流人所从事的“巾、皮、利、挂”沾不上边，但是他们对自己的行业，也有流行于他们中的行话隐语。例如：现在的理发师傅，过去叫“剃头匠”，他们在江湖行当中的行话隐语就叫“卖包（指拎箱子走街串巷的）”或“三只角（指挑剃头担或摆剃头摊的）”；如当扒手的叫“高买”；当窃贼的叫“歇生意”。但是，做乞丐要饭的，却被叫作“笔杆木兰”或“笔杆生”。传说明朝开国皇帝朱元璋讨饭出身，所以原属下九流的讨饭行当，因此沾了光，从下九流升级为中九流。其中丐帮主被称为“笔杆木兰”，相当于中九流中的“相”。只知道讨饭充饥，不知道丐帮门道的乞丐，被称为“笔杆生”，相当于中九流中的“汉”。由此可见，乞丐在江湖上，有其特殊的地位。

但是，如果上九流或中九流中的“相”，一旦有需要干下九流行当的人帮助办事的话，只要与下九流中的“相”讲一下，下九流的“相”就会被认为是一种抬举而尽力相帮。假如说“相”自己一时办不到，他也会在“汉”中物色对象，荐举给求助的中九流的“相”，尽心尽力地去把事情办妥、办好。原因是中九流的“相”，向下九流的“相”求助，这是一种机会十分难得的“抬举”。下九流的人，生活在社会最底层，他们把为上层人办事认为是一种为自己摆脱贫穷下贱的机会。上面故事中的“飞机”，从当“高买”“歇生意”，升格为“挑草汉”，就是利用一次偶然机会，“炸”了在江湖上有“相”之称的毛亦炳“篷”的机会，用宁可“饿死也不再当贼”的决心，才打动了毛亦炳，当上了毛亦炳“半个”徒弟。

可是，自从毛亦炳听了老郭所讲的卖“虎骨”“虎鞭”的事起，就怀疑起了是“飞机”所干的，加上现在自己又亲眼看见了两个女人，一会儿当眼科医生“招子汉”，一会儿又当牙医“才口”的事情后，更加深了毛亦炳认为自己带了“飞机”这个徒弟，有点“祸国殃民”了。因此，在毛亦炳找不到“飞机”的情况下，毛亦炳想出了一个要让“飞机”主动来找自己的计划。

毛亦炳打扮成了一名乞丐，混入丐帮找到了丐帮中的帮主蒋木兰。用江湖中的春典，向帮主道明了自己的身份，讲明自己想要用行规去教训逆徒“飞机”的事后，马上得到了蒋木兰的支持。蒋木兰马上派了一位脑子灵活的“笔杆生”小徐给毛亦炳当帮手，到了在当“招子汉”卖眼药的两位女眼科医生的眼药摊前，寻衅滋事。有意一边擦着双眼说自己的眼睛奇痒难忍，一边向两位女“招子汉”求讨“蛇胆眼药”试试是否能治。两位女“招子汉”不知是计，真的为小徐的眼睛里，滴了几滴肾上腺素。

哪知道，刚滴上一滴肾上腺素，小徐就号啕大哭大叫，说自己的眼睛像被挖掉眼珠子一样的疼，故意装作眼睛看不见，把女“招子汉”摆的蛇胆眼药摊子全部打翻在地，还大声地骂两位女眼科医生是骗子，蛇胆眼药是假的，弄得两位女“招子汉”不知如何是好。

站在一边的毛亦炳看了一会后，估计时候差不多了，一边上前去假劝小徐，不要哭闹了，一边对两位女“招子汉”讲：“你们还不快陪他上医院去！”两位女“招子汉”可从来没有遇上过像小徐这样的“眼痒”“眼痛”的病人，慌忙从衣袋里掏出一把钱，塞给毛亦炳说：“大哥，我们要收拾这被翻倒在地的摊子，拜托你帮帮忙，陪这位小哥上医院看一下。这些钱你先陪他去挂个号，我们随后就到。拜托了！拜托了！”毛亦炳边劝边扶，把小徐拉开了。

两位女“招子汉”的蛇胆眼药摊就这样被小徐给“炸了”。

过了几天，毛亦炳在蒋木兰的帮助下，又安排一位四十多岁的“笔杆生”老斯，去帮助毛亦炳干“露腥”的事。

毛亦炳带着老斯，找到了那两位原来卖蛇胆眼药的女“招子汉”，她们现在在卖“离骨散”牙药的摊前。老斯按照毛亦炳的吩咐，前去问两位女牙医：“我的这颗蛀牙能拔掉吗？”

两位女牙医的摊子刚刚摆好，正准备“抓典”，找活广告。一见老斯张着口，坐到了自己摊里的凳子上，一边连声说“好拔的，好拔的。”一边就打开她们的一包“离骨散”，蘸了一点，往老斯所指的病牙上涂。

老斯说：“涂错了！涂错了！”用手指了指自己嘴内的病牙，趁机把毛亦炳事先交给他的一粒药丸放入口中后，突然“哎唷，哎唷”喊了起来。

两位女牙医连忙问老斯：“这位老哥，怎么了？怎么了？”“你有没有搞错！我的蛀牙在这边（老斯指了指左边），你涂到了这边（老斯又指了指右边），这边比这边（右边比左边）的牙还痛了。哎唷！痛死我了，痛死我了……”

老斯突然一下，从凳子上滑到地上，紧咬牙关晕厥过去了。

两位女牙医慌忙去扶老斯倒地的身子，又慌忙去掰老斯的嘴。你越掰，老斯的牙越咬得紧。后来，只见慢慢地从老斯的嘴角上，流出了鲜红的血。

不多时，牙摊的周围就围上了一大堆看热闹的人。有人还议论起来，“有病痛终该上医院才对，叫这种江湖牙医拔牙，迟早是要出人命的。”

这时，毛亦炳拨开人群，面对两位女牙医，讲了一句：“是‘空子’不该来充当‘海清’。”

两位女牙医一见是上回帮助自己解过危的毛亦炳，异口同声地说："怎么是你？"

"我怎么了？赶快扶起来，救人要紧！"毛亦炳手脚利索地从身上取出一根银针，对准老斯二眉中间的印堂位置，提捏局部皮肤，向下平着刺入半寸左右，只见老斯慢慢醒来，连吐了几口含在嘴内的"鲜血"。

毛亦炳一边扶着老斯，一边赶紧叫两位女牙医收摊，一起扶着老斯到毛亦炳下榻的旅店里后。毛亦炳对这两位女牙医说："你们的'相'是谁？他是怎么教你们的？上次我帮你们送那位眼痛病人到医院，你们怎么自己'开(跑)'了？"

两位女牙医像是鸡啄米似的，只知"对不起对不起"地点头哈腰地认错、道歉。毛亦炳慷慨地摆了摆手说："算了算了，回去跟师傅再去学学，本领学好了再出门。"

两位女牙医怎么也想不通，明明自己只用"离骨散"往这位老哥嘴内的牙床上涂一下，并没有用镊子、钳子像平常一样去弄破过牙床呀，这位老哥为什么会这样大出血，并当场晕厥过去呢？

其实她们根本不知道，就是连她们的师傅"飞机"也不会知道，那血是毛亦炳交给老斯的一颗"大黄苏打片"，经老斯嘴中的唾液溶化后，就如前所述的"大红袍"一样变成血色的。

两位女牙医离开旅店时，向旅店老板一打听，原来毛亦炳就是在江湖中赫赫有名、被同行们誉为"一枚针"神医的"相士"。

在两位女牙医认为自己两次遇上这位"一枚针"神医相助而惊讶和庆幸时，她们根本不知道，这正是她们一步一步走向毛亦炳设计的圈套，结束在江湖中被人唾弃的男盗女娼生涯之路。

(十七)清理门户

这两个女人自从跟上了"飞机"，学会了卖眼药的"招子汉"、卖牙药"离骨散"的"才口"后，以为"飞机"是江湖上了不起的"相"，只要跟上了"飞机"就像家中园子里种上了一棵摇钱树，自己永远再不用随丈夫一起，在农村过那种脸朝黄土背朝天的农妇生活了。以前，她们跟随丈夫，起早摸黑地在泥土里辛勤耕作了大半年，所收的一担谷子、麦子，晒干扬净挑到市场上卖掉才得几十块钱，可是现在跟上了"飞机"后，卖一个上午的蛇胆眼药或"离骨散"就可以赚到几十块甚至上百块。有了钱，吃香的、喝辣的，真是夏穿绸衫冬穿棉，要什么没有？

她们跟上了"飞机"之后，甚至连做人最起码的伦理道德也没有了。她俩，原是湖北农村的一对同胞姐妹，两人在湖北农村，都有自己的丈夫和儿女。有一次，"飞机"到她们那里卖蛇胆眼药时，用不了几句轻浮的俏皮话，就把妹妹勾引上床了。从此以后，她也就能从"飞机"的衣袋里抓到大把大把的钞票。嘴角边长了一颗黑痣的姐姐，羡慕起了妹妹能用色相到“飞机”那里换钱，在求得妹妹的“同情和支持”下，也跟上了“飞机”。用她们自己的话说，姐妹俩从小没爹没娘，后来在农村媒婆的介绍下，各自嫁给了一个没有出息的农村丈夫。由于姐妹俩同病相怜，所以逃离了农村，跟上了“飞机”。但是，私心与欲望是人的本能，有时候她两也会因为争夺“飞机”而争风吃醋。每当遇到这种时候，“飞机”就会“有意”丢弃她们两人都不管而独自“逃”走。于是，两位女人又会为失去“飞机”这棵摇钱树而不计前嫌地和好如初。一起心甘情愿地当起了“飞机”的二女共一夫的姘妇。

“飞机”从各地农村收罗了一批好吃懒做的人，装扮成藏族卖药人，干起了卖“虎骨”“虎鞭”的“挑草汉”。“飞机”以前一人赚钱，加上两个女人要三个人用。现在，“飞机”一人和二十来个卖“虎骨”“虎鞭”的人赚钱，两个女人也可以利用向“飞机”所学的卖眼药、牙药自己赚钱了。用一句时髦的话说，“飞机”与两个女人，都同时步入了日进斗金赚钱的“黄金时代”。

可是，好景不长，“飞机”手下那名原来为他卖“虎骨”“虎鞭”的人，收摊卸装后，用“开票”的手法，拿了一张十元钞票去向曾经向自己买过“虎骨”的商店营业员买小商品，后来托词“不买了”，退还商品与零钱时，从中偷取了四元钱，营业员上下交班时，发现少了营业款。第二天找到这位卖“虎骨”的草药摊上，发生了争吵、打架，露了“腥”。“飞机”因此收回了他发给卖药人代卖的假虎骨、假虎鞭，一夜之间，从南昌城里“卷地”而销声匿迹了。原因就是怕那个去干“开票”的卖药人“露腥”后，当地警方来找自己的麻烦。

其实，“飞机”并没有离开南昌，而是有意躲进了两位姘妇租赁的城郊民房内，只不过用这种方法避风和疏散这二十来名为他卖假虎骨、假虎鞭的卖药人而已。

“飞机”听了两位姘妇先后两次遇上了一位江湖上叫“一枚针”的“神相”搭救的叙述后，在两位姘妇的带领下，来到了毛亦炳下榻的旅店，想以感谢为名，见一下这位江湖上有“一枚针”神“相”之称的高人。

不见不知道，一见吓一跳。

“飞机”见到了毛亦炳，在进退两难中，他深为自己当初偷盗走了“虎骨”“虎鞭”，还让毛亦炳被公安误抓到公安派出所里替自己赌博“受过”而感到不安；更为自己仿制假虎骨、假虎鞭，“盗用”了毛亦炳对这种“虎骨”“虎鞭”造假的“专利权”，违背江湖路规的欺师灭祖行为而内疚。慑于毛亦炳的威严，他颤抖了起来。

但出乎“飞机”意料的是，毛亦炳见了“飞机”，不但没有责怪和呵斥他，反而还和颜悦色地与他开起玩笑来。

毛亦炳指了指“飞机”一起带来的两个女人说：“这两个是你的‘采心’（姘妇）？”

“飞机”不好意思地“嗯”了一声后说：“怎么样，‘盘子’（脸蛋）亮不亮（好看不好看）？”

“你弄两个‘采心’在身边，不怕出事？”毛亦炳又问。

“飞机”俏皮地回答：“她俩是没爹没妈的姐妹。要不要孝敬你一个？”

这是男人逗趣的斗嘴。毛亦炳与“飞机”的对话，虽然用的都是金华方言，并且是姘妇用“采心”、脸蛋用“盘子”的江湖条赋隐语，站在“飞机”身后的两位女人根本听不懂。但是“飞机”还是转过身去对两个女人不知说了什么话，就打发她们先退出毛亦炳的房间。

这时毛亦炳问：“你从哪里招来那么多人为你卖‘虎骨’‘虎鞭’的？”

“怎么，你都知道啦？”“飞机”假惺惺地反问了一句后，接着说，“我离开你独自去卖‘虎骨’‘虎鞭’的时候，江湖上的一些混混，见我生意好，眼睛都红了。有几次软硬兼施地非要与我‘联穴（合伙）’不可。后来我看到了《人民日报》上那篇要《重视对藏医藏药的经验总结》文章，就到戏剧行头商店里买了几套藏帽、藏袍、藏靴、藏刀等道具，把小混混们打扮成藏族卖药人帮我卖‘虎骨’‘虎鞭’。”

“有二三十位徒弟吧？”毛亦炳追问了一句。

“没有，总共只有十八个。这些‘空子’，有时连成本费都不交。赌光了，还要向我借钱‘饱坑保窑’（吃饭和付旅店费）。”

“后来又怎么散了呢？”毛亦炳一步不停地追问。

“那位‘空子’去干‘开票’，打起架来被抓到派出所里后，我怕他招出我们的‘窑址’（所住的旅店）‘露腥’麻烦，所以就撤了，散了。”“飞机”答。

“那么多‘虎骨’‘虎鞭’哪里弄来的？”毛亦炳问。

“飞机”答：“‘虎爪’是按照你做的那只样子，请武汉大学里一位管理教学仪器标本的校工仿做的；‘虎鞭’是我向宰牛场里买的牛鞭。幸好这些东西我每天都管得紧，‘空子’们收摊后，钱收不起来，我倒不怕他们，但这些‘虎骨’‘虎鞭’，我必须每天收集起来，缺一不可。我怕因为‘露腥’后，成了‘腥地’，坏了‘码头’。你如不信，我明天可陪你去看这一大堆‘虎骨’‘虎鞭’都照旧堆放在我的‘窑’里呢。”

毛亦炳完全知道“飞机”想溜的心思，也就不客气地说：“我们现在就一起去吧。”“飞机”只好陪着毛亦炳，来到了他与两个姘妇一起租赁的房子里，只见屋内还有一个女人一个小孩。

“叫声爸、叫声爸。”那个嘴边没有黑痣的卖过眼药、牙药的女人，手抱着一个牙牙学语的小男孩，羞答答地要手中的小孩去对“飞机”叫“爸爸”。

“这是你的孩子？”毛亦炳又用金华方言问“飞机”。

“是我与她生的。”“飞机”指了抱小孩的那个女人，同样用金华方言答。

“那她是你的第三个‘采心’？”毛指了指另外一个女人。

“不是，她是我们雇佣抱孩子的。”“飞机”还是用金华话答。

毛亦炳虽未再开口说话，但他从心里狠狠地骂了一句，：“真是一帮男盗女娼，江湖败类！”于是毛亦炳打算要用江湖的规矩，清理门户了。

从广义上说，江湖行当是一种职业；从狭义上说，江湖行当是在旧社会的环境里，人们利用自己的一技之长所从事的谋生行为。职业，是人在社会中所从事的工作；行为，是受思想支配而表现在外面的活动。所以，江湖行当，作为一个人谋取生存的职业，就应该具备职业道德。要维护道德的存在，就必须有约束不道德行为的规矩。这个规矩，在三教九流中，各自都有一套维护自己行当的清规戒律。如何实施这种规矩和清规戒律，自然还得借助于当时的社会环境和社会制度的力量。

“飞机”回头对抱着小孩的女人指着毛亦炳说：“他是我的师傅。”抱着小孩的女人马上领会了“飞机”的意思，逗着牙牙学语的小孩，对着毛亦炳说：“孩子，快叫爷爷，快叫爷爷。”毛亦炳用手抚摸了一把小孩的脸蛋说：“长大再叫不迟，长大了再叫吧。”

“快去买点酒菜来，我们爷俩多年未见面了，去准备一下，我们大家一起吃餐饭。”三个女人听了“飞机”的吩咐都去买酒、买菜准备晚餐了。屋子里只剩下了“飞机”与毛亦炳两个人。

这时，“飞机”从屋角落里拖出一只锁着一把铁锁的木箱子，打开铁锁，刚掀开箱盖，“轰”的一下，从箱子里飞出来许多像是白蚁、蚊子一样的飞虫，只见箱子内许多“虎爪”上头露出的白骨上，蠕动着许多小白虫，一股膻腥味扑鼻而来，让人恶心。

“飞机”用手指了指说：“这些‘虎爪’，共是十九只，还有一些‘虎鞭’也在其中。”他问毛亦炳：“要不要倒出来数给你看？”

毛亦炳说：“都生虫了，还能卖吗？真是‘一年过广相，三年草不长’。”你们把生意都做绝了，骗得所有人都害怕了，即使其他的江湖上人到这里来也做不成生意了。

晚餐时，“飞机”乞求毛亦炳说：“我们能在这里见到师傅，真是天无绝人之路，请师傅指点迷津，我们今后该怎样走新路。”

毛亦炳面无表情地停顿了一会后说：“我过几天要出一次门，等我回来再说吧。”

晚餐后，毛亦炳向“飞机”俯耳说了几句话，“飞机”出门去借了一辆手推车回来。毛亦炳与“飞机”，把那只装有“虎爪”“虎鞭”的大木箱抬上车，拉到了赣江大桥正中，并往箱子里装满了沙石后，两人合力，把箱子抛沉进了滔滔的赣江流水中……

第二天，毛亦炳马不停蹄地乘火车来到了金华农村“飞机”的家中。“飞机”家原来的那间平房已经倒塌，就在废墟的角落，搭建了一间茅草房。毛亦炳敲开茅草房门，“飞机”的老婆与儿子在家中。一问，“飞机”的老娘已经在一年多前病死了。“飞机”的妻子也贫病交加，成了依靠乡亲们送口饭吃的特困户。“飞机”的儿子，骨瘦如柴，面色蜡黄，虽已到该上学读书的年龄，却仍没精打采地依偎在娘的病躯身边。“飞机”的妻子说，“飞机”已好几年没音讯了，不知他现在是死了还是活着。毛亦炳看了这么一副寒酸相，从身上取出了几张五元券，塞在“飞机”老婆的手中，转头就走了。

毛亦炳回到了南昌，叫来了“飞机”说：“我已打算去做一笔大生意，你能借我钱吗？”

“飞机”也正在为另找门路而犯愁，听毛亦炳这么一说，连忙问：“师傅，什么生意，能带我们去吗？”

“能，等我安排好了，就来叫你。你能借我多少钱？”毛亦炳问“飞机”。

“飞机”说：“你要多少？”毛亦炳伸出一个指头说：“一千块。有吗？”

一千元，这是一个大数目。“飞机”支支吾吾了一阵后，无可奈何地说：“我凑凑看，凑得起的话，我明天送过来。”

第二天，“飞机”果然送来了一千块钱，并再三向毛亦炳说：“师傅，你看到了，我现在可是拖儿带‘妻’一大家人，找到了生意，千万要带我们一下啊！”

毛亦炳一语双关地对“飞机”说：“谁叫我们是师徒关系呢？”

后来，毛亦炳请人出面，举报了“飞机”与姘妇，一个是有妻之夫，一个是有夫之妇，两人姘居后，又生了一个小男孩的重婚罪，分别被国家依法收监、定罪判刑，投入教育改造。

毛亦炳把他从“飞机”手中“借”到的这一千块钱，又请其他人出面，转交到了金华农村“飞机”的原配手中，让她修建住房、治病、扶助儿子上学读书之用。

（十八）第二疗程

在老郭与医院里那位名望较高的中医师一起，对张义的肾病进行了第一疗程治标固本的调治后，毛亦炳明显地发现张义原来齿摇发落的现象有所改变了。仔细拨开张义头上的发根，还可见到一些新发复生，这就已经证明张义的肾精得到了恢复和巩固，气血得到了调和。

又经过几天生活接触后，毛亦炳无声地查看了张义换下来叫樊爱娟拿去洗的内裤，不见了以前斑斑的遗精迹象。毛亦炳又查看了医院里给张义诊治病历中处方的记录，还发现了医院里的这位中医师后来给张义的中药处方，基本上是按照《医方集解》中医名著中的“金锁固精丸”验方中的用药，进行加减，调治以固肾涩精为目的。

第一疗程中，张义原来严重的遗精滑泄虽然得到了控制，但张义的阳痿病还是依旧。好在毛亦炳这时原来担心“飞机”在社会上胡作非为，败坏江湖名声的这块心病已除，他可以全身心地投入到对张义肾病的第二个疗程诊治了。

毛亦炳用一副牛鞭，制成一根假虎鞭，准备用来治疗张义的阳痿病。老郭不解地问毛亦炳："有用吗？"

毛亦炳对老郭肯定地回答："只要你别'露腥'，我想可以。"

因为毛亦炳出门去处理"飞机"一事的经过，按照江湖的规矩，仅有自己一个人心知肚明，绝对不能、也绝对不会让第二人知道的。即使后来老郭问起有关"飞机"的事，毛亦炳也不会把自己怎样惩治"飞机"与姘妇的事，如实地与老郭讲，而是用"随他去吧"一语，应付了之。所以毛亦炳对老郭与张义说，自己这趟"出远门"，是去了广西、云南一带"会见朋友"的。这根"虎鞭"，则谎称是自己请朋友帮助，从一位少数民族打死了的一只"华南虎"那里买来的"真家伙"。并像卖药人在菜市场兜售假虎鞭一样，用刀切下一小片"虎鞭"，醮在装有白酒的杯面上，让张义看到一股红线直垂入杯底的现象，他又让张义闻了闻这根"虎鞭"上那股黄鼠狼皮毛的膻腥气，使张义误认为这"虎鞭"是真的并让张义按照自己吩咐的方法服用。其间，毛亦炳每天还定时叫张义仰卧到一条长凳子上，在张义足内踝后缘与跟腱内侧缘连线中点的"太溪"穴位上，用一根银针刺入深达一寸左右，直透"太溪"穴对面的"昆仑"穴，在张义足踝上面一点的胫骨内侧缘与跟腱之间，即"太溪"穴位直上两寸左右的"复溜"穴位上，用第二根银针，直刺入深一寸有余。

毛亦炳每天既让张义服用"虎鞭"，又对张义用银针针灸，待到张义服用完这根"虎鞭"，不仅治愈了张义原来遗精阳痿的病，同时还治好了张义长期因神经衰弱造成的失眠症。

老郭背着张义偷偷地问毛亦炳："这种假虎鞭，还真能当药治病？"

毛亦炳坦率地对老郭说："真正能治好张义病的，不是假虎鞭，而是这两枚银针的针灸疗法。"

"既然针灸能治好张义的病，那为什么还要用这假虎鞭呢？"毛亦炳看看老郭一副要打破砂锅问到底的样子，也就直率地对老郭说："在中国人传统的观念里，凡是任何动物的'鞭'，都能治人的阳痿病。因为百分之九十以上的阳痿病，都是由精神因素造成的。如果张义患的是先天性的性功能障碍的阳痿病，即使是真虎鞭也治不了。中国的末代皇帝溥仪，他要多少真虎鞭都能办到，但是真虎鞭还是没有治好他的终身性无能。三宫六院内的三十六个正宫，七十二个妃宫，还是没有为他留下一裔血脉而只能在皇宫内'守活寡'！所以关于虎鞭能治阳痿病，也只是在人的心理因素作用下，信则灵。我对张义谎称这根牛鞭是华南虎的虎鞭，目的仅仅是增强张义一定能治好阳痿病的信心而已，并没有别的用意。"

说话间，毛亦炳从他随身所带的拎包里，取出一大包有长有短的银针，和画着人身上两百六十五块骨头，三百七十六个针灸穴位的四张"人体骨骼穴位分布图"来，详细地为老郭讲解起中华医疗宝库中的腧穴的概念与分类、主治功能、体表定位；十四经脉的循行，十四经脉中的五十二个加经外奇穴中的十个共六十个常用腧穴的取穴、治病的方法来。他说:“其实利用银针去针刺腧穴,就是根据五行‘相生’‘相克’的制化原理,应用于临床医学中的一门科学。用针刺激腧穴,实质上是刺激在‘经气’的通路上,为‘经气’的通路排除了障碍,即使不用药物也同样能达到治疗疾病的效果。”

“例如张义的肾病,是由平时很少碰水的双脚在下煤井后,一下子成天浸泡在井地下的煤水中,于是伤了五行中属于‘水’的肾。所以,我就用银针,专找位于足踝关节上的‘太溪’‘复溜’两个常用腧穴为他针灸治疗,治愈了张义的阳痿病、失眠症。”

……

“难道在江湖上传为‘一枚针’的‘神相’的人就是你?”老郭恍然大悟地差点惊叫起来。

“不是我?还能是谁!”毛亦炳一边收拾起他的银针包和那四张“人体骨骼穴位分布图”,一边对老郭像是寻开心、又像是较认真地笑了笑。

“你真是真人不露相!”老郭也对毛亦炳笑了笑后继续说,“像你这么样样精通的人才,我真为你怀才不遇而惋惜啊。”

老郭与毛亦炳,在为张义治病的过程中,又加深了一层相互了解和相互尊重的感情。

(十九)“竹黄事件”

经过了两个疗程的诊治,张义的肾病基本上得到了治愈。接下来,毛亦炳开始了对张义的第三个疗程,是主要解决张义膝关节疼痛的关节炎症。

在地下煤矿井里,矿工长年累月地在阴暗潮湿的矿井中屈膝弯腰地挖煤,身上流着热气腾腾的汗水,双脚、双膝经常浸泡在地下冰凉的煤水中,极容易使膝、肘、踝、趾等各部位的关节受伤发炎。因此,关节炎几乎成了各地煤矿工人的职业病。

毛亦炳长期从事江湖上“挑草汉”卖草药的行当,他知道用华东五省(江苏、江西、安徽、浙江、福建)山区,寄生在箭竹、短穗竹上的竹黄,具有极好的散瘀舒筋、活络通经的功能。因此,他把竹黄浸泡入五十度以上的白酒内,深入煤矿矿区,为从事在井下挖煤患有关节炎的工人们治疗。

那时候,毛亦炳为了赚钱,把红橙色的竹黄药酒,谎称是用多味名贵中药材泡制的,把浸过竹黄酒的竹黄药渣轧碎成末后,又谎称这是用多味名贵中药材炼制的。然后让患有关节炎病痛的煤矿工人,天天向毛亦炳买这种竹黄酒喝,用这种竹黄药渣末擦关节炎疼痛处到皮肤发热为止。在那以阶级斗争为纲的日子里,不甘在家受人整批、挨斗的毛亦炳,就曾经以这种行之有效的卖药疗病方式,轮流穿梭在几个煤矿矿区之间,以充当专治关节炎的民间草医郎中。

自从发现了老郭用一本图文并茂的《中医药》书卖“柴胡”草药,“飞机”利用《人民日报》上要《重视对藏医藏药的经验总结》文章，冒充藏族卖药人，卖假虎骨、假虎鞭的事情后。毛亦炳认为，用官方出版的文献资料，取信于民，招徕顾客，进行卖药赚钱的方式，实在要比过去的“点武篷”，耍“手彩”（玩杂技、魔术）等“抓典”“栓桩”的卖药方式简单易行而且效果好。

于是，毛亦炳就毫无顾忌地当着老郭与张义的面，公开了自己用竹黄浸泡酒和用竹黄药渣研末治疗关节炎的秘方。他当着老郭与张义的面，直接将自己惯用一两左右竹黄，浸泡在一斤左右五十度以上的白酒中，过了十天左右时间，再滤出橙红色的竹黄酒，让张义每天在晚上睡觉前饮服一小杯。用浸泡过竹黄酒的竹黄药渣，每日数次，帮助张义涂擦在关节炎疼痛的部位直至皮肤发热为止。如此周而复始治疗了一段时间，张义的关节炎病痛不知不觉中就痊愈了。

毛亦炳、老郭治好了张义的病，三人成了“桃园结义”的异姓兄弟。由于张义给他俩带来了方便，从来没有进过大学的毛亦炳与这位二十世纪五十年代大学毕业的老郭，不但成了进出于共大教工宿舍张义家中的常客，而且在张义的帮助下，为他俩办出了两本共大图书馆的“借书证”，使他俩能够得以在空闲的时间里，到共大图书馆里博览群书，到这个书本知识的海洋里，去汲取自己所需要的营养成分和资料。

一次偶然的机会，毛亦炳发现了在一本1962年出版，由林传光、梁平彦合写的《植物病原真菌学》的书上，载有竹黄，属于子囊菌纲，肉坐菌目，肉坐菌科在真菌学中的分类地位。后来，又发现了一本由山西人民出版社1974年出版，由刘波等人合著的《中国药用真菌》的书，该书更是详尽地介绍了竹黄。其中载有竹黄、竹赤团子、竹茧、淡竹花等近十个别名。分布于江苏、安徽、浙江、江西、福建华东五省山区，每年四五月份寄生在将要衰败或已衰败的竹林中，长度在一点五到四厘米之间，直径在一到二点五厘米之间，呈长方形，两头稍尖，有纵横膜的长方锤状。早期白色，后变成粉红色，早期表面平滑，后龟裂，黄色的胶状物随之从子座基部排出。同时，那上面还附有竹黄子座在丛竹枝杆上的部位图，切开竹黄子座的剖面图，每年清明节前后采下、晒干、备用的采集时间和方法，介绍了竹黄祛风、利湿、舒筋、活络、散瘀、益气、通经、活血的诸多功能，尤其详细具体地说明了竹黄能治虚寒胃疼、风湿性关节炎、体表局部风寒疼、寒火牙痛、调治咳嗽多痰型气管炎、小儿百日咳等多种疾病的数量配方和使用方法。

《中国药用真菌》的作者是刘波，由山西人民出版社出版、山西省新华书店公开发行，每本定价一块两毛，毛亦炳详细地抄下了这些内容后欣喜地把这消息告诉给了老郭与张义。并通过张义的帮助找到了能够买到这个书的渠道。做起了用这本《中国药用真菌》书，向关节炎患者推销竹黄的生意。

精神，是任何一个人的生命支柱。长期有家难归，漂泊江湖的抑郁生活，使毛亦炳未老先衰，没到五十岁，就已是满头银发。二十世纪七十年代初，毛亦炳回到了阔别多年的佛堂古镇。他带回佛堂古镇的行李，是一大捆介绍《中国药用真菌》的书，分别赠送给佛堂古镇上曾经在江湖上干过“挑草汉”卖过中医药的同仁们，一时间，在佛堂古镇许多人都到山区采集收购竹黄，用这本《中国药用真菌》书中对竹黄的详尽描写与介绍，到中国地图上标有“煤矿”两字的地区去推销竹黄。既为佛堂古镇山区农民找到了一条生财之道，又为各地煤矿工人能买到竹黄治疗关节炎职业病，架起了一条便捷的桥梁。

那几年，一些过去从事过江湖上“挑草汉”的人，想出了一种专门派人到全国各地煤矿矿区，张贴“竹黄浸泡白酒，专治关节炎疼痛病”的广告。许多关节炎患者，看到广告后，纷纷从邮局里汇款到佛堂古镇邮购，一时内，全国各地邮购竹黄的汇款单像雪花一样飘飘而来。佛堂古镇的邮局里，支取邮购竹黄的汇款和邮寄竹黄包裹的业务，每天都几乎让邮局里的工人忙得喘不过气来。

然而，黎明前的黑暗，同样让人伸手不见五指，阴森可怕。

正当佛堂古镇上有不少人热衷并忙碌于邮寄竹黄包裹的时候，一阵“寒风”袭来，说这是一条必须截断的资本主义尾巴。一夜之间，这本书被焚毁殆尽。

想不到的是，野火烧不尽，春风吹又生。有介绍竹黄内容的这本《中国药用真菌》书，一时在全国被争购一空。位于山西省太原市并州路七号的山西人民出版社，应全国读者的呼声，第二次重版印刷了四万册《中国药用真菌》投放市场，满足了求购者的需要。以前当成路边草，不起眼的小小竹黄，从此成了闻名于中医药界的真菌类药物而身价倍增。1978 年，党的十一届三中全会后，拨乱反正，改革开放。老郭终于有了扬眉吐气的出头之日。他在重返工作岗位前，专程来到佛堂古镇，看望年近六旬的毛亦炳。毛亦炳在欣喜中，为老郭牵线搭桥，介绍了一位中年丧夫的寡妇，使老郭妻离子散多年后，在佛堂古镇又有了一个温馨的家。

为推广和使用竹黄做出了巨大贡献的江湖人士毛亦炳，于 1983 年 9 月，在佛堂古镇默默地走完了他的人生之路，终年六十三岁。

十、稽亭村西望夫(福)山的故事

从前，稽亭村有个名叫丁义的教书先生，带着教了一年书所得的二十两银子回家过年。当他走到稽亭村西出口的望夫山时，突然看到同村的丁嫂，在一棵树上欲上吊自尽，他急忙上前救人。当他得知丁嫂的丈夫外出做生意，传说已遇难身亡，丁嫂自己又贫病交加，困难至极，故寻短见后，为了救人，丁义毫不犹豫地谎称其夫健在，正托他带二十两银子回来要给她。丁嫂信以为真，收了银子，转悲为喜。从此天天来到望夫山，盼望其夫早日归来，阖家团圆。

丁义先生回家，其妻得知了丈夫已将自己一年辛辛苦苦教书所得的二十两银子全给了丁嫂的经过后，告诉丈夫，家里已经无米下锅了。正在丁义夫妇为无粮过年发愁苦闷时，住在丁义隔壁种毛芋的农夫知道了这件事，深为丁义舍己救人的精神感动，马上拿了一麻袋准备明年当种子的上等芋头，送到丁义先生家当粮过年。

这一天，丁嫂照常在望夫山盼夫早归，果然盼到了误传“遇难身亡”，而今是做生意成功、满载而归的丈夫。当丁嫂丈夫得知是丁义先生用二十两银子，救了丁嫂一命的经过后，遂取四十两银子，加倍奉还丁先生。当丁先生将尚未吃完的毛芋头送还农夫时，发现农夫将选起来当种子的上等芋头送给自己当粮吃，而农夫一家人自己却以质次的芋头、小芋头和红萝卜在当粮充饥时，非常感动，就拿出了丁嫂丈夫多送给自己的二十两银子，转赠给农夫买肉添衣过新年。这真是：三家好心人，三福喜临门。村西望夫山，成了望福山。

附录：

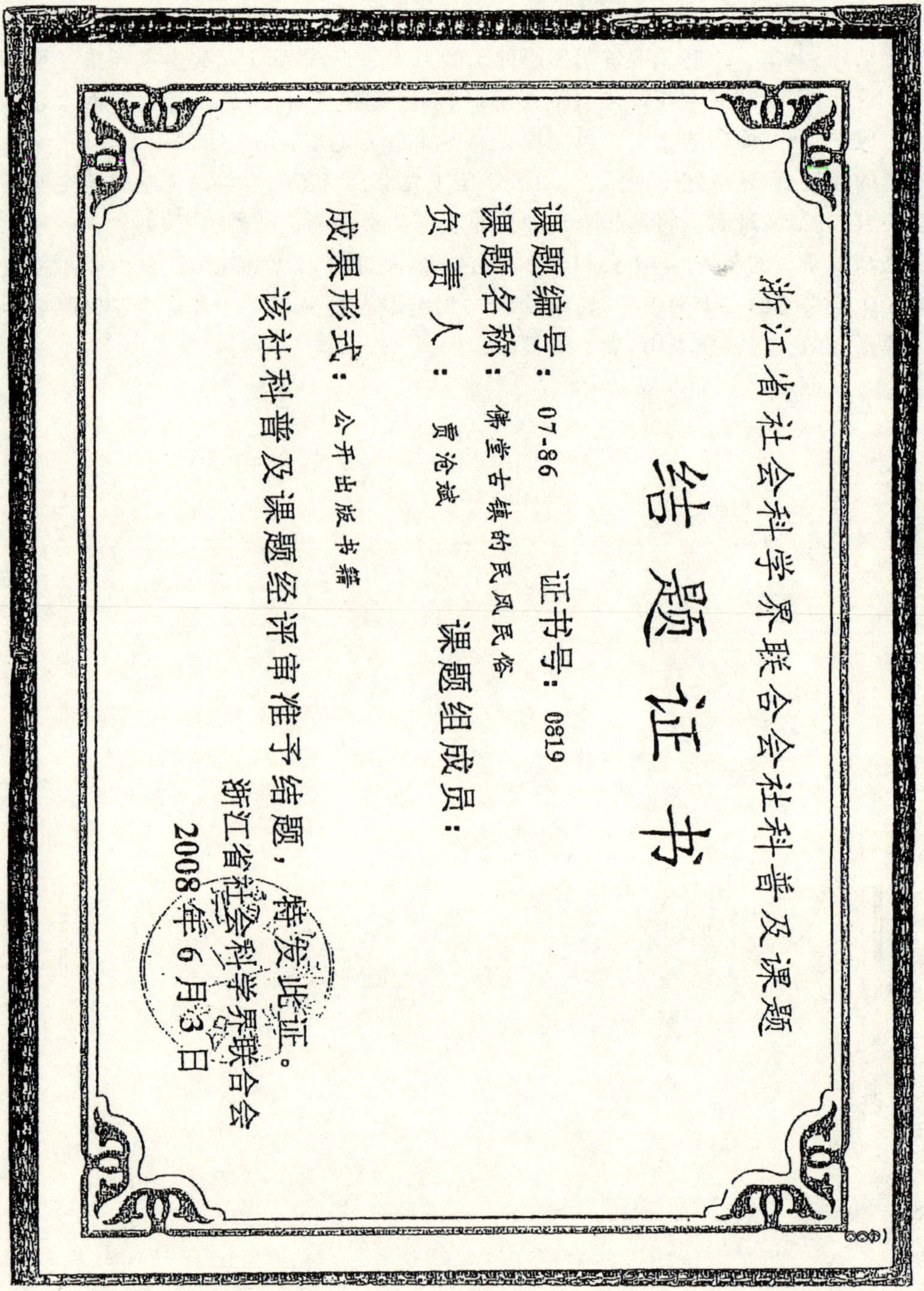

浙江省社会科学界联合会社科普及课题

结题证书

课题编号：07-86　证书号：0819

课题名称：佛堂古镇的民风民俗

负责人：贾沧斌　课题组成员：

成果形式：公开出版书籍

该社科普及课题经评审准予结题，特发此证。

浙江省社会科学界联合会

2008年6月3日

浙江省社会科学界联合会社科普及课题

结题证书

课题编号：08-92　　　　证书号：0939

课题名称：双林禅寺与佛堂古镇

负 责 人：贡沧斌　　　　课题组成员：

成果形式：读本

该社科普及课题经评审准予结题，特发此证。

浙江省社会科学界联合会

2009年5月25日

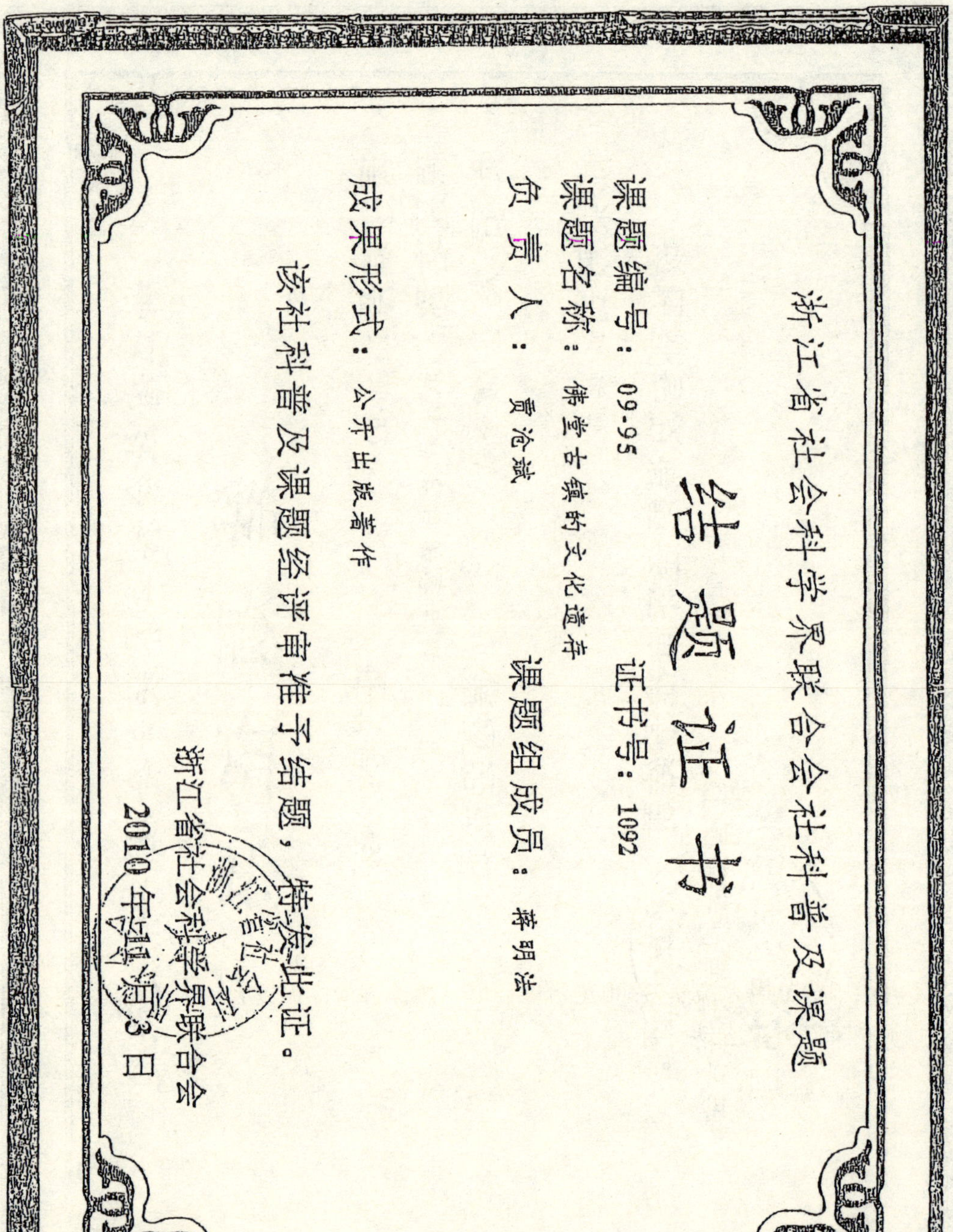

浙江省社会科学界联合会社科普及课题

结题证书

证书号：1092

课题编号：09-95

课题名称：佛堂古镇的文化遗存

负责人：贾沧斌

课题组成员：蒋明洁

成果形式：公开出版著作

该社科普及课题经评审准予结题，特发此证。

浙江省社会科学界联合会

2010年[illegible]月3日

后 记

佛堂古镇的历史，是由古庙、古市以及一条一条古镇上的老街，连同一代又一代古镇人的生活史组成的。这些生活史尽管没有用文字记录下来，装订成册，传给后人，但是古镇上的居民还是以传说故事的形式，把这些生活史一代又一代地传颂到如今。这些故事虽不等同于历史，但也是一笔十分珍贵的非物质文化遗产，具有较高的历史文化价值。

笔者把这些故事，向浙江省社科联申报课题的基本思路是：循着双林禅寺到佛堂古镇的历史痕迹，系统性地搜集、整理了一百一十多篇民间传说故事，进行了相关的考证和研究，以其历史文化的内容，提升民间传说故事的历史文化的价值。为保护、开发和利用佛堂古镇的历史文化资源，开发佛堂古镇旅游业，提供旅游文化素材。

为了追求故事的真实性，在义乌市建筑规划设计院院长吴海燕先生的大力支持下，笔者采用了“一图胜千文”的方式，对每一章节的故事，都采集了多张能够在某一方面解说其中故事来龙去脉的新、旧照片，为这些故事的真实性，增加了可视化的依据。

在本书的撰写过程中，笔者得到了义乌二建公司经理蒋明法、城南中学退休教师的季将耀、义乌商报社记者徐亚萍、义乌广播电台已退休的主编朱中宝老师、佛堂镇志办公室同事李邦林等同仁好友的不吝赐教和帮助，值此一并致以衷心感谢！同时也因为笔者才疏学浅，难免错误百出。热忱敦请广大读者一一指出，以便下次再版时予以更正。

贯沧斌谨启

2015 年 7 月 1 日